뇌연집

이 책은 2020년도 정부(교육부)의 재원으로 한국고전번역원의 지원을 받아
수행된 '권역별거점연구소협동번역사업'의 결과물임.

This work was supported by Institute for the Translation of Korean Classics - Grant funded by the Korean Government.

한국고전번역원 한국문집번역총서 / 이화여자대학교 한국문화연구원

뇌연집 2

雷淵集

남유용 지음
南有容

이은영 옮김
이주해
홍학희

일러두기

1. 이 책의 번역 대본은 한국고전번역원에서 간행한 한국문집총간 제217～218집 소재 《뇌연집(雷淵集)》으로 하였다. 번역 대본의 원문 텍스트와 원문 이미지는 한국고전종합DB(http://db.itkc.or.kr)에서 확인할 수 있다.
2. 내용이 간단한 역주는 간주(間註)로, 긴 역주는 각주(脚註)로 처리하였다.
3. 한자는 필요한 경우 이해를 돕기 위하여 넣었으며, 운문(韻文)은 원문을 병기하였다.
4. 맞춤법과 띄어쓰기는 한글 맞춤법과 표준어 규정을 따랐다.
5. 이 책에서 사용한 부호는 다음과 같다.
   ( ) : 번역문과 음이 같은 한자를 묶는다.
   〔 〕: 번역문과 뜻은 같으나 음이 다른 한자를 묶는다.
   " " : 대화 등의 인용문을 묶는다.
   ' ' : " " 안의 재인용 또는 강조 문구를 묶는다.
   「 」: ' ' 안의 재인용을 묶는다.
   『 』: 「 」 안의 재인용을 묶는다.
   《 》: 책명 및 각주의 전거(典據)를 묶는다.
   〈 〉: 책의 편명 및 운문·산문의 제목을 묶는다.

차례

뇌연집 제4권

뇌연집

제3권

詩 시

한식날 솔부(率府)[1]의 직사에서 중 우연히 옛날 종이를 점검하다가 전번 사람이 창수한 시축을 얻었기에 창화하다

병진(1736)

寒食率府直中 偶檢故紙 得前度人唱詶一軸 有和 丙辰

십 년간 오모 쓰고 느긋하게 살았으니	十年烏帽得棲遲
세 번 읍했으면 응당 한 번의 물러남 있어야 하네[2]	三揖端應有一辭
소나무 대나무 뒤섞여 높이 자란 모습 반갑나니	乍喜松篁參偃蹇
화려한 말이 함께 치달리는 것 용납치 않는구나	未容珂馬與驅馳
봄 찾아온 성에 가랑비 내리니 꽃의 넋 피어나고	春城細雨生花魄
궁궐 정원에 맑은 햇빛 비추니 버들 눈썹 깨끗하네	御苑晴暉澹柳眉
강학 마친 승화루(承華樓)[3]에 물시계 소리 기나긴데	講罷承華淸漏永
소신은 할 일 없어 홀로 시를 짓고 있네	小臣無事獨題詩

1 솔부(率府) : 세자익위사(世子翊衛司)를 가리킨다. 남유용은 영조 12년(1736)에 진사가 되어 세자익위사 시직(世子翊衛司侍直)을 지낸 바 있다.

2 세……하네 : '삼읍일사(三揖一辭)'라는 말이 있는데, 세 번 읍을 하고 나아가며 한 번 물러난다는 뜻으로 《예기(禮記)》 〈표기(表記)〉에 보인다. "공자께서 말씀하시기를, '임금을 섬기는 데 나아가기를 어렵게 하고, 벼슬에서 물러나기를 쉽게 하면 지위에 순서가 있고, 나아가기를 쉽게 하고 물러나기를 어렵게 하면 어지러워진다. 그러므로 군자는 세 번 읍하고서 나아가며, 한번 사양하고서 물러남으로써 어지러움을 멀리하는 것이다.'라고 하였다."

3 승화루(承華樓) : 창덕궁 낙선재 뒤에 있던 누각이다. 세자의 전용 도서실이었다고 전해진다.

왕세자의 책례[4]를 마치고 대조께서 하사하신 활을 받들다
王世子冊禮訖 拜大朝賜弓

동궁께서 새로이 책서를 받으심에	東宮新贊冊
대조께서 친히 활을 내리시었습니다	大朝親錫弓
신은 일개 서생이라	臣是一書生
고건[5]이 몸에 어울리지도 않고	櫜鞬不稱躬
신 비록 활 쏠 줄도 모르지만	臣雖不能射
사의(射義)[6]라면 대략 알고 있사옵니다	射義畧能通
활이란 다섯 가지 병기[7] 중 하나로	弓是五兵一

4 왕세자의 책례 : 《영조실록》 12년(1736) 3월 15일 기사 〈원자를 책봉하여 왕세자로 삼다. 책명을 선포하다〉에 다음과 같은 내용이 보인다. "오시(午時)에 임금이 인정전(仁政殿)에 나아가 정사(正使) 판중추부사(判中樞府事) 김흥경(金興慶)과 부사(副使) 예조 판서 김동필(金東弼)을 보내고 원자(元子)를 책봉(冊封)하여 왕세자(王世子)로 삼았다. 그날 전의(典儀)가 종친(宗親)과 문·무관(文武官)의 자리를 인정전의 동쪽과 서쪽 뜰에 설치하고, 사자(使者)의 자리를 궁전 뜰에 설치하였으며, 안(案)을 드는 사람의 자리를 사자의 뒤에 설치하였다.……홍경보가 교서를 선포하기를, '원자를 책립(冊立)하여 왕세자로 삼노니, 경들에게 전례(展禮)를 명한다.' 하였다." 책례의 절차는 국왕이 종친과 문무백관을 전정(殿庭)에 모아 놓고 책립(冊立)의 전교를 선포함으로써 시작하여, 그에 따른 중요 의물(儀物)들, 다시 말해 교명(敎命)·책(冊)·보(寶) 세 가지 의물을 왕세자나 왕비(대비)가 된 당사자에게 전달하는 것이 핵심이다. 이 날 왕세자에 책봉된 원자는 사도세자이다.

5 고건 : '櫜鞬'은 활집과 화살통을 이른 말인데, 전하여 전쟁에 나가는 무인(武人)을 뜻하기도 한다.

6 사의(射義) : 활에 담긴 의미라는 뜻이지만, 《예기》에 나오는 편명이기도 하다.

그 근본이 포악한 자들을 제어하는 데 있으므로　本以禦强暴
군자는 이것으로써 덕을 살피어[8]　君子以觀德
대도로 돌이켰습니다　反之於大道
겉모습은 반드시 곧아야 하고　外體必也直
안의 뜻은 반드시 바르게 해야 하나니　內志必也正
쥐고 잡음이 정확하고 흔들림이 없으면　操持旣審固
쏘는 것마다 적중하지 못함이 없습니다　所發無不中
진실로 군자의 가르침 중에　允矣君子敎
그 뜻이 이보다 더 큰 것이 없습니다　其義大無競
지금 몽양의 초기에 임하여　今當蒙養初
급히 해야 할 바는 덕행에 있습니다　所急在德行
어리석은 충정이 절로 감격에 겨운데　愚衷自感激
하사받은 바 있거늘 감히 바침이 없으리오까　有賜敢無獻
원컨대 〈대사편〉[9]을 가지고　願將大射篇
재배 올린 후 유면[10] 앞에 바치고자 하나이다　再拜徹旒冕

7 다섯……병기 : 오병(五兵) 옛날에 쓰던 다섯 종류의 병기로, 그 종류에 대해 여러 설이 있지만 대체적으로 창〔矛·戈·戟〕, 도끼〔鉞〕, 방패〔楯〕, 활〔弓〕, 칼〔劍〕을 의미한다.

8 군자는……살피어 : 《예기》 〈사의(射儀)〉에 "활을 쏜다는 것은 성덕을 보는 방법이다."라는 말이 보인다.

9 〈대사편〉 : 《의례(儀禮)》의 〈대사의(大射儀)〉를 말한다.

10 유면 : '冕旒'은 면류관의 앞뒤의 끈에 꿰어서 늘어뜨린 주옥(珠玉)을 말한다. 조선시대 임금은 제례 때 곤룡포에 면류관을 썼는데, 국왕의 면류관은 구류면(九旒冕)이었다. 임금을 상징하는 용어로 사용되었다.

원화백[11]이 여강[12]에서 회포를 적어 보인 시에 화답하다
和元華伯在驪江見懷

학금[13]은 봄꽃 저 너머에 있고	鶴禁春花隔
낚싯대엔 밤비도 그쳤겠네	魚竿夜雨晴
맑고 온화한 장 부솔[14]은	清和蔣副率
무슨 일로 또 돌아가고 싶어하는지	何事亦歸情

11 원화백 : 원경하(元景夏, 1698~1761). 자는 화백(華伯)이고 호는 창하(蒼霞)·비와(肥窩)이다. 본관은 원주이며, 아버지는 효종의 부마 흥평위(興平尉) 몽린(夢麟)의 손자이며, 목사(牧使) 명구(命龜)의 아들이다. 1721년(경종 1) 사마시(司馬試)에 합격하여 진사가 되었고, 1736년(영조 12) 세자익위사 부솔(世子翊衛司副率)로 정시문과(庭試文科)에 장원하였다. 이후 사간원 정언(正言), 형조참판, 이조참판, 강화유수(江華留守) 등을 역임하였다. 급제 후 불과 13년이 지난 1749년에 이조판서에까지 올랐다. 이후 형조판서, 예조판서 등을 거쳐, 1757년 60세의 나이로 치사(致仕)하였다. 정치적으로 탕평을 지향하였으며, 노소론만의 탕평인 '소탕평'에 반대하고 동서남북을 모두 포괄하는 '대탕평'을 주장하였다. 영조의 탕평 정치를 보좌하는 역할을 적극 수행하여 영조로부터 큰 신임을 받았다. 시호는 문충(忠文)이며, 영의정에 추증되었다.

12 여강 : 경기도 여주를 흐르는 강이다. 원경하는 경기도 여주 대신면 상구리에서 태어났으므로 잠시 고향에 가 있던 것으로 추측된다.

13 학금 : 왕세자의 궁전이다.

14 장 부솔 : '부솔(副率)'은 세자익위사에 설치되어 있던 관직인데, 여기서는 원경하를 지칭한다. 그가 과거에 합격한 뒤 세자의 경호를 맡는 부솔이라는 벼슬을 얻은 것은 38세였다. 그러나 앞에 '장(蔣)' 자가 무엇을 의미하는지는 확실치 않은데, 서한(西漢) 말의 은사 장후(蔣詡)를 지칭한 것이 아닌가 싶다. 그는 왕망(王莽)의 조정에서 은퇴하여 시골에 은거하였는데, 집 안 뜨락에 '오솔길 세 개〔三逕〕'를 만들어 놓고는 오직 양중(羊仲)과 구중(求仲) 두 사람과 교유하며 두문불출했던 고사가 있다. 따라서 원경하가 비록 부솔이라는 벼슬을 하고는 있으나 뜻은 은거에 있음을 비유한 표현인 듯하다.

남생 학거[15]가 백옥[16]의 거처로부터 이르렀는데, 그의 시권을 꺼내놓으며 화답시를 요구하기에 두 수를 짓다

南生鶴擧從伯玉所至 發其詩卷索和 爲題二首

사람도 만물도 각각 푸른 봄날 맞았으니　人情物意各靑春
천지 자욱이 하나의 기운으로 신령함을 알겠네　須識氤氳一氣神
새들이 가벼운 봄기운을 희롱함에 그 소리 거짓 같고　鳥弄輕和聲以假
하늘에 조각구름도 없어서 그 색이 천진하구나　天無片翳色還眞
겨우내 문 닫아걸었더니 《태현》이 남았고[17]　三冬閉戶草玄在

15　남생 학거 : 남학거(南鶴擧)는 여항 시집인 《소대풍요(昭代風謠)》를 편찬한 인물로 호는 표옹(豹翁)이다.

16　백옥 : 오원(吳瑗, 1700～1740)을 가리킨다. 본관은 해주(海州)이며 월곡(月谷)은 호, 백옥(伯玉)은 자이다. 김창협(金昌協)의 외손자이며, 이재(李縡)의 처조카로 그의 문하에서 수학하였다. 1728년(영조4) 정시문과에서 장원으로 급제한 후 정언으로 있으면서 탕평책을 적극 반대하다가 한때 삭직되기도 하였다. 1732년에 동지사 서장관으로 청나라에 다녀왔고, 이후 부제학·승지·공조 참판 등을 역임하였다. 영조에게 양세법(兩稅法)의 여섯 가지 폐단을 강의하고, 성학(聖學)의 긴요한 임무를 조목을 들어 밝힌 바 있다. 사후 좌찬성에 추증되었다. 저서로 《월곡집》이 남아있으며, 시호는 문목(文穆)이다.

17　《태현》이 남았고 : 원문의 '초현(草玄)'은 세상의 이익에 담담한 채 저술에 몰두하는 것을 가리키는 용어이다. 《한서(漢書)》 권87 〈양웅전(揚雄傳)〉에 다음과 같은 기록이 보인다. "애제 때 정, 부, 동 등이 권력을 잡으니, 그들에게 붙은 자들 중에는 집안을 일으켜 이천 섬에 이른 자도 있었지만 당시 양웅은 《태현》을 저술 중에 있어 스스로를 지키며 담박하게 지냈다.〔哀帝時丁·傅·董賢用事, 諸附離之者或起家至二千石, 時雄

어제 지팡이 짚고 나가보니 정원 풀이 파릇해졌네 昨日扶笻園綠新
짚신 신고 홀로 찾아와 홀로 앉은 모습을 보니 芒屩獨來看獨坐
그대가 요진[18]을 물을 줄 모름을 잘 알겠네 知君不解問要津

두 번째 시 其二

객이 노란 꾀꼬리와 함께 이르니 客與黃鸝至
그윽한 거처에도 마침내 봄이 무르익는구나 幽居遂晩春
시낭(詩囊)[19]을 펼침에 찬란히 눈이 부셔 吟囊披爛漫
병들어 누운 침석에서 정신이 퍼뜩 나네 病枕起精神
새들은 말이 아닌 묘한 소리를 흘리고 鳥泄無言玅
꽃들은 그리지 않은 참모습을 드러내네 花呈不畫眞
사귄 것이 본래 오래되긴 하였으나 結交元宿昔
오늘의 느낌은 더욱이 새롭구려 今日意逾新

方草太玄, 有以自守, 泊如也.]"

18 요진 : '要津'은 중요한 나루터라는 뜻으로 높은 지위를 뜻한다. 요진을 물을 줄 모른다는 것은 상대가 지위나 출세에 관심이 없다는 뜻이다.

19 시낭(詩囊) : 시고(詩稿)를 넣어두는 주머니라는 뜻이다. 금낭(錦囊) 혹은 해낭(奚囊)이라고도 하는데, 당나라 시인 이하(李賀)가 매일 아침 동료들과 함께 나가 노닐 때, 종에게 다 해진 비단 배낭을 등에 메고 따라오게 하면서 시상(詩想)이 떠오르는 대로 써서 그 배낭 속에 넣었다는 고사에서 온 말이다.

학림정[20]의 〈산가도〉에 제하다

題鶴林正山家圖

고사[21]는 홍진(紅塵)의 시끄러움이 싫어서 　高士厭塵喧
텅 빈 봉우리에 의지해 오두막을 지었는데[22] 　結廬依空巘
오솔길 그윽하니 구름 젖으려 하고 　徑幽雲欲濕
처마 끝 짧으니 띠 풀 자르지 않았네 　簷短茅不剪
고요히 거하며 생업에도 서툴러지더니 　端居生事疎
더 이상 닭도 개도 기르지 않는구나 　不復養鷄犬
등나무 사이엔 원숭이 두 마리만 매달려있고[23] 　藤間兩猿掛

20 학림정 : 이경윤(李慶胤, 1545~1611). 본관은 전주(全州). 자는 수길(秀吉), 호는 낙파(駱坡), 낙촌(駱村) 또는 학록(鶴麓)이다. 증조부는 성종(成宗)의 8남인 익양군(益陽君) 이회(李懷)이거, 할아버지는 용천군(龍川君) 이수한(李壽鵬), 아버지는 청성군(淸城君) 이걸(李傑)이다. 서화에 능하였고 동생 이영윤(李英胤)과 두 아들 그리고 서자인 이징(李澄) 모두 그림과 글씨에 능하였다. 학림수(鶴林守)를 제수 받았고 뒤에 학림정(鶴林正)에 봉해졌다. 그의 작품으로 전하는 그림들은 대체로 산수를 배경으로 인물을 비중 있게 그린 소경(小景) 산수인물화 및 동물화이다. 모두 조선 중기 절파 화풍의 특징을 보여 준다.

21 고사 : 고결한 인격을 지닌 선비라는 뜻으로 주로 속세를 등지고 은거하는 선비를 지칭한다.

22 오두막을 지었는데 : 이 구절은 도연명(陶淵明)의 〈음주(飮酒)〉 시 중 다섯 번째 수에 나오는 다음 구절을 떠오르게 한다. "사람 사는 동네에 오두막을 지었으나, 거마의 시끄러움이 없네. 그대에게 묻노니 어찌 그럴 수 있나. 마음 멀어 지역이 절로 외지다네.〔結廬在人境, 而無車馬喧. 問君何能爾, 心遠地自偏〕."

23 등나무……매달려있고 : 송나라 시인 진관(秦觀)의 〈역원길의 「장원도」를 보고

마당엔 외로운 학이 고개 숙이고 있네　庭下孤鶴俛
바위와 골짜기는 누차 굽이 돌아 만나고　巖洞屢回合
계곡 물줄기는 몇 번이나 휘감아 돌고　溪流幾曲轉
발 씻는 두 아이는　濯足二童子
물이 맑고 얕아 기뻐하는 듯하네　似喜水淸淺
봄바람이 한바탕 지나간 후　春風一來過
산의 푸르름이 바야흐로 펼쳐짐에　山蕪綠方展
작은 거문고를 묵은 바위에 눕히고　小琴臥古石
그윽한 운율을 푸른 이끼에 입히네　幽韻被蒼蘚
오건[24]에 자줏빛 도복 입은 이　烏巾紫道服
편안히 앉아 손에 책 한 권 들었으나　燕坐手一卷
단서(丹書)[25]가 지렁이 같아　丹書若蚯蚓
자획을 구분할 수 없구나　字畫不可辨
스스로 세상과 연을 끊어　自謂與世絶
담쟁이 덮인 길[26] 밟는 이 없다 여겼으련만　蘿徑無人踐

지은 노래〔觀易元吉獐猿圖歌〕>에 "두 마리 원숭이가 위아래로 한옆에 매달려있는데, 두 마리 원숭이가 뚫어지게 바라보니 청개구리가 놀라네.〔兩猿上下一旁挂,, 兩猿熟視蒼蛙疑.〕"라는 구절이 보이고, 남송 시인 양만리(楊萬里)의 시 〈아침에 날씨가 개자 원등경을 지나며 짓다〔曉晴過猿藤逕〕〉에 "길어 들어서자 나무가 보이는데, 사람조차 없으니 하물며 안개임에랴. 등나무 깊어 원숭이 보이지 않고, 소리만 들려옴에 객수만 깊어지네.〔入逕惟逢樹, 無人況有烟. 藤深猿不見, 聲到客愁邊.〕"라는 구절이 보인다. 아마도 이경윤이 이런 시구를 떠올리며 〈산가도〉에 등나무와 그 아래 원숭이 두 마리를 그려놓은 것을 보고 지은 듯하다.

24 오건 : 벼슬하지 않고 은거하여 사는 자가 쓰는 검은색의 두건을 말한다

25 단서(丹書) : 도가(道家)의 서적.

누가 알았으리, 화공의 붓끝에서 誰知畫工筆
선인의 종적이 영원히 드러나게 될 줄을 永使仙蹤顯

26 담쟁이……길 : 담쟁이〔蘿〕는 여라(女蘿)라는 식물로 소나무에 엉켜 자라므로 송라(松蘿)라고도 부른다. 한(漢)나라 때 은사인 장후(蔣詡)가 뜰에 삼경(三逕)을 내고 소나무, 국화, 대나무를 심은 뒤 벗 구중(求仲)과 양중(羊仲) 두 사람하고만 교유하였다는 고사를 염두에 두고 쓴 듯하다. 당나라 시인 맹호연(孟浩然)의 〈스승의 산방에서 묵으며 정대를 기다렸으나 오지 않다〔宿業師山房待丁大不至〕〉라는 시에도, "그대와 약속하고 함께 묵으려 왔기에, 홀로 거문고 뜯으며 담쟁이 덮인 길에서 기다리노라.〔之子期宿來, 孤琴候蘿徑〕"라는 구절이 보인다. 주로 은자를 찾아가는 길을 뜻하는 말로 사용된다.

십탄 이 어르신[27]에게 받들어 화답하다. 간이[28]의 〈회양시판〉 운[29]을 쓰다

奉和十灘李丈 用簡易淮陽詩板韻

만력(萬曆) 을사년(1605) 회양부(淮陽府)[30]의 누대가 홍수의 피해를

27 십탄……어르신 : 십탄 선생(十灘先生) 이우신(李雨臣, 1670~1744)을 가리킨다. 자는 백열(伯說)이고, 호는 십탄이다. 숙종 36년(1710) 문음(門蔭)으로 사산 감역관이 되었고, 1714년 정읍 현감을 거쳐 종묘령(宗廟令)에 임명되었다. 1718년 인제 현감을 지내고, 이어 대구 판관, 함양 군수를 역임하였다. 1728년 이인좌(李麟座)의 난 뒤에는 벼슬을 버리고 가평으로 내려갔다. 1731년 사복시 첨정으로 《마의방(馬醫方)》을 간행하였다. 1733년 원성 현감이 되었으며, 순찰사의 보고로 통정대부에 올랐다. 1735년 첨지중추부사, 오위장, 돈녕부 도정을 지내고, 이듬해 판결사, 동지중추부사, 동지돈녕부사, 한성부 우윤, 도총부 부총관을 두루 역임하였다. 문장으로 유명하였으며 특히 병려문(騈儷文)에 능하였다. 이조 판서에 추증되었다.

28 간이 : 최립(崔岦, 1539~1612). 본관은 통천(通川). 자는 입지(立之), 호는 간이(簡易)・동고(東皐)이다. 1592년(선조 25)에 공주목사가 되었으며 이듬해에 전주부윤을 거쳐 승문원제조를 지냈다. 1594년(선조 27)에 주청부사(奏請副使)가 되어 명나라에 다녀왔다. 그 뒤에 판결사(判決事)가 되었고 1606년 동지중추부사가 되었다. 이듬해에 강릉부사를 지내고 형조참판에 이르러 사직했다. 그리고 평양에 은거했다. 최립은 당대 일류의 문장가로 인정을 받아 중국과의 외교문서를 많이 작성했다. 그리고 중국에 갔을 때에 중국문단에 군림하고 있던 왕세정(王世貞)을 만나 문장을 논했다. 그 곳의 학자들로부터 명문장가라는 격찬을 받았다.

29 〈회양시판〉 운 : 〈회양시판〉에 적힌 시는 최립의 〈월사 이 지사의 회양 시 뒤에 적다.〔題月沙李知事淮陽詩後〕〉 시를 가리킨다. "하늘 동쪽 빼어난 시구 널리 전해지지 않은 것은, 바닷가 뭇 신령들이 보호해 아꼈기 때문이라네. 만 굽이 꺾이는 저 물결도 어쩌면 혹 알았을까. 완염(아름다운 옥이라는 뜻으로, 인품과 문장의 아름다움을 비유하는 말로 쓰인다.)을 온전히 돌려보내 원상회복 시켰어라. 회양 땅 하찮지 않다는

입었을 때, 월사(月沙) 이 문충공(李文忠公)[31]의 시판(詩板)[32]이 강화

표현으로 청아한 해학 꺼리 보태니, 원래 영도(瀛島 瀛閣)에 올라 철선(신선술을 좋아했던 한 무제(漢武帝) 유철(劉徹)의 부하 신선들)을 영도(領導)한 분이라오. 백엽주에 물고기 회는 나의 오랜 소원인데, 지금은 이미 늙었으니 어떻게 또 찾아갈꼬?〔天東秀句未流傳, 海上群靈爲護憐. 萬折濤波豈相喩, 全歸琬琰故依然. 淮陽不薄供淸謔, 瀛島元登領徹仙. 柏酒溪魚吾宿負, 只今爭奈已衰年.〕"

30 회양부(淮陽府) : 강원도 동북쪽에 있던 지명. 고려 충렬왕 때에 종래의 교주(交州)를 회주목(淮州牧)으로 고쳤던 것을 충선왕(忠宣王) 때에 회양부로 격하된 것이 조선왕조로 이어졌으나, 태종 13년(1413)의 규례(規例)에 따라 단부관(單府官)에서 도호부(都護府)로 고쳐졌다.(《세종실록》 권153, 지리지(地理志), 강원도(江原道) 회양도호부(淮陽都護府).)

31 월사(月沙) 이 문충공(李文忠公) : 이정귀(李廷龜, 1564~1635). 본관은 연안(延安). 자는 성징(聖徵), 호는 월사(月沙)·보만당(保晩堂)·치암(癡庵)·추애(秋崖)·습정(習靜). 아버지는 현령을 지낸 이계(李啓)이다. 1593년(선조 26) 명나라 사신 송응창(宋應昌)에게 나아가 《대학(大學)》을 강론하여 높은 평가를 받았다. 이후 중국 문인들의 요청으로 《조천기행록(朝天紀行錄)》을 간행하기도 하였다. 또 문장을 인정받고 왕의 신임을 얻어 병조판서와 예조판서, 우의정·좌의정 등 조정의 중요한 직책을 역임하였다. 문장으로 유명해 장유(張維)·이식(李植)·신흠(申欽)과 더불어 이른바 한문 사대가(漢文四大家)로 일컬어진다. 문인인 최유해(崔有海)가 간행한 시문집 《월사집(月沙集)》이 전한다.

32 월사(月沙)……시판(詩板) : 이정귀가 사명(使命)을 받들고 가던 중에 회양(淮陽)에 있는 금강산을 유람하고서 지은 시를 판에 새겨 회양의 동헌(東軒)에 걸어 놓았는데, 그 시가 《월사집(月沙集)》 권17에 〈회양동헌운(淮陽東軒韻)〉이라는 제목으로 실려 있다. 그 시의 전문은 다음과 같다. "산은 몇 겹의 요새를 끼고서 험준하고, 물은 두 재를 휘돌아 길고 기네. 바람과 구름 역시 선굴을 호위하려는 듯, 해와 달도 해 뜨는 부상과 가까울 듯. 은빛 비늘 잘게도 썬 가을의 회 맛이여, 백엽의 향기 진동하는 봄 술의 이 홍취여. 임기 끝나 후임으로 나를 허락해 주신다면, 회양을 내가 결코 박하게 여기지 않으리라.〔山擁重關險 江蟠二嶺長 風雲護仙窟 日月近扶桑 秋鱠銀鱗細 春醪柏葉香 瓜時倘許代 吾不薄淮陽.〕"

(江華)까지 떠내려갔다가 누군가에 의해 습득되었기에 다시 가져다 걸어놓았는데, 간이(簡易) 등 제공들이 일찍이 그 기이한 일을 시로 읊은 바 있다.[33] 그 후 200년 만에 회양이 다시 재해를 입게 되었는데, 불이 부루(府樓)까지 미쳤다가 이내 꺼졌기에 시판은 재가 되는 화를 면할 수 있었다. 그런데 그 해가 하필 또 을사년이었으니, 아아! 참으로 기이하구나. 부사(府使)인 조유수(趙裕壽)[34] 공이 간이의 운을 차용해

33 간이……있다 : 최립의 〈월사 이 지사의 회양 시 뒤에 적다[題月沙李知事淮陽詩後]〉에 이와 관련하여 다음과 같은 내용이 보인다. "을사년에 내가 경기 지방을 안찰하게 되었는데, 그해 7월에 관동 지방에 큰 홍수가 나서 그 일대 10여 군(郡)의 관사(官舍)와 민가가 거의 모조리 침수되고 떠내려갔다는 말을 들었다. 그런데 그중에서도 회양의 경우가 가장 혹심하게 재해를 당한 나머지 태수(太守)가 간신히 몸만 빠져나왔다고 하였으므로, 나 혼자 생각하기를 '이 회양 고을로 말하면 산등성이에 자리하고 있고 관사도 강 언덕과는 몇백 길이나 떨어져 있으니, 비록 홍수가 크게 났다고 하더라도 필시 물에 잠기지는 않을 텐데 웬일일까.' 하면서 반신반의하였다. 그러다가 9월에 각 고을을 순시하다가 강화에 이르렀을 때, 태복시 판관 이희간(李希幹)이 매도(煤島)에서 판자 하나를 얻어서 급히 보내왔기에, 내가 확인해 보니 바로 회양 벽 위에 붙어 있던 시판이었다. 이에 깜짝 놀라서 구하게 된 사연을 물어보았더니, 어지럽게 떠내려오는 나무토막 가운데에서 우연히 얻은 것이라고 하였다. 지금 부백(府伯)인 장언침(張彦忱)이 장차 길을 떠나려고 하면서 이에 대한 전말을 기록해 달라고 부탁하기에, 마침내 이렇게 적어 주면서 아울러 이 시판도 함께 보내었다. 바라건대 제공들이 여기에 화답하는 시를 지어서 영원히 전해질 회양 고을의 성대한 일로 삼게 해 주면 좋겠다."

34 조유수(趙裕壽) : 1663~1741. 본관은 풍양(豐壤). 자는 의중(毅仲), 호는 후계(後溪). 할아버지는 예조판서 조형(趙珩)이고, 아버지는 현감 조상변(趙相抃)이다. 1683년(숙종 9) 진사시에 합격하였다. 1688년 관학(館學)의 유생으로서 박세채(朴世采)의 신원을 상소하였으나 받아들여지지 않았다. 1694년 천거로 희릉참봉(禧陵參奉)을 거쳐, 장흥고주부(長興庫主簿)·연풍현감(延豐縣監)·옥천군수·회양부사를 지냈고, 이어 선공감부정·장악원정·무주부사 등을 역임하였다. 1732년(영조 8) 아들 조적명(趙迪命)이 참판이 되자 통정대부에 올라 첨지중추부사가 되었고, 돈녕부도정·

이 일을 설명하였기에, 나와 제군들 모두 기꺼이 이어 화답하였다.

홍수와 화재는 기묘한 시구로 전해지는 바와 같으니 浸燎其如玅句傳
옥 같은 문장 일찍이 조물주의 가련히 여기심 입었네 瓊琚早被化兒憐
예사로운 희극처럼 그냥 벌어진 일이라 하겠지만 尋常戲劇聊爲爾
필경에 살아남은 것 누가 그렇게 한 것인가 畢竟扶持誰使然
파사가 해탈했으니[35] 더 없는 보물이요 解脫波斯無等寶
고야산에 귀의했으니[36] 본래 신선이었네 歸依姑射本來仙

오위장을 거쳐 판결사에 이르렀다. 시에도 능하였다.

35 파사가 해탈했으니 : 파사는 파사익왕(波斯匿王)을 가리킨다. 석가모니가 파사닉왕에서 생멸이 없음을 깨닫게 준 이야기가 《능엄경(楞嚴經)》에 보인다. "부처가 파사익왕에게 이르기를 '내가 지금 너에게 불멸성(不滅性)을 보여주겠다. 네가 세 살 때 항하(恒河)를 보았는데 지금 13세이니 그 물이 그때와 어떻더냐?' 하자, 파사익왕은 '지금 63세가 되었는데도 다른 것은 없습니다.' 하고, 부처가 '네가 지금 머리가 희고 얼굴이 주름졌으니 반드시 동년(童年)에서부터 주름졌을 것이다. 네가 지금 이 항하를 보는 것과 더불어 동모(童耄)의 구별이 있었는가?' 하니, '그렇지 않습니다.' 하였다. 부처가 '주름진 것은 변한 것이요 주름지지 않는 것은 변한 것이 아니니 변하는 것은 멸(滅)을 받고 저 변하지 않은 것은 원래 생멸(生滅)이 없는 것이니라.' 했다." 회양시판이 두 번이나 재해를 면하고 살아남은 것을 생멸을 초탈한 것으로 보고 이런 표현을 쓴 것 같다.

36 고야산에 귀의했으니 : 《장자》 〈소요유(逍遙遊)〉에 "막고야산에 신인이 사는데 살결은 빙설과 같고 부드럽기가 처녀와 같다. 오곡을 먹지 않고 바람을 들이쉬고 이슬을 마시며, 구름을 타고 용을 몰면서 사해의 바깥에 노닌다. 그 정신이 응집되면 만물을 병들지 않게 하고 곡물이 익는다.〔邈姑射之山, 有神人居焉, 肌膚若氷雪, 綽約若處子.

자손 백 대 동안 부지런히 가꾸어	雲仍百世勤修飾
을사년[37]처럼 몇 겁 년을 잘 제도(濟度)하세	好度靑蛇幾刦年

두 번째 수 其二

이감[38]이 문중에 오래도록 전해지니	离坎門中許久傳
사롱[39] 매달고 먼지 닦아냄에 더욱 어여쁘네	紗籠拂拭更堪憐
오직 말갛게 씻긴 여의주[40]와 같아져야지	直須涴出驪珠似

不食五穀, 吸風飮露, 乘雲氣, 御飛龍, 而遊乎四海之外. 其神凝, 使物不疵癘而年穀熟.〕"라는 말이 나온다.

37 을사년 : 홍수와 화재가 모두 을사년에 일어났으므로 '뱀' 운운한 것이다. 십간(十干)에서 갑을(甲乙)은 청색에 해당하고, 사(巳)는 뱀을 상징하므로 '청사' 즉 푸른 뱀이라고 칭한 것이다. 여기에서는 또 수백 년을 살았다는 도사 여동빈(呂洞賓) 고사도 인용하였다. 악양루(岳陽樓) 중창 경축연에 사람들이 시와 글을 짓기 시작했는데, 화주도사라는 자 또한 붓을 들어 다음과 같이 시를 지었다. "아침에 동해에서 놀다가 저물어 창오로 가는데, 소매 속 들어있는 단검(푸른 뱀)은 담력과 기력이 더욱 호쾌하다. 악양루에서 세 번 취했으나 사람들은 알지 못하니, 낭랑히 시를 읊으면서 동정호를 날아서 지나가네.〔朝游東海暮蒼梧, 袖裏靑蛇膽氣粗. 三醉岳陽人不識, 郞吟飛過洞庭湖.〕" 이때 등자경(藤子京)은 화주도사의 시가 범상치 않다는 것을 알고는 즉시 그 자리에 있던 화공에게 화주도사의 취한 모습을 급히 그리게 하였다. 그리고는 등태수는 친히 예를 취하면서 나아가 화주도사에게 성명을 물었다. 화주도사는 이미 모든 것을 알려줄 수밖에 없다는 것을 알고는 곧 성은 '여'요, 이름은 '암'이라고 하였다. 그 말을 마치고 큰 소리로 웃으면서 작별을 고하고는 바람처럼 사라졌다.

38 이감 : 팔괘 중에서 '이(离)'는 불이고, '감(坎)'은 물이다. 따라서 화재와 홍수를 입은 것을 뜻하는 말로 사용하였다.

39 사롱 : '紗籠'은 여러 가지 빛깔의 깁으로 겉을 바르고 속에는 초를 켜게 하여 자루를 달아 만든 등을 말한다.

40 여의주 : 검은 용의 턱 밑에 있다는 보주(寶珠)를 이르는데, 이것은 구하기가 매우

결단코 불에 타다 남은 곤옥이어서는 안 되리[41] 端不焚殘崑玉然
해타[42]는 인간 세상에 아직도 귀신이 붙어 있는데 咳唾人間猶有鬼
정신은 천상에 어떤 신선으로 정해졌는지 精神天上定何仙
좀 먹은 편간은 닳아 없어짐 심하건만 蠹魚編簡消磨甚
이 글 이백 년이나 전해진 것에 탄식하노라 歎息斯文二百年

어려운 것이므로, 전하여 뛰어난 시문(詩文)을 비유하기도 한다.

41 결단코……되리 : 《서경》 〈윤정(胤征)〉에서 "불이 곤강을 태우면 옥과 돌이 모두 탄다.〔火炎崑岡, 玉石俱焚.〕"라고 하였는데, 이는 어떤 큰 환란을 만나면 사람의 선악을 가리지 않고 모두 화를 당한다는 비유이다.

42 해타 : 기침을 하고 침을 뱉는다는 뜻으로, 뛰어난 사람 등의 입으로부터 나오는 의견이나 담론, 더 나아가 문장을 가리킨다. 따라서 여기서도 시판과 그 시판에 관련된 여러 편의 창화시(唱和詩)들을 다 같이 지칭한 것이다.

안가도[43]의 〈어부〉산화에 제한 시
題安可度漁父散畫

푸른 강 어부들은 기러기와 함께 어둑한데	蒼江漁父鴻俱瞑
삿갓은 어깨에 붙어 바람에도 끔쩍 않네	篛笠貼肩風不勝
모래 언덕에 배 매어두고 강 따라 내려가니	泊舟沙岸下江去
단풍나무 억새 사이로 깊은 길이 보이네	楓樹荻花深有徑
남쪽 언덕 초가집엔 문이 반쯤 열렸는데	南垞草屋門半開
주인은 잠들지 않고 부르자 즉시 대답하네	主人不眠呼則應

43 안가도 : 안견(安堅). 자는 가도(可度), 득수(得守)이며 호는 현동자(玄洞子)·주경(朱耕)이다. 조선 초기에 활동한 화원으로, 한국적 산수화풍을 창출한 조선 시대 최고의 화가로 꼽힌다. 그가 활동하던 당시부터 조선 중기 이후까지 조선 시대 화원 대부분이 그의 화풍을 이어받았을 정도로 우리나라 회화사상 영향력이 가장 큰 인물이다. 화원 출신으로 종육품 선화(善畵)를 거쳐 정사품 호군(護軍)에 올랐다. 작품에 안평 대군에게 그려 준 〈몽유도원도(夢遊桃源圖)〉가 전한다.

궁궐 뜰을 한가로이 거닐다가 학의 깃털을 보고 느낀 바가 있어

閒步禁庭 見鶴羽有感

흰 구름은 바위 언덕에 머무르고	白雲停巖阿
푸른 소나무는 시냇가에 자라났네	青松生澗陰
어여쁜 너의 눈처럼 흰 깃털이	憐汝雪色羽
궁궐 숲으로 흩날려 떨어졌구나	飄颻落禁林
깃털 하나야 아까워할 것 못 되지만	一羽不足惜
운소의 마음[44] 손상될까 두렵기만 하여라	恐損雲霄心

44 운소의 마음 : 송나라 심괄(沈括)의 《몽계필담(夢溪筆談)》 권10 〈인사(人事)〉에 학과 관련하여 다음과 같은 기록이 보인다. “임포가 항주 고산에 은거하여 항상 두 마리 학을 길렀는데, 이들을 풀어놓으면 날아서 구름속에 들어가 오랫동안 한가로이 놀다가 다시 조롱 안으로 들어왔다.〔林逋隱居杭州孤山, 常畜兩鶴, 縱之則飛入雲霄, 盤旋久之, 復入籠中.〕” 여기서 운소의 마음이란 이처럼 고고하게 유유자적하는 마음을 가리킨다.

조자앙[45]이 갈대 포구에 뜬 희미한 달을 그렸는데, 어부가 배에 걸터앉아 발을 씻고 있다

趙子昂畫蘆浦微月 漁父踞船濯足

가을 물결이 바람에 일렁이는데 억새는 꿈만 같고 秋浪爲風荻如夢
배에서 홀로 지내는 밤에 물소리만 가득하네 舟中獨夜江聲衆
오랫동안 물을 밟아서 발에 먼지 묻지 않았으나 長年踏水脚不垢
발을 씻음은 그저 푸른 물결을 희롱하려 함일 뿐 濯足端爲滄波弄
맑은 달빛 모래에 비끼고 갈매기 한 마리 날아오르는데 澹月橫沙一鴻起
우연히 보게 되어 저 멀리까지 전송하였네 偶然目值遂遠送

45 조자앙 : 원나라 화가 조맹부(趙孟頫, 1254~1322)이다. 자는 자앙(子昂), 호는 송설 도인(松雪道人) 혹은 수정궁 도인(水晶宮道人), 구파(鷗波)이다. 절강성 오흥(吳興) 사람. 남송 말에서 원나라 초기까지 살았던 서예가, 화가, 시인. 원나라 조정에서 집현전학사, 한림 시독학사 등을 역임하였다. 사후에 강절 중서성 평장정사(江浙中書省平章政事), 위국공(魏國公)에 추증되었으며 호는 문민(文敏)이다. 《송설재문집(松雪齋文集)》 등이 세상에 전한다. 그는 특히 회화에 있어 새로운 화풍을 개척하여 원대 으뜸 화가로 손꼽힌다.

서궐[46] 직려[47]에서 상번(上番)[48]인 석여 구명[49] 에게 보여주고 위솔[50] 이몽여[51]에게도 겸하여 편지 삼아 보내다

西闕直廬 示上番趙錫汝 龜命 兼簡李夢與衛率

오사모 쓰고 솔부에서 수행하다 烏紗隨率府

46 서궐 : 조선 시대 서쪽에 있는 대궐이라는 뜻으로 '경희궁'을 이르던 말이다.

47 직려 : 숙직을 하거나 휴식하는 곳을 말한다.

48 상번(上番) : 세자시강원에서는 소속 관원들을 상번(上番)과 하번(下番)으로 나누어 세자를 보필하게 했다.

49 석여 : 조구명(趙龜命, 1693~1737). 자는 석여(錫汝), 호는 동계(東谿)·건천자(乾川子)이며, 본관은 풍양(豊壤)이다. 첨정 조태수(趙泰壽)의 아들이다. 재종형인 조문명(趙文命)의 딸이 진종(眞宗)의 왕비로 간택되는 등 조선 후기 소론의 벌열가문인 풍양조씨에서 태어났으나 벼슬에는 뜻을 두지 않고 오로지 문장으로 자처하였다. 특히 산문에 특장이 있어 당시 팔문장(八文章)으로 평가되기도 하였다. 그의 문학론은 전통적 의론에 바탕하여 작가의 진솔한 식견을 중시하여 18세기 혁신하는 조선 후기 문학론의 선두에 섰다. 저서로는 《동계집(東谿集)》과 《건천고(乾川藁)》가 있다.

50 위솔 : '衛率'은 조선 시대 세자익위사(世子翊衛司)에 소속된 종6품 관직으로 정원은 2인이다. 좌우에 각 1인씩이었다. 무관직으로 왕세자를 배호(陪扈)하며 입직(入直) 1인이 세자강서(世子講書)에 참석하였다. 참하(參下)는 사만(仕滿) 12~36삭(朔)을 채운 뒤 비로소 승품(陞品)하여 위수가 될 수 있었다.

51 이몽여 : 이영보(李英輔, 1687~1747). 본관은 연안(延安). 자는 몽여(夢與), 호는 동계(東溪). 아버지는 통덕랑 이화신(李華臣)이다. 유가의 경전은 물론 제자백가에 능통하였다. 《사기(史記)》를 깊이 연구하여 역사학에도 일가견을 가지고 고대 인물의 선과 악, 정치의 잘잘못을 기탄없이 비판하였다. 특히 당시에 이단으로 지목되던 《장자》·《이소경》·《노자》 및 불경 등을 깊이 연구하여 유가의 경전과 비교 분석한 뒤 옳은 것은 인정하고 그르다고 인정되는 것은 비판하였다. 1714년(숙종 40) 진사시에 장원으로 급제하여 1717년 정릉참봉(靖陵參奉)에 기용된 뒤 순탄하게 관계에 있다가

학가[52]를 따라 이궁[53]에 멈추었네	鶴駕次離宮
낡은 서책으로 자기의 계책을 세우는데	殘卷自家計
장관에게는 고풍이 많구나	長官多古風
우거진 버드나무는 푸른 산빛을 맞이하고	柳暗延嶽翠
석양의 숲엔 붉은 앵두가 떨어지네	林晚落櫻紅
그 누가 동쪽 마을 노인[54]을 일으켜서	誰起東閭老
쓸쓸히 그 눈 속에 넣어줄까	蕭然寘眼中

1743년(영조 19) 금성현령을 끝으로 사직한 뒤 고향으로 돌아와 후진을 육성하면서 지냈다. 마을에 충신과 효자, 열녀 등을 찾아 포상을 상신하고 정려각을 세우는 등 지방문화 발전에 기여하였다. 저서로는《동계유고(東溪遺稿)》4권이 있다.

52 학가 : '鶴駕'는 왕세자가 대궐 밖에 나가는 일이나 왕세자가 타는 수레를 이르던 말이다.

53 이궁 : '離宮'은 왕이 거동할 때 머무르던 별궁을 한하는데, 경희궁은 조선 후기의 이궁이었다.

54 동쪽……노인 : 조구명과 이영보를 같이 지칭한 듯하다. 조구명의 호가 동계(東谿), 이영보의 호가 동계(東溪)여서 동쪽 마을 노인이라 부른 듯하다.

직숙하는 날 밤에 몽여[55]와 함께 시를 짓다
直夜同夢與賦

받들어 모시는 곳은 늘 여기지만	逢迎每此地
그대라고 어찌 높은 사람 아닐까	君豈不高人
이미 비 왔는데 무슨 일로 구름 일겠는가	旣雨雲何事
홀로 읊조리자니 달이 이웃 되어주네	孤吟月有鄰
옛날부터 서로의 속내를 잘 알아왔으나	絶知肝膽舊
멈추지 않는 담소 더욱 새로워라	未歇笑談新
평생의 뜻을 가늠해보건대	料理平生意
응당 강이나 바다로 돌아가야 할 몸이로세	應還江海身

두 번째 수 其二

숙직 짝으로 시옹께서 오셨으니	伴直詩翁至
왕유도 이 사람 비웃기 어려우리[56]	王維難笑人

55 몽여 : 이영보(李英輔, 1687~1747). 49쪽 주51 참조.

56 왕유도……어려우리 : 왕유(王維, 699~759)는 성당을 대표하는 시인 중 하나로, 주로 산수시(山水詩)로 이름을 떨쳤다. 자연의 정치와 한가로운 전원생활을 노래한 시인으로 이백, 두보와 함께 서정시 형식을 완성한 시인으로 손꼽힌다. 왕유는 당나라 때 유명한 악공인 이귀년(李龜年)을 도와 악곡을 짓곤 하였는데, 《산당사고(山堂肆考)》 권 160의 기재에 따르면 개원연간에 이귀년이 〈호위주(胡渭洲)〉를 짓자 "왕유가 훌륭하지 못하다며 웃었다. 이때부터 이귀년은 곡을 지을 때마다 반드시 왕유를 청해 짓게 하였다.〔王維笑其不工, 自是龜年制曲, 必請維爲之.〕"고 한다.

이야기 길어져 삼경이 지났어도	語長三鼓下
마음은 밝디밝아 등잔 하나를 이웃 삼네	心炯一燈鄰
〈백설〉[57]의 노래 알아주는 이가 있어	白雪知音在
금경의 배사란 고사가 새로이 생기겠네[58]	金莖拜賜新
가련한 서원의 측백나무는	堪憐西苑栢
보탬도 되지 못한 채 키만 자랐구나[59]	無補只長身

57 〈백설〉: 전국 시대 때 송옥(宋玉)이 지은 〈대초왕문(對楚王問)〉에 다음과 내용이 나온다. 어떤 사람이 영중(郢中)에서 처음에 〈하리파인(下里巴人)〉이란 노래를 부르자 그 소리를 알아듣고 화답하는 사람이 수천 명이었고, 다음으로 〈양아해로(陽阿薤露)〉를 부르자 화답하는 사람이 수백 명으로 줄었고, 다음으로 〈양춘백설가(陽春白雪歌)〉를 부르자 화답하는 사람이 수십 명으로 줄었다. 곡조가 더욱 고상할수록 이에 화답하는 사람이 더욱 적었다는 것이다. 《文選 卷45》

58 금경의……생기겠네 : '金莖'은 한 무제(漢武帝)가 세웠던 승로반(承露盤)의 동주(銅柱)이다. 무제가 일찍이 신선을 사모한 나머지, 건장궁(建章宮)에 동(銅)으로 선인장(仙人掌)을 만들어 세워서 승로반을 받쳐 들고 이슬을 받게 하여 그 이슬을 옥가루에 타서 마셨다는 고사가 전한다. 당나라 때 시인 이상은(李商隱)의 〈한궁사(漢宮詞)〉에 "시종신 중에 사마상여의 소갈증이 가장 심하였거늘, 금경의 이슬 한 잔도 하사하지 아니했네.〔侍臣最有相如渴, 不賜金莖露一杯.〕"라는 구절이 보인다. 따라서 여기서는 금경의 이슬을 하사받았다는 뜻, 즉 임금의 성은을 입었다는 뜻으로 풀어야 맞을 것 같다.

59 가련한……자랐구나 : 경련(頸聯)에서는 이몽여가 지음을 얻어 성은을 입게 된 것을 묘사하였고, 미련(尾聯)에서는 자신의 보잘것없는 처지를 읊은 것이다.

북도 병마평사로 가는 학사 이원량 양신[60] 을 보내며

送李學士元亮 亮臣 北道兵馬評事

고건[61]은 이 삭방에서 버려질 물건 아니니	櫜鞬不是朔方捐
성대에는 융적과 화친하되 변방 수비 중히 여겼네	聖代和戎重守邊
기러기 저 멀리 푸른 서리는 여진에 휘날리고	鴈外靑霜飛女直
말 앞에 깔린 누런 낙엽은 조선 땅에 떨어지리	馬前黃葉墮朝鮮
겹겹의 성에선 야간 경계하느라 목탁 소리 들려오고	重城警夜聞鳴柝
늘어선 성보에선 가을 방어[62]하느라 공현[63]을 세우리	列堡防秋有控弦

60 이원량 : 이양신(李亮臣, 1689~1739). 본관은 연안. 초명은 종신(宗臣). 자는 원량(元亮). 이정구(李廷龜)의 현손으로, 아버지는 이희조(李喜朝)이다. 1715년(숙종 41) 진사가 되고, 1721년(경종 1)에 내시교관으로 보직을 받았으며, 1726년(영조 2)에 한성부 주부에 승진되어 사복시 주부와 공조 좌랑을 역임하였다. 1727년 증광문과에 급제하여 홍문관 부수찬이 되었다. 1729년 부수찬으로 있을 때 정미환국으로 집권한 이광좌(李光佐) 등을 12항의 죄목을 열거하여 탄핵하였는데, 이 일로 곽산에 유배되었다가 다시 경원부로 옮긴 뒤 즉시 방면되었다. 1730년 북평사(北評事)로 임명되고, 1738년 사복시정 겸 한학교수로서 진주사(陳奏使)의 서장관으로 연경(燕京)에 다녀온 공로를 인정받아 통정대부가 되었고, 예조 참의를 지낸 뒤 삼화부사가 되어 재직 중 죽었다. 저서로는 《대간공유고(大諫公遺稿)》가 있다.

61 고건 : '櫜鞬'은 활과 화살을 꽂아 넣어 어깨에 멜 수 있도록 가죽으로 만든 물건을 말한다.

62 가을 방어 : 고대 서북의 각 유목 집단이 천고마비의 계절에 남침(南侵)하므로, 변방의 수비군이 특별히 경계를 강화하여 병력을 징발해 방수(防守)하는 것을 말한다.

63 공현 : '控弦'은 활을 잘 쏘는 군사를 뜻하는 말이다. "이때에 한나라 병사가 〔초나라〕 항우와 대전하느라 중국이 전란으로 피폐해졌는데, 이 틈을 타서 흉노 묵특의 세력

두목의 논병은 본디 절묘하였으니[64]	杜牧論兵元竗絶
문장이 어찌 옥당[65]의 현자에만 그치겠는가	文章奚止玉堂賢

이 점점 강성해진 결과, 활을 잘 쏘는 군사가 30만에 이르렀다.〔是時漢兵與項羽相距, 中國罷於兵革, 以故冒頓得自彊, 控弦之士三十餘萬〕"라는 기록이 《사기(史記)》 권110 〈흉노열전(匈奴列傳)〉에 나온다.

64 두목의……절묘하였으니 : 당나라 문인 두목(杜牧, 803~852?)이 주지(周墀)에게 올린 글(〈주 상공에게 올린 편지〔上周相公書〕〉)에, "대유(大儒)가 자리에 있으면서 군사에 관한 일을 알지 못하는 경우는 있지 않았습니다. 군사에 관한 일을 통제하지 못하면서 난리를 제대로 종식시킨 경우는 있지 않았습니다. 난리를 종식시키지 못하고 민생을 살리고 국가를 안정시킨 경우는 있지 않았습니다.〔大儒在位而未有不知兵者, 未有不能制兵而能止暴亂者, 未有暴亂不止而能活生人定國家者.〕"라는 내용이 보인다. 이 일을 두고 두목의 논병이 절묘했다고 말한 듯하다.

65 옥당 : '玉堂'은 원래 전당(殿堂)의 이름이었으나 후에 한림원 등 문건을 관장하는 관서를 지칭하는 말로 사용되었다. 미련(尾聯)에서 말하고 있는 것은 두목 같은 사람은 문장뿐만 아니라 논병에도 뛰어났으니, 문인이라고 해서 반드시 문관에만 적합한 것이 아니라는 것이다. 당시 이양신이 홍문관 부수찬으로 있다가 북평사로 나가게 되었기에 두목에 빗대어 말한 것이다.

구도[66] 시축을 점검하다가 종이 끝에 '호(湖)' 자에 화운하다

檢龜島詩軸 和湖字書紙末

옷 벗은 채 맨발로 긴 호리병 베고 누웠는데	裸衣跣足枕長壺
봄바람에 배 띄운 호수엔 물이 크게 불었구나	舫子春風漲大湖
수레를 몰려고 흰 사슴 부를 필요도 없이[67]	不用駕車招白鹿
그저 신발을 날려 금 오리만 만들면 되겠네[68]	直須飛舃作金鳧
선암[69]에서 시를 찾으니 고승의 것 있었고	仙巖乞句有高釋

66 구도 : '龜島'는 단양의 팔경 가운데 하나인 구담봉(龜潭峰)을 말한다.

67 수레를……없이 : 한나라 때 신선 위숙경은 흰 사슴을 몰며 구름 수레를 탔다고 한다. 《신선전(神仙傳)》 권4, 〈위숙경(衛叔卿)〉에 다음과 같은 내용이 보인다. "위숙경이란 자는 중산 사람인데, 운모를 먹고 신선이 되었다. 한나라 원봉 8월 임진일에 효무황제가 한가로이 대전에 있을 때 홀연 한 사람이 운거를 타고 흰 사슴을 몰면서 하늘에서 내려와 대전 앞에 모였는데, 나이는 서른 남짓 되어 보였고, 얼굴빛이 동자 같았으며 깃털 옷에 별 관을 쓰고 있었다. 황제가 깜짝 놀라 '누구냐?'고 묻자 '나는 중산의 위숙경입니다.'라고 대답했다. 황제가 말했다. '그대가 중산 사람이라면 곧 짐의 신이니, 앞으로 나와 이야기해 보자.' 숙경은 본디 황제를 찾아올 때 황제가 도를 좋아하므로 큰 예로써 대해야겠다 생각하고 있었으나 지금 황제가 짐의 신이라고 말하는 것을 보고는 크게 실망하여 아무 대답도 않고 있다가 홀연히 사라졌다."

68 신발을……되겠네 : 원문의 '飛舃'은 후한의 왕교(王喬)가 섭현(葉縣)의 현령으로 부임한 뒤에 왕래할 적마다 신발〔舃〕을 오리로 바꾸어서 타고 공중을 날아다녔다는 전설에서 나온 말이다.

69 선암 : 충청북도 단양군에 있는 명승지이다. 단양 팔경의 하나로, 단양 남쪽의 소백산맥에서 내려오는 남한강을 따라 약 4km 거리에 있다. 맑은 물과 바위가 어울려 아름다운 경치를 이룬다.

바위 동굴에 이름을 새기니 거유를 추모함이라네[70] 石洞題名追鉅儒
이전에도 몇 사람이나 이곳에 왔으려나 前度幾人來此地
고금이 서로 바라보는 중에 둥근 달이 외롭구나 古今相望月輪孤

70 바위……추모함이라네 : 이중환은 《택리지(擇里志)》에서 단양을 이렇게 적고 있다. "10여 리에 이르도록 평야조차 없으나 강과 시내, 바위와 골짜기의 승지가 있어 세상 사람들이 이담삼석(二潭三石)이라 일컫는다." 여기에서 '이담'은 도담(島潭)과 구담(龜潭)을 가리키고, '삼석'은 상선암과 중선암, 하선암을 지칭한다. 삼석은 단양 서남 산골 가운데에 있다. 산속 큰 시내는 석동(石洞)을 따라 흘러가는데 이 삼선을 끼고 있는 산이 바로 도락산이다. 도락산은 삼석 뿐만 아니라 사인암까지 단양팔경 중 4경을 거느리고 있다. 여기서 거유를 추모한다고 한 것은 아마도 우암(尤菴) 송시열(宋時烈)을 가리키는 듯한데, 그는 "깨달음을 얻는 데는 나름대로 길이 있어야 하고, 거기에는 또한 즐거움도 뒤따라야 한다."는 뜻에서 이 산의 이름을 도락산(道樂山)이라 불렀다고 한다.

목사 이공 병정[71]에 대한 만가
牧使李公 秉鼎 輓

묘령의 영특한 기운이 문장에 빼어나더니[72]	竗年英氣卽雕龍
어쩌다 청운을 잃고 몸 굽혀 멀리 나갔네	偶失靑雲屈遠蹤
집에서의 근검함을 군수 자리에서도 이행하고	居室儉勤移作郡
이웃에게 미친 인애로 일가를 돈독히 하였네	及隣仁愛自敦宗
율무와 구슬[73]의 일은 참으로 없었고	明珠薏苡眞無事
고목에 바람서리 불어도 모습 바꾸지 않았네	古木風霜不變容
탱자나무와 가시덤불도 봉황이 깃들 곳 아니었거늘[74]	

71 목사 이공 : 이병정(李秉鼎). 자는 여수(汝受), 본관은 한산(韓山), 한성부 판관(漢城府判官) 이오(李澳)의 아들이다. 김창협의 문인이다. 그에 대한 이병정에 대한 자세한 사항은 알 수 없으나, 최석정(崔錫鼎)이 정주(程朱)와 다른 관점에서 해석한 《예기유편(禮記類篇)》을 홍문관에서 간행하려 하자 당시 성균관 유생으로 있던 이병정이 주자를 배반했다 비난하여 결국 소각되었다는 기록이 보이고, 영조 8년(1732)에 청주 목사로 있으면서 동헌을 중수하였다는 기록도 볼 수 있다. 그의 만사(輓詞)는 남유용 이외에 김창협도 지었다.

72 문장에 빼어나더니 : 원문의 '雕龍'은 문장을 수식한 것이 용의 문채를 아로새긴 것 같다는 뜻으로 아름다운 문장을 형용하는 말로 쓰인다.

73 율무와 구슬 : 원문의 '明珠薏苡'는 뇌물을 받지 않고 억울하게 비방을 입는 것을 뜻하는 말이다. 한(漢)나라 장군 마원(馬援)이 교지(交趾)에 있을 때 항상 율무씨를 먹다가 환군(還軍)할 때 한 수레 싣고 왔는데, 그가 죽은 뒤에 그를 참소하는 자가 말하기를, "그가 이전에 싣고 온 것이 모두 명주와 무소뿔이었다."라고 하였다.

74 탱자나무와……아니었거늘 : 이 구절과 관련하여 《후한서(後漢書)》 권76 〈구람전(仇覽傳)〉에 "이때 고성 현령 하내 사람 왕환은 엄하고 혹독한 정치를 행했는데,

枳棘尙言非鳳所

봄풀이 새로 쌓은 봉분 뒤덮는 것을 또 어찌 견디랴 更堪春草掩新封

구람이 덕으로 사람을 교화한다는 말을 듣고 그를 주부에 임명하면서 말하기를, '주부가 그간 진원의 허물을 죄로 다스리지 않고 교화하였다는데, 이는 매가 참새 따위를 쫓는 뜻이라 아니할 수 있소?'라고 하였다. 이에 구람이 말했다. '매가 되느니 차라리 봉황이 되겠습니다.' 그러자 왕환이 사죄하고 그를 보내주며 말했다. '탱자나무와 가시덤불은 봉황이 깃들 곳 아니며, 백리 땅이 어찌 현자가 다스릴 곳이겠습니까?'〔時考城令河內王渙, 政尙嚴猛, 聞覽以德化人, 署爲主簿, 謂覽曰: '主簿聞陳元之過, 不罪而化之, 得無鷹鸇之志邪?' 覽曰: '以爲鷹鸇, 不若鸞鳳.' 渙謝遣曰: '枳棘非鸞鳳所棲, 百里豈大賢之路?'〕"라는 고사가 보인다.

생어를 하사받다

受賜生魚

은혜로이 대포(大庖)[75]의 나머지를 하사해주시었네	恩頒大庖餘
누추한 골목에 사는 늙은 선비에게	傴僂陋巷士
조상에게 익혀서 올리고	熟薦于先祖
어린 아들 이름으로도 삼아보려네[76]	且將名幼子

75 대포(大庖) : 임금 수라간을 말한다. 《시경》 〈거공(車攻)〉에, "소소한 말의 울음소리, 유유한 깃발이로다. 도어가 놀라지 아니하며, 대포가 차지 않았도다.〔蕭蕭馬鳴, 悠悠旆旌. 徒御不驚, 大庖不盈.〕"라는 구절이 보인다.

76 어린……삼아보려네 : 사마천의 《사기》 기록에 따르면 노나라 소공(昭公)이 공자의 득남을 축하하는 의미에서 잉어를 하사했는데, 이 일에 근거하여 아들의 이름을 리(鯉)로 지었다고 한다. 따라서 이 일을 본 떠 자식의 이름에 생어 이름을 넣어보고자 한다는 뜻이다.

낙봉[77]에 오르니 멀리 보이는 우리 집 문밖에 한 객이 말을 세워두고 있기에, 김자(金子)가 찾아왔나 보다 생각하고 시를 지어 부쳐본다

登駱峯 遙見弊廬門外 有客停馬 意金子來過 試以詩投寄

봄날의 새들 지저귐에 좋은 시절 다 가는데	春鳥多言盡好期
게으른 사내는 하릴없이 그 뒤를 따라다니네	懶夫無事得追隨
물결이 옛 간수에 생기니 물고기가 막 헤엄을 치고	波生古澗魚初泳
꽃이 깊은 가지에 있으니 나비도 알지 못하네	花在深梢蝶不知
자각에 술동이 들고 가니 꽃나무 아득히 펼쳐졌고	紫閣携樽芳樹遠
청산에 지팡이 짚으니 조각구름 더디 가네	靑山倚杖片雲遲
우리 집에 객이 왔다면 어찌 김자가 아니랴	吾家有客寧非子
멀리 보인다, 괴정[78]의 까치들 가지에서 재잘거리는 것	遙見槐庭鵲噪枝

77 낙봉 : '駱峯'은 낙산(駱山)을 말한다. 서울을 중심으로 동쪽에 위치한 산 이름이다. 주산(主山)의 좌청룡에 해당하며, 산 모습이 낙타처럼 생겼다 하여 낙타산(駱駝山) 또는 타락산(駝駱山)이라고도 부른다.

78 괴정 : 명륜당 앞에 회화나무가 심어져 있기 때문에 명륜당을 비롯한 성균관의 강학 구역을 괴정이라 일컫는다.

삼일을 금려[79]에 누워 오동나무 한 그루와 마주하고 있으니 친구가 화산[80]으로 유람 가자고 나를 부르건만 나갈 수 없어 애만 끓이던 중 유생[81]이 시를 가지고 왔기에 기쁜 마음에 한 장 차운하다

三日禁廬 臥對梧桐一樹 故人期我以華山之游 亦不能出 耿耿在懷 兪生携詩至 喜次一章

서액[82]의 늙은 오동나무	西掖老梧樹
푸르고 푸르러 구름과 해가 침범하지 못하는구나	蒼蒼雲日深
오사모 쓴 채 홀로 나가지 않으니	烏紗獨不出
흰 학이 때때로 나를 찾아주네	白鶴時相尋
가랑비가 맑은 대낮에 흩뿌리더니	踈雨散淸晝
어여쁜 꽃이 오랜 숲에 피어났구나	好花生故林
그대의 시는 촉 땅의 혼[83]과도 같아	君詩如蜀魄
산에 살고 싶은 나의 마음 동하게 하네	動我山中心

79 금려 : 대궐에서 시종하는 관원들이 거처하는 건물을 말한다.

80 화산 : 서울의 북한산을 말한다. 삼각산(三角山), 삼봉산(三峰山) 또는 화산(華山)이라 부르기도 했다.

81 유생 : 정확히 누구를 지칭하는지는 알 수 없으니, 남유용의 첫 번째 부인이 기계 유씨여서 그 친족들과 널리 어울렸으므로 처자 쪽 사람일 듯하다.

82 서액 : 승정원의 별칭이다. 궁성의 서쪽에 있기에 하는 말이다.

83 촉……혼 : 두견새를 지칭한다. 이름이 두우(杜宇), 호가 망제(望帝)인 촉왕(蜀王)이 죽은 뒤에 두견새가 되어 봄철이면 밤낮으로 슬프게 울자 촉나라 사람들이 그 소리를 듣고 두견새를 가리켜 "우리 망제의 혼이다.〔我望帝魂也.〕"라고 했다는 데서 붙은 이름이다.

백옥[84] 및 대경[85]과 함께 도봉산에 들어가니, 이의보 제원[86]도 한데 와 모였기에 '고산앙지(高山仰止)'[87] 운을 썼는데, 나는 '고' 자를 얻었다

同伯玉，大卿入道峯 李毅父 濟遠 亦來會 用高山仰止爲韻 余得高字

정로[88]의 고독한 충정은 별과 해처럼 밝고　　靜老孤忠星日皎

84 백옥 : 오원(吳瑗). 자세한 내용은 35쪽 주16 참조.

85 대경 : 황경원(黃景源). 1709～1787. 조선 후기의 문신이자 예학자(禮學者)로, 본관은 장수(長水)이며 자는 대경, 호는 강한(江漢)이다. 이재(李縡)의 문인으로, 1740년(영조16) 문과에 급제한 후 대사성·대사간·대사헌·대제학과 형조·예조·공조의 판서 등 청화요직을 두루 역임하였다. 한때 고서(姑壻) 이정(李涏)의 상언사건(上言事件)에 연좌되어 거제도, 합천 등지로 유배되기도 하였다. 오원(吳瑗)·이천보(李天輔)·남유용(南有容)와 함께 영조조 사가로 불리기도 하며, 예학에 정통하고 고문(古文)에 밝았다. 춘추대의(春秋大義)를 자임하여 중국 명나라 의종(毅宗)의 추사(追祀)를 건의하여 실시하게 하였으며, 《남명서(南明書)》를 편찬하고 《명조배신전(明朝陪臣傳)》을 저술하였다. 저서로 《강한집》이 남아있으며, 시호는 문경(文景)이다.

86 이의보 : 이제원(李濟遠, 1709～1752). 본관은 우봉(牛峯). 자는 의보(毅甫)이다. 이숙(李翻)의 증손으로, 할아버지는 이만창(李晩昌)이고, 아버지는 좌참찬 이재(李縡)이다. 1736년(영조 12) 알성문과에 병과로 급제하고, 2년 뒤 예문관검열이 되었다. 그뒤 세자시강원문학·승문원교리·사간원헌납·사헌부장령 등을 역임하고, 1749년 대사간이 되었다. 이때 노론, 소론의 당론을 제거해야 한다고 주장하면서 신임사화의 김창집(金昌集) 등의 복관이 옳지 않다는 소를 올림으로써 물의를 일으켜 파직당하였다.

87 고산앙지(高山仰止) : 《시경》 〈거할(車舝)〉에 있는 "높은 산 우러르고 큰길을 가는도다.〔高山仰止 景行行之.〕" 구절을 따온 것이다.

88 정로 : '靜老'는 조광조(趙光祖, 1482～1519)를 가리킨다. 중종(中宗) 때의 문신

우옹[89]의 곧은 기운은 북두칠성과 태산처럼 높네	尤翁正氣斗山高
당우 성대한 시절 논할 때는 두 눈이 반짝였고	唐虞盛際明雙目
왕패의 관건처에 있어서는 호발까지 분석했네	王覇關頭析一毫
예악은 오늘날 씨 하나 남지 않고	禮樂如今無種子
춘추는 예로부터 아이들[90]에 의해 곤궁해졌으니	春秋從古困兒曹
슬피 노래하며 저물녘 황량한 사당 바라보다	悲歌悵望荒祠暮
향기로운 꽃을 바치고자 간모(澗毛)를 꺾네[91]	欲薦芳馨擷澗毛

·학자. 자는 효직(孝直), 호는 정암(靜菴). 정옹(靜翁) 혹은 정로(靜老)라고도 불렸다. 김굉필(金宏弼)의 문인으로, 도학정치(道學政治)를 주창하며 급진적인 개혁정책을 시행하였으나 훈구 세력이 일으킨 기묘사화로 인해 죽임을 당했다. 도봉산에는 선조(宣祖)가 조광조를 위하여 세웠다는 도봉서원(道峯書院)이 있다.

89 우옹 : 송시열(宋時烈, 1607~1689). 자는 영보(英甫), 호는 우암(尤菴)이다. 조선 후기의 정통 성리학자로 본관은 은진, 자는 영보, 호는 우암. 주자의 학설을 전적으로 신봉하고 실천하는 것으로 평생의 업을 삼았으며, 17세기 중엽 이후 붕당정치가 절정에 이르렀을 때 서인 노론의 영수이자 사상적 지주로서 활동했다. 보수적인 서인, 특히 노론의 입장을 대변했으며, 명을 존중하고 청을 경계하는 것이 국가정책의 기조가 되어야 함을 역설했다. 강상윤리를 강조하고 이를 통해서 국가·사회 기강을 철저히 확립하고자 했다. 여기서 송시열을 언급한 이유는 도봉서원에 조광조와 함께 배향되었기 때문인데, 그래서 17세기 이후 도봉산에는 서인 노론계 학자들이 많이 방문하였다.

90 아이들 : 여기서 '아이들'이란 청나라를 얕잡아 부른 것이다.

91 간모(澗毛)를 꺾네 : '澗毛'는 시냇가에 난 하찮은 풀인데 "정성이 들어있다면 시냇가에 난 풀이나 길가 웅덩이에 있는 물일지라도 귀신에게 제물로 올릴 수 있다."는 말에서 유래하였다. 《春秋左氏傳 隱公3年》

시냇가 모정[92]에서 쉬고 있을 때, 유문[93]과 공필[94]이 오영숙관(瓘)[95] 과 경보[96]를 데리고 왔기에 '도화유수묘연거(桃花流水杳然去)'[97]를 운자로 삼아 시를

92 모정 : '茅亭'은 짚이나 새 따위로 지붕을 이은 정자.

93 유문 : 《뇌연집(雷淵集)》 권1에 〈옥계사(玉溪辭) 김유문 은택에게 보내다.〔簡金孺文殷澤〕〉라는 제목의 시가 실려 있는데, 제목에 "은택이다. 유문은 후에 이름은 순택으로 고쳤다.〔孺文後改名純澤〕"라는 원주가 달려 있다. 따라서 여기서 지칭하는 유문은 김은택〔김순택〕임을 알 수 있다.

94 공필 : 남공필(南公弼, 1715~1763). 남유용의 형인 남유상(南有常)의 아들로, 자는 원직(元直)이다. 남유상 묘갈명인 〈홍문관 부수찬에 추증된 남군 묘갈명〔贈弘文館副修撰南君墓碣銘〕〉에, "군은 부사(府使) 이우신(李雨臣)의 딸과 혼인하여 아들 남공필(南公弼)을 낳았는데, 정언(正言) 오원(吳瑗)의 딸과 혼인하여 2녀를 기르니 맏이는 이연(李演)에게 출가하였고 다음은 어리다.〔君娶府使李雨臣女, 生男公弼。娶正言吳瑗女, 二女長適李演, 次幼〕"라고 적혀 있다. 따라서 남공필이 오원의 사위임을 알 수 있다.

95 오영숙 : 오관(吳瓘, 1713~1740). 본관은 해주(海州)이고 자는 영숙(瑩叔)이다. 오진주(吳晋周)의 셋째 아들이자 오원(吳瑗)의 아우이다.

96 경보 : 오찬(吳瓚, 1717~1751). 본관은 해주이고, 자는 경보(敬父), 호는 청수재(淸修齋)이다. 오진주(吳晉周)와 서씨(徐氏) 사이에서 4남 중 4남으로 태어났으며, 오이주(吳履周)에게 입적되었다. 오원은 그의 이복형이 된다. 1751년(영조27) 춘당대시(春塘臺試) 갑과(甲科) 1위로 급제하였다. 1751년에 정언(正言)에 제수된 후 여러 차례 직언을 하다 영조가 진노(震怒)하여, 함경남도 삼수(三水)로 귀양 보냈다. 결국 그곳에서 죽었는데 관직에 오른 지 1년 만이었다.

97 '도화유수묘연거(桃花流水杳然去)' : 이백(李白)의 시 〈산중에서 속인에게 답함〔山中答俗人〕〉에 나오는 구절이다. 시는 이러하다. "왜 산에 사느냐고 묻는데, 웃으며 대답하지 않지만 마음은 절로 한가롭네. 복숭아꽃 흐르는 물에 아득히 떠내려가나니, 달리 천지가 있건만 사람들은 묻지 않네.〔問余何事栖碧山, 笑而不答心自閑. 桃花流水杳然去, 別有天地非人間.〕"

지었는데, 나는 '묘' 자를 얻었다

憇溪上茅亭 孺文, 公弼攜吳瑩叔 瓘, 敬父至 用桃花流水杳然去爲韻賦詩 余得杳字

솔바람이 깊은 꿈을 깨우니	松風警幽夢
물도 나무도 새벽에 맑게 개었네	水木霽淸曉
손잡고 산문(山門)을 나서서	提携出山門
작은 길 따라 그윽한 곳으로 들어가니	微徑入窈窕
맑은 샘이 깊은 숲속 끝까지 이어지고	淸泉竟長薄
흰 돌이 어지러이 주변을 두르고 있네	白石紛縈繞
아침 햇살이 수려한 나무를 흔들고	朝暉動秀木
어여쁜 꽃은 아직 다 피어나지 않았네	好花開未了
텅 빈 정자를 가파른 계곡에 세워놓았는데	虛亭架絶壑
억새로 이은 지붕이 수풀 너머로 삐죽 나왔네	茅茨出林杪
만 길이나 되는 절벽을 마주 바라보니	平眺萬丈壁
뭇 봉우리들 작음을 비로소 깨닫겠네	始覺衆峯小
소매 걷고서 난초와 지초를 따고	褰袂拾蘭芷
지팡이 짚고서 물고기와 새를 따르네	負策隨魚鳥
이번 유람은 한가한 날을 골라	玆遊選暇日
속세의 일에 얽매임 없었기에	而無塵事繚
유유자적 노닐며 돌아가잔 말 안 하니	優游不言歸
마침내 그윽하고 어두운 곳 다 찾아다닐 수 있었네	遂得窮幽杳
훌륭한 말로써 지극한 이치를 분석하고	名言析至理

천천히 술 따르며 간간이 맑은 술 마셨으리 緩酌間淸醥
군자의 풍모 아득히 그립나니 緬懷君子風
오래된 사당이 산꼭대기에 있음이라 古廟在山嘌
대도는 사람에게서 멀지 않다 했으니 大道不遠人
우리들이 감히 스스로를 하찮이 여기랴 吾黨敢自少
드높이 〈녹명시〉[98]를 읊자니 高詠鹿鳴詩
나의 근심스런 마음 초조하게 만드네 使我憂心悄

98 〈녹명시〉 : 녹명(鹿鳴)은 《시경(詩經)》 소아(小雅)의 편명(篇名)으로, 고대에 임금이 신하나 귀빈을 위하여 연회할 때 사용하는 악가이다. 이 시에는 임금이 신하의 충고를 허심탄회하게 듣고 싶어 하는 뜻이 담겨져 있기에 유람 중에 나랏일에 대한 근심이 일어남을 뜻하는 구절인 듯하다.

분화정으로 옮겨가 앉아 주인인 조승지 명신[99] 의 운에 화답하여 주다

移坐分華亭 和主人趙承旨 命臣 韻爲贈

관을 휴직하고 처음 맞이하는 휴가일에	休官初暇日
한가롭고 소쇄한 원림이 있구나	蕭散有園林
한 동이 술에 남은 사람 취하고	樽酒留人醉
소나무 대나무에 사방이 그늘이네	松篁滿地陰
산빛은 베개 높이 베면 볼 수 있고	山光高枕得
거문고의 흥취는 타지 않아도 깊어라[100]	琴意不彈深
동쪽 봉우리 아래 오래된 사당	古廟東峯下
슬픈 노래 부르며 설잠을 그리워하네[101]	悲歌懷雪岑

99 조승지 : 조명신(趙命臣, 1684~?). 본관은 순창이며, 자는 명중(明仲)이다. 조부는 조이려(趙爾呂)이고 부친은 조태하(趙泰夏)이다. 1714년(숙종 40) 증광 문과에 병과로 급제하였다. 과거와 인재 등용에 관한 상소로 영조의 신임을 얻어 동지사서장관으로 임명되어 동지정사 서평군(西平君) 이요(李橈)와 부사 김유경(金有慶) 등과 함께 연경(燕京)으로 연행하였다. 1715년(숙종 41) 7월에 귀국한 후 준청(準請)의 공으로 통정대부에 오르고, 승지에 제수되었다. 1735년(영조 11)부터 의주부윤으로 재직하면서 민생안정에 힘쓴 후, 1740년(영조 16) 대사간(大司諫)에 올랐다. 《영조실록》 31권, 영조 8년 5월 4일 경신 첫 번째 기사, 〈조명신을 승지로 삼다〉에 "조명신(趙命臣)을 승지로 삼았다."라는 기록이 보이므로 이 즈음에 지어진 시인 것을 알 수 있다.

100 거문고의……깊어라 : 중국 진(晉)나라 시인 도연명(陶淵明)은 '무현금(無絃琴 줄 없는 거문고)'의 풍류를 사모하여 소금(素琴)을 두고 바라만 보면서 즐겼다고 한다. 이 구절은 바로 이러한 고사를 염두에 두고 쓴 것 같다.

101 동쪽……그리워하네 : 설잠(雪岑)은 김시습(金時習, 1435~1493)의 법호이다. 본관은 강릉. 자는 열경(悅卿), 호는 매월당(梅月堂)·청한자(淸寒子)·동봉(東峰)·벽산청은(碧山淸隱)·췌세옹(贅世翁) 등이다. 신라 알지왕의 후예인 원성왕의 동생 주원의 후손이다. 세 살 때부터 시를 지을 정도로 총명했으며 5세 때에는 세종 앞에서 시를 지어 상을 받았다. 계유정난으로 수양대군이 왕위를 찬탈하자 보던 책을 불사르고 중이 되어 전국을 유랑했다. 《금오신화》 등 많은 글을 남겼다. 생육신의 한 사람이다. 그는 유랑 중 수락산 동쪽에 10년 간 머물렀는데, 박세당(朴世堂, 1629~1703)은 "수락산 동쪽에 매월당 김시습이 거처했는데, 오래되어 집은 없어졌고, 매월당이 자호를 동봉(東峰)이라고 하였을 정도로 이 산을 사랑했다."고 기록하고 있다.

조씨의 계당에서 '창림절간문류수(窓臨絶澗聞流水)'[102]를 써서 운자로 삼았는데, 나는 '림' 자를 얻었다
趙氏溪堂 用窓臨絶澗聞流水爲韻 余得臨字

밝은 해 가벼운 바람에 어여쁜 새들 노래하니	麗日輕風鳴好禽
숲 가운데서 말에 내려 다시금 길게 읊조리네	林中下馬復長吟
소나무에 기대기를 남곽이 안석에 비기듯 하고[103]	松身南郭初憑几
봄 정취에 감흥하기를 소문이 거문고 타듯 하네[104]	春意昭文始鼓琴

102 '창림절간문류수(窓臨絶澗聞流水)' : 당나라 시인 황보증(皇甫曾)이 지은 〈추석에 회계 상인에게 부치다(秋夕寄懷契上人)〉에 나오는 구절이다.

103 소나무……하고 : 남곽(南郭)은 《장자(莊子)》 〈제물론(齊物論)〉에 나오는 남곽자기(南郭子綦)를 말한다. '남곽궤(南郭几)'라는 말이 있는데, 이는 은자(隱者)의 안석(案席)을 말하며, 수양이 높은 경지에 이른 것을 비유할 때 사용하는 말이다. 자유(子游)가 안석에 기대어 멍하니 앉아 있는 남곽자기에게 왜 그러느냐고 묻자, 지상의 크고 작은 온갖 바람 소리를 거론하면서 그 다양한 소리들이 나름대로 의미를 각기 지니고는 있지만, 조물주의 시각으로 보면 다 같은 것이라고 하고, 아울러 인간의 생활 속에 일어나는 시시비비의 논쟁도 큰 관점에서 보면 서로 다를 것이 없다고 대답한 고사를 인용한 것이다.

104 소문이……하네 : 소문(昭文)은 고대 거문고의 명인이다. 《장자》 〈제물론〉에 진정한 '성(成)'과 '휴(虧)'가 무엇인지를 논하며 소문을 인용한 부분이 나온다. "도가 허물어지자 애욕이 생겨났다. 그러나 과연 이루어짐〔成〕과 허물어짐〔虧〕이 있을까? 이루어짐과 허물어짐이 없을까? 이루어짐과 허물어짐이 있는 것은 소문이 거문고를 연주했기 때문이고, 이루어짐과 허물어짐이 없는 것은 소문이 거문고를 연주하지 않았기 때문이다. 소문이 거문고를 연주하는 것이나, 사광이 북채로 박자를 친 것이나, 혜자가 책상에 기대 변론한 것이나, 이 셋의 앎은 모두 거의 극치에 다다랐기에 말년에 이르기까지 그 일에 종사했던 것이다.……그러나 소문의 아들은 그 아버지의 손재주만 흉내 냈을

봉우리가 멀어 스님은 외따오기 따라 가버리고	峯逈僧隨孤鶩去
못이 맑아 객은 조각구름과 함께 찾아왔네	池淸客與片雲臨
밭 구하고 집 찾는 것이 평생의 계획이라[105]	求田問舍平生計
어부와 나무꾼 향해 평소 생각을 털어놓네	爲向漁樵說素襟

뿐, 평생 아무것도 이룬 게 없다. 이를 성공이라고 할 수 있을까?〔道之所以虧, 愛之所以成. 果且有成與虧乎哉? 果且無成與虧乎哉? 有成與虧, 故昭氏之鼓琴也, 無成與虧, 故昭氏之不鼓琴也. 昭文之鼓琴也, 師曠之枝策也, 惠子之據梧也, 三子之知, 幾乎皆其盛者也, 故載之末年.……而其子又以文之綸終, 終身無成, 若是而可謂成乎?〕"

105 밭……계획이라 : '구전문사(求田問舍)'는 '전답과 가옥을 사려고 묻는다는 뜻으로, 자기 일신상의 이익만을 꾀하고 국가의 대사에는 무관심함을 말하는데, 여기서는 조정에서 물러나 시골에 살려고 하는 계책을 뜻하는 말로 쓰였다.

석천동[106]에 들어가 '객지고봉소백운(客至孤峯掃白雲)'[107]을 써서 운자로 삼았는데, 나는 '백' 자를 얻었다

入石泉洞 用客至孤峯掃白雲爲韻 余得白字

봄이 어느덧 무르익어	春事忽已晩
산에 핀 꽃이 엳어져 희게 변해가네	山花澹向白
텅 빈 정자엔 물소리만 모여들고	虛榭水聲集
오래된 오솔길엔 솔바람만 쌓여가네	古徑松風積
지팡이 짚고 동쪽 시내 자락 찾으니	負策東澗隈
기묘한 경지가 마음으로부터 얻어지네	妙境從心獲
나는 속세와 어울리지 못하여	而我不諧俗
청아한 회포가 늘 산과 못에 있었나니	雅懷在山澤
마음에 맞는 곳 멀리 있지 않아	會意不在遠
한번 웃음에 바로 유유자적해지네	一笑便自適
더구나 좋은 벗들까지 이르러	況有佳友至
오늘 저녁 길게 함께할 수 있음에랴	可以永今夕
꽃 핀 모래섬에서 두약을 따다가[108]	芳洲采杜若

106 석천동 : 수락산 서쪽에 있는 계곡이다.

107 객지고봉소백운(客至孤峯掃白雲) : 이 구절 역시 황보증(皇甫曾)의 〈가을 저녁에 회계 상인에게 부치다〔秋夕寄懷契上人〕〉에 나온다.

108 꽃……따다가 : 두약을 딴다는 것은 누군가를 그리워하는 것을 상징하는 표현이다. 굴원(屈原)이 지은 《구가(九歌)》 중 〈상군(湘君)〉에 "저 꽃 핀 모래섬에서 두약을 따네. 장차 시녀에게 주려고 하네.〔采芳洲兮杜若, 將以遺兮下女〕"라는 구절이 보이고,

동쪽 봉우리 객[109]에게 드리려고 하네 欲贈東峯客

중국 남조(南朝) 때 시인인 사조(謝朓)의 시 〈고인을 그리워하며〔懷古人詩〕〉에도 "꽃 핀 섬에서 두약을 하니, 아름다운 만남에서 줄 수 있겠네.〔芳洲有杜若, 可以贈佳期.〕" 라는 구절이 보인다.

109 동쪽……객 : 여기서도 역시 김시습을 가리킨다. '東峯'이 그의 호이기 때문이다.

청한자[110]의 사당[111]을 보고 물러나 '봉' 자로 술회하다
觀淸寒子廟 退述峯字

서리 내린 숲 적막하고 겨울 매미는 껍질 벗는데　霜林寂寞寒蟬蛻
구름은 표표히 늙은 학을 따라가네　雲海飄飆老鶴蹤
어디서 혼을 부를까? 황천이 지하에 있겠지만　何處招寃泉在地
지금은 사당집이 동쪽 봉우리[112]에 붙어 있네요　秪今祠屋寄東峯

두 번째 수 其二

원량[113]의 문장으로 그윽한 뜻을 풀어내고　元亮文章寫幽意
유여의 언덕 골짜기[114]와 야윈 모습 마주했네[115]　幼輿丘壑對癯容

110 청한자 : 김시습의 호이다.

111 사당 : 박세당이 김시습을 추모하기 위해 청절사(淸節祠)라는 사당을 건립하고, 김시습의 화상을 다시 모사해 봉안한 바 있다.

112 동쪽 봉우리 : 여기서도 역시 김시습을 가리킨다. '東峯'이 그의 호이기 때문이다.

113 원량 : '元亮'은 도연명(陶淵明)의 자(字)이다.

114 유여의……골짜기 : '幼輿'는 진(晉)나라 때 명사(名士)인 사곤(謝鯤)을 가리킨다. 유여는 사곤의 자이다. 그는 노장(老莊)을 좋아하고 거문고를 잘 탔으며, 산림에 묻혀 살았다. 그가 이웃집 여인을 유혹하려고 하다가 길쌈을 하면서 던진 베틀의 북을 얻어맞고 치아 두 개가 부러졌는데, 사람들이 "제멋대로 계속 경솔하게 굴더니 유여가 끝내 이를 부러뜨렸다.〔任達不已 幼輿折齒〕"라고 놀리자, 사곤이 이 말을 듣고는 오연(傲然)히 휘파람을 길게 불면서 "나는 그래도 나의 휘파람 부는 일을 계속해야겠다.〔猶不廢我嘯歌〕"라고 응수했던 고사가 있다. 《晉書 卷49 謝鯤列傳》《世說新語 賞譽》

115 유여의……마주했네 : 원나라 화가 조맹부는 〈사유여구학도(謝幼輿丘壑圖)〉를 그렸는데, 아득히 펼쳐진 산천으로 울창한 소나무 숲이 보이고, 사유여가 계곡 물가에

사당의 향기로운 제수 누가 능히 나란히할까　　　祠宮芬苾誰堪並
사해의 정신적 교류, 백공[116]이 있구나　　　四海神交有伯恭

세 번째 수 其三

〈이소〉 한번 읽을 때면 노래하다 울다 하였으니　　離騷一讀紛歌哭

선생은 〈이소(離騷)〉 읽는 것을 좋아하시어, 읽기를 마치면 번번이 울었고, 울기를 멈추면 다시 노래했다고 한다.

마음에 맞는 사람을 아침저녁으로 만났기 때문이었네
爲有心期朝暮逢
후세에 과연 누가 나를 알아줄까　　　後世竟誰知己者
봄 산엔 고사리[117]가 무성히도 자랐구나　　　春山薇蕨漫茸茸

홀로 앉아 졸졸 흐르는 물소리와 솔바람 소리를 듣고 있어서 초탈하면서도 유유자적한 분위기가 느껴진다.

116 백공 : 남효온(南孝溫, 1454～1492)이다. 본관은 의령(宜寧). 자는 백공(伯恭), 호는 추강(秋江)·행우(杏雨)·최락당(最樂堂)·벽사(碧沙).이다. 남효온은 세조의 왕위 찬탈로 인한 단종 복위운동 실패 이후 관직에 나가지 않고 초야에 묻혀 절개를 지킨 생육신 가운데 한 사람이다. 김종직과 김시습에게서 학문을 배웠으며, 김굉필, 정여창 등과 사귀었다. 단종의 어머니 현덕왕후의 능인 소릉을 복위할 것을 요구하는 장문의 상소를 올렸는데, 소릉 복위 주장은 세조 즉위와 정난공신의 명분을 간접적으로 비판하는 것이어서 훈구파의 심한 반발을 샀다. 그 이후 그는 세상에 뜻을 두지 않고 유랑생활로 나머지 삶을 마쳤다. 또한 사육신의 절의를 추모하여 〈육신전〉을 저술했다. 스스로 죽림거사를 자처하고 노장의 이론을 추숭했다. 김시습의 《매월당집(梅月堂集)》 권8에는 남효온에 관련된 시가 5수 실려 있으며, 권21에는 그의 정신적 방황을 위로하는 내용의 편지가 수록되어 있다. 김시습의 편지는 모두 3편인데 이 중 마지막 것은 《추강집》에도 전문이 실려 있고 그에 대한 남효온의 답장을 〈답동봉산인(答東峰山人)〉이라는 제목으로 싣고 있다. 특히 뒤의 것은 남효온의 육필을 판각한 것으로 그의 필적을 알게 해 주는 유일한 자료로 꼽힌다.

선생은 '고사리'라는 글자를 즐겨 사용하셨다.

네 번째 수 其四

별난 사람이요 백 대 후의 스승이라 하였지만 一種人師百世下
전대의 현인도 중용을 허여하지 않으셨네 前賢也不與中庸

퇴계(退溪)께서 말씀하시기를 "청한자는 나름 별난 사람"이라고 하였고, 율곡(栗谷)께서 말씀하시길 "청한자는 백 대(代)의 스승"이라 하였다.

공의 근심과 즐거움에 행하고 거스른 곳 보니[118] 看公憂樂違行地
종신토록 현룡[119]이 되지 못한 것도 당연하구나 只合終身未見龍

다섯 번째 수 其五

문장이 금산의 돌처럼 찬란한 것은 文章錯落金山石
선생이 장소를 가지고 문장을 지었기 때문이라네 先生以所著文章

117 고사리 : 여기서는 김시습의 절개를 백이·숙제에 비유하기 위해 '고사리' 고사를 가져온 면도 있고, 수양대군의 '수양' 자로 인해 수양산을 떠올리며 '고사리'를 가져온 면도 있다.

118 공의……보니 : 《주역》 〈건괘(乾卦)〉의 〈문언(文言)〉의 초구(初九)의 잠룡(潛龍)에 대하여 공자(孔子)가 이르기를 "세상을 피해 은둔하되 걱정함이 없으며, 옳게 여겨 주지 않아도 걱정함이 없어, 즐거우면 나가서 도를 행하고 근심스러우면 떠나니, 확고하여 그 뜻을 빼앗을 수 없는 것이 잠룡인 것이다.〔遯世無悶, 不見是而無悶, 樂則行之, 憂則違之, 確乎其不可拔, 潛龍也〕"라고 하였는데, 여기서 따온 말이다. 《주역》 〈건괘〉의 여섯 마리 용을, 건괘 효사에는 초구(初九)를 잠룡(潛龍), 구이(九二)를 현룡(見龍), 구오(九五)를 비룡(飛龍), 상구(上九)를 항룡(亢龍)이라고 말했다.

119 현룡 : 〈건괘(乾卦)〉 구이(九二) 효사는 "나타난 용이 밭에 있으니, 대인을 봄이 이롭다.(見龍在田, 利見大人)"이다.

그것을 금오산 석실[120]에 가져다 두고 置之金烏山石室
종적은 설악산 종소리로[121] 길이 울려 퍼졌네 蹤跡悠揚雪嶽鐘
명예와 의리는 본디 유자들의 일이건만 名義本知儒者事
그릇되이 부자를 선종에 의탁하게 만들었구나 枉敎夫子託禪宗

여섯 번째 수 其六

수염 기르거나 삭발하거나 분명한 구분 있을까 存髥削髮何分曉
평생 불평에 찬 흉금에 모두 탐탁지 않았으리 未副平生磈磊胸
다 밀어버린 허연 머리 기개 더욱 드높으니 剗盡霜顚逾勁節
쑥대 풀이 어찌 겨울 소나무를 가리랴 蓬蒿爭得掩寒松

120 금오산 석실 : 김시습은 31세 때인 1465년에 경주 남산 곧 금오산 자락 용장사(茸長寺)에 초당을 짓고 우리나라 최초의 한문소설인 《금오신화(金鰲新話)》를 집필하였다. 그러나 경주의 금오산은 金鰲山이라 쓰고, 이 시에 적힌 금오산(金烏山)은 구미에 있다. 혹시 작가가 혼동한 것이 아닌가 생각된다. 여기서 금오산에 두고 온 문장이란 《금오신화》를 가리키는 것 같다.

121 설악산 종소리로 : 김시습은 만년에 설악산 자락 오세암에 자리를 잡고 오래 머문 적이 있기에 이런 표현을 쓴 것이다.

산을 나서다

出山

해 떨어져도 돌아가기 귀찮은 마음에	落日歸心懶
느릿느릿 푸른 덩굴 숲을 건너네	遲遲度碧蘿
샘 소리는 말에 오르자 멀어지고	泉聲騎馬遠
들녘 빛은 산을 나오자 많이 보이네	野色出林多
계곡 버드나무는 벌써 춤을 추는 듯한데	谷柳已如舞
산 꾀꼬리는 아직도 노래하지 않네	山鸎猶不歌
귤 두 개와 술 한 말로[122]	雙柑一斗酒
훗날 다시 오마 기약하노라	他日約重過

122 귤……말로 : 중국 남조(南朝) 송(宋)나라 때의 은사(隱士)인 대옹(戴顒)이 어느 봄날에 감귤 두 개, 술 한 말〔雙柑斗酒〕을 가지고 나가기에 어떤 이가 어디를 가느냐고 물었는데, 그가 대답하기를 "가서 꾀꼬리 소리를 들을 것이다. 꾀꼬리 소리는 속인의 귀를 일깨우는 침과 같아서 시상을 고취시켜 준다오. 그대는 그것을 아는가?〔往聽黃鸝聲, 此俗耳針砭, 詩腸鼓吹, 汝知之乎?〕"라고 한 데서 온 말이다. 《雲仙雜記 卷2》 전하여 감귤과 술은 봄날의 흥겨운 놀이라는 뜻으로 쓰인다.

익찬[123] 안국빈 중관[124] 의 운을 차용하여 부솔 정공화 실[125] 가 막 하사받은 동궁의 커다란 두 글자 첩에 쓰다
次安翊贊國賓 重觀 韻 題鄭副率公華 宲 新賜東宮兩大字帖

습관이 천연이 이루어짐이[126] 날로 성대해지더니	習貫天成日藹然
온화한 음성과 기색으로 이미 서연을 시작하시었네	溫文聲氣已書筵
《효경》 한 구절은 처음 배우는 말로 삼을 수 있으니	孝經一句資初語
문왕이 세자가 된 해[127]로부터 배우셨네	師自文王世子年

123 익찬 : 조선시대 세자익위사(世子翊衛司)의 정6품 관직이다.

124 안국빈 : 안중관(安重觀, 1683~1752). 자는 국빈(國賓). 호는 회와(悔窩)·가주(可洲)이다. 성리학에 밝았고, 문학과 경제학에도 조예가 깊었다. 저서에 《회와집(悔窩集)》이 있다.

125 정공화 : 정실(鄭宲, 1701~1776). 본관은 연일(延日). 자는 공화(公華), 호는 염재(念齋). 충주 출생. 정철(鄭澈)의 후손이며, 정경연(鄭慶演)의 증손으로, 할아버지는 정호(鄭澔)이고, 아버지는 정순하(鄭舜河)이다. 교리·장령·정언을 거쳐, 1748년 세자시강원 보덕·응교·필선을 역임하였으며, 1756년 안동부사, 1761년 좌유선(左諭善), 이듬해 예문관제학이 되었다. 1764년 강화부유수에 이어 홍문관제학·도승지가 되고, 평안도관찰사를 거쳐 이조판서에 올랐다. 1770년에 치사(致仕)하고 봉조하(奉朝賀)가 되었다. 편서로 《송강연보(松江年譜)》가 있다. 시호는 문정(文靖)이다.

126 습관이……이루어짐이 : 《대대례(大戴禮)》 〈보부편(保傅篇)〉과 가의(賈誼)의 소(疏)에 나온다. 공자가 말하기를 "어려서 이루어진 것은 천성과 같고 습관은 자연과 같다.〔幼成若天性, 習貫如自然.〕" 하였다.

127 문왕이……해 : 〈문왕세자(文王世子)〉는 《예기》의 편명이기도 하다. "문왕이 세자가 되어 왕계를 뵙기를 하루에 세 번씩 하였다. 첫닭이 울 때 옷 입고 왕계의 침실 문밖에 이르러 모시고 있는 시자에게 묻기를 '오늘 안부가 어떠하신가.'라고 하였다. 시자가 '평안하십니다.'라고 하면 문왕이 기뻐하였다. 정오에 또 와서또한 이와 같이

두 번째 수 其二

세로 한 획 가로 한 획이 곧고도 길어 一經一緯直而長
먹물의 기운이 종이 향을 압도하네 墨液氛氳壓紙香
큰 나무는 본디 먹줄을 구해야 곧아지는데 大木本求繩得正
시신들이 무슨 기술로 잠광[128]을 도와야 할까 侍臣何術贊潛光

공화가 얻은 것인즉 '대본(大本)' 두 글자였다.

하고 저녁에 또 와서 또한 이와 같이 하였다.〔文王之爲世子, 朝於王季, 日三. 雞初鳴而衣服至於寢門外, 問內豎之御者曰, 今日安否何如? 內豎曰安, 文王乃喜. 及日中又至, 亦如之, 及莫又至, 亦如之.〕" 또 《영조실록》 43권, 13년(1737) 2월 14일 기사 〈세 살인 세자가 《효경》을 읽고 글을 쓰다〉에 이 시와 관련하여 다음과 같은 내용이 보인다. "임금이 약원(藥院)에 명하여 양정합(養正閤)에서 동궁(東宮)을 진찰하게 하였다. 임금이 당중(堂中)에 평좌(平坐)하니, 세자가 관복(冠服)을 갖추고 서안(書案) 아래에 시좌(侍坐)하였다. 이때 세자의 나이 3세였는데, 행동거지가 의젓하였다. 임금이 궁관(宮官)에게 책자를 올리도록 명하여 읽기를 권하니, 한참 있다가 《효경(孝經)》을 펴고 '문왕(文王)'이란 글자를 낭랑하게 송독(誦讀)하였다. 내시(內侍)가 지필을 내오니 큰 붓대를 잡고 '천지왕춘(天地王春)'이란 글자를 썼다. 여러 신하들이 다투어 앞으로 나와서 하사하여 줄 것을 청하니, 임금이 이르기를, '네가 주고 싶은 사람을 가리키라.' 하니, 세자가 도제조(都提調) 김흥경(金興慶)을 가리켰다. 임금이 웃으면서 이르기를, '세자도 대신을 아는구나.'" 여기 나오는 세자는 사도세자를 말한다.

128 잠광 : '潛光'은 아직 드러내지 않은 빛이라는 뜻으로 세자의 광휘를 뜻하는 말이다.

내가 백옥[129]의 옥암정에서 취해 돌아오다가 말에서 떨어져 팔을 다치자 오영숙[130]이 위문 차 와서는 4월 상순에 구강[131]에서 술자리를 마련하겠다고 초청하기에 그의 부채에 장난삼아 쓰다

余自伯玉巖亭醉歸 爲馬墜傷臂 吳瑩叔來問 請以四月上旬置酒鷗江 戲書其扇

어제 꽃구경하며 그대가 준 술을 마셨더니	昨日看花飮君酒
오늘 아침엔 말에서 떨어져 내 팔뚝을 다쳤네	今朝落馬傷我肱
인간 세상 근심과 즐거움 한번 웃고 말아야지	人間憂樂一笑了
동강[132]의 물빛은 담쟁이덩굴처럼 푸르겠네	水色東江靑似藤

129 백옥 : 오원(吳瑗). 자세한 내용은 35쪽 주16 참조.

130 오영숙 : 오관(吳瓘, 1713~1740). 본관은 해주(海州)이고 자는 영숙(瑩叔)이다. 오진주(吳晋周)의 셋째 아들이자 오원(吳瑗)의 아우이다.

131 구강 : '鷗江'은 지금의 압구정동 동호대교 일대의 한강 자락을 부르는 말이다.

132 동강 : '東江' 역시 한강의 동쪽이라는 뜻으로, 구강과 같다.

사천 이 어르신 병연[133] 의 생신 운에 화답하다
和槎川李丈 秉淵 壽辰韻

풍화설월[134]이 공간을 비추는데 風花雪月照空間
악하 선생[135]께서는 빙그레 웃으시네 嶽下先生莞爾顔

133 사천……어르신 : 이병연(李秉淵). 1671~1751. 본관은 한산(韓山). 자는 일원(一源). 호는 사천(槎川), 또는 백악하(白嶽下). 부모를 비롯한 그의 출신 배경은 알 수 없다. 백산(白山)이라는 곳에 살았다. 김창흡(金昌翕)의 문인이며, 벼슬은 음보(蔭補)로 부사(府使)에 이르렀다. 시에 뛰어나 영조시대 최고의 시인으로 일컬어졌다. 문인 김익겸(金益謙)이 그의 시초(詩抄) 한 권을 가지고 중국에 갔을 때 강남(江南)의 문사들이 "명나라 이후의 시는 이 시에 비교가 안 된다."라고 그의 시를 극찬하였다고 한다. 일생 동안 무려 10,300여 수에 달하는 많은 시를 썼다고 하나, 현재 시집에 전하는 것은 500여 수뿐이다. 그의 시는 대부분 산수·영물시(詠物詩)로, 대개 서정이 두드러지고 깊은 감회를 불러일으킨다. 특히 매화를 소재로 55수나 되는 시를 지었는데, 이는 대개 은일적인 기분을 표현한 것으로, 생(生)에 대한 깊은 애정을 은연중에 표현하고 있다. 중국의 자연시인 도연명(陶淵明)의 의경을 흠모하였던 것 같다. 80세가 넘도록 시작 생활을 계속하였다. 저서로는 《사천시초(槎川詩抄)》 2책(冊)이 전한다.

134 풍화설월 : 눈과 달과 바람과 꽃은 사계절의 경색을 이르기도 하지만, 사람이 각자의 주관적 인식을 완전히 배제하고 이(理)에 입각하여 객관적으로 사물을 관찰하는 것을 시적으로 표현한 말이기도 하다. 송대 철학자 소옹(邵雍) 《이천격양집(伊川擊壤集)》의 자서(自序)에 "비록 생사와 영욕이 눈앞에 전개되면서 싸움을 벌인다 할지라도, 흉중에 들어온 적이 없으니, 사시의 바람과 꽃과 눈과 달이 우리의 눈앞에 한 번 스쳐 지나가는 것과 무엇이 다르겠는가.〔雖死生榮辱轉戰於前, 曾未入於胸中, 則何異四時風花雪月一過乎眼也.〕"라는 말이 나온다.

135 악하 선생 : 이병연의 이칭 중 하나가 바로 백악하(白嶽下)이다. 정래교(鄭來僑)의 시 〈사천 이옹이 삼척 군수로 나감에 삼가 드리는 시〔奉贈槎川翁出宰陟州〕〉에서도 "악하 선생은 지금 백발이거늘, 어찌하여 영동 고을 군수로 나가시는가?〔岳下先生今白

홀수의 순양(純陽)[136]에 도사가 셋 나왔고　奇數純陽三道士

높은 이름 해를 이어 향산이 다시 나왔네[137]　高名比歲再香山

석가모니와 여동빈(呂洞賓)[138]은 모두 4월에 태어났는데, 공 역시 사월에 태어났다. (당나라 시인) 백낙천(白樂天)은 임자년에 태어났는데, 공은 신해년에 태어났다. 그래서 '셋'이니 '다시'니 하는 말을 한 것이다.

화서몽[139]에서 깨어나 세상을 관망하다가　華胥夢罷聊觀世

頭, 胡爲去作嶺東州]"라는 구절이 보이므로 악하 선생은 곧 사천 이병연을 지칭함을 알 수 있다.

136 홀수의 순양(純陽) : 《주역》 〈건괘(乾卦)〉는 양효(陽爻) 셋으로 이루어져 있어서 순양괘라고 불리고, 4월인 사월(巳月)은 양이 극에 달한 순양(純陽)의 달이 된다. 따라서 기수란 세 도사가 태어난 것을 말하기 위해 가져왔고, 순양은 이 셋의 생일이 4월이기에 언급하였다.

137 해를……나왔네 : 역시 주석으로 미루어보아 이병연이 1671년 신해년 생이고, 당나라 시인 백거이가 772년 임자년 생이므로 해를 이었다고 한 것이다. 신해년 다음이 임자년이다. 향산(香山)은 백거이의 호이다.

138 여동빈(呂洞賓) : 당(唐)나라 때 경조(京兆) 사람으로, 전설에 나오는 팔선(八仙)의 하나이다. 동빈은 자이고 그의 이름은 암(巖)이며 호는 순양자(純陽子)이다. 전하는 바에 따르면 798년 4월 14일에 태어났다고 한다. 그는 신선이 되어서 바람을 타고 세상을 마음대로 돌아다녔다.

139 화서몽 : 황제(黃帝)가 낮잠을 자다가 꿈에 화서국(華胥國)이란 이상경(理想境)을 다녀왔다는 고사를 말한다. 《열자(列子)》 〈황제(黃帝)〉에 "황제가 낮잠을 자다가 꿈에 화서씨의 나라에서 노닐었다. 화서씨의 나라는 엄주 서쪽, 태주 북쪽에 있는데, 제나라에서 몇천 리나 떨어져 있는지 알 수 없고, 배나 수레나 다리로 갈 수 있는 곳이 아니었으니, 그저 신유(神遊)였을 따름이다. 그 나라에는 우두머리도 없이 자연에 맡길 뿐이고, 그곳 백성들은 욕심도 없이 그저 자연에 맡길 뿐이었다.……황제는 잠에서 깨어나 흐뭇하게 자득하였다.[黃帝晝寢, 而夢游于華胥氏之國. 華胥氏之國在弇州之西, 台州之北, 不知斯齊國幾千萬里. 蓋非舟車足力之所及, 神游而已. 其國無帥長, 自然而已, 其民無嗜欲, 自然而已……黃帝旣寤, 怡然自得.]"

자기도[140]가 완성되면 관문을 건너가려 하시려네	紫氣圖成欲度關
새와 참새가 푸른 하늘을 자득히 날아가니	鳥雀青天飛自得
조물주께서는 그들도 방생해 돌아가게 해주시겠지	化翁應與放生還

140 자기도 : 노자(老子)가 함곡관(函谷關)을 건너려 할 때, 관령인 윤희(尹喜)가 보니 자색 기운〔紫氣〕이 동쪽으로부터 몰려왔다. 그는 성인께서 관을 건너갈 것임을 깨달았는데, 과연 잠시 후 노자가 푸른 소를 타고 왔다. 후에 자색 기운은 길한 징조로 여겨진다.

의숙[141]과 함께 백옥[142]의 종암[143]에 모여 짓다

同宜叔會伯玉鍾巖有作

어둠이 높은 숲 너머에 찾아드니	暝色高林外
훨훨 나는 참새들만 남았네	翩翩鳥雀餘
서로 부를 때면 자주 술자리 가졌고	相呼多爲酒
하룻밤을 자더라도 또한 책을 가져왔지	一宿亦携書
돌이 오래되니 구름은 수척함을 머금고	石古雲含瘦
못이 맑으니 별은 텅 빈 데서 움직이네	池淸星動虛
밤공기 서늘하나 아직 잠자기 아까워서	夜凉還惜睡
산길에서 다시 소매 나란히 하고 걷네	山徑更連裾

141 의숙 : 이천보(李天輔). 1698~1761. 본관은 연안. 자는 의숙(宜叔), 호는 진암(晉庵). 좌의정·영의정을 역임했다. 1755년 세제의 대리청정 추진과 신임사화의 진위를 둘러싼 노론·소론 간의 시비에서 노론과 영조의 승리를 상징하는 대훈의 역사적 기록을 맡는 천의리편감찬수청도제조(闡義理編鑑纂修廳都提調)가 되었다. 1759년 영돈녕부사가 되었다. 실록에는 병으로 죽었다고 되어 있으나, 장헌세자의 평양 원유사건(遠遊事件)에 책임을 느껴 음독자살했다고도 한다. 국왕의 중화지도(中和之道)를 강조하는 유소(遺疏)를 남겼다. 담론을 즐겼으며, 젊어서 사장(詞章)을 익혀 시에 뛰어난 재질을 보였다. 저서로 《진암집(晉菴集)》이 있다. 시호는 문간(文簡)이다.

142 백옥 : 오원(吳瑗). 자세한 내용은 35쪽 주16 참조.

143 종암 : 현재의 서울시 성북구 안암동의 고려대학교 본관이 있는 자리를 말하는데, 북처럼 생긴 바위가 있다고 해서 고암(鼓巖)이라고도 불렸다.

다시 '청' 자를 얻어 같이 짓다

又得青字同賦

아득한 옛길 걸어와 석문에 다다른 후 古徑迢迢逗石扃
난간에 앉아서 푸른 담쟁이[144] 먼지를 터네 欄干坐拂薜蘿青
맑은 하늘엔 참새 날개가 수없이 높이 펼쳐지고 晴天雀翼多高擧
빈 계곡엔 구름의 모습이 저 멀리 멈춰있네 空谷雲容有遠停
산 그림자는 그대에게 생긴 색(色)[145]의 장애를 열어주고 山影開君生色障
연못의 마음은 나의 불언경[146]을 알아주네 池心了我不言經
오늘 밤 희미한 달빛 그래도 감상할 만하니 今宵微月猶堪賞
옷 걸치고 작은 정자에 누워도 좋으리 且可披衣臥小亭

144 푸른 담쟁이 : 여기서는 푸른 담쟁이를 그대로 칭할 수도 있고, 혹은 칡덩굴 옷이라는 뜻인 벽라의(薜蘿衣)의 준말로 사용되었을 수도 있다. 보통 산에 사는 은자(隱者)의 복장을 가리킨다. 《초사(楚辭)》 〈구가(九歌) · 산귀(山鬼)〉에 "벽려를 입고 여라 띠를 둘렀도다.〔被薜荔兮帶女蘿〕"라고 표현한 말이 나온다.

145 색(色) : 불교에서 식별(識別), 식심(識心) 등 식(識)을 연(緣)하여 일어나는 물질적인 것의 의미로 쓰여 공(空)과 대조되는 개념으로 삼는 '색'을 지칭하는 듯하다.

146 불언경 : 《도덕경(道德經)》을 가리키는 듯하다. 《도덕경》 제2장에, "그러므로 성인은 허무를 일삼고 말하지 않는 가르침을 행한다.〔是以聖人處無爲之事, 行不言之教.〕"라는 말이 나오고, 제56장에 "아는 사람은 말하지 않고, 말하는 사람은 알지 못한다.(知者不言 言者不知)"라는 나온다.

다시 첩운하다 再疊

느릿느릿 맑은 햇살이 바위 문에 비추니　遲遲淸旭在巖扃
발 내린 누각 환해져 물도 만물도 푸르구나　簾閣輝輝水物靑
소나기가 막 그치자 소나무 빛깔 깨끗하고　白雨初收松色淨
노란 꾀꼬리 몇 번 울자 버드나무 바람도 그쳤네　黃鸝屢囀柳風停
구덩이 판 사람 사슴 덮어놓았으나 누군들 꿈이 아니랴[147]
隍人覆鹿孰非夢
제나라 객은 소를 식별하고도 공연히 경만 지었네[148]

147 구덩이……아니랴 : 《열자(列子)》 〈주목왕(周穆王)〉에 다음과 같은 내용이 보인다. 어떤 정(鄭)나라 사람이 들에서 땔나무를 하다가 우연히 사슴 한 마리를 잡아 물이 없는 구덩이에 감추고 땔나무로 덮어두었는데, 얼마 뒤에 덮어두었던 곳을 잊어버리자 마침내 꿈을 꾼 것으로 생각하게 되었다. 걸어가면서 이 일을 중얼거렸는데, 옆에서 이 말을 듣던 사람이 그 사람 말을 더듬어 찾아가서 사슴을 가져갔다. 이 사람이 아내에게, 길 가던 나무꾼에게 사슴을 잡은 꿈 얘기를 듣고 이 사슴을 찾아온 것이라고 하자, 아내는 나무꾼을 만난 것은 당신이 꿈을 꾼 것이라며 사슴을 얻은 것만이 현실이라고 하였다. 한편 나무꾼은 집에 돌아간 뒤에도 그 사슴을 못내 잊지 못하여 마침내 밤에 꿈까지 꾸었는데, 자신이 사슴을 감추어두었던 장소와 그 사슴을 다른 사람이 가지고 가는 것을 보게 되었다. 날이 밝은 뒤에 나무꾼이 그 사람에게 찾아가 사슴을 내놓으라고 하면서 재판까지 가게 되었는데, 사사(士師)는 나무꾼에게 말하기를 "너는 현실에서 잡은 사슴은 꿈이라고 생각하고, 꿈에서 잡은 사슴은 현실이라고 생각하였다. 이를 들은 사람이 정말로 사슴을 가져가자 그의 아내는 또 꿈에서 본 사슴을 가져온 것이라고 하였다. 현실적으로 사슴이 한 마리 있으니, 똑같이 나누어 갖도록 하라."라고 하였다. 이 일을 들은 정나라 임금은 사사 역시 꿈속에서 재판한 것이라 하였고, 재상은 이것도 현실인지 꿈인지 알 수 없다고 하였다 한다. 이와 관련하여 '부록심초(覆鹿尋蕉)'라는 성어가 있다.

148 제나라……지었네 : 영척(甯戚) 춘추시대 때 위(衛)나라 사람으로 집안이 가난하여 남의 수레를 끌어주면서 살았다. 제나라 환공(桓公)이 이르자 소의 뿔을 두드리며

	齊客相牛空有經
내 벗은 성정이 고아하여 본디 기영(箕潁)[149]이라	吾友高情本箕潁
근교 정자에서 깃들어 산다 해도 해될 것 없다네	不妨棲息且郊亭

세 번째 첩운하다 三疊

시냇가 바람이 비와 어우러져 홰나무 문에 흩어지니	溪風和雨散槐扃
숲 옆에 놓인 안석이 온통 푸르네	几席依林一色青
뜬구름 같은 세상의 공명이란 참으로 환상이니	浮世功名眞幻化
그윽한 정원에 주인과 객이 좋게 머물고 있구나	幽園賓主好居停
창문 너머 꾀꼬리 소리도 마치 말을 주고받는 듯하고	隔窓鸎語如酬酢
얇게 얽어맨 거미줄에도 가로 세로 줄이 나있네	罥箔蛛絲有緯經
피서하려면 모름지기 하삭음[150]을 하여야 하기에	避暑正須河朔飮

〈백석가(白石歌)〉를 불렀는데, 환공이 듣고 불러다가 이야기를 나눈 뒤에 현자임을 알고 대부로 삼았다고 한다. 그는 소의 좋고 나쁨을 식별할 줄 알아서 《제후영척 상우경(齊侯大夫甯戚相牛經)》이라는 책을 지었다고 한다.

149 기영(箕潁) : 현자(賢者)의 은거지를 가리키는 말이다. 요(堯) 임금 때 고사(高士)인 허유(許由)가 기산(箕山)의 아래 영수(潁水)의 북쪽에 숨어 살았던 고사가 전한다. 《高士傳 上》

150 하삭음 : 여름에 피서하면서 술을 마시는 홍취를 뜻한다. 《초학기(初學記)》에서 조비(曹丕)의 《전론(典論)》을 인용하여 다음과 같은 내용을 기록하였다. "대가가 허성(許誠)에 도읍하고 위(魏)나라 광록대부 유송(劉松)에게 북쪽으로 원소(袁紹)의 군대를 진압하게 하였는데, 날마다 원소의 자제들과 함께 술 마시며 잔치를 즐겼으며, 삼복 더위에 밤낮으로 술을 마시다 흠뻑 취하며 인사불성에 이르기도 하였다. 그가 말하기를 일시의 더위를 피해야 했기에 하삭에서 피서를 위한 음주를 하였다고 하였다.〔大駕都

한 동이 술 들고 못가 정자에 오르네　　且携樽酒上池亭

네 번째 첩운하다 四疊

꾀꼬리 소리 조화롭고 버들가지 문에 드리웠는데　　黃鸝恰恰柳垂扃
비 지나간 교외 동산엔 푸른 빛이 끝없네　　過雨郊園未了青
송아지 타고 온 사람은 물결 따라 떠나버리고　　騎犢人隨流水去
구름 바라보는 나는 고송과 함께 머무르네　　看雲吾與古松停
손등은 휘파람 잘 불어 말하지 않아도 되었지만[151]　　孫登善嘯可無語
장자는 명예를 피하면서 여전히 책을 저술했구나　　莊子逃名猶著經
눈앞에 바둑알[152] 가득해도 게을러 놓지 않고서　　滿眼枯棋慵不着

許, 使光祿大夫劉松北鎭袁紹軍, 與紹子弟日共宴飮, 常以三伏之際, 晝夜酣飮, 極醉, 至於無知. 云以避一時之暑, 故河朔有避暑飮.〕"

151 손등은……되었지만 : 손등(孫登)은 자가 공화(公和), 호가 소문선생(蘇門先生)이다. 소문산(蘇門山)에 오래 은거하며 노장 사상에 심취하였다고 한다. 금(琴)을 잘 탔고, 또 휘파람을 잘 불었다고 한다. 당시 죽림칠현(竹林七賢)의 한 사람으로 일컬어지던 완적(阮籍)은 술을 매우 좋아했는데, 그 또한 휘파람을 잘 불어서 금조(琴操)와 곧잘 조화를 이루었으며, 진류(陳留)에 그의 소대(嘯臺)까지 있었다고 한다. 그가 일찍이 소문산에 올라 손등과 만나서 여러 가지 이야기를 해 보았으나 손등이 전혀 대꾸하지 않으므로 마침내 휘파람을 길게 불면서 내려가는데, 산 중턱쯤 내려갔을 때 마치 난봉(鸞鳳) 같은 아름다운 소리가 암곡(巖谷)에 울려 퍼졌다고 한다. 그게 바로 손등의 휘파람 소리였다는 고사가 전하기도 한다. (《진서(晉書)》 권49 〈완적열전(阮籍列傳)〉) 손등은 후에 또 다른 죽림칠현 중 하나인 혜강(嵇康)에게 처신의 도에 대해 설명한 바 있으나, 혜강은 그 말을 듣지 않고 행동했다가 결국은 죽임을 당했다.

152 바둑알 : 옛날에는 바둑판과 바둑알을 모두 나무로 만들어서 '고기(枯棋)'라는 용어가 생겨난 듯한데, 확실하지는 않다. 위소(韋昭)의 〈박혁론(博奕論)〉에도 '고기삼백(枯棋三百)'이라는 말이 나오는데, 바둑알이 300개라는 뜻이라고 한다. "평평한 나무 하나가 나라를 봉해 받는 것과 비교해 어떠한가? 바둑알 삼백 개가 만국의 장수가

한 판을 헤아리며 요리조리 궁리하고 있네　　商量一局好平亭

다섯 번째 첩운하다 五疊

종일토록 기거해도 보이는 것은 노을 진 문 뿐　　起居終日有霞扃
긴긴 여름 하늘빛엔 오직 맑고 푸르름만 있네　　長夏天容只澹青
산 기운이 숲에 스미니 새들이 재빨리 날아가고　　山氣透林禽鳥疾
저녁 빛이 소에 잠기니 두우성[153]이 멈추네　　暮光涵沼斗牛停
요동의 처사는 늘 탑상에 기대있고[154]　　遼東處士常依榻
직하 선생[155]은 아무렇게나 경전을 이야기하네　　稷下先生漫說經
숲과 샘의 참된 뜻이 있다고 말할 만하나니　　可道林泉眞意在
지금까지도 허물어진 안락정[156] 터 남아있다네　　秖今顏樂廢遺亭

되는 것과 비교해 어떠한가?〔夫一木之坪, 孰與方國之封? 枯棋三百, 孰與萬國之將?"〕 이에 근거해 '고(枯)' 자를 '의미 없는', '쓸모없는' 등의 형용사로 해석하는 사람도 있다.

153 두우성 : '斗牛星'은 북두성(北斗星)과 견우성(牽牛星)을 말한다. 일설(一說)에는 남두성(南斗星)과 견우성(牽牛星)을 가리킨다고도 한다.

154 요동의……기대있고 : 관녕(管寧)의 고사를 인용한 것이다. 진나라 황보밀(皇甫謐)이 지은 《고사전 하(高士傳 下)》에 "관녕이 항상 하나의 나무 탑상(榻牀) 위에 앉아서 50여 년의 세월을 보냈는데, 그동안 한 번도 다리를 뻗지 않고서 무릎을 꿇고 앉아 있었으므로 탑상 위에 무릎이 닿은 곳 모두가 닳아져서 구멍이 뚫려 있었다.〔管寧常坐一木榻, 積五十餘年, 未嘗箕股, 其榻上當膝處皆穿.〕"라는 말이 나온다. 관녕은 후한 영제(靈帝) 말년에 난리를 피해 요동으로 건너간 뒤에, 초당을 짓고 은거하면서 조정의 부름에도 일체 응하지 않은 채 검은 관을 쓰고서 사람들에게 예절을 가르치며 검소한 생활로 일관하였으므로, 사람들이 현자(賢者)로 칭송하였다고 한다. 그의 자(字)는 유안(幼安)이다.

155 직하 선생 : 전국시대 때 제나라 직문(稷門)에 모여들었던 학자들을 지칭한다.

156 안락정 : 안락정은 안회(顏回)를 기리기 위해 지은 정자 이름이다. 소식(蘇軾)의

여섯 번째 첩운하다 六疊

책상에 기댄 채 얽매임 없이[157] 문밖 나서지 않고서 隱几翛然不出扃
고요히 지내며 날마다 멀리 푸른 산만 바라보네 端居日日遠岑青
연기와 구름이 색을 희롱하니 시가 장차 나오려 하고 煙雲弄色詩將化
바람과 물이 무늬를 지어내니 그 변화가 끝도 없네 風水生文易不停
쑥대 풀 아래서 소요해 봐야 메까치나 메추라기의 얻음이요[158] 蓬底逍遙鷽鴳得
책 속에서 치란해 봐야 좀벌레[159]나 다닐 길이로다 卷中治亂蠹魚經

시 〈안락정(顏樂亭)〉 서문에 "안자가 옛날 살던 이른바 누항이라는 곳에 우물이 있다. 그 우물물을 마시던 안씨는 벌써 오래전부터 그곳에 있지 않았으나, 교서 태수 공군종한이 처음 그 땅을 얻어 우물을 준설한 뒤에 그 위에다 정자를 짓고는 '안락정'이라고 명명하였다.〔顏子之故居, 所謂陋巷者, 有井存焉. 而不在顏氏久矣. 膠西太守孔君宗翰, 始得其地, 浚治其井, 作亭於其上, 命之曰顏樂.〕"라는 말이 나온다. (《소동파시집(蘇東坡詩集)》 권15.)

157 얽매임 없이 : '翛然'은 자유자재한 모양, 아무것도 얽매임 없는 모양을 형용하는 말이다.

158 쑥대……얻음이요 : 《장자》 〈소요유(逍遙遊)〉에 나오는 비유이다. "풀조차 나지 않는 북쪽에 큰 바다가 있는데, 바로 천지이다. 거기 물고기가 있는데, 너비가 수천 리나 되어 그 길이를 아는 자가 없다. 이 물고기의 이름은 곤이다. 거기 새가 있는데, 이름이 붕으로, 등은 태산 같고 날개는 하늘에 드리운 구름 같다. 회오리바람을 타고서 위로 9만 리나 솟아오르는데, 구름을 뚫고 푸른 하늘을 등에 진 연후에 남쪽을 향해 날갯짓하여 남쪽 바다로 간다. 이때 메추라기가 붕을 비웃으며 말했다. '그 새가 어디로 날아간다는 거지? 나는 펄쩍 뛰어 위로 올라가 봐야 몇 길도 채 미치지 못하고 내려와 쑥대 풀 사이나 날아다니며 맴돌 뿐인데, 그 새가 어디로 날아간다는 거야?' 이것이 바로 크고 작음의 구별이다."

159 좀벌레 : 책 속에 사는 작은 벌레를 말하는데, 책 자체를 뜻하기도 한다.

가슴에 현허(玄虛)만이 남은 것을 홀로 아파하는데 自憐襟抱玄虛在
휘파람 불고 나자 깊은 숲에 달이 정자 위를 비추네 嘯罷深林月覆亭

일곱 번째 첩운하다 七疊

먼 산봉우리에 구름 일어 돌문을 덮으려는데 遙嶂生雲欲覆扃
서늘함을 틈타 느릿느릿 등나무 지팡이 짚고 거니네 乘凉緩步瘦藤青
홰나무에 맺힌 빗물이 우물 벽돌에 떨어져 갓 낀 이끼 미끄럽고 槐霏滴甃新苔滑
간수에 쌓인 낙엽이 벼랑에 이어져 검은 물이 고였네 澗葉承崖暗溜停
제비 부리에 물린 진흙은 급한 곳부터 떨어지고[160] 燕觜泥從忙處落
백로 깃털에 부는 바람은 고요한 곳을 향해 지나가네 鷺絲風向靜時經
성시에서 유유자적해도 우리의 도는 간직되어 있나니 優游城市存吾道
화석 동쪽 숲에도 정자가 있다네[161] 花石東林也有亭

160 제비……떨어지고 : 제비가 집을 짓기 위해 진흙을 물어 나르는 모습을 읊은 것이다. 두보(杜甫)의 〈서보(徐步)〉 시에, "진흙은 제비 부리에 따라 오르고, 꽃가루는 벌 수염에 엉겨 붙누나.〔芹泥隨燕觜 蘂粉上蜂鬚〕"라는 구절이 있다.

161 화석……있다네 : 화석정(花石亭)은 지금의 파주시 파평면(坡平面) 율곡리(栗谷里)에 있는 정자이다. 화석정은 1443년(세종25)에 율곡의 5대조인 이명신(李明晨)이 건립하였는데, 평천장처럼 기화요초와 소나무와 괴석들을 많이 갖추었다 한다. 세월이 지나 피폐하였는데 뒤에 율곡이 중수하고, 벼슬에서 물러났을 때 이곳에서 시를 짓고 학문을 논하였다.

여덟 번째 첩운하다 八疊

오래된 난간이 서늘해져 저녁에도 문 닫지 않으니 古檻生凉晚不扃
연라[162] 가득한 한 가닥 길이 저 멀리까지 푸르구나 煙蘿一道遠蕪青
시내 맑건만 자못 이상하게도 헤엄치는 물고기 적고 溪淸頗怪游魚少
나무 고요하여 자주 만나는 건 어여쁜 새 멈춘 모습일세 樹靜頻逢好鳥停
산 성곽에서 나귀를 탈 때면 옛 약속을 떠올리고 山郭騎驢知舊約
돌 문에서 술잔 들 때면 지난날을 기억하네 石門携酒憶曾經
연꽃이 칠월이면 요란할 것이니 荷花七月應撩亂
머물러 기다렸다가 물 가득한 정자에 시를 써야겠네 留待題詩滿水亭

아홉 번째 첩운하다 九疊

허공의 소리 맑아져[163] 벌써 문에 저녁이 찾아오니 空籟泠泠已夕扃
계곡의 이내와 마을의 나무가 맑고도 푸르구나 谷煙村樹澹仍青
산당화 열매 맺으니 보는 이 없고 山棠結子無人見
냇가 풀에 꽃이 피어나니 나비가 찾아와 머무네 澗草生花有蝶停
세상은 스스로 같고 다른 견백론[164]을 펼치는데 世自異同堅白論

162 연라 : 초목이 무성한 곳에 이내가 끼고 등나무의 덩굴이 길게 뻗은 것을 이르는 말인데, 전하여 은거하거나 도를 수련하는 곳을 뜻한다.

163 허공의……맑아져 : '공뢰(空籟)'는 허공 중에 울리는 소리라는 뜻으로 주로 바람 소리를 뜻하고, '영령(泠泠)'는 맑고 청량한 소리를 상징하는데, 주로 바람이나 샘물 소리를 묘사할 때 사용된다.

164 견백론 : 전국시대 조(趙)나라의 변사(辯士) 공손룡(公孫龍)이 주장한 일종의 궤변(詭辯)인데, 굳고 흰 돌이 있을 때 눈으로 보면 흰 것만 알고, 만져보면 단단한

누가 능히 적막한 가운데 《태현경》을 지을 수 있으랴[165] 誰能寂寞太玄經

시냇가 다리에 말 세워두고 고개 돌려 바라보니 溪橋立馬聊回首
느릅나무 버드나무가 아련히 들녘 정자를 가렸구나 楡柳依依掩野亭

열 번째 첩운하다 十疊

버드나무 사이로 돌아갈 차비하고 계곡 문을 건너니 柳暎歸鞍度澗扃
교외 들판 십 리에 푸르스름 연기가 어둑하네 郊墟十里暝煙青
샘 소리는 계곡을 나서자 끝내 멀어졌지만 泉聲出谷終相遠
산빛은 사람을 따라 줄곧 멈추지 않네 山色隨人故不停
저녁의 황새는 꽁무니 들고서 냇가 풀을 쪼아 먹고 幽鸛尻高溪草啄
작은 나귀는 민첩한 걸음으로 돌계단을 지나가네 小驢蹄捷石梯經
돌아와 바람 부는 처마 아래서 한바탕 꿈을 꾸었는데

것만 알게 되므로, 굳고 흰 돌은 한 번에 성립하지 않는 개념이라고 설명하는 논법이다. 이와 비슷한 주장으로 또 백마비마론(白馬非馬論)이 있다. 그는 명실(名實)이 혼란스러운 현실을 타개하고자 이러한 논리를 주장한 것인데, 이러한 학술 유파를 일컬어 명가(名家)라고 한다.

165 누가……있으랴 : 한나라 양웅(揚雄)은 문장을 '벌레나 새기는 작은 기예〔雕蟲小技〕'로 여기면서 학술 저서를 집필하는 일에 몰두했는데, 《논어》를 염두에 두고 《법언(法言)》을, 《주역(周易)》을 염두에 두고 《태현(太玄)》을 지었다. 그래서 《태현》을 《태현경(太玄經)》이라고 부르는 것이다. 그가 적막하게 들어앉아 《태현》을 지었다고 하여 그를 초현자(草玄子)라고 부르기도 한다. 그러나 그의 학문이나 고심을 알아주는 이 없어 괴로워하던 그는 〈해조(解嘲)〉를 지어 스스로의 입장을 밝히기도 하였다. 당나라 시인 이백(李白)은 〈협객행(俠客行)〉이라는 시에서 그런 그를 칭송하며, "그 누가 천록각 아래에서, 머리 다 세도록 태현경을 지을 수 있으리!〔誰能書閣下, 白首太玄經〕"라고 읊은 바 있다.

歸來一夢風簷下
외려 붓을 휘두르며 못가 정자에서 쉬고 있었다네 猶自揮毫憩沼亭

열한 번째 첩운하다 十一疊

몇몇 군데 인가에서 돌로 문을 쌓아놓았는데 幾處人家石築扃
널다리로 지는 해에 나귀 한 마리 푸르스름하네 板橋殘日一驢青
산 모습은 깎아지른 벼랑에 구름이 지나가고 山容絶壁孤雲過
들녘 빛은 아득한 모래섬에 맑은 달이 멈춰있네 野色遙沙澹月停
객을 사절하고서 하릴없이 술만 마시고 謝客只消無事酒
휘장을 내려도[166] 외려 궁구하지 못한 경서[167]가 있다네
下帷猶有未窮經
계수나무 더위잡고 오르는 것에[168] 장구한 계획 있으니
攀援桂樹存長計
연꽃 핀 정자[169]에만 미련 둔 것 아니라네 不獨牽情菡萏亭

166 휘장을 내려도 : 《한서》 권56 〈동중서전(董仲舒傳)〉에, "막을 내리고 경서를 강송(講誦)하여 제자들이 차례로 수업(授業)하는데, 어떤 때는 서로 얼굴을 못 보는 일도 있다." 하였다. 뒤에 와서 깊이 들어가 글만 읽고 외간사를 간섭하지 않는 것을 '하유공독(下帷攻讀)'이라 한다.

167 끝나지……경서 : 평생 읽어도 다 읽지도 못하고 다 이해하지도 못하는 경서들을 말한다.

168 계수나무……것에 : 《초사》 〈초은사(招隱士)〉에 "계수나무 가지를 부여잡으며 편히 오래 머무른다네.〔攀援桂樹兮聊淹留〕"라는 구절이 보인다. 은사(隱士)가 향기로운 계수나무를 사랑하여 산중에 머물러 산다는 뜻이다.

169 연꽃……정자 : 일반적인 의미로 연꽃 핀 정자를 가리키는지, 아니면 고유명사로 쓰였는지 불분명하다. 창덕궁 후원에 부용지(芙蓉池)가 있고 부용정이 있으며, 또 규장

열두 번째 첩운하다 十二疊

친구가 성곽 동쪽[170] 문에 살고 있는데 故人棲息郭東扃
시냇물은 청량하고 구름 낀 나무는 푸르다네 澗道泠泠雲樹青
들녘 학은 날개가 길어 마침내 멀리까지 솟아오르고 野鶴翅長終遠擊
산골짝 구름은 마음이 아득하여 외롭게 멈추네 峀雲心逈且孤停
시 쓰러 물가 누각에 아침부터 지팡이 들고 나서고 題詩水閣朝携策
촛불 심지 자르려[171] 산 집 창에서 밤새 경서를 살폈네 剪燭山窓夜檢經
언덕과 골짜기에서 유유자적하던 나와 그대 丘壑優游吾與爾
가슴에 품은 소나무 대나무는 언제까지나 곧으리 襟懷松竹老亭亭

열세 번째 첩운하다 十三疊

게으름에 찾아가지 않았더니 풀이 문을 막았지만 懶廢過從草塞扃
발 걷으니 천 개 봉우리가 멀리서 푸르름을 보내오네

각・서향각 등 휴식과 학문적 용도로 쓰이던 다양한 건물들이 있는데, 혹시 창덕궁을 의미하는 말로 쓰이지는 않았는지 추측해본다. 따라서 미련(尾聯)은 시인의 장구한 계책이 마침내 은거하는 데 있지 언제나 조정에 있는 것만은 아님을 의미한 듯하다.

170 성곽 동쪽 : 이 시를 함께 짓고 있는 오원의 집이 종암동에 있기에 성곽 동쪽이라고 표현한 것이다.

171 촛불……자르려 : 다정한 벗과 함께 이야기를 나누는 것을 뜻한다. 촛불 심지를 자른다는 것은 촛불이 오래 타서 길어진 심지를 자르는 것으로 밤이 깊음을 뜻한다. 당나라 시인 이상은(李商隱)의 〈비 내리는 밤에 북녘으로 부치다〔夜雨寄北〕〉 시에 "그 언제나 함께 서창의 촛불 심지 자르며, 도리어 파산의 밤비 내리던 때를 얘기할거나.〔何當共翦西窗燭, 卻話巴山夜雨時〕"라고 하였다. 이 시구로 인하여 전촉(翦燭)은 무릎을 맞대고 밤에 정담을 나눔을 뜻하는 말이 되었다.

千峯褰箔納遙青

이슬이 연꽃잎을 적시니 새벽 빛깔 깨끗하고　露沾荷葉晨光淨

해가 소나무 뿌리를 지나가니 낮 그림자 멈추었네　日轉松根午影停

가난이 심한 나이지만 그래도 한 서가의 책은 있고　貧甚吾猶書一架

곤궁할 적 성인에게도 세 권 경서 놓을 자리는 있었네[172]

窮時聖亦席三經

스승을 수소문하고 도를 찾아다니는 것이 평생의 뜻이니

尋師訪道平生志

늘그막에는 오직 고정[173]을 읊조릴 수 있으리　遲暮惟堪誦考亭

열네 번째 첩운하다 十四疊

오사모 비스듬히 쓰고서 선문(仙門)에 기댔더니　烏紗欹側倚仙扃

파릇파릇한 정원 버드나무가 문을 푸름 속에 가두었네

苑柳慈蘢瑣闥青

강과 바다에 그 언제 물오리와 기러기[174] 없었을까마는

172 곤궁할……있었네 : 세 부(部)의 경서를 펼쳐놓을 만한 공간에 앉아 있다는 말이다. 《설원(說苑)》에 "공자께서 진(陳)나라와 채(蔡)나라 사이에서 곤액을 당하여 사방 벽만 덩그마니 있는 방안에 거처하시고, 세 권의 경서를 펼쳐놓을 자리에 앉아 계시며, 이레 동안 밥을 먹지 못하시고 쌀을 넣지 않은 명아주 나물국을 드셨다. 제자들이 모두 굶주린 기색이 있었으나 공자는 《시경》·《서경》을 읽고 예(禮)를 연구하는 일을 쉬지 않았다.〔孔子困於陳蔡之間, 居環堵之內, 席三經之席, 七日不食, 藜羹不糝, 弟子皆有飢色, 讀《詩》·《書》, 治禮不休.〕"는 기록이 보인다.

173 고정 : '考亭'은 주희(朱熹)를 가리킨다. 복건성(福建省) 건양(建陽)에 주희의 고정서원(考亭書院)이 있다.

174 물오리와 기러기 : 다음 구에 나오는 봉황과 상대되는 개념으로 평범한 인재들을

江海何曾鳧鴈少

오동나무에 봉황이 멈추는 모습 볼 수 없구나[175] 梧桐不見鳳凰停

업중에서는 벗에게 줄 탑상 아직 걸어놓고 있는데[176]

鄴中朋友猶懸榻

분수 가에서는 아이에게 아직 경서 가르치지 못하였네[177]

汾上兒童未授經

시골 사람이 사리를 분별할 줄 알아 그나마 기쁘나니 强喜野人能解事

작은 배를 호숫가 정자 옆에 매어두어야겠네 小舟料理傍湖亭

비유하는 말로 사용되었다.

175 오동나무에……없구나 : 봉황은 오동나무가 아니면 깃들지 않고 대나무 열매가 아니면 먹지 않는다고 한다. 후에 인재가 훌륭한 임금을 선택해 출사(出仕)하는 것을 상징하는 용어로 사용되었다.

176 업중에서는……있는데 : 후한(後漢)의 진번(陳蕃) 고사를 인용한 것이다. 그의 고향이 하남성(河南省) 여남(汝南)이기에 업중이라고 한 것이다. 그는 고고한 고사로서 다른 손님은 일절 맞지 않았는데, 현인인 서치(徐穉)가 오면 특별히 걸상 하나를 내려놓고 환담을 하고는 그가 가면 다시 올려놓았다는 현탑(懸榻)의 고사가 전한다. 《후한서(後漢書)》 권53, 〈서치열전(徐穉列傳)〉

177 분수……못하였네 : 분수는 수(隋)나라의 학자인 왕통(王通, 584~617)을 가리킨다. 그는 20세 때 경세의 뜻을 가지고 수도인 장안으로 가서 수나라 문제(文帝)를 알현하면서 12조(條)의 태평책(太平策)을 올렸으나, 공경들의 반대로 받아들여지지 않았다. 이에 고향인 용문현으로 돌아가 저술에 전념하면서 제자를 가르쳤다. 분수는 산서성(山西省) 서남쪽에 위치한 강인데, 왕통은 바로 그곳에서 강학하면서 천여 명의 제자를 길러냈다. 경련(頸聯)에서 말하고 있는 것은 작가 남유용의 벗은 늘 탑상을 걸어놓고 벗을 기다리건만, 나는 아직도 고향으로 돌아가 경서 강학을 시작하지 못하고 있다는 뜻이다.

열다섯 번째 첩운하다 十五疊

적막한 금려[178]는 마치 절간과도 같아 禁廬寥闃似禪扃
우거진 전나무 기다란 대나무가 끝없이 푸르구나 深栝脩篁不已靑
높은 두공 위 밤새 머문 구름은 아침 되자 마주 눕고 高栱宿雲朝對臥
상림[179]에 돌아온 오리는 저녁이 되자 함께 깃드네 上林歸鶩夕俱停
턱 고이니 오연히 보이는 것이 서산의 홀이요[180] 支頤漫有西山笏
배를 잔뜩 채워도 다할 수 없는 것은[181] 북해의 경[182]이라 拄腹難窮北海經

178 금려 : 대궐에서 시종하는 관원들이 거처하는 건물을 말한다.

179 상림 : 한(漢)나라 때의 궁궐의 정원인 상림원(上林苑)을 말하는데, 흔히 궁궐의 정원을 뜻하는 말로 쓰인다. 금원(禁苑), 혹은 금림(禁林)이라고도 한다.

180 턱……홀이요 : 진(晉) 나라 사람 왕휘지(王徽之)는 타고난 성품이 자잘한 세속에 전혀 얽매임이 없었는데, "왕자유(곧 왕휘지)가 환충(桓沖)의 거기참군(車騎參軍)으로 있을 적에 한번은 환충이 그에게 말했다. '경은 부(府)에 있은 지 오래되었으니, 요즘에는 의당 사무를 잘 알아서 처리하겠지.' 그는 처음에 아무 대답도 하지 않다가 곧장 고개를 쳐들고 홀(笏)로 턱을 괴더니, '서산에 아침이 오니 상쾌한 기운이 있을 뿐입니다.'"라는 고사가 《세설신어(世說新語)》 〈간오(簡傲)〉에 보인다. 이에 '주홀간산(拄笏看山)'이라는 성어가 생겨났는데, 세속에 얽매이지 않고 초연히 유유자적하는 풍모를 의미한다.

181 배를……것은 : '拄腹'은 소식(蘇軾)의 〈시원에서 사를 끓이며 지은 시〔試院煎茶詩〕〉에 "창자와 배를 채울 만한 문자 오천 권은 필요 없지만, 실컷 자고 해 높이 올랐을 때 마실 수 있는 차 한 잔은 늘 있기만을 바란다.〔不用撑腸拄腹文字五千卷 但願一甌常及睡足日高時〕"라고 한 데서 비롯된 말이다.

182 북해의 경 : '北海經'은 《산해경》 안에 있는 편명이다. 《산해경》은 지리서의 일종으로, 기록하고 있는 것이 사방 산과 바다에 자리한 나라들, 그리고 신화전설이므로 여기서는 책을 아무리 읽어도 세상을 다 섭렵하기에는 부족하다는 의미로 쓰인 듯하다.

성품이 오활하여 세상 길에 방해됨을 잘 아나니　自信踈迂妨世路
장차 나의 종적을 분정[183]에 기탁하려 하네　會將蹤跡寄汾亭

열여섯 번째 첩운하다 十六疊

새벽빛 감도는 구릿빛 용[184]의 양쪽 문이 열리니　曙色銅龍闢兩扃
의관들 가까이 붙어[185] 붉고 푸른 관복이 지나가네　衣冠偪側度緋青
바람이 맑아 궁궐에 화로 연기가 퍼지고　風淸紫籞爐煙徹
낮 길어 금호에 누전이 멈추었네[186]　日永金壺漏箭停
예악은 저들이 응당 삼대의 일에 맞추겠고　禮樂他應三代事
시서는 내 스스로 한 상자 경서[187]로 간직하려네　詩書吾自一函經
몸에 밴 습기를 없애니 초심만이 남으니　消磨習氣初心在
아홉 구비 연하 속 만정[188]이 그리워지네　九曲煙霞想幔亭

183 분정 : 수나라 때의 대유(大儒)인 왕통(王通)이 은거하면서 강학하고 쉬던 정자 이름이다.

184 구릿빛 용 : '銅龍'은 창덕궁 안에 있던 문인 동룡문(銅龍門)을 가리킨다. 동룡문은 현재의 창덕궁과 창경궁 경계 지점에 위치한 동궁에 위치한 문이었을 것이다.

185 가까이 붙어 : 원문의 '偪側'은 '偪仄'이라고도 쓰며 매우 가까이 붙어 있는 모습을 형용하는 말이다. 두보(杜甫)의 시 〈핍측행(偪側行)〉에 "가깝고도 또 어찌 가까운가, 나는 남쪽 골목에 살고 그대는 북쪽 골목에 사네.〔偪仄何偪仄, 我居巷南君巷北〕"라는 구절이 보인다.

186 금호에……멈추었네 : 금호(金壺)는 물시계의 금으로 만든 물통을 말하고, 누전(漏箭)은 물시계에서 시간을 알아볼 수 있는 눈금을 새긴 화살을 말한다. 즉 해가 길어서 시간이 더디 가는 것을 물시계 눈금이 멈춘 것으로 표현한 것이다.

187 한……경서 : 원래 '함경(函經)'은 불경을 가리키는 용어이다. 여기서는 승려들이 불경을 읊듯, 유자로서 시서를 읊조리겠다는 뜻으로 사용된 듯하다.

188 만정 : 중국 무이산(武夷山)의 만정봉(幔亭峯)에 대은병산(大隱屛山)이 있는

열일곱 번째 첩운하다 十七疊 백옥[189]에게 주다 屬伯玉

궁궐 나무 어두침침하여 이미 문을 가렸는데 宮樹沉沉已上扃
누군가를 그리워하며 홀로 밤새느라 종이 등이 푸르구나 懷人獨夜紙燈青
노래는 〈백설〉[190]을 이루어 마음 외려 비장하고 歌成白雪心猶壯
거문고는 높은 산에 이르러[191] 손가락 멈추려 하네 琴到高山指欲停
박사는 줄곧 자리에 공연히 기대앉았고 博士向來空倚席
장군은 오늘도 경전을 손에 들고 있네 將軍今日也橫經
창주[192]의 갈매기와 해오라기 자주 기다리니 滄洲鷗鷺煩相待

데, 주희(朱熹)가 명명한 무이구곡(武夷九曲) 중의 하나이다. 남유용이 주희를 그리워하는 마음을 표현한 것으로 해석할 수 있다.

189 백옥 : 오원(吳瑗)이다. 자세한 내용은 35쪽 주16 참조.

190 〈백설〉 : 〈백설가(白雪歌)〉는 흔히 〈양춘곡(陽春曲)〉과 함께 병칭되는 전국시대 초(楚)나라의 가곡(歌曲) 이름이다. 곡조의 흐름이 고아하고 심오하여 이 곡에 화답할 수 있는 사람이 적었다고 하는 데서 지음(知音)이 드문 시가를 뜻하는 말로 사용되었다.

191 거문고는……이르러 : 《열자(列子)》 〈탕문(湯問)〉에 나오는 고사를 인용하였다. "백아는 거문고를 잘 연주했고 종자기(鍾子期)는 (백아의 연주를) 잘 감상했다. 백아가 거문고를 탈 때 그 뜻이 높은 산에 있으면 종자기는 '훌륭하다. 우뚝 솟은 그 느낌이 태산 같구나.'라고 하였고, 그 뜻이 흐르는 물에 있으면 종자기는 '멋있다. 넘칠 듯이 흘러가는 그 느낌은 마치 강과 같구나.'라고 했다. 백아가 뜻하는 바를 종자기는 다 알아맞혔다. 종자기가 죽자 백아는 더 이상 세상에 자기를 알아주는 사람〔知音〕이 없다고 말하고 거문고를 부수고 줄을 끊고 종신토록 연주하지 않았다."

192 창주 : 창주(滄洲)는 은사들이 칩거하는 장소로 자주 인용되는 곳이다. 두보(杜甫)의 시 《곡강대주(曲江對酒)》에 "벼슬아치 마음 은자의 길 먼 것을 다시 깨닫나니, 다 늙어서 옷자락 떨치고 떠나지 못하는 것을 가슴 아파하노라.〔吏情更覺滄洲遠, 老大悲傷未拂衣〕."라는 구절이 보인다.

어떻게 하면 작은 배를 저어 토정[193]을 찾아갈까　耐可揚舲過土亭

국자(國子)에는 훌륭한 박사(博士)가 있으나 어진 제자가 없다. 솔부(率府)는 본디 장군(將軍)의 직함이나 종종 책을 끼고 경연(經筵)에 오르기도 한다. 이에 다섯, 여섯 번째 구에서 언급했다.[194]

열여덟 번째 첩운하다 十八疊 의숙[195]에게 주다 屬宜叔

친구가 동쪽 골목 쑥대 풀 자라난 집에 사는데　故人東巷住蓬扃
주렴 걷으면 종남산[196] 푸르름이 한 손에 잡히네　簾捲終南一握靑
빗속에 선 두 그루 소나무는 키가 더욱 자랐고　雨立雙松身更聳
구름 위를 나는 한 마리 고니는 멈출 생각을 않네　雲飛一鵠意難停
오동의 마음 늙었어도 〈아양〉은 남아있고[197]　桐心縱老峩洋在
대나무 바람 소리 아직 추워도 눈발은 지나갔네　竹語猶寒霰雪經
높고 밝은 곳이라야만 여름에 어울리는 것 아닐지니　未必高明宜夏日

193 토정 : 김정호의 〈경조도(京兆圖)〉 중 서호 주변을 보면 밤섬에서 강 건너 맞은편에 읍청루(挹淸樓)·마포(麻浦)·토정(土亭)·흑석리(黑石里)·서강(西江)·잠두(蠶頭)·양화진(楊花鎭)·망원정(望遠亭) 등의 표기가 보인다. 따라서 한강 가에 있던 지명임을 알 수 있다.

194 국자(國子)에는……언급했다 : 국자는 국자감을, 솔부는 세자익위사를 각각 가리킨다. 이 시를 짓던 당시 오원은 국자감 박사로 있었고, 남유용은 세작익위사에 있었기에 이렇게 표현한 것이다.

195 의숙 : 이천보(李天輔). 자세한 내용은 84쪽 주141 참조.

196 종남산 : 서울의 남산을 가리킨다.

197 오동의……남아있고 : 거문고는 보통 오동나무로 만든다. 〈아양곡(峨洋曲)〉은 춘추시대 백아(伯牙)가 타고 그의 벗 종자기(鍾子期)가 들었다는 금(琴)의 곡조 이름인데, 종자기가 죽자 백아가 자기가 연주하는 곡조를 알아들을 사람〔知音〕이 없다고 하여 금의 줄을 끊고 다시는 금을 연주하지 않았다는 고사에서 유래하였다.

돌 머리로 베개를 옮겨서 빈 정자를 대신하리 石頭移枕當虛亭

열아홉 번째 첩운하다 十九疊

서늘함이 갈대 발에 일고 비가 문을 들이치니 凉生葦箔雨翻扃
마당 이끼의 푸르름을 학이 쪼는 것 막지 못하겠네 不禁庭苔鶴啄靑
가만히 들어보니 남쪽 벼랑엔 물방울 막 듣기 시작했고
靜聽南崖新溜滴
아득히 그리나니 동쪽 시내엔 작은 나귀가 멈춰있었지
緬懷東澗小驢停
오두마니 깃들어 사는 몸이나 외로운 걸상[198]은 있고
棲身兀兀還孤榻
햇볕에 뚱뚱한 배를 쬔 것은[199] 모두가 오경이라네 曬腹便便是五經

198 외로운 걸상 : 진번(陳蕃)이 일찍이 태수를 지낼 때 어떤 객도 만나지 않고 다만 은거하는 서치만을 존중하여 특별히 걸상 하나를 마련하여 그를 맞이하였다고 한다. 이에 '외로운 걸상'이란 특별히 존중하는 손님을 기다린다는 뜻으로 사용되었다.

199 햇볕에……것은 : 원문의 '曬腹'은 햇볕에 배를 쬐는 것을 이른다. 《세설신어(世說新語)》 〈배조(排操)〉에 "진(晉)나라 때 학융(郝隆)이 7월 칠석에 남들은 모두 의물(衣物)을 꺼내서 햇볕에 쬐는데, 햇볕에 배를 내놓고 누워 있는 것을 보고 누가 그 까닭을 물으니 '나는 내 배 속에 들어있는 서책들을 볕에 쬐고 있다.'라고 대답했다.〔郝隆七月七日出日中仰臥, 人問其故, 答曰: '我曬腹中書耳.'〕"라는 내용이 보인다. 또 《후한서(後漢書)》 권80 〈변소전(邊韶傳)〉에는 "변소는 자가 효선인데, 문장으로 이름이 나서 수백 명을 가르쳤다. 그는 말을 아주 잘했는데, 한번은 낮에 설핏 누워있다가 제자들이 사석에서 자신을 조롱하며, '변효선은 배만 뚱뚱하고, 책 읽기를 게을리하며 그저 잠만 자려고 한다.'라고 하는 소리를 들었다. 이 말을 듣고 그 즉시 응대하기를, '변은 성이요, 효는 자일세. 뚱뚱한 배는 오경을 담은 상자라네.'라고 하였다.〔邊韶字孝先, 以文章知名, 敎授數百人. 韶口辨, 曾晝日假臥, 第子私嘲之曰: '邊孝先, 腹便便,

오나라 객이 낙생의 읊조림[200]은 해서 무엇하리　　吳客何須洛生詠
긴 휘파람으로 수풀 정자를 흔들기만 할 뿐인 것을 只堪長嘯撼林亭

스무 번째 첩운하다 二十疊

간밤에 엷은 이슬이 새벽 문에 뿌리더니　　宿露微微灑曉扃
부들 싹이 겨우 한 마디 남짓 푸르러졌네　　蒲芽强得寸餘青
아이는 시구 찾느라 가을벌레처럼 괴로이 읊조리고 兒能索句虫吟苦
객은 투호 놀이 하느라 해오라기[201]처럼 멈춰있네　客有投壺鷺搽停
미치광이 모습의 유령은 〈주덕송〉을 지었고[202]　　狂態劉伶著酒頌

懶讀書, 但欲眠.' 韶濳聞之, 應時對曰: '邊爲姓, 孝爲字, 腹便便, 五經笥.]"라는 이야기도 보인다.

200 오나라……읊조림 : 동진(東晉)의 주요 정치무대가 옛날 오(吳)나라 땅, 지금의 강소성(江蘇省) 일대였기에 오나라 객이라고 부른 것이고, 낙생(洛生)은 낙하(洛下), 즉 낙양(洛陽) 서생의 시문 음영하는 소리를 말한다. 동진 시대 사대부들 중에는 중원에서 남하한 귀족들이 많아서 그들을 흉내 내는 이른바 '낙생'의 읊조림이 유행했다. 특히 원래 강남 출신인 사인들마저 낙양식 둔탁한 소리로 시문을 읊곤 하였는데, 당시 명류(名流)라 일컬어지던 사안(謝安)은 축농증을 앓아 낙양 발음으로 시문을 읊조리면 코맹맹이 소리가 났는데, 혹 그를 본뜨려고 하는 사람들이 일부러 코를 막고 소리를 내었다는 '사안 낙생영(謝安洛生詠)'의 고사가 전한다. 《世說新語 雅量》

201 해오라기 : 투호 놀이를 즐기는 사람이 한 다리를 들고 화살을 던지는 모습을 해오라기에 비유한 것이다.

202 유령은……지었고 : 유령(劉伶)은 자가 백륜(伯倫)으로, 위진시기의 명사(名士)이다. 완적(阮籍)·혜강(嵇康)·산도(山濤)·상수(向秀)·왕융(王戎)·완함(阮咸)과 더불어 죽림칠현(竹林七賢)이라 일컬어진다. 그는 매일 술을 마시며 미치광이처럼 산 것으로 유명하다. 항상 녹거(鹿車)에 올라 술을 마시면서 떠돌았는데, 수레 뒤에 삽의 짊어진 시종을 데리고 다니면서 자기가 죽으면 그 즉시 땅을 파고 묻으라고 하였다. 그는 술의 덕을 칭송하며 〈주덕송(酒德頌)〉을 지었는데, 기실 그의 모든 행동은

고아한 생각 품었던 제갈량도 《금경》[203]을 저술했네 高懷葛亮寫琴經
사방 교외에 벼와 기장이 무럭무럭 자라니 四郊禾黍油油起
사흘 내내 단비 내린 일 정자에 기록해야 마땅하리[204] 喜雨三朝合記亭

부패한 황실과 명교(名教)에 대한 반항에서 나왔다고 볼 수 있다.

203 《금경》 : 《중흥서목(中興書目)》에 "《금경(琴經)》1권, 제갈량이 찬술하다.〔《琴經》一卷, 諸葛亮撰述.〕"라는 기록이 보이기는 하지만 진위 여부는 확실치 않다. 그러나 제갈량이 금 연주에 뛰어나 〈양보음(梁父吟)〉을 지었다는 기록은 사서에서 찾아볼 수 있다.

204 사흘……마땅하리 : 소식(蘇軾)은 오랜 가뭄 끝에 단비가 내리자 그 기쁨을 〈희우정기(喜雨亭記)〉에 기록하고, "정자를 비로 명명(命名)함은 기쁨을 기록한 것이다.〔亭以雨名, 志喜也〕"라고 하였다.

백옥[205]이 어제 우연히 매미 소리를 듣고 부쳐온 시에 화답해 짓다

和伯玉昨日偶聞蟬聲見寄作

술의 보루 시의 전쟁터에선 숙세의 인연 풀어내고	酒壘詩場撥宿緣
흰 구름 맑은 시원한 대자리[206]에선 책 끌어안고 존다	白雲淸簟擁書眠
강호를 홀로 찾으니 가벼운 배만 있는데	江湖獨往輕舟在
슬프게도 그대 집 나무엔 매미라도 있구려	怊悵君家一樹蟬

나와 백옥은 동호(東湖)[207]에 함께 가자고 약속했었는데, 오늘 제목(除目)[208]을 받고 보니 백옥이 이부(吏部)에 임명되었기에 이 일은 마침내 성사되지 못했다.

205 백옥 : 오원(吳瑗). 자세한 내용은 35쪽 주16 참조.

206 시원한 대자리 : 당나라 두보(杜甫)의 〈7월 1일에 종 현령(終縣令)의 물가 누각에 쓴 시 2수〔七月一日題終明府水樓 二首〕〉에 "초강과 무협 일대는 구름 끼고 비 오는 날이 절반이니, 시원한 대자리 성긴 주렴 안에서 바둑 구경 하노라.〔楚江巫峽半雲雨, 淸簟疏簾看弈棋〕"라는 구절에서 따온 말로, 한가롭고 시원한 장소를 가리킨다.

207 동호(東湖) : 지금의 옥수동 일대를 가리킨다.

208 제목(除目) : 관리를 제수(除授)한 문서이다.

의숙[209]과 함께 사인동[210]을 유람하다

同宜叔遊舍人洞

소나무 사이에서 말 내려 맑은 시내를 희롱하는데	松間下馬弄淸溪
골짝 햇살에 푸르고 푸른 만 그루 나무 가지런하네	谷日蒼蒼萬木齊
가을빛이 얼마나 좋은지 정녕 알겠으니	秋色定知何許好
멀리 수풀에서 먼저 매미 소리부터 들려오는구나	遠林先有數蟬啼

209 의숙 : 이천보(李天輔). 자세한 내용은 84쪽 주141 참조.

210 사인동 : 충청북도 단양의 사인암(舍人巖)을 말한다.

서암사[211]에서 묵으며

宿西巖寺

아침에 흰 구름을 떠나보내고	朝送白雲去
저녁에 북쪽 숲으로 돌아왔네	暝歸還北林
시든 단풍은 말발굽 따라 멀어지고	殘楓馬踏遠
흐르는 물은 객의 걸음 따라 깊어지네	流水客來深
바위 위에 달 떠오를 제 평생 이야기를 주고받고	巖月平生話
서리 내리는 밤 종 울릴 때 옛날 심회를 나누네	霜鐘宿昔心
자연이 맑아서 잠들지 못하고	自然淸不睡
술동이의 술을 거듭 따르네	樽酒屢成斟

211 서암사 : 북한산성에 있던 절 이름이다.

산에서 나와 철선 상인[212]에게 주다

出山贈徹禪上人

구월에 한 동이 술을 앞에 놓고	九月一樽酒
목청껏 찬 서리 내리는 하늘 아래서 노래하네	高歌寒露天
새벽 별은 저 멀리 나무 아래로 지고	曙星低遠樹
비의 기운은 그윽한 샘물에서 울리네	雨氣響幽泉
술잔을 기울일 때는 우리의 도를 따르지만	引白從吾道
현묘한 이치를 궁구할 때는 그대의 선(禪)에 부끄럽네	參玄愧爾禪
서리 내리는 밤에 울리는 종소리가 객의 마음 놀라게 하니	霜鐘驚客意
새벽 피어오르는 구름 앞에 말을 세워놓았네	立馬曉雲前

212 철선 상인 : 조선 후기의 승려로 자세한 행적은 알 수 없으나, 《북한지(北漢誌)》에서 지금 북한산에 있는 국녕사(國寧寺)를 철선 상인이 1713년(조선 숙종 39)에 청휘(淸徽)와 함께 창건하였다는 기록을 찾아볼 수 있다.

가을밤 직려에서 소회가 있어

秋宵直廬有懷

나는 태생이 말주변이 없어서	我生訥於口
마음에는 있어도 입으로 펼치지 못하고	心在口不宣
뭇 사람들 지껄이는 중에 소매에 손 집어넣은 채	袖手衆囂中
마치 무시라도 하는 듯 입 다물고 있었네	嘿嘿如相捐
내 비록 직접 말하지는 않았지만	吾雖不自言
남들 이야기 듣는 것만은 좋아하여서	獨喜聽人言
내 마음에 흡족한 말이 있으면	有能愜吾心
내 입에서 나온 것처럼 여겼네	如出吾口然
아득히 넓은 사해 안에서	悠悠四海內
마음 알아주는 이 얻기란 참으로 어려운 일	知心良獨難
가을 하늘은 하루하루 드넓어지고	秋天日泬寥
낙엽은 계단 사이에 떨어졌네	落葉委階間
등불이 양쪽 벽을 비추는데	燈火照兩壁
텅 빈 전각에서 근심스레 잠들지 못하고	虛閣悄不眠
서글픔에 그리워하는 이 있나니	惻惻有所思
그리워하는 사람은 구원[213]에 있네	所思在九原

213 구원 : 구천(九泉), 즉 저승을 가리킨다.

자하동[214] 샘물에서 '원(源)'을 운자로 얻다

紫霞洞泉上得源字

굽이진 길을 돌아 긴 계곡을 건너는데	曲折度長谷
이 샘의 발원지 어디인지 모르겠네	不知初發源
구름은 흘러와 스스로 외로운 그림자를 드리우고	雲來自孤影
가을은 깊어져서 이미 맑은 빛을 뿜어내네	秋晩已淸濆
저 멀리서 메아리치는 청산은 고요하고	遠響靑山靜
그윽한 기약은 오랜 바위에 남아있네	幽期老石存
시골 늙은이가 어찌 이런 곳을 알까	野翁寧識此
누런 잎이 외딴 마을을 가렸으니	黃葉掩孤村

214 자하동 : 관악산은 네 개의 자하동으로 되있는데, 서울대가 있는 곳이 북자하동(北紫霞洞), 과천 쪽이 동자하동(東紫霞洞), 안양 유원지 방향이 남자하동(南紫霞洞), 삼막사 부근이 서자하동(西紫霞洞)이다. 이 시 다음 다음에 나오는 시 제목에 '남자하동으로 들어가려 하다'라는 표현이 있는 것으로 보아 이때 남유용은 관악산 일대를 구경했던 듯하다. 이천보(李天輔)의 《진암집(晉菴集)》 권1에 〈윤 9월 7일에 덕재, 백옥, 이문원 덕홍, 오경보 찬, 유생 성기와 함께 자하로 유람을 갔는데, 노량을 건너면서 운자를 불렀다.〔閏九月七日, 與德哉, 伯玉, 李文遠 德弘, 吳敬父 瓚, 兪生盛基, 爲紫霞之遊, 渡露梁呼韻〕〉라는 시가 보인다. 이 시는 1737년에 지어진 것으로 남유용이 이 시를 지은 연대와 상응한다. 따라서 이들이 노량진을 건너 관악산으로 들어간 것이 확실해 보인다.

일가정

一架亭

정자는 고 신 절도[215]가 지은 것이다.

돌아오는 나무꾼과 잎 진 나무가 함께 황혼에 비끼는데 歸樵落木共斜暉
구월의 산 추워서 새들조차 드무네 九月山寒鳥雀稀
국화를 마주하고도 술 마시지 않는다면 若對黃花不飮酒
이슬이 옷을 적시려 할 텐데 어떡하나 其如白露欲沾衣
텅 비어 버려진 산골 집엔 누가 살고 있나 空殘澗戶人誰倚
밭과 동산이 있다면 내가 돌아가려네 使有田園吾便歸
우스워라, 그 옛날 병마사[216] 可笑當年兵馬使
천금을 들여 사립문 하나를 꾸며놨구나 千金粧點一柴扉

215 고……절도 : 신익념(申益恬, 1654~1702)을 가리키는 듯하다. 자는 안중(安仲), 본관은 평산(平山)이다. 장단 도호부사(長端都護府使), 경원 도호부사(慶源都護府使), 회령 부사(會寧府使), 겸사복, 경상 우도 병마절도사, 평산 도호부사(平山都護府使), 황해도 병마절도사, 함경북도 병마절도사 등을 역임하였다.

216 병마사 : 신익념이 황해도 등 여러 도의 병마절도사를 역임했기에 이렇게 호칭한 것이다.

장차 남자하동[217]으로 들어가려 하는데, 계곡 옆에 단풍나무 몇 그루가 있기에 잠시 쉬다

將入南紫霞洞 溪上有丹楓數樹

저물녘에 사람들 그림자 맑은 시내에 흩어지는데	夕陽人影散淸溪
단풍이 하도 어여뻐 말발굽을 멈추었네	爲愛丹楓駐馬蹄
구름 밖 경쇠 소리는 어느 절에서 들리는가	雲外磬聲何處寺
먼 산봉우리로 지는 달 아직 다 넘어가지 않았네	遠峯殘月未全低

217 남자하동 : 관악산에 있는 명승이다. 자세한 내용은 110쪽 주214 참조.

말 위에서 다 함께 즉경(卽景)을 읊다

馬上共賦卽事

골짜기를 나서자 구불구불 말 그림자 긴데 出谷逶迤馬影長

서쪽 봉우리로 지는 달이 처량도 하구나 西峯落月正蒼凉

산의 안개비가 나무를 스쳐 가을 소리를 보태고 山霏度樹添秋響

수증기가 벼랑에서 피어올라 밤 서리를 만드네 水氣蒸崖作夜霜

절구 소리 들리는 외딴 마을 깊숙이서 개가 짖고 寒杵孤村深犬吠

종소리 스러져가는 저 멀리 절로 가는 중의 걸음 바쁘네 殘鐘遙寺去僧忙

인가의 연기 이미 끊겨 오직 높은 버드나무만 보이는데 人烟已歇惟高柳

앞에 보이는 시내 향해 초당이 어디냐고 한번 물어보네 試向前溪問草堂

의숙[218]의 〈야행〉 시[219]에 화답하다
和宜叔野行

닭과 개가 유유자적 우물과 절구 앞을 노닐고　鷄犬脩然井臼前
날 저무는 마을엔 인가의 연기가 보이네　日斜墟里見人烟
쓸쓸히 떨어지는 낙엽은 가을 물에 쌓이고　蕭蕭木落惟秋水
점점이 돌아오는 기러기에 하늘에서 눈이 내리려 하네　片片鴻歸欲雪天
방랑의 자취는 오직 〈호사부〉[220]와 어울리고　浪跡只堪豪士賦

218 의숙 : 이천보(李天輔). 자세한 내용은 84쪽 주141 참조.

219 〈야행〉 시 : 여기서 남유용이 차운한 시의 정확한 제목은 〈들판을 가던 중에 운자를 뽑다〔野程拈韻〕〉로, 《진암집》 권1에 수록되어 있다.

220 〈호사부〉 : 삼국시대 오(吳)나라와 그 뒤를 이은 진(晉) 나라에 걸쳐 살았던 육기(陸機, 260~303)가 지은 부(賦)의 제목이다. 태강(太康, 진무제 사마염의 연호, 280~289) 연간 말에 동생 육운(陸雲)과 함께 낙양(洛陽)에 들어갔는데, 황족들이 권력다툼으로 사마륜(司馬倫)이 주살되고 난 후, 제왕 사마경(司馬冏)은 육기가 중서의 직위에 있으면서 사마륜을 위해 구석(九錫)을 내리는 문서와 선양하는 조서를 썼다고 의심하여, 마침내 육기 등 9인에게 준 정위를 거두었다. 이에 고영(顧榮)과 대약사(戴若思) 등이 중원이 어지러우니 다시 오 지역으로 돌아오라고 권했지만 육기는 세상의 난을 바로잡을 뜻을 가지고 이를 따르지 않았다. 사마경이 이미 스스로가 공로가 있다고 여기며 작위 받는 것을 사양하지 않자 육기가 〈호사부(豪士賦)〉를 지어 꾸짖었는데, 이 부에서 공명(功名)이란 인력으로 어찌할 수 있는 것이 아니며, 한 가지 방도로 처신하지 못하면 반드시 패망을 면치 못한다고 한탄하였다. 후에 사마경은 정말로 패망하고 말았다. 방랑의 자취가 〈호사부〉와 어울린다는 표현은 이천보의 처지를 빗대어 표현한 것이다.

고독한 회포는 〈원유편〉[221]과 다르지 않네　孤懷不負遠遊篇
백년 변치 않는 언덕과 계곡이[222] 우릴 받아주겠지만　百年丘壑容吾輩
어떻게 소요하면서 흰 머리 될 때까지 견디랴　耐可逍遙到白顛

221 〈원유편〉: 굴원(屈原)의 《초사(楚辭)》의 편명인데, 원유란 멀리 떠나 유람하는 것을 이르는 말이다. 여기서도 이천보의 고독이 굴원의 그것과 다르지 않음을 나타낸 것이다.

222 언덕과 계곡이 : '구학(丘壑)'은 일구일학(一丘一壑)의 준말로, 산수의 한적하고 청아한 정취에 마음을 부치고 은거한다는 뜻이다.

삼막사[223] 높은 누대
三幕寺高樓

동쪽 대에 소슬히 처량한 바람 불기에	東臺蕭瑟有悲風
가을빛 속 높은 누각으로 옮겨가 기대었네	徙倚高樓秋色中
계곡 길엔 서리가 맑아 천 개 봉우리가 드러나고	澗道霜淸千嶂出
바다 문엔 해 떨어져 하늘 절반이 붉네	海門日落半天紅
한 동이 술로 나는 밝은 달을 부르고자 하는데	一樽我欲邀明月
기다란 피리 소리를 그 누가 먼 공중에 울리는가	長笛誰將響遠空
하계엔 구름이 깔려 연화마저 끊겼으니	下界雲沉烟火絶
쓸쓸한 이 마음은 그대와 같으리	寥寥此意與君同

223 삼막사 : 경기도 안양시 석수동(石水洞) 삼성산(三聖山) 중턱에 있는 사찰이다. 삼성산은 서울 신림동과 안양 석수동에 걸쳐 위치해 있는데 금천현의 진산이며 가까이에 관악산이 있다. 용주사(龍珠寺)의 말사로, 677년(문무왕7) 원효(元曉)와 의상(義湘), 윤필(潤筆) 등 세 대사가 관악산에 들어가서 막(幕)을 치고 수도하다가 그곳에 절을 짓고 삼막사라 했다. 1348년(충숙왕4)에는 나옹(懶翁)이 머물면서 수도했고, 1394년(태조3)에는 무학(無學)이 국운(國運)의 융성을 기원했는데, 이런 인연으로 1398년 왕명에 의하여 중건되었고 그 뒤 몇 차례의 중건과 중수를 거쳤다.

절에서 보내는 밤

寺夜

높다란 홰나무만 먼 하늘에서 우는데	獨有高槐鳴遠霄
달은 누각에 잠겨 밤하늘 쓸쓸하구나	月沉樓閣夜寥寥
기러기는 붉은 잎 사이로 쓸쓸히 가버리고	鴈穿赤葉蕭蕭過
객은 국화와 함께 적막히 멀어졌네	客與黃花寂寂遙
구름 빛이 조금 짙어져도 다시 비 내릴까 두렵고	雲氣稍深還恐雨
바다 모습 살짝 바뀌어도 저 멀리 조수를 알겠네	海容微變遠知潮
만사를 쫓으려면 모름지기 술이 있어야 하나니	驅除萬事惟須酒
술 한 잔 그대에게 권하고 다시 혼자 노래하네	一酌勸君仍自謠

백옥[224]의 〈등루〉 시에 화답하다. 이날 중양절을 재차 맞이하였다[225]

和伯玉登樓 是日爲再重陽

높은 곳에 올라 중양절을 재차 맞이하니 登高復重九
객의 뜻에 기이함도 많구나 客意自多奇
떨어지는 해에 우산의 눈물[226] 흘리다가 落日牛山淚
　이날 낙조(落照)를 바라보았다.
국화꽃 보며 학사에서 시를 지었네 黃花鶴寺詩
높다란 누각에선 바다 빛이 일렁이고 危樓海色動
오래된 벽에선 나뭇잎 소리 구슬프네 古壁葉聲悲
시골 노인이 와서 위로하기를 野老來相問
깊숙한 술집[227]에 가서 술이나 한 잔 하자고 하네[228] 深壚酒泛巵

224 백옥 : 오원(吳瑗). 자세한 내용은 35쪽 주16 참조.

225 중양절을……맞이하였다 : 이 시를 지은 1737년 9월 9일이 윤달이었기에 이렇게 말한 것이다.

226 우산의 눈물 : 죽음을 슬퍼함을 이르는 말이다. "(춘추시대) 제나라 경공(齊景公)이 중양절에 우산에서 노닐다가 북쪽으로 제나라 국성(國城)을 돌아보고 말하기를, '아름답도다! 나라여. 초목이 울창하구나. 예로부터 죽지 않은 사람이 없었으니, 내가 죽으면 장차 여기를 떠나 어디로 가겠는가?' 하고는 고개를 숙이고 눈물을 흘려 옷깃을 적셨다."라는 고사가 있다. 《漢詩外傳 卷10》"

227 술집 : '노(壚)'는 술집에서 술동이를 올려놓는 토대(土臺)로, 술집을 지칭하는 말로 사용된다.

228 술이나……하네 : 원문의 '범치(泛巵)'는 술잔을 물에 띄운다는 뜻도 있고, 다 마시고 나서 술잔을 뒤집는다는 뜻도 있는데, 여기서는 후자의 뜻으로 사용되었다.

누각에서 다시 한 수를 지어 의숙[229]과 백옥[230]에게 주며 화답을 구하다

樓中又賦一首 屬宜叔, 伯玉求和

나뭇잎 떨어지고 서리 맑아 바다 물결 보이는데　木落霜淸見海濤
누각에 오른 객이 가을날 옷자락을 떨치네　登樓客子振秋袍
하늘가 한 마리 새는 끝까지 바라보기 어려운데　天邊獨鳥終難了
가지 끝 외로운 조각구름은 감히 스스로 높다 하네　樹杪孤雲敢自高
봉시[231]의 장한 뜻 하릴없이 늙어가건만　蓬矢壯心無事老
국화 피는 좋은 시절 우연히 만났구나　菊花佳節不期遭
백년에 하루아침의 만남 얻기 어려우니　百年難得一朝遇
빼어난 경치는 그대의 호방한 붓 휘두르기에 넉넉하리라　勝境饒君放筆豪

229 의숙 : 이천보(李天輔). 자세한 내용은 84쪽 주141 참조.

230 백옥 : 오원(吳瑗). 자세한 내용은 35쪽 주16 참조.

231 봉시 : '蓬矢'는 천지 사방을 경륜할 큰 뜻을 말한다. 옛날에 사내아이가 태어나면 상목(桑木)으로 활을 만들어 문 왼쪽에 걸고 봉초(蓬草)로 화살을 만들어서 사방에 쏘는 시늉을 하며 장차 이처럼 웅비(雄飛)할 것을 기대했던 풍습이 있었다. 《禮記 內則》

잠곡[232]의 시골집에서 농부에게 주다

潛谷田家贈農者

팔다리를 오랫동안 놀리지 않았더니　　四體久不勤
근육과 힘줄이 절로 둔해지고 느슨해져　　筋絡自駑緩
우리 농부에게 부끄럽나니　　慚愧我農人
힘을 다해 밭 갈고 개간하는구나　　竭力事耕墾
밭 갈고 김매는 일은 늘 때를 놓치지 않고　　耕耨每及時
일할 때가 되면 게으를 틈 없어서　　事至不暇懶
손과 발에는 굳은살이 다 박이고　　胼胝手與足
한 해가 저물도록 갖은 고생을 다하는구나　　辛苦至歲晏
가을 벼가 열 말들이 그릇에 담기면　　秋禾旣登斛
나와 함께 늘 절반을 가르는데　　與我常割半
밭도랑이며 전답은 가는 자가 주인이거늘　　畎畝耕者主
어찌 네 땅 내 땅 경계[233]를 말하겠는가　　何言疆理限

232 잠곡 : 《뇌연집》 권2에 〈문원의 잠곡 산거가 그리워 유생 성기에게 '옥' 자 21운을 써오게 한 다음 차례대로 입으로 불렀다가 심부름꾼을 만나 부쳐보내다〔有懷文遠潛谷山居, 令兪生盛基寫屋字二十一韻來, 依次口號, 遇使寄往〕〉라는 시가 실려 있는 것으로 보아 잠곡은 문원(文遠) 이덕홍(李德弘)이 살던 곳임을 알 수 있는데, 정확히 어디인지는 알 수 없다.

233 네……경계 : '강리(疆理)'는 전지(田地)를 다스리고 경계(境界)를 구획(區畫)하고 토의(土宜)를 분별하는 것이다. 《시경》 〈신남산(信南山)〉에 "내 경계를 내가 다스려서 그 이랑을 남으로도, 동으로도 한다.〔我疆我理, 南東其畝.〕"라는 구절이 보이는데, 《모전(毛傳)》에 이르기를 "강은 경계를 긋는 것을 말하고, 리는 지리를 나누는

이제껏 부지런하고 수고스러운 노력이 없었다면	向微勤苦力
밭이 있다손 내 어찌 밥을 얻었으리	有田吾得飯
하물며 올해는 흉작인 데다	況復今歲歉
늦은 장마에 이른 가뭄까지 겹쳐	晩澇兼早旱
이미 수확한 것이 호구를 계산해보면	旣穫計田口
외려 한 해 양식으로도 부족한데	卒歲猶未滿
하물며 감히 편히 앉아 받아 먹으며	況敢逸居食
거듭 생민의 부스럼이 될 수 있으랴	重爲生民瘅
평생 시서를 업 삼으며	平生詩書業
열심히 학업하는 것으로 생산을 대신하였으나	力學代生產
다 늙어지도록 이룬 것 없어	垂老靡所成
돌아보며 참괴함만 더하노라	顧爾增慚赧

것을 말한다.〔疆, 畫經界也, 理, 分地理也.〕"라고 하였다. 《좌전(左傳)》〈성공 2년(成公二年)〉에도 "선왕께서 천하의 토지의 경계를 정하고, 그 땅에 적당한 곡물을 심어서 이익을 널리 미치도록 하였다.〔先王疆理天下, 物土之宜, 而布其利.〕"라고 하였는데, 두예(杜預)는 주(注)에서 "강은 경계이고 리는 다스리는 것이다.〔疆, 界也, 理. 正也.〕"라고 하였다.

한천 이 선생 재[234]의 시운을 받들어 화답하여 객사(客舍)에 찾아와주신 것에 사례하다

奉和寒泉李先生 縡 韻 謝枉顧旅止

흰 말에게 꼴이나 먹게 할 뿐[235] 但使白駒食
울타리 가의 꽃[236]일랑 말하지 않네 莫言籬畔花
시서에는 쇠세의 뜻만 담겨 있고 詩書衰世意
한 동이 술은 나그네의 집에 놓여 있네 樽酒旅人家

234 한천……선생 : 이재(李縡, 1680~1746)를 가리킨다. 남유용 및 그와 교유하던 동촌파(東村派) 시인들의 스승이기도 하다. 본관은 우봉(牛峰). 자는 희경(熙卿), 호는 도암(陶菴)·한천(寒泉). 이유겸(李有謙)의 증손으로, 할아버지는 이숙(李翻)이다. 아버지는 진사 이만창(李晩昌)이며 김창협(金昌協)의 문인이다. 1702년(숙종 28) 알성 문과에 병과로 급제해 가주서·승문원부정자를 거쳐 예문관 검열이 되어 《단종실록》 부록 편찬에 참여하였고, 대사헌, 이조 참판, 대제학 등을 역임하였다. 예학(禮學)에도 밝아 많은 저술을 편찬하였다. 용인의 한천서원(寒泉書院)에 제향되었다. 저서로는 《도암집(陶菴集)》·《도암과시(陶菴科詩)》·《사례편람(四禮便覽)》·《어류초절(語類抄節)》 등이 있다. 시호는 문정(文正)이다.

235 흰……뿐 : 《시경》 〈백구(白駒)〉에 "희고 깨끗한 망아지가, 우리 마당의 풀을 먹는다 하여, 발을 묶고 고삐를 매어, 오늘 아침 내내 있게 해서, 이른바 그분이 여기에서 소요하게 하리라.……희고 깨끗한 망아지가, 저 빈 골짜기에 있노라. 싱싱한 풀 한 다발을 주노니, 그 사람은 옥처럼 맑도다.〔皎皎白駒 食我場苗 縶之維之 以永今朝 所謂伊人 於焉逍遙……皎皎白駒 在彼空谷 生芻一束 其人如玉〕"라고 하여 어진 이를 떠나지 못하게 만류하는 뜻을 노래하였다.

236 울타리……꽃 : 도연명의 〈음주(飮酒)〉 중 다섯 번째 수에 나오는 "동쪽 울타리에서 국화를 따니〔彩菊東籬下〕"를 염두에 두고 한 말이다. 즉 스승인 이재를 붙잡아 두고 싶으니, 귀은(歸隱)하여 유유자적 살자는 말은 하지 않겠다는 뜻이다.

나무는 노쇠한지라 구름이 골짜기에서 피어오르고 樹老雲生壑
서리는 맑은지라 물이 모래에서 드러나네 霜淸水見沙
가을이 반쯤 저물었기에 秋天半搖落
노래와 휘파람 소리 금하지 못하겠네 歌嘯不禁多

이계의 성자 전 에게 주다

贈梨溪成子 錪

성자가 아들의 관례[237]를 행하는데	成子冠其子
재계하고서 나를 빈으로 청하였네[238]	宿戒我爲賓
일찍이 듣자니 계빈을 맡을 자는	嘗聞戒賓者
반드시 예를 아는 사람으로 뽑는다 하였네	必擇知禮人
관자(冠者)에게 길복을 입혀주고	加之以吉服
훌륭한 말로써 축복해주나니	祝之以嘉言
예법을 제정한 뜻을 묵묵히 살펴봄에	默觀制禮意
사도가 실로 여기에 존재하네	師道實斯存
하지만 나는 몸 하나 수양하지 못한 마당에	吾身尙未修

237 관례 : 관례는 상투를 틀어 갓〔冠巾〕을 씌우는 의식을 중심으로 한 여러 가지 절차로서, 남자아이가 15세가 넘으면 관례를 행하고, 그 때부터 한 사람의 성인으로 대우하였다. 주로 열다섯에서 스무 살 사이에 거행하였다. 이 시에서 관례의 주인공은 성전(成錪)의 아들 성덕붕(成德朋)이다.

238 재계하고서……청하였데 : 관례일 사흘 전에 주인은 사당에 고하고 축문을 읽으며, 다음은 관례일 전에 빈(賓)을 청한다. 관례에서 의식을 주관하는 사람이 곧 빈이다. 예서에는 종손의 친구 가운데 어질고 예법을 잘 아는 사람을 골라 빈으로 삼도록 되어 있다. 이 절차를 '계빈'이라 하니, 곧 관례를 행할 때 예를 주관하는 빈(賓)이 되어주기를 청하는 것이다. 여기에는 친지들에게 관례에 참석해 주기를 널리 청하는 의미도 들어있다. (《儀禮 士冠禮》《家禮 冠禮》) 《상변통고(常變通考)》 〈향음주례(鄕飮酒禮)〉에 보면 "주인이 계빈(戒賓)하면, 빈(賓)은 왕림함에 대해 절한다. 주인이 답배하고 이에 청빈(請賓)하면, 빈은 예의상 사양하고〔禮辭〕 허락한다."는 내용이 있다.

무슨 덕을 남에게 베푼단 말인가　何德以及人
그대의 마음이 비록 간곡하지만　子心雖已勤
나는 의리상 실로 머뭇거리다가　吾義實逡巡
감히 머뭇거린 뜻을 가지고　敢以逡巡者
성자가 옛 도를 행하고자 하는 뜻에 보답하네　答子行古意
내가 성자의 아들을 살펴보니　吾觀子之子
온화한 것이 타고난 재질 아름답네　溫溫天質美
내가 비록 빈이 되지는 못하지만　吾雖不爲賓
청컨대 성자를 위해 아들 이름을 짓고자 하나니　請爲子名子
덕붕을 명으로 삼고　德朋以爲名
담지를 자로 삼으려네　澹之以爲字
일찍이 듣건대 사도를 높이는 일은　嘗聞尊師道
반드시 벗에서부터 시작한다고 하였네　必自朋友始
스승은 지엄하지만 벗은 친압할 수 있고　師嚴友則狎
습관은 능히 자신을 바뀌게 할 수 있으니　所習能遷己
선을 보고 자신을 옮겨가기는 어렵지만　見善遷己難
악을 보고 자신을 옮겨가기는 쉽다네　見惡遷己易
군자는 담박함으로써 성공하고　君子澹以成
소인은 달콤함으로써 무너진다 하였으니[239]　小人甘以毁
내가 한천[240]의 문하를 봄에　吾觀寒泉門

239 군자는……하였으니 : 《예기》 〈표기(表記)〉에 "군자의 사귐은 물과 같고, 소인의 사귐은 단술과 같아서, 군자는 담박함으로써 성공하고 소인은 달콤함으로써 무너진다.〔君子之接如水, 小人之接如醴, 君子淡以成, 小人甘以壞〕"라는 말이 나온다.

사방의 선비들이 구름처럼 몰리는데	雲聚四方士
스승의 가르침이 어찌 바르지 않을까마는	師敎豈不正
내 근심하는 바가 실로 여기에 있다네	所憂諒在此
나의 말은 여기서 그치나니	吾言止於是
젊은이여 힘쓸지어다	孺子可勉矣

240 한천 : 앞의 시에 나오는 이재(李縡)이다. 이 글을 써주는 성전이라는 인물 역시 이재의 문하에서 함께 동문수학한 듯하다.

정 문충공[241]의 사당[242]을 보고

觀鄭文忠公廟

무왕이 옛날 여나라를 쳤으나	武王昔戡黎
조이는 주나라를 탓하지 않았나니[243]	祖伊不尤周
성인이 하늘의 뜻을 가지고 움직인 것을	聖者動以天
천명을 어찌 원망한단 말인가	天命焉可仇

241 정 문충공(鄭文忠公) : 정몽주(鄭夢周, 1337~1392)를 말한다. 문충은 그의 시호이다. 호는 포은(圃隱)이고 초명은 몽란(夢蘭) · 몽룡(夢龍)이다. 1357년(공민왕6) 감시에 합격하고 1360년 문과에 장원을 차지하였다. 의창(義倉)을 세워 빈민을 구제하고 유학을 보급하였으며, 성리학에 밝았다. 《주자가례(朱子家禮)》를 따라 사회윤리와 도덕의 합리화를 기하며 개성에 5부 학당(學堂)과 지방에 향교를 세워 교육 진흥을 꾀하는 한편 《대명률(大明律)》을 참작, 《신율(新律)》을 간행하여 법질서의 확립을 기하고 외교와 군사에도 깊이 관여하여 국운을 바로잡으려 했으나 신흥 세력인 이성계 일파의 손에 최후를 맞이하였다. 저서로 《포은집(圃隱集)》이 있다.

242 사당 : 경상북도 영천군 임고서원(臨皐書院)에 있는 정 문충공의 묘를 말하는 듯하다. 1553년(명종 8)에 지방 유림의 공의로 정몽주(鄭夢周)의 덕행과 충절을 기리기 위해 임고면 고천동에 창건하여 위패를 모셨다. 1554년에 '임고'라 사액되었으며, 임진왜란 때 소실되었다가 1603년(선조 36) 현재의 위치로 이건하고, 이듬해에 다시 사액되었다.

243 무왕이……않았나니 : 《서경》 〈서백감려(西伯戡黎)〉에 서백(西伯)이 여(黎)나라를 쳐서 이기자 조이(祖伊)가 달려와 주(紂) 임금에게 하늘이 이미 은나라의 명을 끊었다고 하면서, "당신의 죄가 하늘에 많이 벌여져 있거늘 그 운명을 하늘에 책임지울 수 있습니까? 은나라가 곧 망하려 하는 것은 바로 당신이 하신 일 때문이니 당신의 나라에 죽음이 없을 수 없습니다.〔乃罪多參在上, 乃能責命于天? 殷之卽喪, 指乃功, 不無戮于爾邦.〕"라고 하는 내용이 보인다.

애달프구나, 정시중이여　哀哉鄭侍中
허둥지둥 무엇을 바랐는가　遑遑何所求
하지만 이 도(道)는 공자와 맹자의 진리인지라　斯道孔與孟
우리에게 평생의 근심을 남겨주었구나　遺我平生憂
오랑캐의 풍속을 미봉하여서　彌縫夷虜俗
추로지향(鄒魯之鄕)[244]으로 바꾸려 하였으나　一變至魯鄒
인의를 다 펼칠 수 없게 되자　仁義用不盡
죽음으로써 보답하고자 했네　將死以相酬
어찌 구릉과 골짜기에　豈無丘與壑
자득이 노닐만한 곳이 없었을까마는　可以供遨遊
송경[245]의 기운 초췌해진 것을　松京氣憔悴
돌아보며 떠나질 못했네　瞻顧以淹留
충성과 지혜가 이미 바닥났으니　忠智固已竭
나아감도 물러남도 모두 공에겐 수치였을 뿐이니　進退皆公羞
죽음을 맞이한 것이 어찌 그리 갑작스러운지　取死豈倉卒
의리가 얼키설키 엉겨버리고 말았네　此義結綢繆
재보[246]는 일찌감치 기미를 살폈으니　再父早見幾

244 추로지향(鄒魯之鄕) : 추(鄒)는 맹자가 살았던 나라이고 노(魯)는 공자가 살았던 나라이다. 곧 유향(儒鄕)을 상징한다.

245 송경 : 고려의 도성인 송도(松都), 즉 개경(開京)을 말한다.

246 재보 : 길재(吉再, 1353~1419). 본관은 해평(海平), 자는 재보(再父), 호는 야은(冶隱)이다. 이색(李穡)과 정몽주(鄭夢周)의 문인이다. 1386년(우왕12) 문과에 급제하여, 우왕 대에는 청주목 사록(淸州牧司錄)을, 창왕 대에는 문하 주서(門下注書)를 역임하였다. 1390년(공양왕2)에 고려가 망할 것을 예측하고 벼슬을 버리고 선산(善山)

고원하기로는 가히 짝할 자가 없구나	邈焉不可儔
공이 지은 시집을 읽어보니	觀其著詩集
호방한 기운이 구주를 뒤덮을 듯하였으나	豪氣盖九州
다시 와 영정에 읍하고 나서 보니	却來揖遺貌
궁박한 수심이 자못 다시 보이는구나	頗復見窮愁
모습을 본 뒤 공의 마음 알고서	見貌識公心
흐르는 눈물을 걷잡을 수 없네	有淚落不收
자신을 닦는 자와 명예를 자랑하는 자	修己與夸名
대도는 날로 뒤엉겨 그릇되어 가는구나	大道日繆悠
우리 공이 아니었다면	向非我公人
누가 기꺼이 도를 위해 도모하려 할까	誰肯爲道謀

의 금오산(金烏山) 아래에 은거하였다. 조선이 개국한 뒤인 1400년(정종2)에 태상 박사(太常博士)에 임명되었으나, 두 왕조를 섬길 수 없다는 사직소를 올리고 선산으로 돌아갔다. 문집으로 《야은집(冶隱集)》이 전한다.

우레
雷

평생 글 읽기 좋아했어도 平生喜讀書
재이에 관해 말하는 것 배우지 않았네 不學言災異
다만 아는 것이라곤 이 천지 간에 但知天地間
오직 감응이라는 것이 있어서 惟有感應事
재이가 올 때는 반드시 부른 것이 있나니 來之必有召
이 이치 거짓되지 않다는 것 뿐이었네 此理不虛僞
실수한 것 없어도 오히려 두려워해야 하거늘 無失尙可惕
재앙이 왔는데도 어찌 두려워하지 않겠는가 有災寧不惕
재앙을 내림이 있는 것은 오히려 사랑을 내보임이요 有災尙見愛
재앙을 내림이 없는 것은 버림을 내보이는 것이라[247] 無災乃見棄
송공이 한 마디 훌륭한 말을 하자 宋公一言善

247 재앙을……것이라 : 한나라 왕충(王充)은 《논형(論衡)》 〈치기(治期)〉에서 "살펴보니 걸주 시기에는 기근의 재앙이 없었다.〔案桀紂之時, 無饑耗之災.〕"라고 하였으니, 재앙을 내림은 오히려 하늘의 사랑을 보여주는 것이고 재앙을 내리지 않는 것이 하늘의 버림을 보여준다는 이 시의 주지와 부합한다. 또 동중서(董仲舒)의 〈천인삼책(天人三策)〉에도, "나라가 도리를 잃고 장차 패망하려 하면 하늘이 먼저 재앙과 이변을 나타내어 경고하고, 그래도 스스로 반성하지 못하면 또 괴이한 징조를 보여 경계하고 두려워하게 하며, 그래도 여전히 고칠 줄 모를 때라야 손상과 패망이 비로소 닥친다. 이는 하늘의 마음이 임금을 인애하여 그 어지러움을 멈추게 하려 함이다.〔國家將有失道之敗, 天乃先出災異, 以譴告之, 不知自省, 又出怪異, 以警懼之, 尙不知變, 而傷敗乃至. 以此見天心之仁愛人君, 而欲止其亂也.〕"는 말이 보인다.

형혹이 이 때문에 피해갔다 하였네[248] 熒惑爲之避
기뻐하신 바는 능히 고칠 수 있는 것이었으니 所喜爲能改
인자하도다! 상제의 마음이여 仁哉上帝意
노나라 말년에는 풍년이 자주 들고 魯末多豐歲
은나라 쇠락기에는 봉황이 이르렀는데[249] 殷衰鸑鷟至
상제의 뜻이 비로소 지엄해진 것을 帝意乃始嚴
어리석은 자들은 상서로 여겼네 愚者以爲瑞
이 이치는 몹시도 두려워할 만하여 此理甚可畏
마치 아비가 후사를 가르치는 것과 같으니 如父詔厥嗣
거듭 깨우칠수록 자애로움만 더욱 드러나고 屢誨益見慈
노여워하시는 바는 나무라지 않는 중에 있다네 所怒在不詈

248 송공이……하였네 : '熒惑'은 재앙을 상징하는 별이다. 《사기(史記)》 권38 〈송미자세가(宋微子世家)〉에 이와 관련하여 다음과 같은 고사가 보인다. "초 혜왕이 진나라를 멸하자 형혹이 심수에 머물렀다. 심수는 바로 송나라의 분야이기에 송 경공이 이를 근심했다. 사성 자위가 '재상에게 떠넘기십시오.'라고 말하자 경공은 '재상이란 나의 고굉이다.'라고 말했다. 자위가 '백성에게 떠넘기십시오.'라고 말하자 경공은 '임금은 백성이 있어야 한다.'라고 말했다. 자위가 '해〔歲〕에게 떠넘기십시오.'라고 말하자 경공은 '해가 흉년이 들면 백성이 곤궁해진다.'라고 하였다. 이에 자위가 말했다. '임금께서 임금다운 말씀을 세 번이나 하셨으니, 형혹성도 응당 감동할 것입니다.' 이에 천문을 관측해보니 과연 형혹이 3도 옮겨갔다.〔楚惠王滅陳, 熒惑守心, 心, 宋之分野也. 景公憂之, 司星子韋曰: '可移於相.' 景公曰: '相, 吾之股肱' 曰: '可移於民.' 景公曰: '君者待民.' 曰: '可移於歲.' 景公曰: '歲饑民困, 吾誰爲君.' 子韋曰: '天高聽卑, 君有君人之言三, 熒惑宜有動.' 於是候之, 果徙三度.〕"

249 은나라……이르렀는데 : 《국어(國語)》 〈주어(周語)〉에 "주나라가 흥기할 때에 악작이 기산에서 울었다.〔周之興也, 鸑鷟鳴於岐山〕"라는 말이 있다. 악작(鸑鷟)은 봉황의 다른 이름이다.

금년 구월이 다 지나갔는데　　今年九月終
우레가 땅속에 있지 아니하고　　雷乃不在地
어찌나 우렁차게 소리를 내는지　　發聲何轟轟
마치 천리마가 치닫듯 저 멀리까지 이르네　　陵越如奔驥
거기에 해와 별의 변이까지 더해져서　　兼之日星變
희화의 기록[250]이 쉬지 않고 이어졌네　　不絶羲和志
하물며 농사까지 망쳐　　况復穡事痒
창생의 곤궁함이 극에 달했으니　　蒼生極困悴
내 비록 일개 포의지만　　我雖一布衣
자연히 근심스런 마음에 떨게 되는구나　　自然憂心悸
모르겠구나, 나라의 사업으로　　不知國家事
근자에 어떤 일들을 벌였는지　　近者何設置
다만 기쁜 것은 우리 왕께서 성명하여　　但喜吾王聖
자주 황천의 돌보심을 받는 것이니　　驟被皇天字
대궐의 섬돌 향해 머리 조아린 채　　稽首向龍墀
귀 기울여 덕의를 듣노라　　側耳聞德義

250 희화의 기록 : 희화(羲和)의 기록이란 천문지나 율력지(律曆志)를 가리키는 것으로 해석할 수 있다. 즉 기이한 천문 현상이 계속 나타나 천문지에 기록하게 되었음을 나타낸다. 전설에 따르면, 희화가 열 개의 태양을 낳아 탕곡(暘谷)의 부상(扶桑)에 두었다고 한다. 이 태양들은 매일 교대로 밖으로 나가 순회하는데, 희화가 함께 수레를 타고 나갔다가 태양이 우연에 다다른 뒤에 수레를 돌려 올라온다. 또 다른 전설에 의하면 희화는 천지가 처음 생겨났을 때 태양과 달을 주관하는 신이었다고 한다. 《서경》 〈요전(堯典)〉에서는 희화가 천문을 담당하는 관리라고 하였다.

제형들께서 동정[251]에 유람 차 가셨으나 나는 가지 못하고, 밤에 쓸쓸히 앉아 있다가 《취헌집》[252]을 꺼내 읽으며 마음에 느껴지는 바가 있기에 옛날 '구우래금우불래(舊雨來今雨不來)'[253] 일곱 운을 써서 의숙[254]과 백옥[255]에게 받들어 보내다

諸兄有東亭之遊 而僕不能赴 夜坐悄然 取翠軒集讀之 有感于懷 輒用舊雨來今雨不來七韻 奉宜叔, 伯玉

젊은 날에는 기이한 기운을 업고서	少日負奇氣
우주를 다 섭렵하리라 여겼거늘	謂可了宇宙
장부가 되어서 살아갈 계책조차 없이	丈夫不資身
자그마한 봉록으로 제 몸 하나만 구제하고 있구나	寸祿以自救

251 동정 : '東亭'은 오원의 별장으로 서울 종암동에 있다.

252 《취헌집》 : 취헌공(翠軒公) 박은(朴誾, 1479~1504)의 문집이다. 박은은 자가 중열(仲說), 호가 읍취헌(挹翠軒)이다. 20세 때인 연산군 4년(1498)에 유자광(柳子光)의 간사함에 대해 탄핵하였다가 모함을 받아 파직되었다. 23세 때 옥에 갇혔다가 25세 때인 1503년에 아내를 잃고 26세 때 갑자사화로 인해 처형되었다. 박은은 해동강서파(海東江西派)의 대표적 시인으로, 주로 인생무상을 노래한 시를 많이 남겨 우리나라의 대표적인 시인으로 칭해지는데, 사후에 절친한 친구인 이행(李荇)이 그의 시를 모아 《읍취헌유고》를 내주었다.

253 구우래금우불래(舊雨來今雨不來) : 두보(杜甫)의 시 〈추술(秋述)〉에서 "평소 나를 찾아오던 사람들이, 옛날에는 비가 내려도 오더니, 지금은 비가 오면 오지를 않네.〔常時車馬之客, 舊雨來今雨不來.〕"라고 한 데서 따온 구절이다.

254 의숙 : 이천보(李天輔). 자세한 내용은 84쪽 주141 참조.

255 백옥 : 오원(吳瑗). 자세한 내용은 35쪽 주16 참조.

추운 겨울 사흘 내내 비 내리는데　寒冬三日雨
드러누운 채 동룡의 물 새는 소리[256]만 세고　臥數銅龍漏
눈이 아픈데 글자 본다는 것 부끄러운데　目疾羞見字
등잔의 빛무리는 수레바퀴만큼이나 커다랗네　燈暈大如轃
관직 생활이 비록 청아하고 한가하나　省居雖淸暇
누추한 내 집에 미치지는 못하거늘　不及吾廬陋
무엇을 위해 구속과 얽매임 받으며　何爲受覊束
친구들과의 담소마저 막는단 말인가　談笑阻朋舊
동정에 한 동이 술 있건만　東亭一樽酒
약속을 하고도 가질 못하지만　有約不相就
결국엔 함께 돌아갈 터　終應與同歸
벗들이 어찌 나를 꾸짖겠는가　故人豈余詬

두 번째 수 其二

백학은 시내 언덕에 있다가도　白鶴在澗阿
한번 떠나면 돌아보지 않으니　一去不回顧
비록 기장도 벼도 없지만　雖無粱與稻
마시고 쪼아 먹기에 절로 풍족하기 때문이리　飮啄亦自裕
동산에서 사십 년 동안　東山四十年
높이 드러누웠던 사 태부여[257]　高臥謝太傅

256 동룡의……소리 : '銅龍'은 용 모양이 새겨져 있는 궁중의 물시계를 말한다.

257 동산에서……태부여 : 사 태부는 동진(東晉)의 사안(謝安)을 말한다. 자(字)는 안석(安石)이고, 사후 태부에 추증(追贈)되었으므로 사 태부라고 부른다. 그가 벼슬길

인생이란 자적하면 그뿐인 것을 人生適則已
어찌 꼭 세상을 만나야만 한다고 何必與世遇
만년에 정서부에 나아갔다가 晩趁征西府
고관[258]들에 의해 더럽혀지고 말았는가[259] 遂被簪纓汚
나아가고 머무름을 스스로 도모하지 못하였으니 出處不自謀
그의 청허함이 어찌 족히 흠모할 만할까 淸虛安足慕
어지러이 휘장 뒤에서 절하는 것은 紛紛帳後拜
고사가 지녔던 뜻과는 몹시 다르기에 殊異高士趣
그리하여 곤궁함을 고수하는 선비들은 所以固窮士
낡은 초가에서 비바람 맞으며 누워있는 것이라네 弊廬臥風雨

세 번째 수 其三

우리의 무리 중에 선비 한 명이 있는데 吾黨有一士
기이한 기운은 꺾기 어렵다네 奇氣故難摧
고아한 뜻은 이 세상에 두었고 雅志在當世

에 나아가기 전에 회계(會稽)의 동산(東山)에 은거하면서 계속되는 조정의 부름에도 응하지 않고 유유자적했던 '고와동산(高臥東山)'의 고사가 전하는데, 그가 동산에서 40여 년 동안 한가로이 은거할 때 "사안석이 나오려 하지 않으니 장차 창생을 어찌할꼬. 〔安石不肯出, 將如蒼生何.〕"라는 말을 듣기도 하였다. 《晉書 卷79 謝安列傳》

258 고관 : 원문의 '簪纓'은 비녀와 갓끈으로, 높은 벼슬아치를 형용하는 말이다.

259 만년에……말았는가 : 사안은 40세가 다 되어 벼슬길에 나아가 환온(桓溫)의 정서부 사마(征西府司馬)가 되었다. 그러나 조정의 대신들과 잘 어울리지 못하여 결국 '명예를 낚으려 한다'느니, '국사를 중히 여기지 않는다'느니 하는 비방을 받은 끝에 결국 면직되고 말았다.

천성은 본래 술을 좋아하지 않으며　性不嗜酒杯
일찍부터 북궁자[260]를 배우더니　早學北宮子
용감하게 나아가 돌아오지 않을 것을 기약했네　勇往期不回
군자의 도리가 어찌 없었으리오　豈無君子道
앉아서 쓰러져가는 쇠세의 풍속을 진정시켰네　坐鎭衰俗頹
남으로 내려가 오래 만나지 못하니　南行久不見
내 마음 슬퍼지게 하네　使我心中哀
매서운 바람에 난초 혜초는 시드는데　嚴風委蘭蕙
그대 그리워 높은 산에 오르네　念子登崔嵬
편지[261]라도 보내서 불러올까 하나니　折簡欲相招
수레를 끌고서 속히 돌아오시게　攬車早歸來

네 번째 수 其四

갑작스런 우레가 소나기를 몰고 오니　驚雷驅急雨
참새와 까치가 성근 숲으로 떨어지네　鳥雀墮疎林
일개 선비는 편히 거하지[262] 못하고서　匹士不遑安
《시경》[263]을 읊는 소리 노래가 되었네　周雅成謳吟

260 북궁자 : 옛날 제(齊)나라 때 용사(勇士)로 이름난 북궁유(北宮黝)이다. 《맹자》〈공손추상(公孫丑上)〉에, 맹자가 말하기를 "북궁유(北宮黝)는 용맹을 기를 적에 피부를 찔려도 흔들리지 않고 눈을 찔러도 피하지 않았다.〔北宮黝之養勇也, 不膚撓, 不目逃.〕"라고 하였다는 내용이 보인다.

261 편지 : 온 종이를 둘로 접은 편지를 말한다.

262 편히 거하지 : 황안(遑安)은 한가롭고 편안한 모양을 나타내는 용어이다.

263 《시경》 : 원문의 '주아(周雅)'는 《시경》 중에서도 이아(二雅), 즉 〈대아(大雅)〉

밝도다! 주공와 소공의 마음은 昭哉周召心
천년이 지나도록 찾아볼 수 있으니 千載倘可尋
군자라면 나아가고 머무름에 신중을 기하여 君子愼行藏
조심하고 또 조심하기를[264] 오늘부터 해야 하리 瞿瞿其自今

다섯 번째 수 其五

숙도는 쑥대 풀 사이에 누워있지만 叔度臥蓬蒿
우뚝한 기개 드높으니 그 누가 감히 모욕할까[265] 倜儻誰敢侮
임종은 속세와 절연하지 않았으니[266] 林宗不絶俗

와 〈소아(小雅)〉를 가리킨다.

264 조심하고……조심하기를 : 《시경》 〈실솔(蟋蟀)〉에 "귀뚜라미가 당(堂)에 있으니 이 해가 드디어 저물었도다. 지금 즐기지 아니하면 세월이 가버리리라. 그러나 너무 편안하지 않겠는가? 직분에 맡는 것을 생각하여 즐거움을 좋아하되 지나침이 없도록 훌륭한 선비는 늘 조심한다네.〔蟋蟀在堂, 歲律其暮, 今我不樂, 日月其除. 無已大康, 職思其居, 好樂無荒, 良士瞿瞿.〕"라고 하였다. '구구(瞿瞿)'는 늘 뒤를 돌아보며 조심하는 모양을 형용한 말이다.

265 숙도는……모욕할까 : 숙도(叔度)는 동한(東漢)의 고사(高士)인 황헌(黃憲, 109~156)의 자(字)이다. 호는 정군(征君)이고, 신양(愼陽, 지금의 하남 正陽城) 사람이었는데, 어렸을 때부터 덕망과 학식이 높아 동시대의 명사 및 학자들이 황헌을 대하고 경앙(敬仰)해 마지않았다고 한다.《後漢書 卷53 黃憲列傳》당나라 때 서예가인 안진경(顔眞卿)은 그의 명성을 흠모하여 친히 신양에 있는 그의 무덤을 찾아가 비석에 "한나라 황숙도의 묘〔漢黃叔度墓〕" 다섯 글자를 새겨 넣었고, 명나라 시인 장예(張睿) 역시 황헌의 무덤을 찾아가 시를 지어 "기린의 높은 무덤 쑥대풀 사이에 누워있지만, 천년토록 아름다운 이름 북두성보다 높으리.〔麒麟高冢臥蓬蒿, 千載芳名北斗高.〕"라고 노래했다.

266 임종은……않았으니 : 임종(林宗)은 곽태(郭泰, 128~169)의 자이다. 태원군(太原郡) 개휴현(介休縣 지금 山西에 속함) 사람. 동한 때 명사로 허소(許劭)와 이름을

그 지혜를 내 몰래 취하고 싶구나 其智吾竊取
어질구나, 관유안 賢哉管幼安
멀리 떠돌면서도 고향을 그리워하지 않았네[267] 遠遊不懷土
드넓은 한나라 천하에 悠悠漢天下
명철한 이는 대개 셀 수가 있네 明哲盖有數
《고사전》[268]을 낭랑히 외우며 朗誦高士傳
진탕 들이키어 술 사발을 기울이네 痛飮傾斗酤
떨어진 낙엽이 계단 가운데 버려진 것은 敗葉委中階
매서운 바람이 불어와 한바탕 두들기고 갔기 때문이네 烈風爲一鼓
원생은 참으로 삶이 고달팠나니 袁生眞自苦
나라 근심에 눈물을 빗줄기처럼 흘렸네[269] 憂國淚如雨

나란히 하여 '허곽(許郭)'이라 병칭되었다. 관부에서 여러 차례 초징하였으나 응하지 않았고, 인물 품평을 하였으나 위태로운 언행은 삼갔기에 당고의 화를 면할 수 있었다. 후에 화를 피해 고향으로 돌아가 후학을 교육하는 일에 매진하였다.

267 어질구나……않았네 : 관유안(管幼安)은 삼국시대의 은사(隱士) 관녕(管寧, 158~241)을 말한다. 그는 황건적의 난을 피해 요동(遼東)에 와서 살았는데, 비록 고향을 떠나왔으나 '덕을 늘 생각하는 군자'의 마음을 잃지 않으면서 그곳 사람들에게 시서(詩書)를 강론하여 교화를 이루었다. 이에 따르는 사람이 많아 한 고을을 이룰 정도였다고 한다. 《논어》 〈이인(里人)〉에 "군자는 덕을 생각하고, 소인은 땅을 생각한다.〔君子懷德 小人懷土〕"라는 공자의 말이 나온다.

268 《고사전》 : 진(晉)나라 황보밀(皇甫謐)이 지은 중국 고대 필기류 인물전기집 가운데 하나로 상·중·하 3권에 총 91조(96名)의 짤막한 고사로 이루어져 있으며, 그 내용은 요(堯) 시대의 피의(被衣)로부터 위말(魏末)의 초선(焦先)까지 청고(淸高)한 고사들의 언행과 일화를 수록하고 있다.

269 원생은……흘렸네 : 원생(袁生)은 동한의 명신(名臣)인 원안(袁安, ?~92)을 가리킨다. 여남군(汝南郡) 여양현(汝陽縣 지금의 河南 商水 서남쪽) 사람으로 명제(明

어찌하여 일찍이 기미를 살펴서 何如早見幾
한번 솟아 아득히 날아가 버리지 않았는가 一擧冥冥羽

여섯 번째 수 其六

잠 못 이루니 밤은 더욱 긴데 不寐夜逾永
책[270]을 어질러놓은 채 정리하지 않네 籤帙散不收
그윽한 읊조림 또한 유유자적하니 幽吟亦自適
벌레가 가을을 우는 것과 흡사하구나 有似虫鳴秋
베개에 기댔다가 홀연 꿈을 꾸었는데 攲枕忽有夢
광성자[271]가 나를 노닐러 오라 초대하고 廣成邀我遊
나를 위해 대악을 연주하니 爲我奏大樂
궁성과 치성에 강함과 부드러움이 갈마들었네 宮徵迭剛柔
내게 녹색 옥으로 만든 생황을 주었는데 貽我綠玉笙
곧게 뻗은 모습이 뾰족 솟아오른 죽순 같았고 挺直如笋抽
이 물건은 채 한 자가 되지 않았음에도 此物未盈尺

帝)와 화제(和帝)를 섬기어 삼공의 지위에 이르렀다. 당시 외척이던 두헌(竇憲)과 그의 아들 두경(竇景)이 날로 횡포를 부려 부정부패가 심해지자 원안은 임외(任隗)와 함께 죽음을 무릅쓰고 아뢰어 탄핵했다. 그는 황제가 어리고 외척이 강한 것을 보고 공경들과 함께 국사를 의논할 때 탄식하며 눈물을 흘리지 않는 때가 없었다. 《後漢書 권45 袁安傳》

270 책 : 원문의 '籤帙'에서 첨(籤)은 책갈피를, 질(帙)은 책 갑을 가리키는데, 합쳐서 책을 대신 받는 용어로 사용되었다.

271 광성자 : 진(晉)나라 사람 갈홍(葛洪)이 쓴 《신선전(神仙傳)》에 나오는 선인(仙人)의 이름이다. 공동산(崆峒山)의 석실(石室)에 은거했는데, 나이가 1천 2백 살이 되었는데도 늙지 않았다고 하며, 일찍이 황제(黃帝)가 그에게 가르침을 받았다고 한다.

청아한 바람 소리가 자못 풍겨나왔네　　清風頗颼飀
말을 마치고 구름에 올라 떠나버리더니　　語終騰雲去
마치 창파 위 갈매기처럼 사라지고 말았네　　滅沒如波鷗
그러나 나는 풍진에 갇히어　　而我困風塵
선계를 찾아보는 데 그 뜻이 미치지 못하였네　　志不及冥搜
광성자는 황제의 스승이요[272]　　廣成帝者師
공동산[273]은 찾을 수 없으니　　崆峒不可求
형상도 소리도 아득한 것을 무엇으로 찾을 것이며　　形響渺何因
그 누가 능히 구구[274]를 통해 증명할 수 있으리오　　疇能證九丘
군자에게 나아가 점이라도 치고 싶구나　　願就君子卜
이 뜻을 혹시 알 수 있느냐고　　此意倘知不

272 광성자는……스승이요 : 광성자(廣成子)가 공동산 석실에서 수도하고 있을 때, 이미 천자 자리에 오른 지 19년이나 되었던 황제(黃帝)가 광성자를 찾아가 '지극한 도〔至道〕'에 대해 물었더니, 광성자가 지극한 도와 양생(養生)에 관한 이야기를 들려주었는데, 《장자(莊子)》 〈재유(在宥)〉에 그 내용이 나와 있다. "광성자가 황제에게 이르기를 '나는 순일함을 지키고 화순함에 처하고 있다. 그래서 내가 몸을 닦아 1200세가 되었는데 아직도 내 형체가 쇠해지지 않고 있는 것이다.' 하였다."

273 공동산 : 광성자가 수도하던 산의 이름이다.

274 구구 : 옛날의 서적을 말한다. 전하는 바에 따르면 삼분(三墳)은 복희(伏羲)·신농(神農)·황제(黃帝)의 글이고, 오전(五典)은 소호(少昊)·전욱(顓頊)·고신(高辛)·당요(唐堯)·우순(虞舜)의 글이며, 팔색(八索)은 팔괘(八卦)에 대한 설을 기록한 글이고, 구구(九丘)는 구주(九州)의 토지에서 생산하는 물건과 그 지방 풍속들을 모아 기록한 글이라고 한다. 그러나 지금은 모두 전하지 않는다.

일곱 번째 수 其七

술이 있으나 벗이 없다면	有酒而無友
차라리 술잔을 머금지 않느니만 못하다네	不如不含杯
문을 열고서 밤 경치를 둘러보니	開軒覽夜色
소나무 위에 달이 희고도 드높구나	松月白崔嵬
어떻게 하면 날개를 얻어	安得生羽翰
무릎 맞대고서[275] 나머지 술을 다 마실까	促膝盡餘醅
시구를 얻었기에 일단 써서 보내고	得句聊寫去
화답시[276]가 오기를 또 기다려 보네	且待賡詩來

275 무릎 맞대고서 : '촉슬(促膝)'은 가까이 앉아 이야기를 나누는 모습을 형용한 것이다. 갈홍(葛洪)이 지은《포박자(抱朴子)》〈질류(疾謬)〉에 "무릎을 맞대고 좁게 앉아, 지척 사이에서 술잔을 주고 받는다.〔促膝之狹坐, 交杯觴觴于咫尺.〕"라는 표현이 보인다.

276 화답시 : '갱시(賡詩)'는 갱가(賡歌)와 같은 뜻으로, 군신 간에 노래를 서로 이어 부르거나 시를 서로 이어짓는 것을 말한다. 여기서는 군신은 아니지만 일반적인 화답시를 뜻하는 말로 사용되었다.

의숙[277]이 장차 가릉[278]으로 가게 되었는데, 나의 서재를 찾아와 하룻밤 묵었기에 시를 지어 이별하다

宜叔將赴嘉陵 就余書齋宿 賦詩爲別

가족을 데리고 떠나는 그대를 전송하나니　　送子携家去
가릉은 시월의 얼음이 꽁꽁 얼었으리　　嘉陵十月氷
서리는 천 개 봉우리의 잎을 뒤집고　　霜翻千嶂葉
바람은 창 앞의 등불을 가위질하네　　風剪一窓燈
인간사에 머리 긁적이다　　搔首人間事
낙하[279]의 벗들을 떠올리리　　關心洛下朋
고니처럼 아득히 날아올라 갔으니　　冥冥鴻鵠擧
나도 혹시 그대처럼 할 수 있으려나　　我或與君能

두 번째 수 其二

밤은 길고 이별의 말은 많기도 한데　　夜長多別語
창밖엔 바람 거세고 얼음은 쌓였네　　窓外積風氷
삼경에 달은 다 떨어지고　　落盡三更月
타고 남은 한 촌의 등잔 심지만 있네　　燒殘一寸燈

277 의숙 : 이천보(李天輔). 자세한 내용은 84쪽 주141 참조.

278 가릉 : 가릉군(嘉陵郡)을 가리키며 지금의 경기도 가평이다. 지금 경기도 가평군 상면 연하리에 의숙 이천보의 고가(古家)가 있다.

279 낙하 : 한양을 가리킨다.

전원의 삶이야말로 진정한 상책이요	田園眞上策
큰 사슴 작은 사슴 또한 고아한 벗이라	麋鹿亦高朋
분수에 따라 나아가거나 멈추고	隨分行藏事
밭을 갈던 고기를 잡던 그대 능력에 맡기시게	耕漁任爾能

의숙[280]이 백옥[281]의 월곡장[282]에 이르러 창수한 여러 시작(詩作)을 건네주었기에 두 수에 차운하여 다시 가릉으로 부치다

宜叔至伯玉月谷莊 以其酬和諸作見投 次二首却寄嘉陵

그대를 생각하나니 산중 비가 안장에 비칠 제 念子山中雨暎鞍
한 동이 술 어찌 없을까마는 누구와 함께 즐기는가 豈無樽酒與誰歡
사립문 늘어선 계곡은 멀어서 연기 담담하게 피어나고 柴荊谷遠烟生澹
물 긷고 방아 찧는 마을은 깊어서 눈이 추위를 끌어안았겠지 井臼村深雪擁寒
오래도록 시서 바라보고 세월 지내다 보니 久向詩書存契活
게으름뱅이 처자로부터 가난 타령을 듣는구나 懶從妻子說艱難
의당 두 곳에서 서로를 그리워하는 마음에 只應兩地相思意
새벽달이 환히 지붕 꼭대기에 걸려있으리 曉月分明掛屋端

두 번째 수 其二

그대에게 묻노니 어느 날에야 다시 말 타고 돌아오오 問君何日歇歸鞍

280 의숙 : 이천보(李天輔). 자세한 내용은 84쪽 주141 참조.

281 백옥 : 오원(吳瑗). 자세한 내용은 35쪽 주16 참조.

282 백옥의 월곡장 : 경기도 광주에 있던 오원(吳瑗)의 집을 말한다.

새로 간 곳의 생활은 고달프고도 기쁘겠네　新到生涯苦也歡
소나무와 국화 있으니 삼경이 후미진 걸 근심하지 않겠고[283]　松菊不愁三徑僻
띠 풀로 겨우 덮었으니 등잔 하나만 썰렁하겠네　茅茨纔覆一燈寒
나는 노쇠하여 갈수록 은거의 즐거움만 그리워하는데　吾衰漸憶隱居樂
세모에 그 누가 있어 세상살이 어려움[284]을 알아주리　歲暮熟知行路難
별이 하늘에 가득하여 무심코 일어나 걷노라니　星宿滿天聊起步
근심을 이기 수 없어 생각이 절로 많아지는구나　不禁憂緖自多端

이때 밤마다 연이어 성재(星災)가 있었다.

283 소나무와……않겠고 : '三徑'은 세 개의 오솔길로, 은자(隱者)의 거처를 형용한 말이다. 한(漢)나라 장후(蔣詡)는 왕망(王莽)이 집권하자 벼슬에서 물러나 향리인 두릉(杜陵)에 은거하며 집의 대밭 아래에 세 개의 오솔길을 내고 오직 구중(求仲)과 양중(羊仲) 두 사람과 교유했다는 고사가 전한다. 진나라 시인 도연명(陶淵明)의 〈귀거래사(歸去來辭)〉에 "세 개의 오솔길은 거칠어져 간다마는, 솔과 국화는 그래도 여전히 있네.〔三徑就荒 松菊猶存〕"라는 말이 나오는데, 시인은 이 두 가지 고사를 모두 염두에 두고 이 구절을 쓴 것이다.

284 세상살이 어려움 : '행로난(行路難)'은 당나라 때 악부(樂府) 고제(古題)로, 주로 인생의 고달픔을 주제로 삼는다. 이백이나 두보를 위시한 다수의 당나라 시인들이 〈행로난〉이라는 제목의 악부시를 남겼다.

직숙 날 밤에 과자와 음료를 하사해주심을 입다

直夜蒙宣賜酥漿

주려[285]에서 고요히 홀로 누워있자니	周廬悄獨臥
종루엔 차가운 비가 추적거리네	鐘漏濕寒雨
홀연 임금의 하사품이 있다 하기에	忽聞有君賜
의관을 갖추고서 문밖으로 나갔더니	衣服冠出戶
옥 그릇에 과자와 음료가 빛나고	玉椀暎酥漿
받들고 들어오느라 내시들이 분주하네	擎進煩內豎
자리를 바르게 하고서 먼저 맛보고[286]	正席乃先嘗
한 수저 뜰 때마다 머리를 두 번 숙였네	一匙首再俯
달고 매끄럽기가 옥삼보다 낫고	甘滑勝玉糝
진하고 희기로는 종유에 견줄 만하네[287]	釅白敵鍾乳

285 주려 : 한(漢)나라 때 대궐 주위에 세웠던 숙위군(宿衛君)의 여사(廬舍)인데, 후에는 궁궐을 숙위(宿衛)하는 군사가 숙직하는 곳을 가리키는 말로 사용되었다.

286 자리를……맛보고 : 《논어》 〈향당(鄕黨)〉에 "군주가 음식을 주시면 반드시 자리를 바르게 하여 먼저 맛보시고, 군주가 날고기를 주시면 반드시 익혀서 조상께 올리시고, 군주가 산 것을 주시면 반드시 기르셨다.〔君賜食, 必正席先嘗之; 君賜腥, 必熟而薦之; 君賜生, 必畜之.〕"라는 내용이 보인다.

287 달고……만하네 : '옥삼(玉糝)'은 곧 옥삼갱(玉糝羹)의 약칭이다. 소식(蘇軾)의 〈그대를 찾아갔다가 홀연 새로운 생각이 떠오르기에 토란을 가져다가 옥삼갱을 만들었더니 색이며 향이며 맛이며 모두 기이하기 짝이없었다 운운〔過子忽出新意, 以山芋作玉糝羹, 色香味皆奇絶云云〕〉라는 시에 "향내는 용연과 비슷하나 흰빛은 더욱 진하며, 맛은 우유 같지만 우유보다 한층 더 맑구려. 저 남쪽 바다의 금제회를 가지고, 함부로

조미료로는 소금을 썼나니　　調和用鹹鹺

삼켜 먹음에 폐와 장부에 이로우리　　嚥吞利肺腑

헛되이 불어주고 적셔 주신 은택[288]을 입었건만　　虛被濡呴澤

티끌만큼이나마 보탬 될 일 어디 있을까　　豈有塵埃補

먹기를 멈추고 절반을 남겨놓은 것은　　嘗已閣一半

소신에게 늙은 아비가 있기 때문이라네　　小臣有老父

동파의 옥삼갱에 비유하지 말지어다.〔香似龍涎仍釅白, 味如牛乳更全淸. 莫將南海金虀膾, 輕比東坡玉糝羹.〕"라는 구절이 보인다. 《蘇東坡詩集 卷41》 이 시에서는 '우유' 대신 '종유'라고 하였는데, 이는 곧 석종유(石鐘乳)로, 박쥐가 동굴 속의 석종유를 마시며 천년을 살면 몸이 눈빛처럼 희어진다고 하여 붙은 이름이다.

288 불어주고……은택 : 《장자》 〈대종사(大宗師)〉에 "샘물이 말라 버리니 물고기들이 함께 뭍에 처하여, 서로 촉촉한 입김을 불어 주고 입의 거품으로 적셔 주었으나, 강호에서 피차 잊고 지내느니만 못하였다.〔泉涸 魚相與處於陸 相呴以濕 相濡以沫 不如相忘於江湖〕"고 하였다. 그러므로 '유구(濡呴)'는 보듬어주고 보살펴준 은혜를 뜻한다.

부사 김 시랑 용경[289] 에게 주다

贈副使金侍郎 龍慶

귀한 예물[290] 바쳐가며 백 년을[291] 섬겼으니 皮幣百年事
수고로웠어라! 약소국의 신하들이여 勞哉弱國臣
산하는 오직 눈물만 흘릴 뿐이고 山河惟涕淚
예악은 연진[292]에 휩싸여버렸네 禮樂尙烟塵
떨어지는 해에 마음만 공허히 남아있고 落日心空在

289 김 시랑 : 김용경(金龍慶, 1678~1738). 1727년(영조3)에 정미환국으로 물러났다가 1731년 승지의 자리에 오른 이후 대사간·이조 참의·개성부 유수 등을 역임하였고, 사후 이조 판서에 추증되었다. 《영조실록》 13년(1736) 6월 11일, 〈김시형·해흥군·이강·김용경 등에게 관직을 제수하다〉에 보면, "김시형(金始炯)을 도승지로, 해흥군(海興君) 강(橿)을 진하사 겸 사은 정사(陣賀使兼謝恩正使)로, 김용경(金龍慶)을 부사(副使)로, 안상휘(安相徽)를 서장관으로, 송진명(宋眞明)을 형조 판서로, 윤혜교(尹惠敎)를 홍문 제학으로, 서명구(徐命九)를 전광도 관찰사(全光道觀察使)로, 조상명(趙尙命)을 부교리로, 송수형(宋秀衡)을 승지로 삼았다."는 기록이 나온다. 따라서 그가 부사로 떠난 것이 1736년의 일임을 알 수 있다.

290 귀한 예물 : '皮幣'라는 말은 《맹자》에 보인다. 〈양혜왕 하(梁惠王下)〉에 "옛날에 태왕(太王)이 빈(邠)에 살 때에 적인(狄人)이 침범해 왔는데, 그들을 피폐(皮幣)로 섬겨도 면하지 못하였고 견마(犬馬)로 섬겨도 면하지 못하였고 주옥(珠玉)으로 섬겨도 면하지 못하였다." 하였다. 그 주석에 "피(皮)는 범, 표범, 사슴의 가죽이며, 폐(幣)는 비단〔帛〕이다." 하였다. 귀한 예물을 비유하는 말로 쓰였다.

291 백 년을 : 명나라가 망한 1644년부터 이 시를 짓고 있는 1737년까지 대략 100년이 지났기에 이렇게 말한 것이다.

292 연진 : '煙塵'은 봉화의 연기와 말발굽 먼지를 뜻한다. 전란(戰亂)을 의미하기도 한다.

슬픈 노래에 검만 가까이 있네 哀歌劍獨親

금성[293]이 세 번이나 달에 들었으니 金星三入月

하늘의 뜻은 과연 무엇으로 인한 것인가 天意果何因

이때 태백(太白)이 달에 들어간 것이 무릇 세 차례였다.

293 금성 : 달리 태백성(太白星)이라고 칭한다. 계명성(啓明星)·장경성(長庚星) 등으로도 불리는데, 병란(兵亂)을 상징하는 별이다. 특히 이 별이 낮에 나타나는 것을 흉한 조짐으로 여겼다.

오영숙[294]의 우천[295] 그림 부채에 쓰다

題吳瑩叔扇畫牛川

우저[296]의 좋은 풍토	牛渚好風土
봄이 오니 물고기도 새도 많구나	春來魚鳥多
강 북쪽 경색을 한번 바라보니	試看江北色
푸르스름 연기 속에 몇 군데 인가가 보이는도다	烟翠幾人家

294 오영숙 : 오관(吳瓘). 자세한 내용은 64쪽 주95 참조.

295 우천 : 경기도 광주의 분원리 일대에 있는 '소내'이다. 백옥 오원이 살았던 동네이다.

296 우저 : 여기서 우저는 시제에 나온 우천, 즉 부채 그림에 표현된 우천을 가리킨다.

우연히 목은[297] 시를 읽고 그 운자를 쓰다 무오년(1738)

偶讀牧隱詩 用其韻 戊午

나는 사물에 있어 거절하며 받지 않고, 덜어내 적게 만드는 경우가 많다. 이것이 도(道)와 거리가 멀다는 것은 스스로 알고 있으나, 천성이 그 번거로움을 견딜 수 없는 것을 어찌한단 말인가? 그런데 유독 문자의 누(累)에 대해서만은 손을 놓아버리지를 못하여, 근자에는 간혹 깊이 구상에 빠졌다가 심기를 상하는 바람에 병에 걸려 잠 못 이루기까지 하였으니, 참으로 고통을 자초한 것이다. 무오년 3월, 밤에 솔부의 직려(直廬)에 있다가 우연히 목은(牧隱)의 시[298]를 읽게 되었는데, 그 시는 이러하였다.

297 목은 : '牧隱'은 이색(李穡, 1328~1496)의 호(號)이다. 본관은 한산(韓山)이고 자는 영숙(穎叔)이다. 포은(圃隱) 정몽주(鄭夢周), 야은(冶隱) 길재(吉再)와 함께 삼은(三隱)이라 불린다. 아버지는 찬성사 이곡(李穀)이며 이제현(李齊賢)의 문인이다. 이성계 일파가 세력을 잡자 오사충(吳思忠)의 상소로 장단(長湍)에 유배되었다. 이듬해 함창(咸昌)으로 옮겨졌다가 이초(彝初)의 옥(獄)에 연루되어 청주의 옥에 갇혔는데 수재(水災)가 발생해 함창으로 다시 옮겨 안치(安置)되었다. 1391년에 석방되어 한산부원군(韓山府院君)에 봉해졌으나, 1392년 정몽주가 피살되자 이에 연루되어 금주(衿州 현재 서울시 금천구 시흥)로 추방되었다가 여흥(驪興 현재 경기도 여주)·장흥(長興) 등지로 유배된 뒤 석방되었다. 1395년(태조 4)에 한산백(韓山伯)에 봉해지고, 이성계의 출사(出仕) 종용이 있었으나 끝내 고사하고 이듬해 여강(驪江)으로 가던 도중에 죽었다.

298 목은의 시 : 이 시의 제목은 〈붓을 잡고 상념에 잠겨 있다가 붓을 떨어뜨려 옷에 먹을 약간 묻히다〔把筆沈思, 筆落微汚衣〕〉이고, 《목은시고(牧隱詩稿)》 권29에 실려 있다.

시흥이 아득하게 끝도 없이 이어져서 詩興茫無涯
고요히 사색하다 정신이 되레 혼미해졌네 靜思心反昏
손 안에 쥐고 있던 곧은 붓대 끝이 手中筆鋒直
홀연히 떨어져서 옷에 자국 남겼으니 忽落微有痕
옷에 묻은 먹물이야 세탁하면 되겠지만 衣汚尙可濯
정신이 쇠해져서 입언하기 어렵구나 心衰難立言
사계절이 물고기 비늘처럼 이어지고 四序似鱗次
만물이 하늘과 땅 사이를 가득 채웠나니 萬物盈乾坤
그 속의 호연지기는 其中浩然氣
나와 똑같은 근원을 가졌거늘 與我同一元
어찌하여 도리어 스스로 작게 여겨 奈何反自小
흐린 흙탕물처럼 되려고만 하는가 有如泥水渾
맑게 하려고만 하면 금방 맑아지리니 澄之便見淸
어서 떠날지어다 참된 근원을 찾는 길로 往矣尋眞源

취하여 스스로 잠언(箴言)으로 삼을 만한 것이 있기에 그 운을 써서 왼쪽 창가에 적어둔다.

나의 본성은 물속의 진주와 같아 我性水中珠
깨끗이 씻어주면 늘 혼탁하지 않네 濯之常不昏
나의 마음은 허공의 거울과 같아 我心空中鏡
잘 비춰보면 전혀 흠이라곤 없네 照之了無痕
어찌하여 그만두려 해도 그만두지 못하고서 何欲罷不能
깊은 생각에 잠겨 공언을 짓고 있나 湛思著空言
안배를 제아무리 잘한다 해도 安排雖得好

하늘 땅과 나란히 하지 못하는 것을　亦不侔乾坤
일찍이 《주역》의 〈문언전〉을 읽었는데　嘗讀易文言
모든 선 중의 으뜸은 원이라고 하였으니[299]　善之長曰元
으뜸을 버리고 말단으로 나아간다면　棄長就其末
용처[300]는 끝내 혼연해지지 않는다네　用處終不渾
머리 숙여 천군께 맹세하나니　稽首矢天君
말고삐를 돌려 참 근원을 거슬러 올라가리라　回轡溯眞源

299 일찍이……하였으니 : 《주역(周易)》 〈건괘(乾卦)〉의 〈단사(彖辭)〉에 이르기를 "위대하도다 건원(乾元)이여, 만물이 이에 의지하여 나오나니, 이에 하늘의 일을 통합하는도다.〔大哉乾元 萬物資始, 乃統天.〕"라고 하였는데, 〈문언전(文言傳)〉에서 또 말하기를 "원(元)은 모든 선(善) 중에서 으뜸이다.〔元者善之長也.〕"라고 하였다.

300 용처 : 등용되고 머무는 것, 즉 출처(出處)나 행장(行藏)과 같은 뜻으로 쓰인 듯하다.

남만[301]의 접위사[302]가 되어 내주[303]로 떠나는 춘방[304] 신경첨 사건[305] 과 이별하며

別申春坊景瞻 思建 赴萊州接慰蠻使

원국[306]의 수치를 아직 씻지 못하였지만	未湔元國耻
남만의 마음이란 잃기가 쉽다네	易失尙蠻情
오래되었구나 기미책[307]은	久矣羈縻策
수고스러워라 접위사의 명분은	勞哉接慰名

301 남만 : 여기서 '蠻'이라 칭한 것은 바로 왜국이다.

302 접위사 : 외국 사신이 왔을 때 경관(京官)을 차출하여 영접하는 선위사(宣慰使)에서 유래한 명칭이다. 일본국왕(關伯, 막부장군)의 국서(國書)를 가지고 오는 국왕사(國王使)에 대해서는 3품 문관을 뽑아서 접대하게 하고 그들을 특별히 접위사(接慰使)라고 불렀다. 조선 초기에는 일본 사신을 서울에서 맞이했지만 기사년(1629, 인조7)에 규정을 바꾸었는데, 대차왜(大差倭)가 오면 서울에서 관원을 임명하여 보내고 별차왜(別差倭)와 재판왜(裁判倭)가 오면 경상도 관찰사가 도내의 문관 출신 수령이나 도사(都事) 중에서 임명하여 보냈다

303 내주 : 부산의 동래(東萊)를 말한다.

304 춘방 : '春坊'은 동궁(東宮)과 같은 의미로 세자시강원을 가리킨다.

305 신경첨 : 신사건(申思建, 1692～?)으로, 본관은 평산(平山), 자는 경첨(景瞻)·여극(汝極)이다. 경종 1년(1721)에 진사시에, 영조 12년(1736)에 정시 병과에 급제하였다. 영조조에 정언·지평·이조 좌랑·승지·대사간·대사성·동지의금부사·대사헌·강화 유수·각 조의 참판 등 요직을 두루 역임하였다.

306 원국 : 명나라를 말한다.

307 기미책 : 중국의 주변국에 대한 외교정책으로, 현지의 토착 세력과 귀족을 왕후(王侯)에 책봉하여 조정에서 통제하는 방법을 기미책(羈縻策)이라고 한다.

생추(生芻)[308]와 희생에는 고례가 간직되어 있고　　芻犧存故禮
충성과 신의는 강한 병사보다 낫다고 했으니　　忠信勝强兵
분명코 수레 머리를 돌리는 날　　端使回車日
남쪽 사람들 육생을 칭송하리라[309]　　南人誦陸生

308 생추(生芻) : 죽은 이에게 올리는 제물(祭物)을 말한다. 후한(後漢) 때 서치(徐穉)가 곽임종(郭林宗)의 모친이 죽자 조문하러 갔다가 생추(生芻) 한 다발을 놔두고 떠났던 고사에서 유래한다.《後漢書 徐穉列傳》 그러나 여기서는 왜국에게 바치는 의례 용품을 말하는 듯하다.

309 남쪽……칭송하리라 : 한나라 육가(陸賈)의 고사를 인용한 것이다. 육가가 남월(南越)에 사신으로 갔을 적에, 월왕(越王) 위타(尉他)가 그를 무척 좋아한 나머지 몇 달 동안 함께 술을 마시며 즐거워하다가, 귀환할 무렵에는 '그의 행장에 천금의 가치가 있는 보물을 싸 주며 선물했다.〔賜陸生橐中裝直千金〕'는 고사가 전한다.《史記 卷97 陸賈列傳》

가대인[310]이 규봉[311]이 땅에 묻힌 것을 애도하며 감회를 적은 시를 삼가 차운하다
敬次家大人悼圭峯入地書懷作

청산에서 장례 치르는 것을 다 보고 나니	看葬青山罷
외로운 무덤으로 가고 나면 잊을 것만 같구나	孤墳去若忘
수미[312]는 정녕 어느 나라인가	須彌定何國
남한이 과연 새로운 무덤 언덕이로다	南漢果新岡

공께서 편찮으실 적에 잠꼬대를 하시며 문득 "나를 남한산성 밖에 묻고

310 가대인 : 가대인은 남 앞에서 자신의 부친을 부르는 용어이다. 남유용의 부친은 남한기(南漢紀, 1675~1748)이다. 자는 국보(國寶), 호는 기옹(寄翁)이다. 할아버지는 이조판서 남용익(南龍翼)이고, 아버지는 관찰사 남정중(南正重)이며, 어머니는 이조참판 이인환(李寅煥)의 딸이다. 나이 70이 넘어 아들 남유용(南有容)이 시종(侍從)이었던 덕분에 추은으로 기로사에 들어갔으며, 첨지중추부사·동지중추부사·장례원 판결사 겸 오위도총부부총관에 이르렀다. 인품이 단정하고 청렴하였으며 평소에 글을 좋아하였다. 저서로는 《기옹집(寄翁集)》이 전한다.

311 규봉 : 심봉의(沈鳳儀, 1667~1738). 남유용에게는 외숙이 된다. 본관은 청송(青松), 자는 성소(聖韶), 호는 규봉(圭峯)이다. 1710년(숙종 36) 증광시 진사 3등 4위로 합격하여 의금부 도사(義禁府都事)·활인서별제(活人署別提)·공조좌랑(工曹佐郎)·정랑(正郎) 등을 역임하였다.

312 수미 : 불교의 천문학(天文學)에서 수미산(須彌山)을 중심으로 하여 사방에 사대주(四大洲)가 있고, 그 밖의 주위는 철위산(鐵圍山)으로 둘러쌌다고 하는바, 이것을 하나의 세계 또는 하나의 사천하(四天下)라 하는데, 이 사천하를 천 개 합한 것이 하나의 소천세계(小千世界)요, 소천세계를 천 개 합한 것이 하나의 중천세계(中千世界)요, 중천세계를 천 개 합한 것이 하나의 대천세계(大千世界)라 한 데서 온 말로, 전하여 삼천대천세계는 천지 사방(天地四方), 즉 온 세상을 의미한다.

나를 수미국으로 찾아오너라."라고 하셨는데, 과연 남한산성 서쪽 바깥에 묻었다.

도를 갖춘 모습은 소나무 몸통처럼 야위었고　　道貌松身瘦
시를 읊는 소리는 냇물의 울림처럼 유장하였네　　詩聲澗籟長
집안에 전해지는 한묵[313]에는　　傳家餘翰墨
옛날 글씨의 향기 아직 가시지 않았어라　　未沫舊書香

313 한묵 : 필묵(筆墨)을 뜻하지만 일반적으로 문장이나 서화 등을 총칭하는 말로 사용된다.

책을 읽고 할 말이 있기에 여러 아들에게 보이다
讀書有述示諸子

중니가 《주역》을 읽을 때[314] 《팔색》[315]이 퇴출되고 仲尼讀易八索黜
직방씨[316]가 기록을 기재할 때 《구구》[317]가 퇴출되었으며 職方載述九丘詘
번잡한 글과 말단의 술수는 모조리 섬멸되고 繁文末術悉殲除
질서와 전상이 하나로 귀결되었다 秩敘典常歸諸一
성인은 멀어지고 말씀은 인멸된 수천 년 동안 聖遠言湮數千年
천하의 서적 대부분이 찢기고 결락되니 天下書籍多缺裂
세간의 유자들이 이를 빌미 삼아 요망한 말을 퍼뜨리고 世儒因之騁妖妄

314 중니가……때 : 《주역》은 상경(上經)·하경(下經) 및 십익(十翼)으로 구성되어 있다. 십익은 공자가 지었다고 전하는, 역(易)의 뜻을 알기 쉽게 설명한 책으로, 단전(彖傳) 상·하, 상전(象傳) 상·하, 계사전(繫辭傳) 상·하, 문언전(文言傳), 설괘전(說卦傳), 서괘전(序卦傳), 잡괘전(雜卦傳) 등 10편으로 되어 있다.

315 《팔색》 : 팔괘(八卦)의 이치를 서술한 책을 팔색(八索)이라 하는데, 일설에 8왕(王)의 법이라고도 하나 그 글은 전하지 않는다.

316 직방씨 : 직방은 고대 주(周) 나라 하관(夏官)에 속해 있던 관명(官名)으로, 천하 구주(九州)의 지도(地圖)와 공물(貢物)을 관장하였다. 《周禮 夏官職方氏》 여기서는 관직명으로도 볼 수 있고, 또 직방기(職方記), 즉 직방을 기록한 지리(地理)에 관한 기록으로도 볼 수 있다.

317 《구구》 : 일종의 지리서(地理書)로, 구주(九州)의 토지에서 생산하는 물건과 그 지방 풍속들을 기록한 글이다. 《팔색》과 《구구》는 모두 지금 전하지 않는다.

새로운 뜻을 지어내느라 애쓰며 서로 넘나들었다 務生新意相跨越
있고 없고 얻고 잃은 것이 어찌나 어지러이 뒤섞여있는지
有無得失何混淆
각자가 이 학설들을 전수하며 입담을 도왔으나 各自傳授助頰舌
자양[318]이 붓 한번 휘둘러 통렬히 씻어버리고 紫陽一筆痛刷洗
부족한 것 보완하고 잘못된 것 바로잡아 저술을 겸하니
補缺正僞兼作述
제가의 장단점이 극히 온당함을 얻었고 諸家長短極折中
헤아림에 있어 한 치 한 양도 놓치지 않았다 權量錙銖無一失
주공의 예악[319]에 그 공 견줄 수 있으니 周公禮樂可比功
손으로 어두운 장막을 걷어냄에 밝은 태양이 나왔구나
手抉昏翳出白日
어찌하여 후세 사람들은 기이한 것을 좋아하여 如何後人好奇異
기장밥과 쌀밥을 던져버리고서 능금[320]과 귤을 씹는가
棄擲粱稻嚼査橘

318 자양 : '紫陽'은 주희(朱熹)이 호이다.

319 주공의 예악 : 주공(周公)은 예악(禮樂) 제도를 만들었다고 일컬어진다. 여기서 예(禮)라고 하는 것은 등급과 명분을 나누는 전장(典章) 제도를 말한다. 개괄적으로 5가지 부류로 나누는데, 첫 번째로 길례(吉禮)는 신명(神明)에 대한 제사에 사용하며 둘째로 흉례(凶禮)는 장례에 사용한다. 셋째 빈례(賓禮)는 조빙(朝聘)하거나 손님을 접대할 때 사용하며 넷째 군례(軍禮)는 군대를 동원하거나 움직일 때 사용한다. 다섯째 가례(嘉禮)는 잔치나 혼인 등에 사용한다. 한편 악(樂)이란 음악(音樂)을 말하는데 노래, 무용, 연주가 포함된 개념이다. 신분에 따라 어떤 음악을 연주해야 하는지에 모두 엄격하고 세밀한 구분을 두었다.

320 능금 : 원문에는 '査'라고 되어 있으나 '사(樝)'로 보아야 한다.

재주 높은 이가 함몰되고 빠지는 것 더욱 두려워 高才陷溺尤可怕
요괴 같은 학설 횡행하는데도 힐난하지 못하였다 橫騖妖怪弗可詰
성현께서 입언하실 제 어찌 스스로를 도모했으랴 聖賢立言豈自謀
후학들을 열어주고픈 마음 애달팠기 때문일진대 爲開來學心惻怛
후세 사람들은 스스로를 도모하지도 못할뿐더러 後人自謀亦不能
성현의 말씀 함부로 모욕하며 가벼이 끊어버렸다 慢侮聖言輕自絶
포의는 감히 천하의 일에 끼어들 수 없어 布衣不與天下事
남겨진 경서를 나누어 끌어안고 규필[321]에서 늙어갔다 分抱遺經老圭蓽
저녁에 돌아와 사냥을 바라본 교훈[322]이 아직 남아있지만 暮歸視獵意猶在
바깥세상 마귀에게 뜻을 빼앗길까 두렵기만 하구나 恐受外魔來傾奪

321 규필 : 규두필문(圭竇蓽門)의 준말로, 가난한 시골 오두막집을 말한다. 《예기(禮記)》 〈유행(儒行)〉에서, "선비는 일무(一畝) 이내의 담장 안, 사방에 벽만 있는 좁은 방에서 거주한다. 대를 쪼개어 엮은 사립문을 매달고 문 옆으로 규(圭) 모양의 쪽문을 내며, 쑥대를 엮은 문을 통해서 방을 출입하고 깨진 옹기 구멍의 들창을 통해서 밖을 내다본다.〔儒有一畝之宮、 環堵之室, 篳門圭窬, 蓬戶甕牖.〕"라고 하였다.

322 저녁에……교훈 : 《이정전서(二程全書)》 권7에 보이는 내용을 인용하였다. "정명도(程明道)는 나이 열여섯 일곱 살에 사냥을 좋아했다. 12년에 저녁에 돌아오다가 들판에서 사냥하는 사람을 보고는 자기도 모르게 마음에 희열을 느꼈다.〔明道年十六七時, 好田獵. 十二年, 暮歸, 在田野間見田獵者, 不覺有喜心.〕" 여기서 "견렵심희(見獵心喜)"라는 성어가 생겨났는데, 구습이란 잊기 어려워 자기가 본래 좋아하던 것을 다시 만나게 되면 하고픈 욕망이 솟구침을 나타낸다.

가대인께서 보내주신 서(書)와 시를 받고서 남호[323]에서 물고기 구경을 매우 즐겁게 하고 계심을 알았는데, 옆에서 모시지 못한 것을 안타까워하며 삼가 운을 좇아 〈관어시〉 한 수를 지은 다음 심부름꾼 편에 부쳐드리다

蒙家大人賜書幷詩 知南湖觀漁甚樂 惜其不與侍焉 謹步韻爲觀漁詩一首 憑使寄納

커다란 물고기 포구에서 노닐고	大魚游浦口
작은 물고기 돌 틈으로 모여드는데	小魚搶石齒
멋드러진 고깃배가 물살을 가르고	良漁舟截流
한 무리의 어부가 물속으로 들어가네	族漁徒入水
나의 고기잡이는 잡지 않는 것에 있나니	我漁在不漁
외물의 누를 받지 않으려 함이네	不以物爲累
물결 따라가며 노를 두드리니	順流而鼓楫
동자개와 잉어가 펄떡펄떡 춤을 추고	舞躍鱨與鯉
어떤 것은 너무 작아 그물에 걸리지 않고	或眇不麗罛
어떤 것은 너무 무거워 능히 미끼를 끌어당기네	或重能掣餌
깊은 곳을 뒤흔들자 처음엔 갇힌 듯 조용하더니	搖深始圉然
넓은 데로 헤엄치며 이내 유유히 빠져나가네	舞濶旋悠爾
수초 사이를 헤집고 설핏 물 밖으로 몸을 던지다가	抉藻乍擲外
마름을 들썩이며 뒤집히듯 물속으로 뛰어드네	吹荇翻闖裏

323 남호 : 한강의 용산강(龍山江) 일대를 남호라고 한다.

수염을 떨치고서 첨벙첨벙 달아나고 揚鬐逃濊濊
머리를 나란히 하고 깊은 곳[324]으로 치닫네 駢首駕瀰瀰
물고기 새끼[325]는 아직도 잠이 안 깼지만 鯤鮞乃夢夢
수국에 바야흐로 봄이 시작되는구나 水國春方起
지락하는 일은 호량을 추억하고[326] 知樂追濠梁
방생하는 일은 동리를 흠모하네[327] 放生慕東里

324 깊은 곳 : '瀰瀰'는 물이 흐르는 모습 혹은 물이 가득한 모습을 형용하는 말이다.

325 물고기 새끼 : 《국어》 권4 〈노어 상(魯語上)〉 '어금곤이(魚禁鯤鮞)'에 대한 위소(韋昭)의 주에 "곤은 물고기의 알이고, 이는 아직 물고기가 되지 못한 것이다.〔鯤, 魚子也. 鮞, 未成魚也.〕"라고 하였다.

326 지락하는……추억하고 : 장자(莊子)가 친구인 혜시(惠施)가 호량(濠梁)에 앉아 더불어 물고기의 즐거움〔魚之樂〕에 대해서 토론을 벌인 이른바 '호량(濠梁)의 대화'가 《장자》 〈추수(秋水)〉에 실려 있다. "장자가 말했다. '피라미가 나와 고요히 헤엄치니, 이것이 바로 물고기의 즐거움이다.' 혜자가 말했다. '그대는 물고기도 아니면서 어떻게 물고기의 즐거움을 아는가?' 장자가 말했다. '그대는 내가 아닌데 어떻게 내가 물고기의 즐거움을 모른다는 것을 아는가?' 혜자가 말했다. '나는 그대가 아니라 그대를 모르네. 그대도 물고기가 아니니, 그대가 물고기의 즐거움을 모르는 것은 당연한 일일세.' 장자가 말했다. '근본으로 돌아가보세. 그대가 내게 어찌 물고기의 즐거움을 아느냐고 물은 것은 바로 내가 물고기의 즐거움을 안다는 것을 알았기 때문에 물은 것이고, 나는 그것을 호수 물가에서 알게 되었네.'〔莊子曰: '鯈魚出游從容, 是魚樂也.' 惠子曰: '子非魚, 安知魚之樂?' 莊子曰: "子非我, 安知我不知魚之樂?" 惠子曰: '我非子, 固不知子矣, 子固非魚也, 子不知魚之樂, 全矣.' 莊子曰: '請循其本. 子曰汝安知魚樂云者, 旣已知吾知之而問我, 我知之濠上也.'〕"

327 방생하는……흠모하네 : 자산(子産)은 정(鄭)나라의 공손교(公孫僑)인데, 그를 동리 자산(東里子産)이라고도 불렀다. 자산이 연못을 지키는 교인(校人)에게 물고기를 기르라고 맡기자, 교인이 이를 삶아 먹고 나서 거짓말로, "처음 물에다 넣으니 어리어리하다가 곧 이어 생기를 차리고 헤엄쳐 갔다." 했는데, 이 말을 들은 자산이 기뻐서, "아! 그 물고기가 제가 살 곳을 얻었구나!" 하며 기뻐했다고 한다.

하물며 꼬리 붉어진 시[328]가 있어 況乃赬尾詩

옛날 이것으로 적자[329]를 위로하지 않았던가 古以勞赤子

의지하는 바는 따스히 불어주고 거품으로 적셔 주는[330] 힘이니 所賴呴濡力

어찌 차마 멋대로 칼과 도마 위에 올리겠는가 安忍恣刀几

좌우의 물고기들 저들 자득에 따르고 左右從爾適

그 나머지 것들은 옹리[331]에게 주어지네 其餘畀饔吏

호수와 산은 각각 자득하며 湖山各自得

백성과 만물 모두 내가 다스리나니 民物皆我理

만물의 본성을 다하라는 훈계 어찌 잊으랴[332] 寧忘盡物戒

328 꼬리……시 : 《시경》 〈여분(汝墳)〉에 "방어 꼬리 붉어지고, 왕실은 불타는 듯.〔魴魚赬尾, 王室如燬〕"이라는 표현이 나오는데, 그 주(註)에 "방어(魴魚)는 힘이 약하고 비늘이 가늘다. 물고기는 피곤해지면 꼬리가 붉어진다. 방어 꼬리가 원래 흰데 지금 붉어졌다면 힘을 많이 써서 매우 피곤해진 것이다."라고 하였다. 즉 백성이 학정(虐政)에 시달림을 비유한 말이다.

329 적자 : 백성을 가리킨다.

330 따스히……주는 : 구유(呴濡)는 애처롭게 여겨 보살펴주는 것을 말한다. 《장자》 〈대종사(大宗師)〉에 "물이 바짝 말라 물고기들이 땅바닥에 처하게 되면, 서로들 김을 내뿜어 축축하게 해주고 서로들 거품으로 적셔 준다.〔泉涸, 魚相與處於陸, 相呴以濕, 相濡以沫.〕"라고 하였다.

331 옹리 : 고대 요리를 담당하던 관직 이름이다. 요리사를 뜻한다.

332 만물의……잊으랴 : 《중용장구》 제22장에 "오직 천하에 지극히 성실한 분이어야 능히 그 성(性)을 다할 수 있으니……물건의 성을 다하면 천지의 화육을 도울 것이요, 천지의 화육을 도우면 천지와 더불어 참여하게 될 것이다.〔惟天下至誠爲能盡其性,……能盡物之性, 則可以贊天地之化育, 可以贊天地之化育, 則可以與天地參矣.〕"라고 한 말이 보인다.

대개 또한 자득을 취할 것이네	盖亦取適己
이에 아뢰는 시가 많아져[333]	於焉矢詩多
오언이 종이 가득 넘쳤습니다	五言爛盈紙
소자 이번 모임을 즐거워하며	小子樂是擧
노래로 화답하여 즐거움을 적습니다	賡歌以述喜

333 아뢰는……많아져 : 《시경》 〈권아(卷阿)〉에 이르기를 "시를 아뢰기를 많이 하려는 것이 아니라, 왕의 노래를 이어 노래하는 것이니라.〔矢詩不多 維以遂歌〕" 하였다.

부사 김 시랑[334]에 대한 만가

副使金侍郎輓

어제의 이별로 마침내 긴긴 이별한 것이니	昨別遂長別
오늘의 돌아옴을 어찌 돌아옴이랴 여길 수 있으랴	今還豈當還
병이 난 곳이 저 멀리 제하[335]인지라	病仍諸夏外
염이 육친 사이에서 행해지지 못하였네	斂未六親間
사신 일로 헛되이 부절 지녔으나	使事虛持節
돌아오고픈 마음에 지쳐 말 고리를 어루만졌네	歸心罷撫環
누가 말했던가 죽음은 견딜 수 있다고	誰言死可忍
일찍이 용만[336]에도 가보지 못했으면서	曾不及龍灣

두 번째 수 其二

비분강개한 가풍은 멀어지고	忼慨家風遠
관하[337]의 풍경은 두 눈 가득 슬픔이었네	關河滿目悲

334 김 시랑 : 김용경(金龍慶, 1678~1738). 148쪽 주289 참조.

335 제하 : '諸夏'는 예전에 중국인들이 사방의 이민족을 상대하여 중국 본토를 이르던 말이다. 《영조실록》 14년(1736) 3월 30일 기사인 〈부사 김용경의 졸기〉에 "부사 김용경(金龍慶)이 피인(彼人)의 땅 풍윤(豊潤)에서 졸(卒)하였다. 임금이 듣고서 슬퍼하며 연로(沿路)의 관원으로 하여금 운상(運喪)하도록 하고, 장수(葬需)를 내려 주었다."라는 기록이 보인다. 풍윤은 지금의 하북성(河北省) 당산시(唐山市) 풍윤(豊潤)이다.

336 용만 : 용만(龍灣)은 의주(義州)의 별칭이다.

337 관하 : '關河'는 원래 함곡관(函谷關)과 황하(黃河)를 일컫는 말로, 고향이나 도성에서 멀리 떨어진 변방을 뜻하는데, 여기서는 험준한 산천(山川)을 가리켜서 한 말이다.

길은 풍윤현[338]에서 끝나고 路終豐潤縣
병은 〈서리시〉[339] 읊을 때 몸을 덮쳤네 病祟黍離詩
눈물 흘리며 공연히 궁궐을 그리워하고 有淚空懷闕
말하지 않았으나 다시 식구를 떠올렸네 無言更及私
충효라는 두 글자를 가지고 憑將忠孝字
피를 머금어 고아를 힘쓰게 하려 하네 緘血勖孤兒

세 번째 수 其三

북방 귀신은 벗으로 삼기 어렵거늘 北鬼難爲友
혼은 아직도 돌아오지 못하였구나 魂兮歸未歸
공의 집사람이 처음 꿈 점으로 보았나니 家人初筮夢

부음이 오기 며칠 전에 공의 부인께서 꿈을 꾸었는데, 공이 찾아와 영결을 고했다고 한다.

객지에서 밤에 벌써 옷을 찾았다 하네[340] 客夜已招衣

338 풍윤현 : 지금의 하북성(河北省) 당산시(唐山市)에 있다. 옛날 연행 사절이 거쳐 가던 노정 중 하나였는데, 김용경이 죽은 곳이 바로 풍윤현이다.

339 〈서리시〉 : 《모시주소(毛詩注疏)》 〈서리시(黍離詩)〉에, "기장은 한창 자라고 조는 싹이 막 나는구나…"라고 하였는데, 그 서(序)에 말하기를, "〈서리시〉는 주(周)나라를 민망하게 여기어 지은 것이다. 주(周)나라 대부(大夫)가 행역(行役)으로 인해 출행하여 주나라에 이르러, 옛날 종묘와 궁실의 터에 전부 벼와 기장이 자란 것을 보고, 주나라 왕실이 전복된 것을 민망히 여겨서 차마 떠나지 못하고 방황하다가 이 시를 지었다."라고 하였다. 여기서 주나라는 명나라를 대신 받는다. 즉 명나라에 대한 은의로 가슴이 아팠음을 말하는 것이다.

340 옷을……하네 : 곽종석(郭鍾錫)의 《면우집(俛宇集)》 〈진관부에게 답하다〔答陳瓘夫〕〉에, "사람이 막 죽었을 때는 혼기가 움직이기 쉬우므로 옷을 찾아다가 입혀주고

용만의 비는 응당 따라 들어왔을 터이거늘 灣雨應隨入
요동의 구름은 함께 날아오지 않았으리 遼雲不共飛
유명세계에 어찌 물어볼 수나 있겠는가 幽冥那可詰
그저 밝은 휘장 앞에서 곡하나 해야겠지 秖得哭明幃

영전을 설치해 의지하게 해준다.〔人始死, 魂氣易於飄蕩, 故招衣以復之, 設奠以依之.〕" 는 말이 보인다. 따라서 옷을 찾았다는 말은 장례를 치러달라고 부탁했다는 뜻이다.

단오절 전날 직려에서 더위에 괴로워하고 있던 중에 상번[341]인 윤공 창래 이 새로 지은 〈계방[342] 오영〉을 가지고 와 화답시를 지어 달라 하기에 일단 지어보았다. 다섯 가지 물건은 모두 시원스럽고 운치가 넘치는 것들이라 거의 한 치쯤의 시원함을 내게 선사해줄 수 있을 것이다

端陽前日 在直廬困暑 上番尹公 昌來 以新述桂坊五詠索和 聊爲賦之 五物盖皆淸遠饒風韻者 庶幾以寸凉酬我乎

바람 없이 홀로 우는데 운은 어찌나 멀리 퍼지는지 無風自響韻何遠
돌을 끌어안고 홀로 자랐어도 재주가 낮지 않네 抱石孤生材不低
후세 사람에게 부탁하노니 부지런히 보호하고 길러 寄語後人勤護養
삼가 이리저리 재어서 물건으로 만들지 말기를 愼無規度做東西

거문고의 재료로는 돌 가에 홀로 자라난 것을 최고로 치니, 이 나무가 베임을 면치 못할까 걱정되어 이 시를 벽 사이에 적어 넣고 후세 군자들에게 부탁하는 바이다. ○ 이상은 바위 가의 오동을 읊은 시이다.

작은 못이 품을 수 있는 꽃이 얼마나 될까 小池能着花多少
꽃 한 송이만 품어도 또한 기이한 것을 只着一花應更奇
잎 아래서 헤엄치는 물고기는 물 깊어 보이지 않지만 葉底游魚深不見

341 상번 : 세자시강원에서는 소속 관원들을 상번(上番)과 하번(下番)으로 나누어 세자를 보필하게 했다.

342 계방 : 계방(桂坊)은 세자익위사(世子翊衛司)를 가리키는 말이다.

굶주린 학을 풀어 놓으면 천천히 돌아오리　解留饞鶴得歸遲

이상은 동이에 핀 연꽃을 읊은 시이다.

너의 몸은 그리 크다지만 무슨 보탬이 되느냐　爾身長大亦何補
게으른 관리가 마주하고 책이나 읽기에 적합하구나　合與慵官對讀書
먼지 하나라도 날아와 나를 더럽히지 못하도록　無復一塵來汚我
맑은 바람이 종일토록 마당을 청소하고 있네　淸風終日掃庭除

이상은 고송(孤松)을 읊은 시이다.

우리 집 앞 옥계에는 좋은 돌이 많지만　吾舍玉溪多好石
안타깝게도 심어놓은 몇 그루 창죽이 없다네　恨無蒼竹數竿栽
오늘 밤 우연히 옛 동산 꿈을 꾸니　今宵偶作故園夢
밝은 달 비치는 창에 성근 그림자를 드리웠네　明月一窓踈影來

이상은 성근 대〔踈竹〕를 읊은 시이다.

모르겠네, 비바람이 봄을 거두어간 뒤에　不知風雨卷春去
주워 모은 잔향을 누구에게 주었을지　收拾餘香還畀誰
떨기도 많은 너의 고운 치장 어여쁘다마는　饒汝一番粧點好
다만 서리 속을 뚫고 나갈 비장의 힘이 없을까 근심일 뿐　直愁無力透霜脾

이상은 떨기 국화〔叢菊〕를 읊은 시이다.

국화잎이 가뭄을 입어 초췌해졌기에 다시 한 수를 짓다
菊葉被旱憔悴 又賦一首

대인이 만물을 보심에는 본디 기술이 많아서　大人觀物故多術
하나의 양이 다시 하나의 음으로 되는 것을 간파하셨네[343]　看到一陽還一陰
가엾게도 너는 지금 몹시도 초췌해져 있으나　憐爾如今太憔悴
누가 알리 그 속에 오상고절 간직하고 있음을　誰知中有傲霜心

343 하나의……간파하셨네 : 대인은 우주의 섭리를 간파한다는 뜻이다. 《주역》〈계사전(繫辭傳)〉에서는 "하나의 음과 하나의 양을 일러 도라고 한다.〔一陰一陽之謂道〕" 고 하였고, 송나라 학자 소옹(邵雍)은 〈관물외편(觀物外篇)〉에서 "일음일양(一陰一陽)은 천지(天地)의 도(道)인데, 물(物)은 음양(陰陽)으로 말미암아 생기고 음양(陰陽)으로 말미암아 이룬다.'고 하였다.

5월 5일 밤에 오래된 무덤에서 곡하는 꿈을 꾸었는데, 명문에 한유 퇴지[344] 의 무덤이라 새겨져 있었고, 맹교[345]의 무덤이 그 오른편에 있었기에 느낀 바가 있어 소회를 적다

五月五日夜 夢哭一古墓 銘曰韓愈 退之 墓 孟郊墓在其右 感而有述

내 꿈에서 퇴지를 위해 곡을 하다가 我夢哭退之
자연히 눈물이 흘러 옷소매를 가득 적시었는데 自然淚滿衣

344 한유 : 당나라 문인 한유(韓愈, 768~824)이다. 퇴지는 그의 자(字)이다. 정원 12년(796) 변주(汴州) 선무군(宣武軍)에서 난이 일어나자, 절도사 동진(董晉)을 따라 부임하여 관찰추관(觀察推官)이 되었는데, 그때 시인 맹교(孟郊)와 서로 교유하였고, 이고(李翶)·장적(張籍)이 그의 문하에 들었다. 동진이 죽은 뒤에는 무령절도사(武寧節度使) 장건봉(張建封) 휘하로 옮겨 절도추관이 되었다가, 장건봉이 죽은 뒤 낙읍(洛邑)으로 옮겨 살았다. 원화 10년(815)에는 재상 배도를 따라 회서절도사(淮西節度使) 오원제(吳元濟) 토벌에 공을 세워 형부시랑(刑部侍郎)이 되었다. 목종(穆宗) 때 이부시랑 등을 역임해 당시 사람들이 그를 한이부(韓吏部)라고 불렀다. 유종원(柳宗元)과 더불어 당나라 고문운동(古文運動)을 이끌었기에 후대에 '당송팔대가(唐宋八大家)' 중 한 명으로 일컬어졌다.

345 맹교 : 맹교(孟郊, 751~814)는 가도(賈島)와 더불어 고음시파(苦吟詩派)로 병칭되는 중당(中唐) 때 시인이다. 불우의 상징으로 일컬어 질만큼 힘든 생을 보냈고, 796년 45세의 나이로 진사시험에 급제해 율양위가 되었으나 사직하였다. 한유와 교분을 맺어 20세 정도 연장자이면서도 오히려 한유의 가르침을 받았다. 오언고시에 뛰어났으며, 시문집으로《맹동야집(孟東野集)》10권이 전한다. 한유와 막역한 사이로 지냈다. 한유가 실의한 맹교를 위해 써준 〈맹동야를 보내며〔송맹동야서〕〉는 무척이나 유명한데, 그중 만물은 평정함을 잃으면 울 수밖에 없다는 '불평즉명(不平則鳴)' 설은 지금까지도 전해진다. 맹교의 시풍에 대해서는 송나라 시인 소동파가 '맹교는 춥고 가도는 말랐다.〔郊寒島瘦〕'는 묘사를 하기도 하였다.

평생을 함께 한 정요자[346]와	平生貞曜子
무덤마저 서로 의지하고 있었네	丘墓相因依
대인께 나아가 점쳐보고 싶으나	欲就大人卜
이 꿈의 뜻을 아는 이가 드무네	此意識者稀
세상 사람들 명예와 이익을 중히 여기어	世人重名利
우정의 도가 날로 그릇되어져 가고	友道日已非
살아서는 사랑해도 죽으면 저버림에	生愛死棄之
족히 인자로 하여금 탄식하게 하나니	足令仁者唏
아득하구나! 구름과 용의 만남[347]이여	邈哉雲龍契
각박한 세상에 그 누가 그렇게 할 수 있을까	薄世誰庶幾
신의 생각 멀고 아득하지만은 않아서	神意不蒼茫
내가 세상과 어긋남을 알고 계시었기에	知我與世違
이로써 나를 크게 경계하시며	以是大儆予
조롱하듯 또 나무라듯 하시었구나	如嘲又如譏
조무가 구원을 구경할 때에	趙武觀九原

346 정요자 : 맹교의 시호가 정요 선생(貞曜先生)이다.

347 구름과……만남 : 구름과 용은 서로 반드시 필요로 하는 존재를 의미한다. 《주역》〈건괘(乾卦) 문언(文言)〉에 "구름은 용을 따르고, 바람은 범을 따른다.〔雲從龍, 風從虎.〕"라는 말이 나온다. 한유(韓愈)가 지은 〈취하여 동야를 머물게 하다〔醉留東野〕〉라는 시의 구절 중에 "시종일관 거공(늘 함께 붙어 다녀야 하는 거허(駏驉)와 공공(蛩蛩)을 말함)처럼 함께 살고 싶은데, 동야는 머리 돌려 보지도 않는구나.〔願得終始如駏蛩, 東野不迴頭〕"라고 한 구절과 "나는 원하노니 내 몸은 구름 되고 동야는 변하여 용이 되어, 사방 상하 어디든지 동야 뒤를 좇아, 세상에 이별 있어도 우리는 겪지 않았으면.〔我願身爲雲 東野變爲龍, 四方上下逐東野, 雖有離別無由逢〕"이라고 한 구절이 있다.

문자는 함께 돌아가고자 하였네[348]　　文子欲與歸
지금 나는 고인을 그리워하지만　　今我思古人
고인을 어찌 바랄 수나 있겠는가　　古人安可希

348 조무가……하였네 :《국어(國語)》〈진어(晉語)8〉에 "조문자가 숙향과 함께 구원에서 거닐다가 말하기를, '죽은 사람이 다시 살아난다면, 나는 누구와 함께 돌아가야 할까?'라고 하였다.〔趙文子與叔向游于九原, 曰: '死者若可作也, 吾誰與歸?'〕"라는 기록이 보인다. 조문자(趙文子)는 진(晉)나라의 상경(上卿) 조무(趙武)이므로 이 시에 언급한 조무와 조문자는 결국 같은 사람이다. 숙향(叔向)은 진나라 대부 양설힐(羊舌肸)이다. '구원'은 진나라 경(卿)들의 공동묘지인데 후대에는 구천(九泉)의 뜻으로 쓰였다. 이 내용은《예기(禮記)》〈단궁(檀弓)〉에 약간 다르게 소개되어 있다. "조 문자가 숙예(叔譽)와 함께 구원을 구경하였는데, 문자가 말하기를, '여기 죽은 이들을 만일 살릴 수 있다면 내 누구와 함께 돌아갈까?' 하니, 숙예가 말하기를, '아마도 양처보(陽處父)일 것이다.' 하였다. 문자가 말하기를, '양처보는 행실이 진나라에서 일을 혼자서 다 처리하고 너무 꼿꼿하여 자기 몸을 제 명대로 마치지 못하였으니, 그의 지혜는 칭찬할 것이 못 된다.' 하였다. 숙예가 말하기를, '그렇다면 구범(舅犯)일 것이다.' 하니, 문자가 말하기를, '이익을 보고 그 군주를 돌아보지 않았으니, 그의 인(仁)은 칭찬할 것이 못 된다. 나는 수무자(隨武子)일 것이다. 자기의 군주를 이롭게 하면서도 자신의 몸을 잊지 않았으며, 자기 몸을 도모하면서도 자기 친구를 버리지 않았다.' 하니, 진나라 사람들이 문자가 사람을 잘 알아보는 자라고 하였다.〔趙文子與叔譽, 觀乎九原, 文子曰 : 死者如可作也, 吾誰與歸? 叔譽曰: 其陽處父乎! 文子曰: 行并植於晉國, 不沒其身, 其知不足稱也. 其舅犯乎! 文子曰: 見利不顧其君, 其仁不足稱也, 我則隨武子乎! 利其君, 不忘其身, 謀其身, 不遺其友. 晉人謂文子知人.〕" 수무자는 이름이 사회(士會)이며, 범무자(范武子)라고도 한다. 진(晉)나라의 문공(文公), 양공(襄公), 영공(靈公), 성공(成公), 경공(景公) 등 다섯 군주를 충성스럽게 섬겼다.

가대인께서 도연명의 〈도화원시〉[349]를 차운한 것에 이어 화답하고 범도헌[350]에 부쳐 올리다

賡和家大人次陶公桃花源詩韻 寄上泛桃軒

베개에 쓰러져 찌는 더위에 괴로워하지만	偃枕窘炎蒸
염제께서 이제 막 세상을 쥐셨을 뿐이네[351]	火帝初持世
꾀꼬리는 불러도 일절 대답하지 않고	鸎呼都不應
물고기는 헤엄치며 모두 달아나려고 하네	魚泳願俱逝
쓰러진 채 세수도 빗질도 안 하고	頹乎盥櫛去
심각하구나, 휘파람 불며 읊조리는 일도 폐함이여	甚矣嘯歌廢

349 〈도화원시〉: 도연명이 〈도화원기(桃花源記)〉를 짓고 그 뒤에 부록한 오언시(五言詩)의 제목이다.

350 범도헌 : 남유용의 부친인 남한기(南漢紀)의 《기옹집(寄翁集)》 권3에 〈경신년(1740) 중추에 주상께서 문묘에서 석채례를 친히 행하시고, 과시에 합격한 선비 이름을 불렀는데, 유용이 병과에 뽑히었다. 영예롭게 선영에 성묘하고, 관아에 찾아왔기에, 범도헌에 곡수연을 간략히 차리게 하였다. 술이 취한 후에 기쁨을 기록한 시를 지어 아들에게 주고, 아울러 동석한 선사 사군께도 보이다.〔庚申仲秋 上親行釋菜禮于文廟 試士唱第 有容被丙科選 榮掃先墓 來覲官衙 略設曲宴於泛桃軒 醉後書志喜詩贈兒 兼示同席仙槎使君〕〉라는 제목의 시가 보인다. 당시 남한기는 정선군수로 있었는데, 이 해에 남유용이 문묘 친시에서 병과(丙科)로 급제하여 부친의 정선(旌善) 임소에 다녀왔으므로 이 시 제목에 나오는 '범도헌(泛桃軒)'이 바로 정선군 관아에 있는 건물임을 알 수 있다.

351 염제께서……뿐이네 : 염제(炎帝) 신농씨(神農氏)는 불의 기운이 왕성한 남방을 지배하고, 보좌하는 신인 축융(祝融)이 저울을 들고 여름을 다스리기 때문에 이렇게 말한 것이다.

어떻게 하면 한 자락 샘물을 얻을까	安得一曲泉
은자들이 쉬어가던 곳	隱者之所憩
좋은 바위들이 기왕에 늘어섰으니	旣有嘉石列
무성한 나무들도 심어져 있겠지	亦多茂樹藝
발도 씻고 머리도 풀어헤치고	濯足又散髮
지팡이 짚고 걸으며 쉴 곳을 따르노라면	杖履從所稅
바람과 달이 손님과 벗이 되어주고	風月爲賓友
원숭이와 학 울음소리가 가득하리라	猿鶴充鳴吠
이와 같은 곳이 곧 선향이거늘	如此是仙鄕
꼭 지초로 옷을 지어 입을 필요 있겠는가	何必襲芝製
지금 〈도화편〉을 읽으며	今讀桃源篇
정신은 그곳으로 향해 가지만 다리는 가지 못하네	神往脚未詣
학의 천성은 본디 높이 날아오르는 것이라	鶴性本縹縹
달을 보며 더욱 높이 치솟아 오르네	見月愈凌厲
지경이 고요하면 바로 태고 시절이고	地靜是太古
사람이 한가로우면 태평 세월이지	人閒爲樂歲
경지는 텅 비어 비춤에 장애 되는 바 없으니	境虛照無碍
안정됨이 지혜를 낳는다는 말[352] 비로소 알겠네	始知定生慧
속인들이 명승을 말하면	俗人語名勝

352 안정됨이……말 : 도가(道家)에서는 "영대(즉 정신)가 청정해야 한다. 고요함은 안정됨을 낳고, 안정되면 지혜가 생겨날 수 있다.〔靈臺淸靜, 靜能生定, 定能智慧生.〕"고 말하고, 불가에서도 "고요함은 혜를 낳고, 혜는 지를 낳는다.〔靜能生慧, 慧能生智.〕"고 말하는데, 이를 염두에 두고 쓴 구절인 듯하다.

고금에서는 이를 좋은 경계라고 여기면서	古今以爲界
닭을 천하다 여기고 물오리를 귀하다 여기지만	賤鷄而貴鶩
대부분 이름에 의해 실상이 가려지고 말 뿐이라네	多爲名所蔽
누가 나의 날개를 부축해	誰能傅我翼
홍진(紅塵) 저 밖으로 멀리 올려줄 수 있을까	高擧埃壒外
고기잡이 배를 따라	願逐漁舟子
마음을 씻고서 말계[353]를 의탁해보았으면	洗心託末契

353 말계 : '말계(末契)'는 장자(長者)와 후배 사이의 교의(交誼)를 뜻하는 말이다. 이 시는 아버지에게 올리는 것이기에 말계를 의탁한다고 표현한 것이다.

문원[354]이 도원[355]에 있으면서 구미[356]와 경포[357]에 갔을 때 지은 여러 시작(詩作)을 보내왔기에 빠르게 붓을 휘둘러 화답해 보냈다. 이날 밤 나는 술에 취해서인지, 지은 시어 중에 무겁게 늘어지는 느낌[358]이 많았다

文遠在桃源 寄至九美, 鏡浦諸作 走筆和去 是夜余被酒 詩語多沓拕風氣

유유히 헤엄치는 물고기는 물을 잊고	滺滺魚忘水
맑게 피어오르는 구름은 산굴을 잊는다네	澹澹雲忘岫
나는 구미라는 이름을 들었을 때	吾聞九美號
울창한 곳은 아니니라 생각했었네	意思不蒼茂
목석이 아직도 마음을 끌지만	木石尙嬰情
천기를 어떻게 살필 수 있으랴	天機焉得覯

354 문원 : 이덕홍(李德弘, 1697~1768). 자는 문원(文遠)이고 호는 졸옹(拙翁) 혹은 백졸(百拙)이다. 《뇌연집》 권14에 〈동음 화악산 유람기〔遊洞陰華嶽記〕〉가 실려 있는데, 함께 간 사람으로 "매서인 완산 이씨 이문원〔妹婿完山李文遠〕"을 거론하고 있다. 이로써 이문원이 남유용의 매부임을 알 수 있다.

355 도원 : 강원도 정선의 옛 이름이다.

356 구미 : 구미정(九美亭). 정선군 임계면의 계곡에 있는 정자이다.

357 경포 : 경포(鏡浦)는 강원도 강릉에 있는 경포대(鏡浦臺)를 말한다.

358 무겁게……느낌 : '답타풍기(沓拕風氣)'는 원래 글씨가 늘어져 힘이 없는 것을 말한다. 원앙(袁昻)의 《고금서평(古今書評)》에 "왕자경(王子敬)의 글씨는 마치 하락(河洛) 지방의 소년들과 같아 생기발랄하고 좋지만 모든 서체(書體)가 답타(沓拖)하여 오래 보면 싫증이 난다."고 하였다. 《太平御覽 卷748》 소식(蘇軾)은 〈동정춘색(洞庭春色)〉이라는 시를 짓고, 그 자서(自序)에서 "술 취한 뒤에 붓 가는 대로 쓰니 자못 답타풍기가 있다.〔醉後信筆, 頗有沓拖風氣〕."라고 자평한 바 있다.

두 번째 수 其二

나는 옛날 화산[359]을 유람하며 我昔遊華山
지팡이를 짚어가며 백운대에 올랐네 振策白雲臺
한번 가고 다시는 그리워하지 않으니 一去不復戀
학이 이끼를 밟는 것과 같구나 有如鶴踏苔
아득히 먼 강해 바깥을 悠悠江海外
그 누구와 더불어 한번 배회해 볼까나 誰與一徘徊

세 번째 수 其三

내 노공[360]에게 부탁해 我欲倩魯公
구연동[361] 벽에 큰 글씨를 써달라 하려네 大書龜淵壁
추나라 사람 맹자의 수레[362]라 쓰고 鄒人孟子車

359 화산 : 서울의 북한산을 가리킨다.

360 노공 : 당(唐) 나라 때 유명한 서예가인 안진경(顔眞卿)을 말한다.

361 구연동 : 충청북도 단양에 있는 구담(龜潭)을 가리킨다.

362 추나라……수레 : 《맹자》 〈등문공 하(滕文公下)〉에서 진대(陳代)가 "제후를 만나 보지 않는 것은 작은 일인 것 같습니다. 이제 한 번 만나 보시면 크게는 왕자(王者)를 이루고, 작게는 패자(覇者)를 이룰 것입니다. 또 옛 기록에 '한 자를 굽혀 여덟 자를 편다.'라고 하였으니, 할 만한 일일 듯합니다."라고 말하자, 맹자가 "옛날에 제 경공(齊景公)이 사냥할 적에 우인(虞人)을 깃발로 부르자, 오지 않으니, 장차 그를 죽이려 했었다. 공자께서 그를 칭찬하시기를 '지사(志士)는 시신(屍身)이 도랑에 버려질 것을 잊지 않고, 용사(勇士)는 자기 머리를 잃을 것을 잊지 않는다.'라고 하셨으니, 공자는 무엇을 취하셨는가? 올바른 방법으로 부르지 않으면 가지 않은 것을 취하신 것이다. 만일 부르지도 않았는데 간다면 어떠하겠는가."라고 하였다. 당시 대부(大夫)를 부를 때는 깃발로 불렀고 우인을 부를 때는 피관(皮冠) 즉 가죽으로 만든 관(冠)으로 불렀다.

한 글자가 각각 열 자가 되게 하려네　一字各十尺
김자가 말하기를 그렇게 하면　金子曰如此
교룡이 굴속으로 피신할 것이라 하였네　蛟龍避窟宅

네 번째 수 其四

그대가 경포에서의 유람을 말했는데　君言鏡浦遊
경포는 내가 가보고 싶은 곳이었다네　鏡浦我所欲
의기양양 나보다 앞서 가서　昂然先我往
멋들어지게 홀로 서 있었다니　瀟灑立於獨
어찌하여 내 아들을 데려가　曷不携吾子
마음의 눈을 활짝 열어주지 않았소　俾之豁心目

다섯 번째 수 其五

내 아들은 퍽이나 질박해서　吾子頗質厚
비유하자면 좋은 밭과 같다네　譬之良田疇
그 아이에게 비와 이슬을 적셔 주면　尙之以雨露
아마 무럭무럭 자라날 것이련만　庶其興油油
너의 아비는 한가로움만 일삼으며　乃翁事情濶
농사도 짓지 않으면서 감히 추수를 바라는구나　不穡敢望秋

여섯 번째 수 其六

조카는 만곡들이 배와 같아　阿姪萬斛船
바다를 가르며 저 멀리 섬을 가리키네　駕海指遙嶼
바람 높아 돛이 부풀지 않아서　風高帆不飽

아직 물가 모래섬을 떠나지 못하는데	猶未離洲渚
어찌하여야 나의 고깃배가	何如我漁舟
이내 낀 물결 속을 한가로이 오고 갈까	烟波閒來去

일곱 번째 수 其七

어린 아우는 몹시도 아름다워	少弟劇美好
말쑥한 연꽃이 연못에 솟은 듯하네	濯濯蓮出池
문장에 이치만 조금 들어가면	文字稍入理
봄날 고치의 실처럼 될 것이니[363]	有似春繭絲
끝까지 너의 형을 배워	終不學乃兄
한평생 미련하게 보내지 마시게	一生坐鈍遲

여덟 번째 수 其八

나는 천성이 참으로 미련한데	我性良鈍遲
그 미련함이 심히 일에 방해 되었네	鈍遲甚害事
이로 인해 바깥 일을 덜어내고	因之損外事
담담히 기뻐할 줄도 화내지도 않지만	泊然無喜恚
때때로 세속을 응접하니	時時應世俗
우스꽝스러운 일 많기도 하구나	盖亦多劇戱

363 봄날……것이니 : 학문의 이치가 누에 실처럼 끝도 없이 나올 것이라는 말이다. 당나라 시인 이상은(李商隱)의 〈무제(無題)〉 시에 "봄 누에는 죽기까지 실을 뽑고, 초는 재가 되어야 눈물이 마른다네.〔春蠶到死絲方盡, 蠟炬成灰淚始乾〕"라는 구절이 보인다.

아홉 번째 수 其九

내 일찍이 그대와 장난치며　吾嘗與子戲
푸른 바위에 그대 모습을 그렸는데　畫子於蒼巖
손에는 한 편의 책을 쥐고　手持一編書
쓸쓸히 삼나무에 기대있었지　蕭然倚古杉
가난을 편히 여기는 것이 나의 스승이라　安貧是吾師
짚신에 베적삼 차림이었다네　草屨而布衫

의숙[364]의 시를 차운하여 송운 대사[365]의 사당[366]에 보내 적어 넣게 하다
次宜叔韻寄題松雲祠

빼어난 명성 몹시 자자하던 왜적 무찌르던 시절에 藉甚英聲鏖賊年
융의[367] 입고 다시금 일남[368]으로 가는 배에 올랐네 戎衣再上日南船
마음으로 반게 지니고 있으니[369] 바다가 대단해 보이지 않았고

364 의숙 : 이천보(李天輔). 자세한 내용은 84쪽 주141 참조.

365 송운 대사 : 임진왜란 때의 승병장 사명당(四溟堂)을 말한다. 승명은 송운 유정(松雲惟政), 자는 이환(離幻), 속성은 임씨(任氏). 왜란 때 승병총섭(僧兵摠攝)으로 활약하다가 일본에 건너가 덕천 막부(德川幕府)의 강화(講和) 의사를 확인하고 많은 부로인(俘虜人)들을 쇄환하였다. 시호는 자통홍제존자(慈通弘濟尊者)이며 《사명대사집(四溟大師集)》이 전한다.

366 사당 : 영조 19년(1743)에 밀양 재악산(載嶽山) 표충사(表忠祠)에 편액이 하사되어 서산대사(西山大師)와 사명당 유정, 그리고 기허당(騎虛堂) 영규(靈圭) 세 명의 대사를 춘추로 향사(享祀)하게 했다. 따라서 여기서 말하는 사당은 표충사를 말하는 듯하다.

367 융의 : 융의(戎衣)는 군복(軍服)이다. 《서경(書經)》 〈주서(周書)·무성(武成)〉에, "무왕이 한 번 융의를 입고 나서자 천하가 크게 안정되었다."라고 하였다.

368 일남 : 일남은 '일남(日南)'은 태양의 남쪽이란 말로, 보통 남방에 위치한 유구국(流球國)을 가리킨다. 그러나 여기서는 일본을 가리키는 말로 사용된 듯하다.

369 반게……있으니 : 게(偈)라는 것은 본디 불가의 찬송사(贊頌詞)로서 보통 사구(四句)를 일게(一偈)로 삼는다 하여 사구게(四句偈)라고 한다. 불경이 한문으로 번역된 후에 불경에 나오는 수행(修行)의 구절을 4구로 번역한 것이다. 《열반경》에 다음과 같은 고사가 전한다. 부처님이 전생에 설산에서 고행할 때 어디선가 "모든 것이 무상하니, 이는 생멸하는 법이다.〔諸行無常, 是生滅法.〕"라는 게송의 절반을 들었다. 주위를

心持半偈無多海

손으로 험악한 분위기 결판내니[370] 식견이 하늘에 있었네

手抉重氛見在天

세상에 나가니 아이들도 의사를 알아보고 出世兒童知義士

산으로 돌아오니 원숭이와 학이 야윈 선사의 짝이 되어주네

還山猿鶴伴癯禪

그 사람을 보면 끝내 공문[371]의 노인이라 看渠終是空門老

황량한 사당도 속세의 인연인 것을 부끄러워하리라 應愧荒祠也俗緣

돌아보니 흉악한 나찰이 있었다. 나찰에게 이 게송을 읊었느냐고 물으니, 그렇다고 하였다. 나머지 반을 들려달라고 하니 나찰이 나는 지금 배가 고프다고 하였다. 그 수행자가 높은 곳에 올라가 몸을 던져 나찰에게 공양하기로 하니, 나찰이 "생멸이 다 멸하고 나니, 적멸이 즐거움이 된다.〔生滅滅已, 寂滅爲樂.〕"라는 게송을 들려주고 제석천으로 변하여 수행자의 몸을 받았다고 한다. 따라서 반게를 가슴에 지녔다는 것은 나머지 반을 구하기 위해 언제든지 목숨을 버릴 각오를 하고 있다는 뜻이다.

370 손으로……결판내니 : 승려였지만 사명당은 승병장이나 외교가로서 두드러진 활약을 펼쳐서, 임진왜란 당시 강화정사(講和政使 : 전쟁중인 두 나라의 평화를 협상하기 위하여 선발한 대표)로 1604년 일본에 상륙하였으며, 1605년 포로로 잡혀갔던 조선인 3,000여 명을 데리고 귀국했다. 이 일을 염두에 두고 쓴 구절이다.

371 공문 : '空門'은 '불문(佛門)'을 뜻한다.

백옥[372]의 교외 거처에 편지 삼아 보내다
簡伯玉郊居

나뭇잎에서 막 소리 울리기 시작하더니	木葉初生響
가을바람이 외로운 거처에 불어왔네	秋風到索居
발을 말아 올리니 산의 푸르름 다가오고	鉤簾山翠近
책상에 몸을 기대니 빗소리 성글어지네	隱几雨聲疎
세상에 처신함에 있어서는 장생의 말이요[373]	處世莊生馬

372 백옥 : 오원(吳瑗). 자세한 내용은 35쪽 주16 참조.

373 장생의 말이요 : 당나라 시인 고적(高適)은 〈진 좌상에게 바치다〔留上陳左相〕〉 시에서 "천지는 장자의 말이요, 강호는 범려의 배로다.〔天地莊生馬, 江湖範蠡舟〕"라고 했다. 여기서 장자의 말이란 《장자(莊子)》 〈제물론(齊物論)〉에 나오는 "천지는 하나의 손가락이요, 만물은 하나의 말이로다.〔天地一指, 萬物一馬〕"의 인생 철학을 뜻한다. 장자는 또 "말은 굽으로 서리나 눈을 밟을 수 있고 털로 바람과 추위를 막을 수 있다. 풀을 뜯고 물을 마시며 발을 들고 뛰어다닌다. 이것이 말의 참된 본성이니 비록 높은 누대나 호화로운 저택이 있다 하더라도 쓸 곳이 없다. 그런데 백락이 나는 말을 잘 다룬다고 해서 털을 태우고 깎아 내며 굽을 깎고 낙인을 찍으며 연이어 굴레를 씌우고 다리를 묶으며 구유와 마판에 줄줄이 묶어 놓음에 이르러 죽는 말이 열에 두세 마리에 이르고, 굶기고 목마르게 하며 달리고 뛰게 하며 정돈시키고 가지런히 해서 앞에서는 재갈이나 가슴받이 장식으로 끌어대는 괴로움이 있고 뒤로는 가죽 채찍이나 대나무 채찍으로 때려 대는 抑壓이 있게 되면 죽는 말이 이미 절반을 넘게 된다.〔馬, 蹄可以踐霜雪, 毛可以御風寒, 齕草飮水, 翹足而陸, 此馬之眞性也. 雖有雖有義臺路寢, 無所用之. 及至伯樂曰: '我善治馬.' 燒之, 剔之, 刻之, 雒之, 連之以羈馽, 編之以皂棧, 馬之死者十二三矣! 饑之渴之, 馳之驟之, 整之齊之, 前有橛飾之患, 而後有鞭筴之威, 而馬之死者已過半矣!〕"라고 말하였다. 따라서 이는 곧 백락이 천리마를 훈련시키며 말의 본성을 억압하듯이 하지 않고 자유자재로 본성을 따르게 하는 것이 진정한 즐거움이듯, 사람의

그대를 앎에 있어선 혜자의 물고기로다[374] 知君惠子魚
무리와 떨어져 지내느라 시간이 많을 테니 離群多日月
능히 책 몇 편은 지을 수 있겠구려 能著幾編書

삶도 인위적인 억압 없이 자유롭게 사는 것이 가장 소중하다는 것을 나타내는 표현이다.

374 혜자의 물고기로다 : 혜자는 장자의 친구인 혜시(惠施)이다. 혜시가 호량(濠梁)에 앉아 더불어 물고기의 즐거움〔魚之樂〕에 대해서 토론을 벌인 이른바 '호량(濠梁)의 대화'가 《장자》 〈추수(秋水)〉에 실려 있다. 자세한 내용은 162쪽 주326 참조.

사천 어르신[375]이 술자리를 마련해놓고 초대해주셨는데 소소한 병에 걸려 가지 못하였더니 이튿날 사천이 고맙게도 시를 보내오셨으나 또한 즉시 답하지 못하다가 지금에야 비로소 화답하고 받들어 부치다

槎川丈置酒見邀 屬小疾未赴 翼日槎川惠詩 而亦未亟詶也 今始追和奉寄

빙그레 웃는 어르신의 얼굴 보이니	莞爾見夫子
보내오신 시를 놓지 못하고 읊조리네	來詩吟不休
매미 소리는 늦여름을 전송하고	蟬聲送殘夏
비의 기운은 초가을을 끌어모았네	雨氣集新秋
오랫동안 장수(漳水) 가에 몸져누운 채[376]	久臥漳濱病
헛되이 악하[377]에서의 노닒만 그리워하네	空懷嶽下遊
맑은 구름 피어올라 다시금 움직이니	淸雲興復動
오늘은 억지로라도 빗질을 해야겠네	今日强梳頭

375 사천 어르신 : 이병연(李秉淵). 자세한 내용은 81쪽 주133 참조.

376 장수(漳水)……채 : 후한(後漢) 시대 건안 칠자(建安七子) 중의 한 사람인 공간(公幹) 유정(劉楨)은 매우 병약하였는데, 그의 시 〈오관중랑장에게 드리다〔贈五官中郎將〕〉에 이르기를, "나는 깊은 고질병에 걸린 채, 맑은 장수 가에 숨어 사네.〔余嬰沈痼疾, 竄身淸漳濱.〕"라고 하였다. 《文選 卷23》

377 악하 : 사천 이병연(李秉淵)의 이칭 중의 하나가 백악하(白嶽下)이다. 그의 집이 북악산 아래에 있었기에 그렇게 부른 듯한데, 현재의 청와대 뒤편 기슭에 이병연의 집인 취록헌(翠麓軒)이 있었다고 한다.

사천 어르신[378]께서 또 시를 보내와 중추에 한 번 다녀가라고 하셨는데, 마침 용산에 숙직 서러 가야 했기에 찾아가지 못하고 그 시운에 화답하여 사례의 뜻으로 보내다

槎川丈又惠詩 要余中秋相過 值赴直龍山不遂往 步韻寄謝

나는 어르신처럼	我不如夫子
관리 노릇 쉴지언정 시 멈추지 않는 것 하지 못하네요	官休詩不休
그윽한 기약 있었으나 북악에 가지 못하고	幽期阻北嶽
아름다운 달이 떴으나 중추도 저버렸군요	佳月負中秋
그다지 대단한 일도 아닌 것을	非復高人事
장자와의 노닒을 외롭게 만들었고	眞孤長者遊
오사모는 중구일이 가까워 오는데도	烏紗近重九
맹가의 머리를 해하지 못한답니다[379]	未害孟嘉頭

378 사천 어르신 : 이병연(李秉淵). 자세한 내용은 81쪽 주133 참조.

379 오사모는……못한답니다 : 머리를 해한다는 것은 머리에서 모자가 떨어져 망신을 준다는 뜻이다. 진(晉)나라 때 맹가(孟嘉)가 일찍이 환온(桓溫)의 참군(參軍)으로 있을 때 일이다. 한번은 환온이 9월 9일에 용산(龍山)에서 잔치를 열어 막료들이 모여 즐겁게 놀았는데, 그때 마침 서풍(西風)이 불어 맹가의 모자가 날아갔는데도 맹가는 알아차리지 못하였다. 이에 환온이 손성(孫盛)에게 글을 지어 맹가를 조롱하게 하자 맹가가 곧바로 화답하였는데, 그 글이 매우 아름다워 모두 찬탄하여 마지않았다는 고사에서 연유한 것이다. 후에 이 고사로 인하여 중양절에 높은 곳에 올라가 모자를 떨어뜨리는 풍류가 생겨났다고 한다.《晉書 卷98 孟嘉列傳》 따라서 이 시구는 중양절이 가까워 오는데도 모임에 갈 수가 없어 맹가처럼 오사모 떨어트리는 일을 경험할 수 없음을 뜻한다.

사천 어르신[380]이 시찰(詩札)을 보내와 부탁한 시운에 거듭 화답하다

疊和槎川丈又枉詩札見屬之作

수려한 시구를 멀리까지 흘려 전해주셨으니	秀句流傳遠
공께서는 지금 안석에 기대 쉬고 계시겠지요	公方隱几休
외로운 구름은 언제나 산봉우리에 기대있고	雲孤每依巘
야윈 학은 더욱이 이 가을에 어울리는군요	鶴瘦更宜秋
풍아는 품평[381]으로 돌아가고	風雅歸題品
강산은 와유[382]에 붙이겠지요	江山屬臥遊
문장은 참으로 노년을 보낼 만하거니	文章眞耐老
흰 눈이 머리를 죄다 덮어도 두렵지 않겠지요	不怕雪渾頭

380 사천 어르신 : 이병연(李秉淵). 자세한 내용은 81쪽 주133 참조.

381 품평 : '題品'은 품평하는 것을 말한다. 즉 이병연의 고아한 시가 이미 높은 평가를 받고 있음을 말한 것이다.

382 와유 : 와유(臥游)는 산수화를 걸어놓고 감상하면서 직접 유람하지 못하는 한스러운 마음을 달래는 것을 말한다. 금(琴), 서(書), 화(畫) 삼절(三絶)로 유명한 남조송(南朝宋)의 종병(宗炳)이 산수를 좋아하여 멀리 유람하기를 좋아하였는데, 병이 들어 강릉(江陵)에 돌아와서는 "늙음과 병이 한꺼번에 들이닥쳐 명산을 두루 돌아보기 어려울 듯하니, 그저 마음을 맑게 하고 도를 관찰하며 누워서 유람할 수밖에 없다.〔老疾俱至, 名山恐難遍覩, 唯當澄懷觀道, 臥以遊之.〕"라고 탄식하고, 그동안 다녔던 곳의 경치를 그림으로 그려 방 안에 걸어 두고 감상했던 고사가 있다. 《宋書 卷93 宗炳列傳》

강가 직숙하는 집에서 백옥[383]이 중추절 전날 밤에 달을 보고 소회를 내보인 시작에 창수하다

江上直舍 詶伯玉中秋前夜對月見懷作

여관 밥 먹다 가을 기운에 놀라	旅食驚秋氣
창문 사이에서 홀로 옷을 걸치네	窓間獨攬衣
밤이 서늘하니 소나무에서 휘이 소리가 울리고	夜凉松作響
강이 가까우니 달빛에 광채가 더 보태졌네	江近月添輝
이미 자적할 수 있는 외로운 정회가 있기에	已有孤懷適
일찍이 한 가지 사물도 거스르는 것 없었네	曾無一物違
하지만 벗과의 노닒 못 잊어 하는 것을 보니	朋游猶耿耿
도심이 희소함을 스스로 깨닫겠구나	自覺道情稀

두 번째 수 其二

우리의 도란 것이 다만 이 정도일 뿐이어서	吾道只如許
이리저리 배회하노라니 강가의 달빛도 맑구나	徘徊江月淸
일엽편주는 멀리 떠날 생각만 하고	扁舟聊遠意
길 떠나는 기러기는 또 외로이 우네	旅鴈且孤鳴
일생 백년의 일 이미 정해졌다 해도	已卜百年事
오늘 밤의 감정은 잊기가 어려워라	難忘今夜情
가을바람 우저[384]에 드넓게 퍼지니	秋風牛渚濶

383 백옥 : 오원(吳瑗). 자세한 내용은 35쪽 주16 참조.

그대 좇아 나의 갓끈을 씻어야 하겠구려[385] 從子濯吾纓

384 우저 : 경기도 광주의 분원리 일대에 있는 '소내'이다. 백옥 오원이 살았던 동네이다.

385 갓끈을……하겠구려 : '탁영탁족(濯纓濯足)'은 갓끈을 씻고, 발을 씻는다는 뜻으로 세상의 추이에 따라 산다는 말이다 전국 시대 초(楚)나라 굴원(屈原)이 조정에서 쫓겨나 초췌한 안색으로 강변을 거닐자 어부가 그 이유를 물었는데, 굴원이 더러운 세상에 대해서 푸념을 늘어놓으니, 어부가 빙그레 웃으면서 "창랑의 물이 맑으면 내 갓끈을 씻고, 창랑의 물이 흐리면 내 발을 씻으면 된다.〔滄浪之水淸兮, 可以濯吾纓, 滄浪之水濁兮, 可以濯吾足.〕"라고 은거 생활을 권하는 노래를 부르면서 떠나갔다는 이야기에서 나왔다. 《楚辭》〈漁夫辭〉

중추의 달빛이 더욱 맑아 걷다가 강 언덕에 이르렀더니 고요히 감회가 일기에 백옥[386]의 앞의 운에 화답하고 이튿날 아침에 서둘러 부치다

中秋月色益淸 步至江干 悄悄有懷 和伯玉前韻 翌朝走寄

모래섬 앞의 나무에 두루 기대어보니 倚遍洲前樹
어지러운 달빛이 옷 가득 쏟아지네 紛紛月滿衣
그윽한 심회는 절로 간절해지고 幽懷自耿介
허옇게 센 귀밑머리는 빛을 발하려 하네 衰鬢欲光輝
강빛은 하늘과 더불어 멀어지고 江色天俱遠
추성을 기러기는 어기지 않네 秋聲鴈不違
외로운 배가 부질없이 눈앞에 떠 있건만 孤舟空在眼
배 띄우려 해도 친구가 드물구나 欲泛故人稀

두 번째 수 其二

이슬 내리고 저녁연기 걷히니 露下夕烟斂
한가을의 달그림자 맑기도 하여라 中秋月影淸
갈대는 양쪽 물가에 자라있고 蒹葭兩岸色
학은 오경이 되자 우네 鸛鶴五更鳴
오모[387]는 본디 분수를 따르는 것이요 烏帽元隨分

386 백옥 : 오원(吳瑗). 자세한 내용은 35쪽 주16 참조.

387 오모 : 오모는 검은 모자로, 관리의 차림을 의미한다. 즉 관리 노릇하는 것은 타고

창주[388]에는 또한 마음을 기탁하였네　滄洲且寄情
시절이 맑으면 창고지기[389]라도 좋으니　時淸管庫好
나는 잠영[390]을 박하게 여기지 않는다네　吾不薄簪纓

난 본분을 지키는 일임을 말한 것이다.

388 창주 : 본래는 물 가까이 있는 곳을 뜻하지만, 주로 은사들의 거처로 상징되었다. 즉 몸은 관직에 매어 있지만 마음엔 늘 은거의 뜻을 품고 있음을 말한 것이다.

389 창고지기 : 이때 남유용은 군자감 주부(軍資監主簿)로 있었는데, 군자감은 군사 활동과 업무에 필요한 군자곡(軍資穀) 등의 물자를 담당한 호조 소속의 관청이었기에 '창고지기'라고 스스로를 표현한 것이다. 위리(委吏)는 창고를 맡은 벼슬아치로, 모두 하찮은 낮은 벼슬이다. 성인(聖人)은 곧 공자를 가리킨 것인데, 《맹자(孟子)》〈만장하(萬章下)〉에 "공자께서 일찍이 위리가 되어서는 '회계를 마땅하게 할 뿐이다.'고 하셨다.〔孔子嘗爲委吏矣, 曰會計當而已矣〕"라고 한 내용이 보이는데, 위리란 바로 곡식 창고의 출납을 맡은 관리이다. 즉 낮은 관직이라도 자신이 맡은 직분을 잘하면 그만이라는 뜻이다.

390 잠영 : 고관(高官)이 쓰는 관(冠)에 두르는 장식이다. 곧 벼슬아치를 비유하는 말로 쓰인다.

의숙[391]이 해장으로부터 내가 있는 용산의 직려[392]를 찾아와 하룻밤 묵었는데, 함께 앞의 시운에 화답하여 백옥[393] 족하에게 바치다

宜叔自海莊過余龍山直廬宿 共和前韻奉伯玉足下

객지에서 맞이한 밤에 돌아온 객을 만나	客夜逢歸客
강가 누각에서 함께 옷을 벗었다네	江樓共解衣
둥지에 깃든 새들은 아득히 멀리서 울어대고	宿禽啼渺渺
달빛 받은 나무는 반짝거리며 움직이네	月樹動輝輝
호수와 바다에 대한 마음은 홀로 가지만	湖海心孤往
시서에 대한 일은 놓지 못하네	詩書事不違
몇 번 성곽에서 모였지마는	幾回城郭會
이런 밤 적었던 듯 끝내 느껴지네	終覺此宵稀

두 번째 수 其二

밤빛이 이토록 밝은 것은	夜色皎如許
다분히 강 기운이 맑기 때문이지	多因江氣淸
갈매기는 응당 물가에서 자는 것에 익숙하고	鷗應慣水宿

391 의숙 : 이천보(李天輔). 자세한 내용은 84쪽 주141 참조.

392 용산의 직려 : 이때 남유용은 군자감 주부(軍資監主簿)로 있었는데, 군자감이 있던 곳이 바로 용산이었다.

393 백옥 : 오원(吳瑗). 자세한 내용은 35쪽 주16 참조.

벌레는 또한 가을이면 운다네	虫亦以秋鳴
주공의 꿈[394]은 꾸어지지 않고	倦矣周公夢
호상의 뜻[395]만 유유하구나	悠然濠上情
이러한 때일수록 선우후락의 뜻으로[396]	此時憂樂意
꼿꼿이 앉아 관과 끈을 바르게 해야 하네	危坐整冠纓

394 주공의 꿈 : 공자가 이르기를, "심하다, 나의 쇠함이여. 오래이어라, 내 다시는 꿈속에서 주공을 뵙지 못하였다.〔甚矣吾衰也, 久矣吾不復夢見周公〕" 한 데서 온 말이다. 이는 곧 공자가 젊었을 때는 주공의 도(道)를 행하려는 뜻이 강했기 때문에 꿈속에서도 주공을 가끔 보았으나, 늙도록 도를 행하지 못함에 이르러서는 그 마음이 없어짐으로써 다시는 주공의 꿈조차 꾸어지지 않으므로, 이것을 인해서 몸이 몹시 쇠해졌음을 탄식한 것이다. 여기서는 몸이 노쇠해짐을 비유한 것이다. 《論語 述而》

395 호상의 뜻 : 《장자(莊子)》 〈추수(秋水)〉에는 장자가 친구 혜자(惠子)와 함께 호수(濠水)의 다리를 거닐다가 나눈 대화가 실려 있다.

396 선우후락의 뜻으로 : 송나라 사람 범중엄(范仲淹)의 〈악양루기(岳陽樓記)〉에 "묘당(廟堂)에 높이 있을 때는 그 백성을 근심하고 강호에 멀리 있을 때는 그 임금을 근심하니, 이는 나아가도 근심하고 물러나도 근심하는 것이다. 그렇다면 어느 때 즐거운가? 반드시 천하가 근심하기에 앞서서 근심하고 천하가 즐거워한 뒤에 즐거워할 것이다.〔居廟堂之高, 則憂其民, 處江湖之遠, 則憂其君, 是進亦憂, 退亦憂. 然則何時而樂耶? 其必曰: 先天下之憂而憂, 後天下之樂而樂歟!〕"라는 구절이 나오는데, '우락의(憂樂意)'는 바로 천하를 근심하고 기뻐하는 마음을 가리킨다.

문원,[397] 의숙,[398] 백옥[399]과 함께 미피[400]에서 묵으면서 짓다
同文遠, 宜叔, 伯玉宿渼陂作

가을 소리에 객들은 소매를 나란히 하는데	秋聲連客袂
추위 속 억새에 모래섬이 있는지도 모르겠구나	寒荻不知汀
나무는 야위어 맑은 달빛도 많고	木瘦多晴月
강물은 출렁거려 떨어지는 별도 보이네	江翻有落星
빈 배는 이 세상 일 아니요	虛舟非世事
높이 베고 누우면 곧 나의 정자라네	高枕便吾亭
석실[401]에서 슬픈 노래 부르고 난 뒤	石室悲歌外
평생의 지기들과 술 한 병 마시네	平生酒一瓶

397 문원 : 이덕홍(李德弘). 자세한 내용은 177쪽 주354 참고.

398 의숙 : 이천보(李天輔). 자세한 내용은 84쪽 주141 참조.

399 백옥 : 오원(吳瑗). 자세한 내용은 35쪽 주16 참조.

400 미피 : 지금의 한강 주변 경기 남양주시 덕소와 수석동 그리고 강 건너편의 미사리 일대를 조선시대에는 미호(渼湖)라고 불렀다. 미피는 바로 미호를 가리키는 듯한데, 동호(東湖 지금의 옥수동 일대), 서호(西湖 지금의 마포와 서강 일대)와 함께 미호(渼湖)는 한양 부근의 최고 경승지(景勝地)로 꼽힐 만큼 풍광이 수려했다고 한다.

401 석실 : 미호에는 석실서원(石室書院)이 있었다. 석실서원은 병자호란 당시 충신이었던 김상용과 김상헌 형제의 충절과 학덕을 기리기 위해 1656년 창건되었다. 김수항, 김창협, 김창흡, 김원행 등으로 이어지며 1868년 흥선대원군의 서원철폐령으로 문을 닫을 때까지 많은 후학들을 양성하고 문화사상을 잉태하는 산실로 자리 잡았다. 송시열, 이병연, 정선, 조영석, 홍대용 등이 바로 석실의 문하를 드나들었던 이들이다.

다시 '호' 자를 얻어 함께 짓다

又得壺字同賦

길 하나 난 성근 숲이 저 멀리 호수를 둘렀는데　一道疎林帶遠湖
누대에 오른 객들은 술이 병에 가득하네　登樓客子酒盈壺
돛단배는 밤 달빛 속에 수도 없이 찾아오고　帆隨夜月來無數
기러기는 가을 모래섬에서 외롭지 않게 잠드네　鴈在秋沙宿不孤
출처로 마음을 어기는 그대의 졸렬함 가련하고　出處違心憐爾拙
문장으로 세상을 놀래려 하는 나의 어리석음 우습구려
　文章驚世笑吾愚
목청껏 노래 함께 부름은 가을을 슬퍼함이라　高歌共是悲秋意
양쪽 언덕 차가운 소리 나는 곳에 억새가 있다네　兩岸寒聲有荻蘆

배를 타고 모강을 내려가며 백옥[402]의 시를 차운하다

舟下茅江次伯玉韻

가을바람에 작은 거룻배 띄우니 秋風浮小艇
강한[403]에 맑은 물결이 이네 江漢有淸波
마을에 저녁 드니 푸른 단풍 처량하고 村夕靑楓冷
모래섬에 안개 끼니 흰 새가 많아졌네 汀烟白鳥多
인생 백년은 온통 득의한 것이요 百年渾得意
세상만사는 한가락 노래로세 萬事一爲歌
폐질이 비록 술 마시기에 해롭지만 肺疾雖妨酒
나의 벗에게야 어찌하겠는가 其如吾友何

402 백옥 : 오원(吳瑗). 자세한 내용은 35쪽 주16 참조.

403 강한 : 원래는 장강(長江)과 한수(漢水) 사이와 그 부근 지역을 가리키는 용어이지만 여기서는 한강을 뜻하는 말로 사용되었다.

합매[404]가 시월 초길일[405]에 한 송이 피었기에 기쁨에 시로 읊고 월곡 백옥의 호이다 에게 주다

閤梅以十月初吉發一花 喜吟屬月谷 伯玉號

늙은 국화 황량히 석양빛에 서있어 老菊荒荒委晩華
맑은 서리와 흰 이슬이 번갈아 내리는 시절이로구나 淸霜白露正交加
시월이라 온화한 양의 기운 다했다 말하는 듯 하였건만[406] 若言十月陽和盡
누가 보냈는지 추운 매화 꽃 한 송이가 피어났네 誰遣寒梅發一花

404 합매 : 내실에 들여 키운 매화를 가리킨다. 여기서 시월에 피었다고 표현한 것으로 보아도 각매(閣梅)와 달리 내실에서 키운 것임을 알 수 있다.

405 초길일 : 삭일(朔日), 즉 음력 초하루를 초길일이라고 한다.

406 시월이라……하였건만 : 동지(冬至)에 이르러서야 일양(一陽)이 처음 생기기에 이를 일러 미양(微陽)이라고 한다. 따라서 시월은 양기가 이미 다한 때에 해당한다.

십탄 이 어르신[407]께서 매화 소식을 듣고 시를 보내오셨기에 심부름꾼을 앞에 놓고 받들어 화답하다

十灘李丈聞梅花消息 有詩見寄 對使奉和

시월 초가지붕 아래서	十月茅簷下
한 송이 꽃이 벌써 이 가지에 피어났네	孤芳已此枝
물정에는 빠르고 늦음이란 없지만	物情無早晩
천기에는 추이라는 것이 있다네	天氣有推移
늙은 학은 여전히 가을 꿈을 꾸고 있고	老鶴猶秋夢
국화는 바로 어제 지은 시였네	黄花秖昨詩
평생토록 나는 너희들과 함께	百年吾與爾
곧은 절개에 경유[408] 하나 오직 그것 뿐이로다	耿介一經帷

407 십탄……어르신 : 십탄 선생(十灘先生) 이우신(李雨臣, 1670～1744). 자세한 내용은 40쪽 주27 참조.

408 경유 : 서유(書帷)와 같은 뜻으로 쓰였다. 서재에 치는 장막을 말한다.

시권 중의 운에 화답하여 조생 명조[409]에게 보내다

和卷中韻贈曹生命肇

백씨(伯氏)께서 낭주(朗州)[410]로 귀양 갔을 적에 문곡(文谷)[411]의 시를 차운하여 주인인 조명조(曹命肇)에게 준 바 있는데, 후에 이 시에 이어 화답한 자가 많았다. 무오년(1738) 시월[412]에 그가 호촌(壺村)으로 나를 찾아와 이자삼(李子三) 태중(台重)[413]과 윤경평(尹景平) 심형(心衡)[414]이 지은 여

409 조생 명조 : 조명조(曹命肇)는 남유용의 형인 남유상이 영암으로 귀양 갔을 때 기숙했던 집 주인이다. 《뇌연집》 권4에 〈낭주에 이르러 조생 명조의 집에서 묵었으니, 즉 백씨가 귀양 갔을 적에 살던 곳이다.〔至朗州宿曹生命肇家, 卽伯氏遷朗時居停處也〕〉라는 제목이 보인다.

410 낭주 : 지금의 전라남도 영암을 가리킨다.

411 문곡(文谷) : 김수항(金壽恒, 1629~1689). 본관은 안동. 자는 구지(久之), 호는 문곡(文谷). 할아버지는 우의정 상헌(尙憲)이고, 아버지는 동지중추부사 광찬(光燦)이다. 영의정 수흥(壽興)의 아우이다. 1656년 문과 중시에 급제했다. 정언·교리 등을 거쳐 이조정랑·대사간에 오르고 1659년 승지가 되었다. 제1차 예송에서 기년설을 주장해 남인의 3년설을 누르고, 윤선도를 탄핵하여 유배시켰다. 그 뒤 이조참판 등을 거쳐 좌의정을 지냈다. 1674년 효종비가 죽은 뒤 일어난 제2차 예송 때는 대공설을 주장했으나 남인의 기년설이 채택되었다. 1675년 남인의 공격으로 관직을 빼앗기고 원주와 영암 등으로 쫓겨났다. 1680년 서인이 재집권하자 영의정이 되었다. 1689년 기사환국으로 남인이 재집권하자 진도에 유배된 뒤 사약을 받았다. 저서로 《문곡집》 등이 있다. 남유용의 형인 남유상이 유배되었던 곳이 문곡 김수항이 유배되었던 곳과 같은 영암이었기에 차운했던 것 같다.

412 시월 : 원문의 '陽月'은 음력 시월을 뜻한다. 당(唐)나라 서견(徐堅)의 《초학기(初學記)》에 "10월은 날씨가 따뜻하여 봄날과 같기 때문에 소춘(小春)이라고 한다. 그리고 10월은 양월(陽月)이 되기 때문에 소양춘(小陽春)이라고 한다.〔十月天時暖似春 故曰小春 十月爲陽月 故又名小陽春〕"라고 한 구절이 있다.

러 시들을 보여주면서 나도 말 한 마디 해야 한다고 하기에, 마침에 화답하여 그에게 주었는데, 이로써 백씨의 뜻을 조금이나마 밝혀보고자 했을 따름이라, 속인들에게는 말할 만하지 못하다.

선생의 심사는 본디 고아하고 어질어서 先生心事自高賢
화려한 구경거리에도 편안히 대처하며 움직이지 않았네[415] 燕處榮觀一寂然

413 이자삼(李子三) 태중(台重) : 이태중(李台重, 1694~1756). 본관은 한산(韓山), 자는 자삼(子三), 호는 삼산(三山)이다. 이색(李穡)의 후손이다. 1717년(숙종43)에 사마시에 합격하고, 1730년에 정시 문과에 병과로 급제하였다. 1735년(영조6) 신임사화 때 화를 입은 노론 4대신의 신원(伸寃)을 주장하다가 탄핵을 받아 흑산도에 안치되었고, 다시 영암으로 이배되었다. 1740년에 유봉휘(柳鳳輝)와 조태구(趙泰耉)의 관작을 추탈할 것과 당시 영의정 이광좌(李光佐)를 파직시킬 것을 주청하다가 갑산에 유배되었다. 이듬해 풀려나와 여러 관직을 역임하였고 청백리에 녹선되었다. 시호는 문경(文敬)이다.

414 윤경평(尹景平) 심형(心衡) : 윤심형(尹心衡, 1698~1754). 자는 경평(景平), 호는 임재(臨齋). 1724년(영조 즉위년) 노론의 집권으로 정언·교리·이조좌랑 등을 두루 역임하였다. 소론 이광좌(李光佐)·조태억(趙泰億) 등의 남은 죄를 추궁하다가, 1728년 정미환국으로 작은아버지 윤봉조(尹鳳朝)가 귀양 가고 노론의 영수인 영부사(領府事) 민진원(閔鎭遠) 등 수십 인이 파직당할 때 같이 파직되었다. 이듬해 기유처분(己酉處分)을 내려 노론의 4대신 중에 조태채(趙泰采)·이건명(李健命)은 복관(復官)하도록 조치하자, 신설(伸雪)이 고르지 못하고 국시(國是)가 펴지지 못했음을 주장하고 시골로 가서 종신토록 절조를 지키고 벼슬하지 않았다. 저서로는 《임재집(臨齋集)》이 전한다. 시호는 청헌(淸獻)이다.

415 편안히……않았네 : 이 말은 노자의 《도덕경(道德經)》 26장에 보이는데, "아무리 화려한 구경거리가 있다 하더라도 편안하게 거처하며 외물에 초연해한다.〔雖有榮觀, 燕處超然.〕"라고 하였다. 적연(寂然)은 외물의 유혹에 동요되지 않는 상태를 가리킨다.

음지의 계곡은 본디 상서로운 물건을 용납하기 어렵지만 陰谷本難容瑞物

남쪽 황량한 땅이라고 꼭 수명을 단축시키진 않는다네 南荒未必縮長年

진흙 소의 소식은 지금도 창해에 있고 泥牛消息今滄海

불서[416]에서 "두 마리 진흙으로 만든 소〔泥牛〕가 싸우며 바다로 들어갔는데, 아직까지도 소식이 깜깜하다."라고 하였다.

금마문에서 높이 나는 자는 옛날의 적선이었다네[417] 金馬翱翔舊謫仙

사후에 정작 일찍이 품었던 뜻을 논한다면 身後正堪論宿志

아홉 번의 탄식도 한치 남짓 마음 다 토해내지 못하리라 九噓端不寸餘天

416 불서 : 이 기록은 송(宋)나라 석도원(釋道原)이 지은 《경덕전등록(景德傳燈錄)》 권8에 보인다.

417 금마문에서……적선이었다네 : 금마문(金馬門)은 본디 학사(學士)들이 대조(待詔)하던 곳이었는데, 전하여 조정을 가리킨다. 한(漢)나라 때 동방삭(東方朔)이 낭관(郎官)으로 있었는데, 동료가 그에게 말하기를, "다른 사람들이 모두들 선생을 보고 미쳤다고 한다." 하니, 동방삭이 "나와 같은 경우는 이른바 조정 안에 은거하여 세상을 피해 사는 사람이라고 할 수가 있다. 옛날 사람들은 깊은 산속에 숨어 살면서 세상을 피하였다." 하였다. 그러고는 술에 취해서 읊기를, "세속에 침체되어 있으면서 금마문에서 세상을 피해 사노라. 궁궐 속에서도 세상을 피해 살면서 자신의 몸을 보전할 수 있는데, 깊은 산속의 초가집 아래에서 살 필요가 있겠는가." 하였다. 《史記 卷126 滑稽列傳》 당나라 시인 이백(李白)은 〈옥호음(玉壺吟)〉이라는 시에서, "세상 사람들은 동방삭을 모르지만, 큰 은자께서 금마문에 계셨으니 바로 적선이었다네.〔世人不識東方朔, 大隱金門是謫仙〕."라고 읊었다.

연초재[418]에서 의숙[419] 및 백옥[420]과 밤에 모여 짓다

燕超齋 與宜叔，伯玉宵集有賦

덥힌 술에 맑은 등불이 아련히 먼 이 밤에　　煖酌淸燈美遠宵
약속도 없이 벗이 찾아오니 초대한 것보다 낫구나　　朋來不約勝招邀
흰 눈이 텅 빈 창에 흩날려 이미 놀랐으니　　已驚素雪飄虛牖
미양[421]이 옛 가지에 있다는 말 믿을 만하네　　可信微陽在故條
세모에 차가운 소나무는 홀로 수려할 테고　　歲暮寒松應獨秀
바람 높아도 늙은 천리마는 아직 기운 남았으리　　風高老驥尙餘驕
홍진 속이라도 여유롭고 한가한 곳은 있을지니　　塵中也有寬閑地
게다가 함께 노닐기까지 하니 적적하지 않구나　　況得游從不寂寥

418 연초재 : 남유용의 시에 〈오늘 아침 부슬비가 내렸는데, 공필이 누렇고 흰 두 마리 학을 연초재 계단 앞으로 옮겼기에 기뻐 시를 짓고 화답하게 하다〔今晨小雨，公弼移黃白二鶴翎于燕超堦前，喜賦令和〕〉(《뇌연집》 권2)가 있고, 또 〈연초헌에 도둑이 들었으나 다행히 서책은 건드리지 않았다. 스스로 다행이라 여겼으나 곧 이어 마음에 다시 두려운 마음이 생기기에 삼가 가대인께서 내려주신 시운을 차운하다.〔燕超軒戒盜，書冊幸無動，旣以自幸，繼又有惕于中，敬次家大人賜韻〕〉(《뇌연집》 권2)가 있는 것으로 보아 연초재 혹은 연초헌은 남유용의 집에 있던 건물인 듯하다.

419 의숙 : 이천보(李天輔). 자세한 내용은 84쪽 주141 참조.

420 백옥 : 오원(吳瑗). 자세한 내용은 35쪽 주16 참조.

421 미양 : 미양(微陽)은 곧 동지(冬至)에 일양(一陽)이 처음 생기는 아주 미약한 양을 가리킨다.

이튿날 의숙[422]과 백옥[423]의 관물재에서 모였는데 대경[424]도 이르렀다

翼日同宜叔會伯玉觀物齋 大卿亦至

회포가 처량하여 먼 숲을 마주했는데 襟抱凄凄對遠林
한 말 술 놓고 목청껏 부르는 노래를 그 누가 막을손가 高歌斗酒更誰禁
미치광이 되어서 이미 당시의 책략도 저버리고 顚狂已負當時策
파리하게 야위어 참으로 세모의 심정이 되었구나 枯槁眞成歲暮心
드러누운 대나무야 응당 나처럼 지쳤을 터이고 臥竹也應如我倦
추위 속 매화는 그대와 함께 깊어지려 하겠지 寒梅聊欲與君深
나귀 타고서 달빛 밟는 것도[425] 한가로운 일이니 騎驢踏月亦閒事
흥이 일었는데 서쪽으로 지는 해 근심할 것 무엇이리 興到何愁西日沉

422 의숙 : 이천보(李天輔). 자세한 내용은 84쪽 주141 참조.

423 백옥 : 오원(吳瑗). 자세한 내용은 35쪽 주16 참조.

424 대경 : 황경원(黃景源). 자세한 내용은 62쪽 주85 참조.

425 나귀……것도 : 송나라 시인 우석(于石)의 〈소동파의 '채랑중유호' 운에 추후에 화답하다.〔追和東坡次蔡郎中游湖韻〕〉 중에 "양류 자란 저자에서 나귀 타고서 달빛 밟고, 향초와 부들 핀 섬에서 배를 사서 빗소리 듣네.〔騎驢踏月楊柳市, 買舟聽雨菰蒲洲.〕" 라는 구절이 나온다.

이튿날 백옥[426] 및 대경[427]과 함께 의숙[428]의 집에 모여 방옹[429]의 운[430]을 쓰다

翼日同伯玉, 大卿會宜叔宅 用放翁韻

시맹을 맺고 일찌감치 동 쟁반 앞에 삽혈한 후로[431] 詩盟早已歃銅盤
때때로 다시금 맹약을 더듬으며 작은 기쁨을 만드네

426 백옥 : 오원(吳瑗). 자세한 내용은 35쪽 주16 참조.

427 황경원(黃景源). 자세한 내용은 62쪽 주85 참조.

428 의숙 : 이천보(李天輔). 자세한 내용은 84쪽 주141 참조.

429 방옹 : 육유(陸游, 1125~1210). 중국 남송 때의 문인으로 자는 무관(務觀), 호는 방옹(放翁)이다. 많은 산문과 1만여 편의 시를 남겼다. 시인으로 출발하여 간단하고 솔직한 표현, 사실주의적인 묘사로 당시 유행하던 강서시파의 고상하고 암시적인 시풍과는 다른 시를 써서 명성을 얻었다. 그러나 형식에 있어서는 보수적이어서 고체시를 많이 썼으며 율시에서도 탁월한 재능을 보였다. 그는 시에서 뜨거운 애국심을 표현하여 지금까지 애국 시인으로 불린다. 저술로 《검남시고(劍南詩稿)》가 있다.

430 방옹의 운 : 이 시에서 차운한 육유의 시는 〈세모작(歲暮作)〉이라는 작품이다.

431 시맹을……후로 : 남유용 · 오원 · 황경원 · 이천보는 동사(東社)라는 시사를 결성하였기에 동촌파(東村派)로 불린다. 금반(金盤)의 피를 마시고 맹약하는 것은 서로에 대한 믿음이 독실함을 뜻하는 상징적 행위이다. 《사기(史記)》 76권 〈평원군우경전(平原君虞卿傳)〉에 "모수(毛遂)가 초왕(楚王)의 좌우 신하들에게 말하기를, '닭 · 개 · 말의 피를 가지고 오라.'고 한 다음, 동반(銅盤)을 받들고 꿇어앉아 초왕 앞에 올리면서 말하기를, '왕께서는 피를 마시고 합종(合從)을 결정해야 합니다.'"라고 하였는데, 사마정(司馬貞)의 색은(索隱)에 "맹약할 때에 사용하는 희생이 귀천에 따라 다르다. 천자는 소와 말을 사용하고, 제후(諸侯)는 개와 돼지를 사용하고, 대부(大夫) 이하는 닭을 사용한다. 여기에서는 맹약할 때에 피를 사용한다는 것을 총괄적으로 말하였기 때문에 '닭 · 개 · 말의 피를 가지고 오라.'고 한 것이다."라고 하였다.

時復尋盟作小歡

세상만사 풍진은 떨치려 해도 떠나지 않으니 萬事風埃撥不去

몇 가닥 남은 허연 머리들은 웃으며 서로 바라보네 數莖霜髮笑相看

서책도 검도 쓸모없는 것임을 갑자기 깨달았으나 劇知書劒徒爲爾

벗들의 모임 아직 끝나지 않은 것을 애써 기뻐하네 强喜朋游猶未闌

높이 베개 베고 유유히 강해의 흥취에 젖노라면 高枕悠悠江海興

이 마음 그 어디서건 드넓지 않으리오 我懷何處不曾寬

문원[432]이 동호[433]에 술자리를 마련했는데, 초청을 받았다
文遠置酒東湖見邀

동쪽 성 십 리 밖으로 좋은 약속 찾아가니　東城十里赴佳期
홀로 보내온 매화가 작은 휘장을 지키네　獨遣梅花守小帷
평생의 회포를 풀려면 오직 술이 있어야 하고　懷抱平生惟有酒
호수와 산 그 어디인들 시가 어울리지 않으랴　湖山何處不宜詩
푸른 소나무 눈 속에 서 있으니 쑥대 풀은 쳐다보기 어렵고　蒼松雪立蓬難企
누런 고니 구름 위를 나니 메추라기가 어찌 알리　黃鵠雲飛鷃豈知
만사란 오로지 강물 좇아 흘려보내야 하는 법　萬事直從江水瀉
거칠기 짝이 없는 미치광이라도 한 마디 기이한 말은 있구나　麤狂也有一言奇

일곱 번째 구는 객이 취중에 한 말을 기록한 것이다.

432 문원 : 이덕홍(李德弘). 자세한 내용은 177쪽 주354 참고.

433 동호 : 지금의 옥수동 일대를 가리킨다.

유생[434]의 모당에서 취해 부른 노래

兪生茅堂醉歌

내 마음 이 세상에 주착할 곳 없어	我心於世無住着
흰 구름이 하늘에서 떠다니는 것과 같네	有似白雲天中泛
제일 좋아하는 것은 동호[435]의 드넓은 강빛이라	最喜東湖江色濶
압구정 아래서 세 번이나 닻줄을 매었네	狎鷗亭下三繫纜
올겨울엔 큰 눈 내려 더욱 장관을 이루었기에	今冬大雪尤壯觀
이생이 나를 불러 새로 거른 술맛 보여주는데	李生邀我嘗新釃
술잔 쥐고 높이 노래하며 강가 경색을 바라보노라니	把酒高歌望江色
차가운 얼음 투명하여 새로 만든 거울이 열렸구나	寒氷瑩瑩開新鑑
강 북쪽의 드넓은 벌판은 온통 눈에 덮이고	江北大野純被雪
오직 용문[436]에만 푸른 점 하나 남아있네	獨有龍門靑一點
취기가 돌기에 이불을 끌어다 잠이나 잘까 했더니	醉來捉衾要一睡
유생이 다시금 나의 베개를 흔들며	又被兪生撼我枕
나의 초가집이 새로 지어졌는데	言我茅茨有新築
비록 별다른 경관 없고 소박하기 그지없지만	雖無異觀瀟灑甚

434 유생 : 남유용의 처가 쪽 사람인 듯하나, 정확히 누구를 말하는지는 알 수 없다.

435 동호 : 지금의 옥수동 일대를 가리킨다.

436 용문 : 용산에 있는 용문동을 말한다. 이곳이 용산 지형의 용머리에 해당하는 곳이므로 '龍' 자와 예전 이 마을을 동문외라고 칭하였는데 여기의 '門' 자를 합성한 데서 유래되었다.

그저 부자께서 억지로라도 한번 올라오셔서　但願夫子强登臨
시가 한 편을 지어 작은 난간에 적어주시길 바란다 하네　一爲歌詩題小檻
나의 지팡이와 신발을 차비해 나를 부축해 가는데　理我杖屨扶我去
숙취가 얼굴에 가득하여 물들인 듯 붉었지만　宿醉滿面紅如染
문 나서자 다시금 흥이 표연히 일어나고　出門已復興飄飄
한강의 저자에 해 떠오르자 안개비마저 걷혔네　江市出日烟霏斂
작은 정자는 좋은 땅을 얻어 자못 그윽하고　小亭得地頗靜散
새로 덮은 흰 띠 풀은 깨끗해 가히 그늘 드리울 만하네　新覆白茅淸可蔭
잠시 후 맨발로 술 한 동이 가져오는데　斯須赤脚致一樽
술동이 열자 향긋한 술[437]이 출렁거리고　開樽綠醅方灎灎
연포[438]와 향반[439]이 차례대로 나오는데　軟泡香飯進稍稍
산골 주방의 풍미가 몹시도 담박하구나　山廚風味劇踈澹
가난한 집에서 갑작스레 이런 것을 어찌 차렸을까　貧家倉卒焉致此
갖추어 차린 것은 오로지 이 늙은이를 위해서이고　具取惟應爲老俺

437 향긋한 술 : 원문의 '綠醅'는 초록빛이 도는 미주(美酒)를 말한다.

438 연포 : 얇게 썬 두부 꼬치를 기름에 지진 다음 닭국에 넣어 끓인 음식이다. 정약용은 〈절에서 밤에 두부국을 끓이다〔寺夜鬻菽乳〕〉라는 시에 단 자주(自註)에서 "세속에서 두붓국을 연포(軟泡)라고 하는데 포(泡)자가 너무 속되므로 지금 포(炮) 자로 고쳤다."라고 했다.

439 향반 : 보통 승려의 음식을 향적반 혹은 향반(香飯)이라고 하고, 사찰의 주방(廚房)을 향적(香積)이라고 한다. 여기서는 반드시 사찰의 음식이 아니라도 채소 위주로 차려져서 이렇게 표현한 듯하다.

오랫동안 우리 향해 호의를 표해왔는데　久向吾人識好意
내가 오늘 어찌 한 번의 통음을 마다할 수 있으리　今我何辭一痛飮
기쁜 것은 그대의 미간에 청아한 기운 많은 것이니　喜君眉宇多淸氣
이곳에서의 그윽한 만남 가히 기억할 만하리　此中幽事仍可念
강에는 물고기 있고 산에는 땔나무 있어　江有魚兮山有薪
일개 선비의 생애 넉넉해지기 쉽고　匹士生涯常易贍
부모님 기뻐하시고 형제들 화목하며　父母怡怡兄弟湛
거친 밭 몇 이랑이나마 동쪽 산에 있다네　荒田數畝在東崦
동창이 따스하여 책 읽을 만하고　東窓蘊藉可讀書
종이 휘장[440]에 검은 책상[441] 아침 햇살 받아 아름다우니　紙帳烏几朝光豔
인생사 운명을 편히 여기면 절로 즐거움이 있는 것을　人生安命自有樂
못나게 기구함을 탄식할 필요 있겠는가　何必區區歎坎壈
부자들이란 만사에 만족하기 어렵지만　富人萬事苦難足
가난한 자의 즐거움은 덜어낼 수 없다네　貧者之樂不可減
그대가 곤궁을 지키는 모습 군자와 같아 아꼈으니　愛君固窮似君子
궁핍하다고 제멋대로 굴까 경계한 적 있었을까[442]　豈嘗有戒窮斯濫

440 종이 휘장 : 원래는 옛날 등피(藤皮), 견지(繭紙) 등으로 장식하여 만들었던 일종의 와구(臥具)를 말하는데, 여기서는 겨울에 외풍을 막기 위하여 방 안에 치는 방장(房帳)을 가리킨다.

441 검은 책상 : 오궤(烏几)는 검은 가죽을 씌운 팔걸이로 보통 은자를 상징하는데, 여기서는 전원으로 돌아온 생활을 말한다.

442 궁핍하다고……있었을까 : 《논어》 〈위령공(衛靈公)〉에 "군자는 아무리 빈궁해도 이를 편안히 여기면서 도의를 고수하지만, 소인은 빈궁하면 제멋대로 굴게 마련이

그대 위해 긴 시를 지어 벽에다 적었으니 爲賦長歌記壁間
다 읊고 난 뒤 이생과 함께 보아도 좋으리 吟罷可與李生覽

다.〔君子固窮 小人窮斯濫矣〕"라는 공자의 말이 실려 있다.

낭주[443] 고향으로 돌아가는 조생[444]에게 주며 《읍취헌집》[445]의 운을 쓰다

贈曹生歸朗州故林 用挹翠軒集韻

생각이 나면 시를 빌려 펼쳐내고	意在憑詩發
근심이 찾아오면 술에 부쳐 보내 조절하네	憂來遣酒調
사람이 되어 오직 이와 같다면	爲人只如此
온 세상 사람들도 넉넉하리라	擧俗亦相饒
동쪽 성곽에 고요히 술동이 남겨둔 채	東郭留樽靜
남쪽 하늘로 아득히 객을 떠나보내나니	南天送客遙
그대가 살 집 다 마련했다는 소리 듣거든	聞君卜居好
조만간에 이를 위해 긴 노래 부르리라	早晩爲長謠

두 번째 수 其二

병들어 누운 베갯머리에 매화가 움트니	病枕梅花動

443 낭주 : 전라남도 영암의 옛 지명이다.

444 조생 : 조명조(曹命肇). 남유용의 형인 남유상이 영암으로 귀양 갔을 때 기숙했던 집 주인이다. 《뇌연집》 권4에 〈낭주에 이르러 조생 명조의 집에서 묵었으니, 즉 백씨가 귀양 갔을 적에 살던 곳이다.〔至朗州宿曹生命肇家, 卽伯氏遷朗時居停處也〕〉라는 제목이 보인다.

445 《읍취헌집》 : 박은(朴誾)의 문집이다. 여기서 말한 《읍취헌집》의 운이란 바로 〈밤에 앉아있다가 느낀 바가 있기에 용재 학사 입춘으로부터 받은 시에 화답하여 두 수를 짓다.〔夜坐感懷和容齋學士立春見寄二首〕〉이다.

노쇠한 얼굴이 술기운 오르듯 발갛게 물드네	衰顔酒暈調
외로운 회포엔 기쁨이 쉬이 가고	孤懷欣易適
즐거운 일엔 기피할 것 유독 많아라	樂事忌偏饒
기러기는 서리를 뚫고 모두 날아가 버리고	鴻鴈衝霜盡
은하수는 밤새 흘러 저 멀리 가버렸네	星河轉夜遙
아득히 먼 옛날 취헌의 시구지만	遼遼翠軒句
나를 위해서도 노래할 만하다네	且可爲余謠

유생이 내가 근자에 너무 하는 일이 없는 것을 괴상히 여기기에 그에게 명해 운자를 부르게 하고는 붓을 쥐고서 장구를 지어 이에 응하였다

兪生怪我近日太無事 令渠命韻把筆 爲長句以應之

나는 바닷가 갈매기와 같아 본디 기심이라곤 없어서[446] 我如海鷗本無機
어진 이 어리석은 이 가리지 않고 오래 함께 지내네 不擇賢愚耐久處
호인은 나의 흥취를 돋우니 당연히 좋고 好人固好發吾趣
속인은 나의 말수를 줄게 해주니 나쁘지 않네 俗人不惡減吾語
근자에 날이 춥고 눈비가 자주 내린 탓에 近者天寒雨雪繁
호인도 속인도 모두 볼 수 없었기에 好人俗人俱見阻
열흘 동안 웃을 일이라곤 전혀 없어서 一旬都無嚬笑事
홀로 묵묵히 앉아 있는 모습이 마치 나그네와 같았네 孤坐默默如羇旅

446 바닷가……없어서 : 구조망기(鷗鳥忘機)라는 전고를 사용한 것이다. 여기서 '기(機)'란 거짓이나 임기응변하려는 마음, 즉 기심(機心)을 뜻하므로, 날마다 바닷가에서 노니는 물고기처럼 아무런 거짓이나 계산이 없는 상태를 말한다. 《열자(列子)》〈황제(黃帝)・호구조자(好鷗鳥者)〉에 다음과 같은 고사가 나온다. "바닷가 사람이 갈매기를 좋아해 매일 아침 바닷가로 나가 갈매기와 함께 노닐었는데, 그에게로 오는 갈매기가 백 마리도 넘었다. 그의 아버지가 말하기를, '내가 듣자니 갈매기들이 전부 너를 따라 노닌다고 하니, 네가 그것들을 잡아오면 나도 한번 데리고 놀아봐야겠다.'라고 하였다. 이튿날 바닷가에 가자 갈매기들이 춤을 출 뿐, 땅으로 내려오지 않았다.〔海上之人有好鷗鳥者, 每旦之海上, 從鷗鳥游, 鷗鳥之至者百住而不止. 其父曰, 吾聞鷗鳥皆從汝游, 汝取來, 吾玩之. 明日之海上, 鷗鳥舞而不下也.〕"

유생이 나에게 어찌 그리 멍하니 있냐고[447] 탓하면서 兪生怪我何嗒然
혹 그대 처지가 곤궁하여 수심겨운 것 아니냐 물었네 無乃子窮心愁沮
내가 말했네, 일부러 멍하니 있는 것 아니라오 我言吾非故嗒然
조화옹께서 분주히 내 있는 곳을 다니시며 化翁奔走爲我所
슬픔과 기쁨 영화와 초췌함을 바삐도 분부하시는데 悲歡榮悴劇分付
오는 것도 내가 불러서가 아니요 가는 것도 막아서가 아니라 來非我招去非拒
만사에 터럭 하나만큼도 힘쓰지 않고 萬事一毫不用力
이 몸뚱이 전부를 여탈(與奪)에 맡기는 것뿐이라오 都將軀子聽奪與
한 번 찡그림과 한 번 웃음에는 각각 그럴 이유 있으니 一嚬一笑各有然
내게 근심과 기쁨 없다고 한다면 그 누가 허여할까 我無憂樂誰爲許
동산 초가집에서 지낸 사십 년 세월을 東山茅屋四十年
세상 사람들은 옥살이였다며 비웃지만 世人笑之爲囹圄
내가 이를 스스로 즐거워함 또한 억지로가 아닌지라 我自樂此亦非强

447 멍하니 있냐고 : 원문은 '탑연상아(嗒然喪我)'인데, 멍하니 자신조차 잊은 상태를 가리킨다. 《장자》 〈제물론(齊物論)〉에 남곽자기(南郭子綦)란 사람이 안석에 기대앉아 하늘을 우러러 한숨을 내쉬는데, 멍하니 마치 짝을 잃은 것 같았다〔嗒焉似喪其耦〕. 안성자유(顔成子游)란 사람이 곁에서 모시다가 "무엇을 하고 계십니까. 형체는 본래 마른나무처럼 할 수 있고, 마음은 본래 식은 재처럼 할 수 있는 것입니까?"라고 물으니, 남곽자기가 대답하기를 "언아, 너의 그 질문이 참으로 훌륭하구나. 지금 나는 내 자신을 잃어버리고 있었는데, 네가 그것을 알았나 보다.〔偃 不亦善乎 而問之也 今者吾喪我 汝知之乎〕"라고 한 데서 유래하였다.

그 가운데 담박한 맛은 족히 짝할 만하였고　其中澹澹足儔侶
고인은 이미 멀어졌어도 고인의 말씀 외우노라면　古人已遠誦其言
속인과 더불어 너니 나니[448] 다투는 것보다 나았다네　勝與俗人紛爾汝
온 방안 텅 빈 곳이 모두 신명함이요　一室空處皆神明
나의 몸은 물속에 잠긴 옥과 같다네　我身如玉水中貯
방촌의 마음이 부동하여 절로 티끌 생기지 않지만　寸心不動自無垢
날마다 신명에 의지하여 씻어내 제거해주니　日賴神明爲滌去
가만히 이 이치 들여다봄에 자못 분명해져서　靜觀此理頗分明
바야흐로 하늘과 사람이 서로 어긋나지 않음을 깨닫네　方覺天人不齟齬
유생은 보지 못하였나! 저 비단 짜는 부인을　生乎不見織錦婦
씨실과 날실을 왔다 갔다 경영하는 것은 오직 베틀 하나이니　往來經緯只一杼
그렇지 않았다면 실오리들이 각각 제멋대로 움직일 터　不然絲縷各自謀
어떻게 질서정연하게 순서 어긋나지 않을 수 있겠는가　焉得整整不錯序
솔개 날아 하늘에 오르는 것이[449] 어찌 너의 힘일까　鳶飛戾天豈爾力

448 너니 나니 : '爾汝'는 원래 경시하여 '너'라고 부르는 호칭이다. 그러나 두보(杜甫)가 정건(鄭虔)에게 준 시 〈취시가(醉時歌)〉에 "형식 모두 잊고서 너니 나니 하는 사이, 통음하는 것이야말로 진정 나의 스승일세.〔忘形到爾汝, 痛飮眞吾師.〕"라는 구절이 보이는데, 피차를 분간한다는 뜻으로 사용하였기에 여기서도 "너니 나니"로 번역하였다.

449 솔개……것이 : 사물에 드러나는 이치를 말한다. 《중용》 제12장에서 "《시경》에 이르기를 '솔개는 날아 하늘에 이르고, 물고기는 연못에서 뛰어오른다.'라고 하였으니,

몸 솟구치고 날개 뻗음에 바람을 좇아 올라가야 한다네
聳身直翅從風擧

세상 사람들은 나더러 큰소리 하는 걸 좋아한다 조롱하지만
世人調我喜大言

세세해본 적도 없는 것을 어떻게 늘려 크게 말하겠는가
初非細也孰增巨

내 말이 선(禪) 같지만 실은 선이 아니니 我言似禪實非禪

이치의 오묘함이 터져나오는 것을 누가 제어할 수 있으리
理妙發發孰吾禦

유생이 크게 웃으며 나의 말을 훌륭히 여기더니 兪生大笑賞嘉言

재배하고 내게 한 잔 술을 올리네 再拜獻我一觶醑

상하에 이치가 밝게 드러남을 말한 것이다.〔《詩》云: 鳶飛戾天, 魚躍于淵, 言其上下察也.〕"라고 하였다.

문원,[450] 유문,[451] 공필[452]과 함께 뇌연당에서 밤 모임을 가졌는데, 이인상 원령[453] 또한 이르렀기에 운자를 뽑아 함께 시를 짓고, 아침이 되기를 기다렸다가 백옥[454]에게 부치다. 《목은집》의 운을 사용하다

同文遠, 孺文, 公弼 雷淵堂夜集 李麟祥 元靈 亦至 拈韻共賦 待朝寄伯玉 用牧隱集韻

긴 밤 내리는 맑은 서리에 새들도 날지 않는데 遙夜霜淸鳥絶飛
높은 처마에서 뒷짐 지노라니 달빛이 옷깃에 비추네 高軒負手月翻衣
세상 피하려면 담장 동쪽[455]이 좋다는 말에만 응할 뿐

450 문원 : 이덕홍(李德弘). 자세한 내용은 177쪽 주354 참조.

451 유문 : 김순택(金純澤). 자세한 내용은 64쪽 주93 참조.

452 공필 : 남공필(南公弼). 자세한 내용은 64쪽 주94 참조.

453 이인상 : 영조 대의 서화가인 이인상(李麟祥, 1710~1760)이다. 본관은 전주(全州), 자는 원령(元靈), 호는 능호처사(凌壺處士)·능호관(凌壺觀)·보산자(寶山子)이다. 3대에 걸쳐 대제학(大提學)을 낳은 명문 출신으로 1735년(영조11) 진사에 급제하였다. 그러나 증조부 이민계(李敏啓)가 서자였기 때문에 본과에 이르지 못하였다. 음보로 북부 참봉(北部參奉)이 되고, 사근역 찰방(沙斤驛察訪)·음죽 현감(陰竹縣監) 등을 지냈다. 서화에 뛰어났는데, 그의 그림은 곧은 지조와 강개한 성격이 그대로 반영되어 담백하면서도 투명한 색감과 깔끔한 멋과 함께 단엄한 분위기를 띠었다. 소나무와 바위라는 문인적 소재를 즐겨 그렸다. 저서로 《능호집》이 있고, 유작으로는 〈송하독좌(松下獨坐)〉, 〈수석도(樹石圖)〉, 〈설송도(雪松圖)〉, 〈수하한담도(樹下閑談圖)〉, 〈송하수업도(松下授業圖)〉, 〈옥류동(玉流洞)〉, 〈은선대(隱仙臺)〉 등이 있다.

454 백옥 : 오원(吳瑗). 자세한 내용은 35쪽 주16 참조.

455 담장 동쪽 : 시 밑에 남유용이 직접 단 주를 보면 함련(頷聯)은 오원의 원시에서

祗應避世墻東可

내 마음 알아줄 이 세상에 드물다는 말 어찌 감히 하겠는가

敢道知心天下稀

소싯적엔 문장 지으며 한가로이 지냈고　少日文章閒契濶

늘그막엔 경전으로 크게 귀의하였네　暮年經卷大依歸

그윽한 난과 오랜 돌을 누가 능히 알아줄까　幽蘭古石誰能識

오직 깊은 술동이 있어 그대들과 함께 마실 뿐이지 獨有深樽與子揮

작년 겨울 백옥(伯玉)이 내게 준 시에 "세상 피하려면 담장 동쪽이 좋으니, 내 마음 알아줄 이 세상에 드물다네."라는 구절이 있었다. 오늘 원령(元靈)이 나를 위해 난과 돌을 그려주었는데, 기탁한 뜻이 대개 비슷하기에 내가 시에서 그 뜻에 아울러 답한 것이다.

그대로 가져왔음을 알 수 있다. 담장 동쪽이란 말은 후한(後漢) 때 은사(隱士)인 왕군공(王君公)의 고사에서 나왔다. 왕군공은 난리를 만나서 홀로 멀리 피란하지 않고 시장 바닥에서 소 거간꾼 행세를 하면서 숨어 살았으므로, 당시 사람들이 그를 두고 논평하기를 "담장 동쪽에서 난세 피하는 이는 왕군공이다.〔避世牆東王君公〕"라고 한 데서 온 말이다.《後漢書 卷83 隱逸列傳 逢萌》 전하여 담장 동쪽이란 곧 시장 바닥의 은거지를 의미한다.

동계[456]의 두견을 읊은 시에 화답하다
和東谿詠杜鵑詩

망우(亡友) 조석여(趙錫汝)는 천성이 시를 좋아하지 않았다. 그가 일찍이 두견화를 읊은 율시 한 수를 내게 보여주었는데, 내가 영매시(詠梅詩)로 다시 지으면 이치와 흥취가 더 드러날 것이라고 하자 속으로 수긍하였다. 석여가 죽은 이듬해 한겨울에 《동계유집(東谿遺集)》을 읽다가 이 시를 발견하고 읽노라니 처연히 많은 생각이 떠오르기에 마침내 그 시에 화답한다.

근심스런 추위 따위 근심하는 세간의 가지 아니니 騷寒不是世間枝
피고 지는 동안은 건곤이 닫혀있을 때라네 開落乾坤閉塞時
문 닫고 고아함 기르면서 본디 세상과 떨어져 있었기에
闔戶養高元絶世

456 동계 : 조귀명(趙龜命, 1692~1737). 본관은 풍양(豊壤), 자는 석여(錫汝)·보여(寶汝), 호는 동계(東谿)이다. 1722년(경종2) 영희전 참봉(永禧殿參奉)에 임명되었으나 사퇴, 그 후 사축서 별제(司畜署別提)·공조좌랑·태인현감(泰仁縣監) 등에 임명되었으나 모두 사양했다. 후에 세자익위사(世子翊衛司)에 들어가 시직(侍直)·익위(翊衛)를 잠시 지냈다. 성리학(性理學)에 밝고 문장에 뛰어났다. 문집으로 《동계집(東谿集)》이 전한다. 조귀명은 생전에 황경원(黃景源)과 남유용(南有容) 등에게 자신의 문집 서문을 부탁하였으나 그가 남길 글 중에서 불가(佛家)와 노장(老莊)의 글이 있다는 이유로 서문을 받지 못하였다. 실상은 당색이 달랐던 것도 이유였던 듯하다. 그래서 《동계집(東谿集)》에는 서문이 아예 없는데 아마도 황경원은 이 일이 계속 마음에 걸렸던 것으로 보인다.

휘장 걷고 웃을 일 찾다가[457] 비로소 기이함을 보았네
披帷索笑始看奇

땅 속에 숨은 미양의 본성을 드러내고 發揮地底微陽性

동산 안에 있는 온갖 나무의 자태를 입김 불어 일으키네
噓起園中萬木姿

향후에 번화하게 꽃피는 일 어찌 없겠는가마는 豈少繁華向後事

아름다운 경계 들쭉날쭉하기 쉬운 것이 한스러울 뿐이네
却嗟佳境易參差

457 웃을……찾다가 : 두보(杜甫)의 "처마 밑을 배회하며 매화를 찾아 함께 웃으니, 성긴 가지에 찬 꽃이 반쯤은 웃음 금치 못하네.〔巡簷索共梅花笑, 冷蕊疏枝半不禁〕"라는 시구를 원용한 표현이다.《杜少陵詩集 卷21 舍弟觀赴藍田取妻子到江陵喜寄》. 여기서는 처마 밑을 오락가락하며 매화나무 가지에 꽃이 피었나 살펴본다는 말이다.

《숭정 대통력 남애일록》[458] 뒤에 쓰다

書崇禎大統曆南厓日錄後

명나라 멸망한 지 어언 구십오 년이 되어	明亡九十有五歲
우리 임금 재위 14년째인 임오년[459]이 되었으니	我王戊午十四年
황종 십이율,[460] 해가 남쪽에 이르려 함에[461]	黃鍾十二日南至

458 《숭정 대통력 남애일록》 : 대통력은 명나라 태조(太祖) 홍무(洪武) 17년(1384)에 누각 박사(漏刻博士) 원통(元統)이 만든 역법(曆法)이다. 이의현(李宜顯, 1669~1745)의 시문집인 《도곡집(陶谷集)》 권26에 〈남애 심공 대통력 일기의 발문〔南厓沈公大統曆日記跋〕〉이라는 글이 실려 있는데, "고(故) 대종백(大宗伯) 남애 심공(南厓沈公)이 일찍이 병자년(1636, 인조14)과 정축년(1637)의 책력 안에 공사(公私)간의 사적을 대략 기록하였는데, 중씨(仲氏)인 충렬공(忠烈公)이 순절(殉節)한 날짜를 특별히 기록하였다. 심공의 후손인 관찰공(觀察公)이 이것을 꾸며서 장첩(粧帖)을 만들고 발문(跋文)을 써서 이 사실을 기록하고, 또 오래 사귄 벗 가운데에 일을 좋아하는 자들로 하여금 그 끝에 연이어 글을 쓰게 하였다."라고 적고 있다. 여기서 말한 《숭정 대통력 남애일록》이란 바로 《남애 심공 대통력 일기》를 가리키는 듯하다. 남애 심공은 심집(沈諿, 1569~1644)으로 남애는 호이고, 자는 자순(子順), 본관은 청송(靑松)이다. 1596년(선조29) 정시 문과에 급제하고 각 조의 판서를 역임하였다. 1636년(인조14)에는 형조 판서로서 남한산성에 인조를 호종(扈從)하였으며, 시호는 효간(孝簡)이다.

459 우리……임오년 : 명나라가 멸망한 해는 1644년이고, 영조 14년은 1738년 임오년이다.

460 황종 십이율 : 12율과 지지(地支)를 대응시킨 것을 보면 황종은 자(子)에 해당하고 달로는 11월을 가리킨다.

461 해가……함에 : '일남지(日南至)'는 동지(冬至)에 가까운 시절의 태양이라는 말이다. 《춘추좌씨전》 희공(僖公) 5년 기사에 "태양이 남에 이르렀다."라는 말이 나오는데, 두예(杜預)의 주(註)에 "동짓날에는 태양이 남쪽 끝에 있게 된다.〔冬至之日 日南極〕"라고 하였다.

소신은 돌 사이 샘물에서 손을 씻습니다[462] 小臣盥手石上泉
손에 책 한 편을 들고 머리를 조아리면서 手執一編拜稽首
아뢰기를, 이 책은 《숭정 대통력》이라 하는데 云是崇禎大統曆
그 안에 병자와 정축 때의 일[463]이 기록되어 있고 中記丙子丁丑事
필법이 간략하고 엄정하기에 마치 사서(史書)와 같습니다 筆法簡嚴如史冊
묻겠노니, 어떻게 이 책을 얻었는가 借問何以得此書
외사씨(外史氏)가 숨겨놓은 책 상자에서 나왔습니다 出自外氏箱篋藏
옛날 남한산성이 포위되었을 때를 기억해보니 憶昔南漢受圍時
우리 조상께서 말고삐를 잡고 인왕[464]을 따르시며 吾祖執靮隨仁王
전쟁의 시작부터 끝까지 손으로 직접 기록하셨기에 亂事始終手自記

462 돌……씻습니다 : 옛날 사람들은 손을 씻는다〔盥手〕는 말로 존경의 뜻을 드러냈다. 예를 들어 경전을 읽을 적에 먼저 맑은 물을 가져다 손을 씻고 입을 가셨다는 표현도 이와 일맥상통한다. 당나라 문인 육귀몽(陸龜蒙)의 〈샘물을 끌어오다〔引泉〕〉 시에 "향을 사르고 진상에 예를 표하고, 손을 씻고 신령한 책을 펴네.〔焚香禮眞像, 盥手披靈編〕"라는 구절이 보인다.

463 병자와……일 : 병자는 병자호란을, 정축은 정축화약(丁丑和約)을 뜻한다. 병자호란은 1636년(인조 14) 12월부터 1637년 1월까지 청(淸)의 침입에 의한 조선과의 전쟁이다. 청군은 20여만 군으로 남한산성을 둘러싸고 공격을 해왔으며 이에 대항하기 위해 경상, 호남 등지에서 전국적으로 의병까지 궐기하였으나 강화도의 패전소식까지 접하자 고립무원의 상태에 빠진 조정에서는 점차 강화론이 대두, 결국 척화파와 추화파의 논쟁 끝에 주화론이 우세하여 그 결과 조선은 청에 대한 신하의 예를 행할 것, 명과의 관계를 끊을 것, 왕자와 대신의 아들을 인질로 보낼 것, 명나라 정벌 시 구원병을 파견할 것 등 11개 조문의 정축화약(丁丑和約)을 체결하게 되었다. 그리고 1월 30일 삼전도에서 '성하(城下)의 맹(盟)'을 행함으로써 전쟁은 드디어 종결되었다.

464 인왕 : 인조를 말한다.

지금까지 보는 이들 두 눈에 눈물 고이게 하네　至今見者涕盈眶
섣달 신사에 11일이다 나라에 과거가 있었고 臘月辛巳 十一日也 國有科
임오일에 오랑캐들이 서쪽 성곽을 압박해 들어왔네 壬午虜馬蹙西闉
오호라 오호라 첫 번째 오호라　嗚呼嗚呼一嗚呼
내 무엇을 탄식하는가, 나라에 사람이 없음일세　我何嗚呼國無人
적들이 나라에 들어왔는데도 나라에서 알지 못하다니 縱賊入國國不知
군현의 방백들 목을 매달아도 가하리라　方伯郡縣首可懸
갑신일에 왕께선 남한산성으로 들어갔고　甲申王入南漢城
이날 종묘사직은 강화도로 옮겨갔네[465]　是日廟社江都適
오호라 오호라 두 번째 오호라　嗚呼嗚呼再嗚呼
내 무엇을 탄식하는가, 나라에 계책이 없음일세　我何嗚呼國無策
임금과 사직이 다른 곳에 처하다니　國君社稷乃異處
묘당 대신들의 고기를 씹어 먹어도 가하리라　廟堂大臣肉可食
정유일 27일이다 우리나라 사람들 오랑캐 병사를 대접하고[466]
丁酉 二十七日也 我人犒虜師
대신이 직접 오랑캐 편지를 받들고 이르렀네[467]　大臣親擎虜書至

465 이날……옮겨갔네 : 이때 강화도에는 세자빈과 봉림대군(후일 효종)을 비롯하여 왕실과 역대 임금의 신주가 피난해 있었다. 김상용(金尙容)이 묘사주(廟社主)를 받들고 빈궁(嬪宮)과 원손(元孫)을 수행하여 강화도에 피난하였다가 성이 함락되자 성의 남문루(南門樓)에 있던 화약에 불을 지르고 순절하였다.

466 대접하고 : '犒'은 향군(餉軍), 즉 병사에게 술과 음식을 대접하는 일을 말한다.

467 대신이……이르렀네 : 《승정원일기》, 〈인조 15년 정축(1637) 1월 2일(임인), 흐리기도 하고 맑기도 함〉에 따르면, "홍서봉, 김신국, 이경직이 오랑캐 진영에 나가 한(汗 칸)의 서한을 받아 돌아왔다."고 한다. 따라서 오랑캐의 편지를 받아온 대신은

오호라 오호라 세 번째 오호라　嗚呼嗚呼三嗚呼
내 무엇을 탄식하는가, 나라에 의리가 없음일세　我何嗚呼國無義
숙도[468]의 통곡이 무슨 보탬 되었으리　叔度痛哭亦何補
삼군은 해체된 채 투지라곤 없었고　三軍解體無鬪志
무술일 이후에야 구원병이 모여들어　戊戌以後援師集
대오가 줄지어 구름처럼 에워쌌네　部伍相望如雲擁
오호라 오호라 네 번째 오호라　嗚呼嗚呼四嗚呼
내 무엇을 탄식하는가, 나라에 위용이 없음일세　我何嗚呼國無勇
안팎으로 협공을 퍼붓는데 기이한 계책 잃었으니　外內挾攻失奇策
싸놓은 군량과 갑옷 입은 병사[469]를 장차 어디에 쓸 것인가　裹糧坐甲將安用
정축년 일월 기사일에 29일이다　丁丑一月日己巳 二十九日也
우리나라의 대부를 호랑이에게 던져주고 말았구나[470]

곧 홍서봉 등임을 알 수 있다.

468 숙도 : 김상헌(金尙憲, 1570~1652)을 말한다. 숙도(叔度)는 그의 자이며, 호는 청음(淸陰)·석실산인(石室山人)·서간노인(西磵老人), 시호는 문정(文正)이다. 1636년 예조 판서로 재임할 때 병자호란이 일어나자 남한산성으로 인조를 호종하였으며 주화론(主和論)을 배척하고 끝까지 주전론(主戰論)을 펴다가 대세가 기울어 항복하는 쪽으로 굳어지고 인조가 항복하자 최명길(崔鳴吉)이 작성한 항복 문서를 찢고 통곡하였다.

469 갑옷……병사 : 좌갑(坐甲)은 갑옷을 입고 출동할 차비를 하는 것을 말한다.

470 정축년……말았구나 : 《인조실록》 15년(1637) 1월 29일 기사에 보면, "이날 최명길(崔鳴吉)·이영달(李英達)에게 국서(國書)를 가지고 오랑캐 진영에 들어가게 하고, 화친을 배척한 신하인 윤집(尹集)·오달제(吳達濟)를 잡아 보내었다."라는 기록이 보인다.

我執大夫投虎狼

오호라 오호라 다섯 번째 오호라 嗚呼嗚呼五嗚呼

내 무엇을 탄식하는가, 나라에 현량이 없음일세 我何嗚呼國無良

삼강이 땅에 떨어지지 않은 덕분이었지 賴爾三綱得不墜

그렇지 않다면 사직은 있어도 망한 것과 다르지 않았을 것이네

不然社稷存亦亡

이튿날 경오일에 왕께서 남한산성을 나가시니 翼日庚午王出城

백관은 눈물을 삼키고 하늘은 어두워졌네 百官飮泣天爲冥

오호라 오호라 여섯 번째 오호라 嗚呼嗚呼六嗚呼

내 무엇을 탄식하는가, 나라에 영령이 없음일세 我何嗚呼國無靈

홍무 천자[471]와 태조왕께서 洪武天子太祖王

흐느끼며 근심하여도 하늘이 듣지 않았네 噓唏怵惕天不聽

이월 무인일에 초파일이다 오랑캐 칼날을 돌렸으나

二月戊寅 初八日也 鋒旋

세자와 대군께선 군중에 남으셨네[472] 世子大君軍中留

오호라 오호라 일곱 번째 오호라 嗚呼嗚呼七嗚呼

내 무엇을 탄식하는가, 나라에 도모가 없음일세 我何嗚呼國無謀

돌아온 병사[473]들의 한 차례 습격도 기이한 일이지만 歸師一襲自一奇

471 홍무 천자 : '洪武'는 명 태조(明太祖) 주원장(朱朱元章) 때 사용하던 연호(1368~1398)이다. 따라서 홍무 천자는 바로 명 태조를 말한다.

472 이월……남으셨네 : 세자와 대군은 소현세자와 봉림대군을 가리킨다. 1637년 2월 8일에, 조선의 왕자 소현세자와 봉림대군은 철군하고 돌아가는 구왕(九王) 도르곤〔多爾袞〕의 군대를 따라 볼모로 심양에 갔다.

473 돌아온 병사 : 1627년에 후금과 한 차례 정묘호란을 치른 후 1636년에 다시금

그릇 깨질까 꺼려하면서 감히 쥐 잡으려 돌을 던졌단 말인가[474]

既當忌器鼠敢投

옛날부터 간사한 자들은 걸핏하면 하늘 타령 하지만 自昔宵人動言天

기실 성패란 모두 사람에게 달려있는 것 其實成敗皆人爲

하늘의 때를 사람의 힘으로 어쩌겠느냐[475]라고 말하자마자

纔說天時豈容人

마침내 나라의 큰 계책 펼칠 길 없어지고 말았네 遂令國猷無所施

논자들 모두 말하기를 현황은 인자하심이여 議者皆言顯皇仁

이를 배반하는 것은 불길하니 큰 은덕 있었음이라[476]

背之不祥大造在

쳐들어왔기에 돌아온 군사라고 표현한 것이다.

474 그릇……말인가 : '투서기기(投鼠忌器)'의 전고를 사용하였다. 원래는 돌을 던져서 쥐를 잡고 싶어도 곁에 있는 그릇을 깰까 걱정된다는 뜻의 속담으로, 임금의 곁에 있는 간신을 제거하고 싶어도 임금에게 피해가 갈까 두려워서 손을 쓰지 못할 때의 비유로 흔히 쓰인다.《漢書 卷48 賈誼傳》여기에서 그릇은 조정 내지는 나라를, 쥐는 후금〔후의 청나라〕을 상징하는 듯하다. 즉 자칫하면 나라를 깨트릴 것이라 경계하던 마당에 쥐, 즉 후금을 잡겠다고 돌을 던지는 무모한 짓을 했냐는 질책의 뜻으로 사용하였다.

475 하늘의……어쩌겠느냐 : 하늘에서 정한 때를 사람의 힘으로 어찌할 수 없다는 뜻으로, 청나라가 천명을 얻어 중원의 패자가 됨에 사람의 힘으로는 이미 되돌릴 수 없다는 것을 의미한다.

476 논자들……있었음이라 : 현황은 명나라 만력제(萬曆帝) 신종(神宗)을 가리킨다. 큰 은덕이란 임진왜란 당시 명나라가 군대를 파견하여 조선이 다시 일어설 수 있게 해준 것을 말한다.《성재집》별집 4권의《현가궤범(絃歌軌範)》에〈현황제위(顯皇帝位)〉라는 악장이 실려있는데, 그 내용이 "황제가 큰 은덕으로, 신묘한 무용(武勇)을 보여, 우리 종묘와 사직을 되살려주고, 우리나라를 안정시켰네〔帝有大造, 耆其神武, 復我廟社, 奠我疆土〕"라고 하였다.

이 말이 어찌 나라 사람들에게 호소할 만하리　是言烏足號國人
만약 은덕이 없다면 배신할 수 있단 말인가　使無德恩謂可背
기자가 나라를 세운 것은 무왕 초기였고　箕子立國武王初
강헌[477]이 작위를 받은 것은 홍무제 때였네　康獻受爵洪武帝
우아한 예악은 중국에 들어갈 만하였고　禮樂優優進中國
당당한 명언[478]은 구복[479] 안과 나란히 했네　名言堂堂比服內
은혜는 비록 골육지간이라도 높이고 낮춤[480]이 있고　恩雖骨肉有隆殺

477 강헌 : 태조 이성계의 시호이다. 《태종실록》8년(1408) 9월 24일 기사 〈중국 사신 기보와 임관이 가져온 예부의 의주〉에 이 내용이 보인다. "사자가 제서(制書)를 선독(宣讀)하기를, '황제(皇帝)가 도지감 좌소감(都知監左少監) 기보(祁保) 등을 보내 반고(頒誥)하여 고(故) 조선 국왕(朝鮮國王) 이(李) 【휘(諱)】에게 시호(諡號)를 주기를 강헌(康獻)이라 한다.' 한다."

478 당당한 명언 : 훌륭하게 작성한 외교 사령(辭令)을 가리킨다. 조선의 외교 사령은 문장이 훌륭하기로 정평이 났다.

479 구복 : 중국에서 왕기(王畿) 바깥의 지역을 아홉 등급으로 나눈 것을 말하므로, 곧 중국 영토를 가리키는 것과 같다. 《周禮》〈직방씨(職方氏)〉에 "나라를 구복으로 나누었다.〔乃辨九服之邦國〕"라는 말이 나온다. 《고려도경(高麗圖經)》 권40에 "우리 국가가 대일통(大一統)으로 만방에 임하니 화하(華夏)와 만맥(蠻貊)이 다 신복하였다. 비록 고구려(高句麗 우리나라의 범칭(汎稱))는 바다 섬에 자리잡고 있어 거대한 파도가 가로막고, 구복(九服) 안에 들어 있지 않기는 하나, 정삭을 받고 유학을 준봉(遵奉)하며, 악률은 조화를 같이 하고 도량형은 제도를 같이하니, 우순(虞舜)의 크고 작은 달과 날짜를 같이 맞춘 것과 백우(伯禹)의 덕화(德化)가 남쪽에까지 미쳤다 하더라도 그런 것들은 거론할 게 못 될 정도이다."라는 내용이 보이는 것으로 보아 우리는 늘 구복 안과 나란함을 자부해왔음을 알 수 있다.

480 높이고 낮춤 : 신분이나 지위의 높고 낮음이나 그에 따른 예절이나 행사의 후함과 박함을 뜻한다. 《예기(禮記)》〈향음주의(鄕飮酒義)〉에 "일반 손님에 이르러서는 올라와서 잔을 받고 앉아서 제사하며 서서 마시는데 주인에게 반배하지 않고 내려가니,

의리는 천지간에 있어 이루어짐도 허물어짐도 없다네
義在天地無成壞

중화로 오랑캐를 바꾼다는 말 예전에 듣지 못하였고 用夏變夷古未聞

순함을 제거하고 완악함을 좇는다면 이치가 어그러지고 마네
去順從頑理則悖

누가 장차 이 의리를 분명히 설명하여 誰將此義說分明

만세토록 걸어놓고 끊어지지 않게 할까 撐拄萬世無休歇

오호라, 기왕에 지나간 일이야 말할 수 없으나 嗚呼旣往莫可諫

사람의 마음만은 따라 소멸될 수 없다네 獨有人心不隨滅

이 책이 비록 미미하나 큰 과일은 먹히지 않으니[481] 是書雖微不食果

백번 싸매어 보배로 간직하며 사라지지 않게 해야 하리
珍藏百襲無墜失

서방미인[482]을 볼 수 없어 西方美人不可見

소신이 느낀 바를 한번 적어보았습니다 小臣感懷聊一筆

귀한 사람은 존중하고 아랫사람은 간단히 대하는 융쇄의 뜻이 변별된다.〔至於衆賓 升受坐祭立飮 不酢而降 隆殺之義別矣.〕"라고 하였다.

481 큰……않으니 : 《주역》〈산지박괘(山地剝卦)〉 상구(上九) 효사에 "큰 과일은 먹히지 않는다.〔碩果不食〕"라고 하였는데, 이는 다섯 개의 효(爻)가 모두 음(陰)인 상태에서 맨 위의 효 하나만 양(陽)인 것을 석과로 비유한 것으로, 하나 남은 양의 기운이 외로운 것처럼 보이지만 결코 끊어지지 않고 계속 이어진다는 뜻을 보인 것이다. 이 박괘를 거꾸로 뒤집으면 바로 복괘(復卦)가 되기 때문에 이렇게 말한 것이다.

482 서방미인 : 연꽃처럼 훌륭한 덕을 지닌 임금의 출현을 기다린다는 말이다. 《시경》〈간혜(簡兮)〉에 "누구를 그리워하는가? 서방의 미인이로다.〔云誰之思, 西方美人〕"라고 하였으며, 《이소경(離騷經)》에서도 미인을 가지고 임금을 비유하였다.

11월 15일 밤, 눈이 달빛을 받아 대낮처럼 훤하였는데, 이중오 수득[483]와 백옥[484]이 술병을 들고 찾아오고 문원[485] 역시 동호[486]로부터 이르러, 좋은 만남이 약속도 없이 이루어졌기에, 몹시 기뻐 시를 지으며 《목은집》의 운을 쓰다

十一月十五夜 雪月如晝 李仲五 秀得, 伯玉挈壺來訪 文遠亦自東湖至 好會不約而成 喜甚有詩 用牧隱集韻

키 큰 소나무가 흰 눈을 덮었기에	高松戴白雪
나도 두건을 뒤로 젖혀 썼다네[487]	吾亦岸吾幘
서로 만나 읍하려 하는데	相逢欲相揖
맑고 고고한 뜻에 서로 격의라곤 없구나	淸孤意不隔

483 이중오 : 이수득(李秀得, 1697~1775). 본관은 한산(韓山), 자는 중오(仲五)이다. 1736년(영조12)에 제릉 참봉을 지냈고, 청주 목사로 있을 때에는 의옥(疑獄)을 잘 다스린다고 하여 충청도 관찰사가 54주(州)의 옥을 모두 그에게 맡겼다. 1753년(영조29) 정시 문과에 을과로 급제, 1759년 충청 감사가 되고, 1766년 승지로 제수되었으며, 1769년 대사간을 거쳐 1773년 대사헌을 역임하였다. 그 뒤 공조 참의에 제수되었지만 병으로 사직하고 공주에 내려가 여생을 마쳤다.

484 백옥 : 오원(吳瑗). 자세한 내용은 35쪽 주16 참조.

485 문원 : 이덕홍(李德弘). 자세한 내용은 177쪽 주354 참고.

486 동호 : 지금의 옥수동 일대를 가리킨다.

487 두건을……썼다네 : 두건을 뒤로 젖혀 써서 이마를 드러낸다는 뜻인데, 곧 태도가 소탈하거나 예모에 구애받지 아니함을 일컫는다. 안(岸)은 이마를 드러낸다는 뜻이다. 안건(岸巾)이나 안책(岸幘)으로도 쓴다.

근자에는 일도 드물어	近者少人事
문 닫아걸고 늘 적적하더니	門關常寂寂
오늘 밤 벗들이 이르러	今宵友朋至
눈 속에 발자국 어지러이 찍혔구나	雪裏紛屐跡
높은 곳에 올라 아득히 먼 곳을 바라보니	登高騁遙目
달빛도 자못 낭자하여	月華頗狼藉
맑고 시원한 기운 소매 가득 품고	清泠滿懷袖
길게 휘파람 불며 푸른 벽에 기대네	長歗倚翠壁
휘파람 소리 그쳤어도 여운이 남아	歗罷有餘響
쉬쉬 대나무와 돌 사이로 스며들어 가네	翛翛入竹石

의숙[488]이 그리워 또 목은의 시운을 집어 함께 짓다

有懷宜叔 又拈牧隱韻同賦

잠들지 못하고 맑게 갠 눈을 밟으며	不眠踏晴雪
홀로 읊조리다 대나무를 어루만지네	孤吟撫竹樹
달의 기운은 텅 빈 벽으로 쏟아지고	月氣瀉虛壁
푸른 하늘엔 한 마디 안개조차 없구나	靑天無寸霧
나의 벗이 와주지 않았다면	倘無我友至
이 좋은 밤 거의 헛되이 보낼 뻔 하였으니	良宵幾虛度
노래하며 악기를 연주하고	歌嘯發金石
은하수에 고아한 흥취를 기탁하네	霄漢寄高趣
사내로서의 한 평생	男兒百年事
낭묘[489]에 이르건 농사를 짓건	廊廟及耕圃
이 일 이미 비교해보았기만	此事已商量
만사란 모두 기러기 깃털처럼 가벼운 것	萬事一鴻羽
동쪽 바위에 친구가 있는데	東巖有故人
나를 그리워하며 한번 돌아보겠네	睠余一回顧

488 의숙 : 이천보(李天輔). 자세한 내용은 84쪽 주141 참조.

489 낭묘 : '廊廟'는 조정을 이른다. 즉 벼슬하는 것을 말한다.

강가 직사에서 유생[490]에게 운자를 부르게 하고 빠르게 시 한 수를 지은 다음 의숙과 백옥 두 족하에게 보내다

江上直舍 令兪生命韻 走筆草一首 投宜叔, 伯玉二君足下

일찍이 취헌[491]의 시를 읽었는데	嘗讀翠軒詩
한번 읊조림에 애도의 마음 그칠 줄 몰랐네	一諷有餘悼
장부가 세상을 만나지 못했으니	丈夫不遇世
품은 뜻을 누구에게 하소연해야 할까	有懷誰與討
애달프다, 이 사람들	哀哉二三子
평생 좋아하는 일을 그만 두지 않았구나	不廢平生好
기쁜 일 근심스러운 일에 문득 서로를 찾을 때면	憂樂輒相求
메마른 데로 번지는 불과 같았고	有如火就燥
통쾌히 술 마시고 가사를 지을 때면	痛飮作歌詞
호방한 기운이 푸른 하늘에 닿을 듯하였네	豪氣薄青昊
세상 사람들 돌아보기를	顧視世間人

490 유생 : 61쪽 주81 참조.

491 취헌 : 취헌공(翠軒公) 박은(朴誾, 1479~1504)을 말한다. 박은은 자가 중열(仲說), 호가 읍취헌(挹翠軒)이다. 20세 때인 1498년(연산군4)에 유자광(柳子光)의 간사함에 대해 탄핵하였다가 모함을 받아 파직되었다. 23세 때 옥에 갇혔다가 25세 때인 1503년에 아내를 잃고 26세 때 갑자사화로 인해 처형되었다. 박은은 해동강서파(海東江西派)의 대표적 시인으로, 주로 인생무상을 노래한 시를 많이 남겨 우리나라의 대표적인 시인으로 칭해지는데, 사후에 절친한 친구인 이행(李荇)이 그의 시를 모아 《읍취헌유고》를 내주었다.

수레 모는 종으로 충당하기에도 부족하다 여겼으니　未足充輿皁
뜻과 기운이 이와 같거늘　志氣乃如此
무슨 수로 장수할 수 있었으리오　何得及老耄
내가 듣건대 옛날의 벗들은　吾聞古朋友
광주리를 받들어 큰 도를 구하였다 하였네[492]　承筐求大道
〈녹명〉의 뜻은 쓸쓸히 사라져　寥寥鹿鳴意
이를 강구하려 해도 미칠 길 없어 한스럽구나　講之恨未到
택지[493]는 본디 명류(名流)이나　擇之固勝流
또한 주지(主旨)가 부족하였고　盖亦少頭腦
사화[494]는 여우나 쥐새끼일 따름이라　士華狐鼠耳

492 광주리를……하였네 : 《시경》〈녹명(鹿鳴)〉에 나오는 말로, 원문과 내용은 다음과 같다. "정답게 부르며 사슴들이 울면서 들에 있는 사철 쑥을 뜯고 있네. 나에게 아름다운 손님이 있어 비파를 타며 젓대를 부노라. 젓대를 불며 생황을 연주하며 광주리로 받들어 폐백을 올리니 나를 좋아하는 사람은 나에게 대도를 보여 줄지어다.〔呦呦鹿鳴, 食野之苹. 我有嘉賓, 鼓瑟吹笙. 吹笙鼓簧, 承筐是將. 人之好我, 示我周行.〕" 즉 대도를 구하기 위해 광주리에 폐백을 받들어 올린다는 뜻이다.

493 택지 : 이행(李荇, 1478~1534). 김종직의 문인인 연헌 이의무의 아들이자 1545년 을사사화의 주역인 이기(李芑)의 아우이다. 자는 택지(擇之), 호는 용재(容齋)·창택어수((滄澤漁叟)·청학도인(青鶴道人)이다. 1495년(연산군 1) 증광문과에 급제한 뒤, 권지승문원 부정자를 거쳐 검열·전적을 역임했고, 〈성종실록〉 편찬에도 참여했다. 벗인 남곤(南袞)·박은(읍취헌)과 함께 시문으로 이름 높았으며, 연산군 갑자사화 때 함께 화를 입어 박은은 죽고 두 사람은 간신히 목숨을 건졌다. 중종 때 관로가 비교적 순탄하여 대사간 등을 거쳐 대제학, 좌의정 등을 역임하다가 김안로의 모략으로 유배당하여 유배지에서 죽었다

494 사화 : 남곤(南袞, 1471~1527). 본관은 의령(宜寧), 자는 사화(士華), 호는 지정(止亭)·지족당(知足堂)이다. 김종직에게 글을 배워 시문을 잘 짓는다는 명성이 크

취할 바는 혹 화려한 문사 뿐일런가　　所取豈文藻
짧은 베옷 속에 다듬지 않은 기이한 옥[495] 담겨져 있거늘　　短褐貯奇璞
어찌 스스로 지키지 못했단 말인가　　胡乃不自保
사람은 죽었어도 뜻은 불멸이라　　人亡志不滅
끊기고 문드러진 원고 한 편 남아 있어　　斷爛一編稿
술 취한 뒤 한번 읽을 때마다　　醉後每一讀
슬픈 노래 부르며 걷잡을 수 없이 눈물 흘리네　　悲歌淚浩浩
나에게는 두 벗이 있어　　吾友有二子
나와 이 생각 함께 나눌 수 있나니　　與我同此抱
나는 태생이 몹시도 특이하고 남달라　　我生甚孤畸
벗과의 교제 대충하지 않는다네　　交際不草草
오자[496]는 벼슬길 바야흐로 영달하여도　　吳子仕方達
자못 디딜 곳을 가리는 편이며　　頗亦擇所蹈

게 떨쳐 박은, 이행, 홍언충 등과 더불어 명망이 높았다.사림파의 일원으로 갑자사화로 유배되었다가 1506년 중종반정 이후 복귀했다. 그 뒤 김전과 함께 신진 사류의 급진적인 개혁정책에 반대하였다. 1519년 심정 등의 훈구파와 손잡고 기묘사화에 협력하여 조광조 일파를 숙청하는데 가담, 방조하였다. 문장이 뛰어나고 글씨도 잘 썼으나, 조광조 등을 처형하는 데 동조, 묵인했다는 이유로 사림의 집권 이후 조선이 멸망할 때까지 사림으로 인정받지 못하고, 배신자와 변절자로 몰려 지탄을 받았다. 저서에 《유자광전(柳子光傳)》, 《지정집》 등이 있다.

495 기이한 옥 : '박옥(璞玉)'은 다듬지 않은 옥을 말한다. 여기서는 박은을 비유하는 말로 사용하였다. 즉 본디 명류인 이행이나 문사로 이름을 떨친 호서배(狐鼠輩) 남곤과 달리 박은은 아직 다듬어지지 않은 기이한 인재였다는 뜻이다.

496 오자 : 오원(吳瑗)이다.

이생[497]은 기운이 탁월하고 빼어나니	李生氣卓邁
어찌 또 메마르고 야위었다고 원망하리오	寧復怨枯槁
쓸쓸히 명성과 영리를 도외시하다 보면	蕭踈外聲利
나머지 일에 번뇌란 없을 것이네	餘事無煩惱
시대를 뛰어넘어 서로 감통하다 보니	曠世一相感
이 노인과 만나지 못한 것이 한스럽구나	恨不及此老
내가 늦게 태어난 것 한탄하는 것 아니요	不歎我生晩
그저 공이 일찍 태어난 것 슬퍼하는 것이라네	但悲公生早
그러나 만나고 모이는 것에 날짜를 기약하지 않았으니	聚集不設期
흥이 일면 곧바로 찾아갈 수 있다네[498]	有興徑相造
자취를 감추었어도[499] 부끄러움이란 없었고	沉冥無愧怍
문장은 갈수록 걸출해졌으나	文章愈傑驁
그저 뜻에 흡족하고자 했을 뿐	聊復適意耳
조무래기들의 시끄러운 소리 따위 어찌 아랑곳했을까	豈恤群兒譟
어제 한산자[500]를 만났는데	昨逢韓山子

497 이생 : 이천보(李天輔)이다.

498 홍이……있다네 : 왕휘지(王徽之)와 대규(戴逵)의 고사를 사용하였다. 산음(山陰)에 살던 왕휘지가 어느 겨울날 밤에 눈이 펑펑 내리자, 홍에 겨운 나머지 멀리 섬계(剡溪)에 살고 있는 친구 대규가 보고 싶어 밤새 배를 저어 그의 집 문 앞까지 찾아갔다. 그런데 정작 집 안으로 들어가지 않고 다시 발길을 돌려 되돌아왔다. 그 이유를 물어보니 "내 본디 홍이 나서 갔다가 홍이 다하여 돌아온 것이다.〔吾本乘興而行 興盡而返〕"라고 하였다 한다.《世說新語 任誕》 여기서는 강에 눈이 내리는 아름다운 정경을 보니 왕휘지가 배를 몰고 갔다가 돌아온 그 홍취가 이해가 된다는 말이다.

499 자취를 감추었어도 : '침명(沈冥)'은 깊은 곳에 은둔하여 자취를 숨긴다는 의미이다.

내게 한 마디로 충고를 해주셨네 一言爲忠告
우리들 이 한 세상 나란히 살아감에 吾儕幷一世
서로 공경해야지 오만히 굴어서는 안 되며 可敬不可傲
면려해야 할 바는 군자의 도리이거늘 所勉君子道
어찌 갑작스레 스스로 전도시키려 하는가 何遽自顚倒
남아로서 태어나 뜻을 지녔을 터 男兒生有志
본분대로 행하는 바[501]를 반드시 살펴야만 하니 素履必可考
그 누가 인생 백년을 가지고 誰將百年事
글과 술로써 큰소리 친단 말인가 文酒以爲號
나는 처음에 이 말을 듣고 我初聞此言
마음이 번뇌로 가득하였네 心中煩鬱懊
우리들 백년도 채 못 사는 몸뚱이로 我曹百年身
오늘날 이미 머리 반백이 되었으니 如今頭半皓
누군들 실컷 술 들이키지 않을 수 있을까 誰能不痛飮
풍진 속 일개 벼슬아치여 風埃一烏帽
돌아와 문 닫아걸고 드러누웠는데 歸來閉關臥
흩날리는 서리가 처마와 서까래에 비끼기에 飛霜流簷橑
일어나 걸으며 밤 경치를 보노라니 起行視夜色
강은 텅 비고 달도 쓸어낸 듯 깨끗하구나 江空月如掃

500 한산자 : 이수득(李秀得)을 말한다. 본관이 한산 이씨여서 한산자라고 부른 것이다.

501 본분대로……바 : 원문의 '소리(素履)'는 본분대로 행함을 말한다. 《주역》〈이괘(履卦)〉초구(初九) 효사에 "본분대로 해 나가면 허물이 없다.〔素履往, 無咎〕"라고 보인다.

고요히 옛사람의 말을 생각해봄에	靜思故人語
잘 이끌어주지 않았다 말할 수 없고	未必非善導
세도는 아득하여 그 끝이 없으니	世道茫無涯
일개 선비로서 감히 자포자기할 수 있으랴	匹士敢自暴
훌륭한 말은 금옥에 필적한다 하였는데	嘉言敵金玉
내 감히 나의 보배를 사사로이 할 수 있겠는가	吾敢私吾寶
그대들이 어찌 생각하는지	二子謂如何
시로 지어 답해주시게	作詩以相報

십일월 이십삼일 생일날 읊다

十一月二十三日生朝有吟

오늘 아침 술과 음식이 상에 올랐는데	今晨有酒食
집사람이 나의 생일을 위해 차린 것이라네	家人爲我辰
술잔 앞에 두고 받을 수 없었던 것은	臨觴不能御
두 사람을 그리워하기 때문이었네	有懷我二人
관문과 고개는 험하고도 먼데	關嶺阻且長
세모에는 서리 눈마저 자주 내리네	歲暮霜霰頻
무엇 하러 보잘것없는 벼슬에 얽매어	胡爲嬰薄宦
구십일 동안이나 혼신[502]도 못한단 말인가	九旬曠昏晨
아우와 누이가 비록 부모님 곁에 있지만	弟妹雖在傍
내가 직접 모시는 것만 못하리	不如吾身親
어제서야 직접 쓰신 편지를 받자왔는데	昨也拜手書
열 줄에 담긴 뜻이 간곡하였으니	十行意諄諄
내가 술을 좋아하는 것 근심하시며	憂我喜杯杓
입에도 대지 말라 훈계하시었네	戒之勿近脣
아플까 근심해주시는 마음 우러러 생각하여	仰惟憂疾念

502 혼신 : '昏晨'은 효자의 혼정신성(昏定晨省) 즉 날이 어두우면 부모의 잠자리를 챙겨드리고 새벽에 문안함을 이르는바, 부모님 곁을 떠나 있어 직접 혼정신성할 수 없기 때문에 이렇게 말한 것이다. 남유용의 연보를 보면 영조 15년(1739) 2월에 영춘 현감(永春 縣監)이 되어 충청북도 단양으로 떠났다고 한다.

감히 이 몸 가벼이 할 수 있을까 吾敢輕吾身
이별 중에 생일을 만나 睽離逢生日
취하고 싶어도 계기조차 없는 듯 보이기에 取醉似無因
이를 위해 한 동이 술을 따르며 爲酌一樽酒
멀리서나마 천년의 수(壽)를 축원하네 遙祝壽千春

사구[503] 낭성 작은 병풍에 장난치는 여덟 명의 아이가 그려져 있기에 장난 삼아 서술하다
司寇郎省小屛 畫竪子八戲 戲述

종을 치며 원숭이를 춤추게 하니 원숭이가 놀라서 펄쩍 뛰고
考鐘舞猿猿驚透
닭을 안고 싸우게 하니 닭이 팔뚝을 쪼네 抱鷄使鬪鷄啄臂
매미 잡자니 날아갈까 두려워 나무 건드리지 못하고
捕蟬恐飛莫撼樹
양을 끌어도 나아가지 않아 도리어 앞발을 움츠리네 牽羊不前況蟄趾
죽은 물고기를 고리에 꿴 것이 어찌 진짜 낚시일까 死魚貫鉤豈眞釣
가슴 치며 술 취해 슬퍼함은 사실 취한 것이 아니라네
拊膺酒悲實非醉
사람들 시끄럽게 떠들며 연밥의 입씨름[504] 힐난하고 群囂難詰蓮子訟
아무렇게나 짚어도 우연히 장구희[505]를 맞춘다네 妄意偶中藏鉤戲

503 사구 : 사구는 조선 시대 호조(戶曹)를 뜻한다.

504 연밥의 입씨름 : 옛날의 놀이로, 주령(酒令)의 일종이다. 놀이 방법은 호박씨나 연밥 혹은 검은색 흰색 바둑알을 손에 쥐고 상대방에게 홀수인지 짝수인지, 몇 개인지, 무슨 색인지 등을 맞추게 하는 것이다. 맞추면 이기고 놀이를 낸 사람이 지게 되어 벌로 술을 마시고, 못 맞추면 맞춘 사람이 술을 마셔야 한다.

505 장구희 : 고리 감춤 놀이〔藏鉤戲〕를 말한다. 여러 명이 둘로 편을 가르고 몇 사람의 주먹 안에 고리를 감춘 다음 상대편의 고리가 어디 있는지 알아맞히는 놀이이다. 한 소제(漢昭帝)의 어머니 구익부인(鉤弋夫人)이 처녀 때 병으로 왼손을 펴지 못했는

누가 이 그림으로 작은 병풍 만들어서 　　誰將此畫作小屏
사구 낭성에 펼쳐놓았을까 　　張之司寇郎省裏
사구 낭성에는 문서 장부가 잔뜩 쌓였지만 　　司寇郎省文簿堆
어둡고 우매하고 속이고 사기 치는 자 다스릴 길 없고
　　昏愚譎詐不可理
예악이 일어나지 않으니 매질로 다스려봐야 　　禮樂不興鞭扑行
아랫사람들 본성만 거슬러 민풍이 거짓되어지네 　　下拂其性民風僞
진 자는 무얼 슬퍼하며 이긴 자는 경사로워 하는지 　　屈者何苦伸者慶
어지러이 울고 웃어야 어린아이 놀이일 뿐인 것을 　　紛紛笑咷兒戲耳
내가 다시 용면[506]의 손을 불러와서 　　我欲更喚龍眠手
이 그림 속에 노인 하나를 그려 넣고자 하나니 　　此中畫着一老子
바른 기색으로 옷깃을 여미면 그 기운이 청원하여 　　正色斂衽氣淸遠
뭇 아이들을 모두 도망치게 할 것이라 　　坐令群兒皆走避

데 무제(武帝)가 점쟁이의 말에 따라 부인으로 들이고 손을 펴 보았더니 안에 옥고리가 있었다고 하는 데서 유래하였다 전해진다.

506 용면 : 송나라의 유명한 화가인 이공린(李公麟, 1049~1106)으로, 자는 백시(伯時), 호는 용면거사(龍眠居士)이다. 이공린이 벼슬을 그만두고 용면산(龍眠山)에 들어가서 지내며 용면거사라 자호하였다. 시・서・화에 모두 능한 문인화가인데, 불상, 인물, 산수, 화조 등의 그림을 잘 그렸다.

이자안 국보[507] 집에서 의숙,[508] 백옥[509]과 모여 매화를 보다
李子安 國輔 宅 會宜叔, 伯玉看梅

납월을 지나고도 꽃잎이 무성하나니	過臘猶繁萼
철 따라 피는 꽃은 이 난간에 함께하지 못하네	年華不共闌
얼음 같은 뺨이 어찌 더러움을 입을까	氷腮寧受垢
눈 같은 골격은 추위에도 홀로 늠름하구나	雪骨自淩寒
어찌하여 오래도록 문 닫아 걸었는가	何事閉門久
세상 길 가기 힘들다는 것을 응당 알기 때문이네	應知行路難
풍진이라면 나 또한 질렸으니	風塵吾亦倦
한 잔 술로 서로 마음 너그러이 가집시다	一酌好相寬

507 이자안 : 《강한집(江漢集)》 권16에 이천보의 묘지명인 〈대광보국숭록대부 의정부 영의정 겸 영 경연홍문관 예문관춘추 관관상감사 세자사 문간 이 공의 묘지명 서문을 아우르다〔大匡輔國崇祿大夫議政府領議政兼領經筵弘文館藝文館春秋館觀象監事世子師文簡李公墓誌銘 幷序〕〉가 실려 있는데, "아들이 없어 공의 친족 아우인 진산 군수(珍山郡守) 이국보(李國輔)의 아들을 그 후사로 삼았다."고 하였는 바, 이국보가 이천보의 친족 아우임을 알 수 있다.

508 의숙 : 이천보(李天輔). 자세한 내용은 84쪽 주141 참조.

509 백옥 : 오원(吳瑗). 자세한 내용은 35쪽 주16 참조.

백옥[510] 집에서 중오,[511] 의숙,[512] 대경[513]과 모여 운자를 부르게 해 함께 짓다

伯玉宅 會仲五 宜叔 大卿 命韻同賦

친구들이 좋은 약속을 잡고서	故人有好期
오늘 아침 나를 일찍 깨웠네	今晨起余早
나는 서유자가 아니어서 스스로 부끄러운데	自慚非徐孺
그대들 번거롭게 탑상 하나 청소하게 하였구려[514]	煩君一榻掃
겉치레 인사에는 속세의 자태일랑 없고	寒暄除俗態
한바탕 웃는 모습에 안색이 수척하지 않네	一笑色不槁
한 동이 술을 마다할 수 있으랴	樽酒可能辭
우리들 참으로 좋은 마음 지닌 것을	數子眞好抱
우리 다섯이서 실컷 들이켜야지	五也亦痛飮
어찌 오도를 따르고자 하리오[515]	豈欲從吾道

510 백옥 : 오원(吳瑗). 자세한 내용은 35쪽 주16 참조.

511 중오 : 이수득(李秀得). 자세한 내용은 230쪽 주483 참조.

512 의숙 : 이천보(李天輔). 자세한 내용은 84쪽 주141 참조.

513 대경 : 황경원(黃景源). 자세한 내용은 62쪽 주85 참조.

514 나는……하였구려 : 서유자(徐孺子)는 후한(後漢) 사람 서치(徐稚)를 말한다. 진번(陳蕃)이 일찍이 태수를 지낼 때 어떤 객도 만나지 않고 다만 은거하는 서치만을 존중하여 특별히 한 걸상을 마련하여 그를 맞이하였다고 한다. 그러다가 서치가 돌아가면 그 걸상을 처마에 매달아두었다고 하는데 여기서 인하여 특별히 존중하는 손님을 가리키게 되었다.

515 어찌……하리오 : 유자(儒者)로서 술을 진탕 마시는 것은 오도에서 벗어나는 행

경보[516]가 내게 글을 쓰라 했는데	敬父索我書
자획이 반은 거꾸로 기울었으나	字畫半傾倒
붓을 휘두름에 자못 통쾌하니	揮灑頗快意
옛 법 따위 누가 다시 따지겠는가	古法誰復討
저물녘에 살짝 눈이 내리더니	向夕微有雪
쉭쉭 대나무 소리 듣기 좋구나	翛翛竹聲好

위이기 때문에 어찌 오도(吾道)를 따르겠느냐고 말한 것이다.

516 경보 : 오찬(吳瓚). 자세한 내용은 64쪽 주96 참조.

유문[517]이 죽간 열다섯 개를 보내주었기에 푸른 붓으로 사례하다

孺文惠貺竹簡十五 用綠管爲謝

친구가 무엇을 주었나	故人何所贈
내게 죽간을 주었지	贈我以竹簡
죽(竹)은 나의 기운을 세워주고	竹以立吾氣
간(簡)은 나의 게으름을 채찍질해주네	簡以策吾慢
이날 문 앞에 찾아온 객이 없기에	是日門無客
드러누운 채 빗질도 세수도 않은 채	頹然屛櫛盥
이불 끌어안고 대낮에도 드러누워서	擁被臥日中
시서는 게을러 쳐다보지도 않다가	詩書懶不看
깜짝 놀라 일어나 보내준 선물을 받들고	驚起拜嘉貺
봉함을 열어보니 빛깔도 찬란하구나	開緘色燦爛
그대가 생각이 있어 보낸 것이지	知君有意贈
단지 쥐고 놀라는 뜻 아님을 잘 안다네	匪直充把玩
어떤 물건으로 그대에게 보답해야 할까	何物以報君
장차 이 푸른 붓 하나로 하려 하니	將此一靑管
군자의 마음 다 털어놓으시게	輸寫君子心
안락할 때나 우환 있을 때나	安樂與憂患
나는 노쇠하여 일을 줄이고자 하여	吾衰欲省事

517 유문(孺文) : 김순택(金純澤). 자세한 내용은 64쪽 주93 참조.

문자를 고치는[518] 일조차 마다하나니	文字謝點竄
이를 가져다 내 사람에게 주면	持以屬吾人
책상에 올려놓을 만할 것이네	且可置几案

518 문자를 고치는 : '點竄'은 문장(文章)의 자구(字句)를 고치는 일을 가리킨다.

뇌연집

제4권

詩 시

서정에서 달을 바라보며 노래를 짓다 기미년(1739년, 영조15)

西亭望月作歌 己未

사람의 마음 즐거우면 달 또한 좋고	人心樂月亦好
사람 마음 즐겁지 않으면 달도 좋지 않은데	人心不樂月不好
푸른 하늘엔 밤마다 밝은 달이 뜨나	青天夜夜有明月
사람이 보는 달빛은 좋을 때가 드물구나	人看月色好時少
생각해 보면 예전에 난리 피해 한양을 떠날 때	憶昔避寇去漢陽
노인과 어린아이 이끌고 송산길을 갔었지	老幼提挈松山道
길 위엔 삼월 중순이라 꽃이 피어 있었고	道上花開三月半
산마루에 돋은 달은 어찌 그리 밝았는지	山頭出月何皎皎
달은 환히 떴으나 보는 사람 없어	月出皎皎無人看
천만 봉우리 제냥 저물었다 밝아오네	千峯萬峯自昏曉
새벽에 덕계를 떠날 제 민가의 연기 끊기고	曉發德溪人煙絶
고목에서 산새들만 울어댔었지	惟有古木鳴山鳥
서림의 지는 달빛 객의 옷을 비추는데	西林殘月照客衣
머리 들어 바라보려니 눈물만 홍건하였네	擧首欲望淚浩浩
하룻밤의 순환은 만고 변함없는 마음이라	一宵回薄萬古心
슬픔과 즐거움 끝날 날 없음을 깊이 알게 되는구나	劇知哀樂無時了
예부터 모두들 적벽의 달은	自古皆言赤壁月
장공의 호기가 푸른 하늘에 솟구친다 말했지[1]	長公豪氣凌蒼昊

1 예부터……말했지 : 장공(長公)은 소식(蘇軾)을 일컫는다. 소식이 형제 중 맏이로

통소 소리 슬프고 원망스러운 걸 장차 어이하나[2] 洞簫哀怨將奈何
환락이 극에 달했을 때 걱정의 마음 간절했던 것을[3] 歡樂極兮憂心悄
공자와 왕손이 저녁 잔치를 마치니 公子王孫終宴夕
풍악소리 춤추는 여인들 그리도 아득히 사라지고 歌鐘舞女何縹緲
술 깨고 손님들 흩어져 다시금 적적해졌는데 酒醒客散還寂寂
부질없이 남은 밝은 달만 대와 못을 엿보는구나 空餘明月窺臺沼
백년이 한순간이니 굳이 따질 것이 무엇인가 百年一瞬何足筭
옥토끼는 수염과 눈썹 세는 사람들 비웃는 것을[4] 玉兎笑人鬚眉皓
해마다 달을 보면 달은 서로 같은데 年年望月月相似
해마다 사람을 보면 사람은 모두 늙어가네 歲歲看人人盡老

서 시문(詩文)이 세상에 으뜸이었으므로 당시 사람들이 그를 높여서 '장공'이라 불렀다. 《漁隱叢話 後集 卷30》 황주(黃州)로 유배된 소식(蘇軾)이 1082년 7월 16일 밤에 적벽 아래 강물에서 객(客)들과 함께 뱃놀이를 하며 지은〈전적벽부(前赤壁賦)〉에 달이 중요한 소재로 등장, 달밤의 아름다운 정취를 시로 읊고, 배를 타고 노닐면서 신선이 된 듯한 도도한 홍취를 담고 있기 때문에 이런 표현을 했다. 《古文眞寶後集 卷8》

2 퉁소……어이하나 : 소식이 〈적벽부〉에서 "객 중에 퉁소를 부는 사람이 있어 노래에 맞추어 불었는데, 그 소리가 오열하는 듯하여 마치 원망하는 듯, 사모하는 듯, 우는 듯, 하소연하는 듯하였다.〔客有吹洞簫者, 倚歌而和之, 其聲嗚嗚然, 如怨如慕, 如泣如訴.〕"라고 하면서 객의 목소리를 빌어 유한한 인간의 어찌할 수 없는 슬픔을 노래하고 있기 때문에 이른 말이다.

3 환락이……것을 : 한 무제(漢武帝)의〈추풍사(秋風辭)〉에 "퉁소와 북소리 울려 퍼지고 뱃노래 부르니, 환락이 극에 이르매 슬픈 정이 많아지도다. 소장 시절이 얼마나 되랴 늙어 감을 어이할꼬.〔簫鼓鳴兮發棹歌, 歡樂極兮哀情多. 少壯幾時兮奈老何!〕"라는 구절이 있다. 《文選 卷45》

4 옥토끼는……것을 : 달 속에 옥토끼가 있어 항상 불사약(不死藥)을 찧고 있다는 전설에서 온 말이다.

달을 보고 홀로 읊조려도 흥취는 이니 對月孤吟興飄飄

이 달은 응당 봉래산을 지나며 비추겠지 此月應經照蓬島

봉래산 신선은 요즘 어떠하신가 蓬島神仙近何如

그대를 따라 일찌감치 도를 배우지 못한 것이 한이구려

恨不從君學道早

봄을 맞은 성의 강가 누각에서 한양의 벗을 그리워하며
春城江閣 有懷漢陽朋友

관아의 아전들 퇴근하고 나면	官閣吏人退
바람결에 여울 소리 그윽이 들려오고	風瀨入幽聽
어부들 각기 집으로 돌아가면	漁釣各歸家
그윽한 솔숲엔 어둠이 오네	窈窕松林暝
어젯밤 꿈엔 화산에 갔는데	昨夢踏華山
깊은 산에 막 경쇠소리 멎을 때였지	山深初罷磬
서글피 기다리는 이라도 있는 듯	惆悵如有待
외로운 거문고 소리만 돌길을 맴돌았네	孤琴繞石徑
꿈 깨니 강에는 달이 떠있고	夢回江有月
이불은 걷어차 두 다리가 나와 있는데	撥衾露兩脛
그리운 이는 한양에 있건만	所懷在漢陽
마음은 어찌 이다지 생생한가	中心何瑩瑩
강가에 방초가 많으니	江畔多芳草
그대에게 꺾어 보내 주었으면	願言掇爲贈

소혈루[5]에서 읊다

少歇樓有吟

창주[6]에 비 지나간 지 겨우 한나절인데	滄洲過雨只半日
물색은 푸르러 봄이 다시 온 것 같네	物色青青如復春
시골 아이는 열두 살에 벌써 낚싯대를 잡고	村童十二已把釣
물새는 짝을 지어 오래 사람 가까이 머무는구나	江鳥一雙長近人
작은 고을에서 한가로이 그럭저럭 지내노라니	下邑棲遲聊爾耳
고향 그리는 꿈 절로 서로 이어지네	故園蘧夢自相因
강변의 노인이여 허리 굽히지 마소	沙邊父老莫傴僂
나도 본디 그대와 같은 보통의 백성이니	我本與渠俱散民

5 소혈루 : 남유용이 부임해 있던 영춘현의 누각으로 추정된다.

6 창주(滄洲) : 물가에 있는 은사(隱士)의 거처를 비유할 때에 쓰는 말이다. 중국 삼국 시대 위(魏)나라 완적(阮籍)의 〈위정충권진왕전(爲鄭冲勸晉王牋)〉에 "창주에 가서 지백에게 인사하고 기산에 올라 허유에게 읍을 한다.〔臨滄洲而謝支伯, 登箕山以揖許由.〕" 하였다.

달빛을 타고 북벽[7]에 배를 띄우다
乘月泛北壁

아전들 물러나고 일이 전혀 없어	吏退渾無事
거문고와 술통 들고 누각에서 내려오네	琴樽初下樓
산은 높아 칠 분의 달이 뜨고	山高七分月
백사장 밝아 오경에 배가 떴구나	沙皎五更舟
강해엔 그래도 뛰어난 기운이 있는데	江海猶奇氣
문장은 졸렬한 계책일 뿐	文章是拙謀
남쪽 비탈에서 긴긴 밤을 보내노라니	南陀堪永夜
한 쌍의 백구가 함께 묵네	伴宿有雙鷗

7 북벽(北壁) : 충북 단양군 영춘면 상리(上里)의 남한강 가에 병풍처럼 늘어서 장관을 이루는 일군(一群)의 석벽을 이른다.

소혈루에서 공사 없이 한가히 앉아 있다가 유생[8]에게 종이를 오려 운을 베끼라고 하여 '동' 자부터 '함' 자까지[9] 각 두 자씩 붓을 갈겨 시를 지어 모두 30편을 얻다[10]

少歇樓燕坐無公事 令兪生剪紙寫韻 自東至咸各二字 走筆成章 凡得三十篇

네 고을[11]이 모두 물가에 있어	四郡皆濱水
고색창연 돌빛이 같구나	蒼然石色同
훗날 배 가득 실은 것은	他年滿船載
시원한 울림의 바람[12]이리	瀟灑鬱林風

두 번째 其二

해오라기 서있는 곳엔 그윽한 바위가 많고	鷺立多幽石

8 유생(兪生) : 남유용의 처남, 또는 처남의 아들로 추정된다. 남유용은 유명홍(兪命弘)의 딸에게 장가들어 처남인 유수기(兪受基), 유숙기(兪肅基), 유우기(兪宇基) 등과 친하게 지냈다.

9 동자부터……함자까지 : 평성 30운 (상평성, 하평성)을 모두 망라한 것이다.

10 소혈루에서……얻다 : 남유용이 영춘(永春) 현감이 되어 단양 일대를 둘러보고 지은 시이다.

11 네 고을 : 단양사군(丹陽四郡), 즉 영춘(永春)·단양(丹陽)·제천(堤川)·청풍(淸風)을 말한다. 태백산과 소백산 줄기가 이어지는 명승지이다.

12 울림의 바람 : 청렴한 수령을 비유하는 말이다. 당(唐)나라 사람인 육귀몽(陸龜蒙)의 집 앞에 울림석(鬱林石)이라는 커다란 돌이 하나 있었는데, 이 돌은 일찍이 육귀몽의 조상인 삼국 시대 오(吳)나라의 육적(陸績)이 울림 태수(鬱林太守)로 있다가 파직되어 돌아올 때, 짐꾸러미가 없어서 배가 너무 가벼워 바다를 건널 수가 없었으므로 배를 무겁게 하기 위해 싣고 온 돌이라고 한다. 《新唐書 卷196 隱逸列傳 陸龜蒙》

구름이 오는 곳엔 고요한 소나무가 있네　雲來有靜松
무심함 이것이 멋진 경치인 것을　無心是佳境
어부는 혹 그것을 알려나　漁子或知儂

세 번째 其三

자던 갈매기 막 날개를 털고　眠鷗初刷翅
푸른 안개는 강과 어우러지려 하네　煙翠欲渾江
절경은 모름지기 먼저 보아야 하는 것　絶境須先見
옷 걸치고 새벽 창에 앉네　披衣坐曉窓

네 번째 其四

물새는 작기가 밤톨만 한데　江鳥小如栗
강을 가르며 나는 것 또한 기이하구나　絶江飛亦奇
순식간에 산에 비가 쏟아지니　倐然山雨集
노인은 도리어 시 한 수를 짓네　老子還一詩

다섯 번째 其五

소와 양은 날 저물자 내려오고　牛羊下日夕
울타리엔 석양빛이 맑게 비추네　籬落澹餘暉
농부는 비 올 기미를 점치고　田翁占雨氣
갈매기는 한껏 높이 날아가네　鷗鳥盡高飛

여섯 번째 其六

어부가 물가로 가더니　漁子傍水去

큰 쏘가리를 낚아올리네　　釣來大鱖魚
어떻게 이러한 물건을 얻었소　　何從得此物
성근 비 끝에 우연히 만났다오　　偶值踈雨餘

일곱 번째 其七

열 길 바람 먼지 속엔　　十丈風埃裏
소 등에 진 상자와 말 먹일 풀이라　　牛箱與馬芻
고기잡이 노인은 멋진 수염과 머리로　　漁翁好鬚鬢
늙도록 강호에 사네　　終老有江湖

여덟 번째 其八

산길에 높은 나무가 적으니　　山徑少高木
두건을 낮게 쓸 필요 없네　　不禁巾幘低
숲속 새는 꽃이 지는 것 아쉬워　　幽鳥惜花落
날아돌며 객을 향해 우짖네　　飛迴向客啼

아홉 번째 其九

명산은 한 번만 보아도 좋을 테지만　　名山一看好
달리는 말로 스쳐보면 응당 다시금 아름다우리　　驟看應更佳
동장[13]은 흘러가는 물과 같은 것　　銅章似流水
떠나든 머물든 마음에 담아두지 않네　　去住不關懷

13 동장(銅章) : 구리로 만든 도장으로, 지방관이 차는 인장이다.

열 번째 其十

해 돋아 아침 안개 흩어지니	日出朝霏散
마을이 면면이 열리네	村籬面面開
먼 산의 푸른 빛이	遙山叢翠色
점점 배 가까이 다가오네	冉冉近船來

열한 번째 其十一

오랜 객지생활에 자유롭게 지내니	久客得自放
물고기 새와도 서로 친해졌네	魚鳥也相親
향을 피울 땐 도사가 되고	焚香爲道士
인신을 열면 벼슬아치가 된다네[14]	開印作官人

열두 번째 其十二

선배는 가곡을 지어	先輩有歌曲
백운이 청운보다 낫다고 하였지[15]	白雲勝青雲
정녕 구름의 생각을 안다면	定知雲意思
청백은 또 무엇하러 나눌까	青白又何分

14 인신을……된다네 : 원문의 '開印'은 관부(官府)의 인신(印信)을 열어 문안(文案)에 찍던 일을 말한다.

15 백운이……하였지 : '청운'은 벼슬길을 의미하고, '백운(白雲)'은 부모님이 계신 고향으로 고향 혹은 산림에 돌아가 은거하는 것을 뜻한다. 남유용이 자주 차운한 박순(朴淳)의 〈감흥(感興)〉 시에 "백운이 그래도 청운보다 낫다.〔白雲猶自勝青雲〕"라는 표현이 있다. 《白樂天集 卷16》《思菴先生文 集卷之二》

열세 번째 其十三

강물 소리에 절로 베개 높이 베고	江聲自高枕
산비 내려도 술동이를 옮기지 않네	山雨不移樽
홀연 음성[16]의 서찰을 받았는데	忽得陰城札
끝내 속세의 말[17]은 아니었네	終非煙火言

열네 번째 其十四

내 벗은 풍진 속에서	我友風塵裏
응당 이 달을 함께 바라보겠지	應同此月看
무슨 방법으로든 범골을 바꿀 수 있다면	何方換凡骨
내 금단도 아깝지 않을 텐데[18]	吾不惜金丹

16 음성(陰城) : 음성현감을 지낸 이영보(李英輔, 1687~1747)로 추정된다. 본관은 연안(延安). 자는 몽여(夢與), 호는 동계(東溪). 이천보의 종형이면서 남유용과도 친했다.

17 속세의 말 : 원문의 '煙火'는 인가(人家)에서 밥을 짓기 위해 불을 때어 나는 연기로, 화식(火食)을 하는 세속의 사람을 가리킨다.

18 범골을……텐데 : 도가(道家)에서 말하는 신선술(神仙術)의 하나로서, 금단(金丹)을 삼켜 범골(凡骨)을 선골(仙骨)로 변화시키는 방법을 환골법이라고 한다. 육유(陸游)의 〈야음〔夜吟〕〉 시에 "밤중에 차가운 등불 아래서 한번 웃노니, 비로소 금단으로 환골탈태하는 때로세.〔夜來一笑寒燈下, 始是金丹換骨時.〕"라는 표현이 있다.《劍南詩藁 卷51》

열다섯 번째 其十五

소싯적엔 곧잘 유쾌하게 술을 마셨으니　少日能快飮
술을 마주하면 기세가 산과 같았지　對酒氣如山
오생[19]을 오래도록 보지 못하니　不見吳生久
쓸쓸하여 환한 얼굴 지을 일 별로 없네　蕭颯少歡顔

열여섯 번째 其十六

술을 대하면 황씨 노인을 그리워하고　對酒思黃叟

진사(進士) 황숙(黃橚)이 물의 북쪽에 살고 있었다.

시 이야기 하러 체소 스님을 찾았지　談詩訪素禪

시승(詩僧) 체소(體素)가 남천사(南泉寺)[20]에 살고 있었다.

가마꾼일랑은 모두 물리고　輿徒都屛去
갈 때나 올 때나 나무 실은 배만 탔다네　來往一樵船

열일곱 번째 其十七

가파른 절벽은 젓대 불기 좋으니　峭壁好橫笛
구름 높아 젓대 소리 멀리 퍼지기 때문이요　雲高笛更遙
묵은 소나무는 술 마시기 좋으니　古松好飮酒

19　오생(吳生) : 남유용의 절친했던 친구 오원(吳瑗, 1700～1740)을 가리킨다. 남유용은 이천보, 황경원 등과 함께 오원의 종암 별업에서 수시로 만나 시주(詩酒)를 즐겼고, 함께 유람을 하는 등 각별한 친구 관계로 지냈을 뿐 아니라, 형 남유상(南有常)의 아들이 오원의 딸과 결혼하였으니 사돈지간이기도 하였다.

20　남천사(南泉寺) : 영춘현(永春縣)에 남천(南泉)이라는 지명이 있는 것으로 보아, 근방의 절로 추정된다.

바람 맑아 술이 쉬 깨기 때문일세 風淸酒易消

열여덟 번째 其十八

희미한 경쇠소리 어느 산사에서 들리는가 殘磬何山寺
찾아가고 싶어도 산길이 험하구나 欲尋山徑磽
높은 곳에 올라가 한 번 바라보니 登高試一望
외따로 있는 것이 새 둥지 같아라 孤絶似禽巢

열아홉 번째 其十九

강물이 불어난 것은 알지 못하고 不知江水大
그저 술 실은 배 높은 것만 깨닫네 惟覺酒船高
흰 새는 기이한 재주를 일삼으며 白鳥事奇格
몸을 뒤집어 출렁이는 파도 속으로 들어가는구나 翻身入亂濤

스무 번째 其二十

구름 기운에 바위는 춤을 추는듯하고 雲氣石如舞
강물 소리에 달빛도 함께 밝아오네 江聲月共多
외로운 거문고 소리 어이하여 들려오는가 孤琴那抵得
타는 곡조에 두 눈썹 시름겨워지는 것을 按曲惱雙蛾

스물한 번째 其二十一

추운 기운에 송골매가 날개를 퍼득이고[21] 肅氣翻鷹隼

21 추운……퍼득이고 : 가을이 오면 만물이 시들어 죽어가므로 가을 기운을 숙살지기

자애로운 마음으로 보리와 삼이 자라나네　　慈心長麥麻
가을 되고 공사도 마쳤으니　　秋來了公事
시골 노인 집에 가서 한번 취해 볼까나　　一醉野翁家

스물두 번째 其二十二

시골 사람이 준 것이 있는데　　野人有所獻
색이 푸른 구절포[22]라네　　九節色蒼蒼
나에게 원래 등나무 지팡이가 있는데　　吾自有藤杖
우뚝한 것이 네 길이만 하지　　亭亭如爾長

스물세 번째 其二十三

남굴[23]의 돌은 색이 없고　　南窟石無色
북벽의 모래는 소리가 있네　　北壁沙有聲
승경은 많은 말을 하지 않는 법　　勝境不多語

(肅殺之氣)라 한다. 날씨가 추워지면 응준(鷹隼)이 맹위를 떨치는데 한대(漢代) 참위서(讖緯書) 일종인 《춘추감정부(春秋感精符)》에 "서리는 살벌의 표상이다. 늦가을에 서리가 처음 내리면 매가 날개를 치니, 왕자는 하늘의 도를 따라 주벌을 행하여 숙살의 위엄을 이룬다.〔霜殺伐之表. 秋季霜始降, 鷹隼擊, 王者順天行誅, 以成肅殺之威.〕"라고 하였다. 《說郛 卷5》

22 구절포(九節蒲) : 창포의 한 치마다 아홉 개 이상의 마디가 있는 것인데, 창포 중에 이것이 가장 상품(上品)이라고 한다. 신선이 짚고 다닌다는 지팡이를 구절장이라고 하였다.

23 남굴(南窟) : 단양군 영춘면 하리에 있는 석회동굴로, 온달 장군이 성을 쌓았다는 온달성(溫達城) 밑에 있기 때문에 온달동굴이라고도 하고, 영춘남굴(永春南窟)・지산굴(地山窟)이라고도 한다.

내 깊은 뜻 생겨나는 것만을 볼 뿐이네 看吾幽意生

스물네 번째 其二十四

달이 뜨니 먼 모래섬이 환하고 月生遠渚白
구름이 걷히니 깎아지른 벼랑이 푸르네 雲盡斷崖靑
어부의 노래에는 옛 뜻이 있건만 漁歌有古意
맑기 그지없는 그 소리 누구와 함께 들을까 淸絶與誰聽

스물다섯 번째 其二十五

새벽빛 도는데도 외로이 읊조리고 있노라니 曉色猶孤詠
여종은 등잔 심지 자르는 것 고단해 하는데 靑娥倦剪燈
홀연 강에 달 뜨는 것 보여 忽看汀月出
서각에 올라 또 높이 기대네 西閣又高凭

스물여섯 번째 其二十六

소는 마을길로 익숙하게 돌아오고 牛歸村徑熟
갈매기는 강가 깊숙한 곳에서 노네 鷗戱江渚幽
이 모두가 마음에 맞는 곳이니 共是得意處
내 작은 배 타고 돌아가리라 吾還一輕舟

스물일곱 번째 其二十七

조수가 밀려오니 부들은 짧아지고 潮來荻蒲短
조수가 밀려가니 모래섬은 깊숙해지네 潮去沙坻深
어둑어둑해지니 자던 백로 일어나고 蒼蒼宿鷺起

초승달이 강복판에 떴네 微月在江心

스물여덟 번째 其二十八

송아지 몰고 가는 사람은 언덕으로 돌아가고 驅犢人歸岸
자루 맨 중은 암자로 내려가네 擔囊僧下菴
강변에는 작은 시장이 열리고 沙邊開小市
술집 깃발[24]은 푸른 이내에 젖었네 酒旗濕靑嵐

스물아홉 번째 其二十九

마음에 맞는 것은 오직 한 척의 배요 得意惟孤艇
근심 푸는 방법은 어지러이 꽂아놓은 책갈피에 있네 消憂有亂籤
이것으로 내 일이 만족스러우니 於焉吾事足
한 가지도 더하기가 어렵다네 難使一物添

서른 번째 其三十

더딘 해에 오피궤[25]에 기대 있노라니 遲日烏皮几
맑은 바람이 모시 적삼으로 불어오네 淸風白苧衫
헤아려 보건대 별다른 일 없으니 商量無別事
누각 너머엔 돛단배 몇 척이 있겠지 樓外數風帆

24 술집 깃발 : 원문의 '酒旗'는 술 파는 집에서 문 앞에 세워두는 푸른 깃발을 이른다. 두목(杜牧)의 시 〈강남춘(江南春)〉에 "천리에 꾀꼬리 울고 초록 분홍 어우러졌는데, 어촌과 산마을에는 술집 깃발이 바람에 펄럭이네.〔千里鶯啼綠映紅, 水村山郭酒旗風.〕"라는 구절이 있다.

25 오피궤(烏皮几) : 검은 양가죽으로 싸서 장식한 작은 궤(几)로, 앉아서 몸을 기댈 때 사용한다.

또 절구를 짓다

又絶句

성긴 비가 강물에 떨어지니 　踈雨落江水
백로는 몸을 절로 곧추세우고 　白鷺身自聳
북벽의 풍광 보며 가고 또 가노라니 　去去北壁色
외로운 배 여울을 오르느라 둔해지네 　孤舟上瀨重

두 번째 其二

샘은 맑아 뭇 나무들 그림자 어리고 　泉淸衆木影
산은 묵어 외로운 구름 잡힐 듯하네 　嶽老孤雲控
산택[26] 한 괘의 뜻을 　山澤一卦義
오랫동안 내 강구하지 못하였구나 　久矣吾不講

세 번째 其三

나와 백로는 한 쌍이라 　吾與鷺一雙
흰 살쩍 맑은 물에 비치네 　雪鬢照淸水
봄 그늘에 성긴 비 떨어지니 　春陰落踈雨
백로도 일어나고 나도 일어나네 　鷺起吾亦起

26 산택(山澤) : 손괘(損卦)를 말한다. 《주역》 〈손괘(損卦) 상전(象傳)〉에 "산 아래 연못이 있는 것이 손괘의 모습이니 군자가 이것을 보고 본받아 분노하는 마음을 징계하고, 욕망을 억누른다.〔山下有澤, 損, 君子以, 懲忿窒欲.〕"라고 하였다.

네 번째 其四

어느새 가을바람 이르렀는지 何日秋風至
물은 빠지고 기러기는 갈대를 물었네[27] 水落鴈啣葦
청려장[28] 강 언덕에 꽂아 놓고 靑藜植江岸
발 씻으며 배꼬리에 걸터앉네 濯足踞船尾

다섯 번째 其五

도롱이와 삿갓 양 어깨에 걸치는 일을 簑笠帖兩肩
달 뜬 언덕과 비 오는 모래톱에서 하네[29] 月岸與雨渚
미친 것 같아도 실은 미친 것이 아니니 如狂實非狂
일소에 부치게 내 그대를 알아주리니 一笑吾知汝

강가에 어부가 하나 있는데 술을 잘 마셨다. 고기를 잡으면 술을 사서, 통발이 다 비어야 그만 마셨는데 강가 사람들이 모두 그를 비웃으며 미치광이라고 하였다.

여섯 번째 其六

풍진 속에 산 지 40년 風塵四十年

27 기러기는……물었네 : 기러기가 갈대를 입에 물고 날아가는 것은 일종의 호신책(護身策)이라고 한다. 《회남자(淮南子)》 〈수무훈(修務訓)〉에 "기러기는 바람을 타서 기력을 아끼며, 갈대를 물고 날아 주살에 대비한다.〔夫鴈順風以愛氣力, 銜蘆而翔, 以備矰弋.〕"라는 내용이 보인다.

28 청려장(靑藜杖) : 명아주 줄기로 만든 지팡이를 말하는데, 흔히 은자(隱者)가 짚고 다니는 지팡이를 가리킨다.

29 도롱이와……하네 : 깜깜한 밤이든 비오는 날이든 술 먹기 위해 열심히 고기를 잡는다는 뜻이다.

기심이 있을까 늘 걱정스러웠는데 常恐機心在
우연히 강가에 나와 보니 偶出江渚上
어조의 기색은 변함이 없구나[30] 魚鳥顔不改

일곱 번째 其七

강가의 달은 본디 많은 빛깔이 있고 江月故多色
강가의 구름은 본디 많은 모습이 있네 江雲故多態
빛깔과 모습은 내가 미워하는 것이나 色態吾所憎
구름과 달에 있어서는 사랑할 만하여라 在雲月可愛

여덟 번째 其八

두 산봉우리 우뚝 마주보고 있는데 兩峯對崒岏
초목은 산불이 모조리 태워버렸네 樹草山燒盡
어떡하면 이는 가을바람 얻어 安得秋風起
한 마리 푸른 새매 되어 높이 날 수 있을까 高飛一蒼隼

아홉 번째 其九

이은[31]은 억지로 붙인 이름 吏隱是强名

30 기심이……없구나 : 기심은 세상의 득실과 이해를 계교하는 마음이다. 《장자》〈천지(天地)〉에 《장자》〈천지(天地)〉에 "기계가 있으면 기교를 부리는 일이 있게 마련이고, 그런 일이 있으면 기교 부리는 마음이 생기게 마련이다.〔有機械者必有機事, 有機事者必有機心.〕"라고 하였다. 《열자》〈황제〉에는 바닷가에서 아무런 기심(機心)도 없이 갈매기와 벗하며 친하게 지내던 사람이 부친의 부탁을 받고 갈매기를 잡으려는 마음을 갖게 되자 갈매기들이 벌써 알아채고 그 사람 가까이 날아오지 않았다는 이야기도 나오는 바, 어조의 기색이 변함없다는 것은 기심을 두지 않았음을 시사한다.

세상에 어찌 이은이 있으랴만	世豈有吏隱
하루 인신을 열지 않으니[32]	一日不開印
비로소 알겠노라 이 이름에 가까워졌음을	始信斯名近

31 이은(吏隱) : 덕과 재주를 지닌 자가 녹봉에 연연하지 않은 채 하급 관직에서 몸담고 은자처럼 사는 것을 말한다

32 인신을……않으니 : 원문의 '開印'은 관부(官府)의 인신(印信)을 문안(文案)에 찍던 일을 말한다.

변숙건[33]에게 장난삼아 주다

戱贈邊叔建

변 상사(邊上舍) 숙건(叔建)이 고을 관아에 와서 묵었기로 작은 술자리를 마련하였다. 숙건이 술이 거나해져 일어나 춤을 추기에 내가 추강월(秋江月)·봉래선(蓬萊仙) 두 기생으로 하여금 함께 마주하고 춤을 추게 하니 숙건이 매우 좋아하였다. 그런데 좌객 중에 기생 곁으로 점점 가까이 가려는 이가 있자 숙건이 곧 쫓아 버렸는데 밤이 되어서야 비로소 그가 지인(知印)[34]인 것을 깨달았다. 숙건 또한 거리낌 없이 크게 웃어 마지않았다. 나는 참으로 숙건이 호걸스런 선비임을 알았기에 그를 위해 시 한 편을 지어 조롱하고 또 화운하도록 하여 조롱에 해명하게 한다.

추강에 명월이 있으나	秋江有明月
바라볼 수만 있지 잡을 수는 없고	可望不可攀
봉래에 신선이 있으나	蓬萊有神仙
볼 수만 있지 가까이 갈 수 없네	可見不可親
변자가 돌아보고 미소를 지으니	邊子顧之笑

33 변숙건(邊叔建) : 변순(邊栒, 1699~?)으로, 본관은 원주(原州), 자는 숙건(叔建)이다. 1738년(영조14) 문과 진사시에 합격하였다.

34 지인(知印) : 고려(高麗) 시대와 조선(朝鮮) 시대에 각 관아에서 관인(官印)을 맡아 관리하던 이속(吏屬)을 말한다.

맑고 깨끗하기가 풍진을 벗어난 모습이라	瀟灑出風塵
비단 이불로 맑은 빛을 품고	錦衾抱淸光
손을 들어 영지 바퀴를 잡았네[35]	擧手接芝輪
남산으로 안주를 삼고	南山以爲肴
북해로 술통을 삼아[36]	北海以爲樽
술 얼큰해지자 혼탈무[37]를 추는데	酒酣舞渾脫
긴 소매 가을 하늘에 떨치고	長袖拂秋旻
침방울로 바람 우레 일으키니	咳唾起風雷
온갖 마귀들이 다 뒷걸음칠 지경이라	百魔皆逡廵
돌아와 남부자에게 아뢰는데	歸謁南夫子
의기는 어찌 그리 호탕한지	意氣何翩翩
남부자는 마른 나무의 모습으로	夫子枯木形
궤안에 기대 한마디 말이 없네	據梧無一言
달빛은 움켜쥘 수 없는 법이고	月色不可把
천하에 어찌 신선이 있으랴	天下寧有仙

35 비단……잡았네 : 원문의 '淸光'은 추강월(秋江月)을, '芝輪'은 봉래선(蓬萊仙)을 가리키는 말이다.

36 남산으로……삼아 : 남산과 북해는 무궁무진함을 상징하는 어휘이다. 참고로 서거정의 〈일휴가 날마다 아름다운 시편을 욕되이 보내왔으나……〔日休連日枉辱佳篇〕〉라는 시에 "북해를 가져다가는 천일주를 빚어내고 남산으로는 만년수를 일제히 드렸네.〔北海釀成千日酒, 南山齊獻萬年巵〕"라는 유사한 구절이 있다.

37 혼탈무(渾脫舞) : 당나라 때 유행했던 검무(劍舞)의 일종으로 교방(敎坊)의 기녀(妓女) 공손대랑(公孫大娘)이 짐승의 통가죽으로 만든 모자〔渾脫〕를 쓰고 추었다는 춤의 이름이다.

그대는 진짜 속의 허깨비는 알 터이나	爾知眞中幻
허깨비 속의 진짜는 어찌 알리오	寧知幻中眞
허깨비 속의 진짜를 알려고 한다면	要知幻中眞
우선 가서 그대의 몸을 수양하시게	且去齋爾身
훈채[38]를 한 달 먹지 않고	不茹葷一月
술을 삼십 일 동안 마시지 말고	不飮酒三旬
또 그대의 태도와 얼굴빛을 고쳐야만	又去爾態色
그 뒤에야 들을 수 있으리	然後乃可聞
변자가 빙그레 웃으며	邊子莞爾笑
내 손에 쥔 연꽃을 알아보고는[39]	知我手中蓮
머리 조아리고 귀의하고 싶다며	稽顙願歸依
백수 되도록 서로 버리지 말자 하네	白首不相捐

38 훈채 : 원문의 '茹葷'은 파, 부추 등의 매운 맛이 나는 채소를 먹는 것을 말하는데, 어육(魚肉) 등의 음식을 먹는 것을 가리키기도 한다.

39 내……알아보고는 : 석가가 영취산(靈鷲山)에서 설법할 때 법좌(法座)에 올라 연꽃을 들고 말없이 대중을 보았는데 아무도 여기에 응하는 이가 없었고, 마하가섭(摩訶迦葉)만이 그의 참뜻을 깨닫고 슬며시 웃었다는 이야기가 있다. 여기서도 마음을 통해 깨닫는 바가 있었음을 표현한 것이다.

8월 6일 아버님의 생신에 '군자만년개이경복'[40]을 운자로 삼아서 고시 8수를 짓다

八月六日家大人壽辰 用君子萬年介爾景福爲韻 賦得古詩八首

중추 초엿새는	秋中日之六
군자의 생신이라	君子初度云
자손들 모여 성대하고	子孫來湛湛
손님과 벗들 또한 화락하네	賓朋亦誾誾
절하고 일어나 번갈아 술잔을 올리니	拜起迭獻酬
술통 속 술 향기 그윽하고[41]	樽中酒氤氳
지라와 입술 고기[42] 자못 도마에 오르니	脾臄頗登俎
고기 굽는 냄새 타는 듯하여라	燔炙氣如焚

40 군자만년개이경복(君子萬年介爾景福) : 《시경》 〈기취(旣醉)〉에 "이미 술로써 취하고 이미 덕으로써 배부르니, 군자가 만년토록 큰 복록을 누리실 것입니다.〔旣醉以酒, 旣飽以德, 君子萬年, 介爾景福.〕"라는 구절이 있다. 음식을 대접한 주인에게 손님이 감사드리는 내용의 시이다.

41 술통……그윽하고 : 원문의 '氤氳'은 본래 음양(陰陽)의 기운이 서로 만나 화합하는 형상을 뜻했는데, 전하여 연기나 기체(氣體)의 기운이 왕성하면서도 흩어지지 않고 한 군데 서리어 있는 모양이나, 좋은 향내 따위가 한 공간에 가득 짙게 풍겨나는 모양을 뜻하게 되었다.

42 지라와 입술 고기 : 지라와 입술은 모두 사냥해서 잡은 짐승의 맛있는 부위를 말한다. 《시경(詩經)》 〈행위(行葦)〉에 "육장을 올리고, 혹은 불고기와 산적도 올리며, 좋은 안주는 지라와 입술이 있고, 혹은 노래하고 혹은 북을 치도다.〔醓醢以薦, 或燔或炙, 嘉殽脾臄, 或歌或咢.〕"라고 하였다.

대청 아래에선 풍악을 연주하고	堂下進管絃
대청 위엔 기녀들 벌여 있는데	堂上羅紅裙
잦은 춤에 북은 감당치 못하고	舞多鼓不勝
취객들은 일어나 어지러이 춤추네	醉客起紛紛
강은 텅 비고 날은 저물어가는데	江曠日氣深
오늘 저녁은 하늘에 구름 한 점 없구나	是夕天無雲
하물며 또 높은 곳에 있으면서	况復居處崇
화각에서 강가를 굽어봄에랴	畫閣臨江濆
마을 사람 다투어 와서 모이고	閭里爭來集
노인과 어린이 각각 무리를 이루네	老稚各成群
도원은 민속이 순박하고[43]	桃源民俗淳
농사 또한 부지런히 지어	稼穡亦已勤
벼와 삼은 마을 두렁까지 이어지고	禾麻接里陌
닭과 개 소리가 서로 들린다지[44]	鷄犬聲相聞
이날에 미쳐서는 농사일 접어두고	及玆農事歇
남녀가 김매기를 파하였다네	男女罷鋤耘
그래서 저녁 내내 즐기고	所以樂終夕
다른 생각은 없는 상태라	而無思慮分

43 도원은……순박하고 : 남유용의 아버지 남한기(南漢紀)가 도원군(桃源君 강원도 정선)의 군수로 있었다. 진(晉)나라 도연명(陶淵明)의 〈도화원기(桃花源記)〉에 나오는 무릉도원(武陵桃源) 고사를 연상하면서 중의적으로 쓴 표현이다.

44 닭과……들린다지 : 도연명의 〈도화원기〉에 "밭 사이의 길들이 서로 교차해서 통해 있고, 닭 우는 소리와 개 짖는 소리가 들렸다.〔阡陌交通, 雞犬相聞〕"라는 말이 나온다. 인구가 조밀하고 풍요로우며 평화로운 광경을 묘사한 것이다.

그렇지 않다면 비록 술이 있어도 不然雖有酒
어찌 기뻐하며 즐길 수 있으랴 何得樂欣欣
원컨대 술 한잔 따라서 願言酌一樽
백배[45]하며 우리 가군께 헌수해 주시기를 百拜獻吾君

두 번째 其二

중당에서 잔치가 베풀어지니 中堂旣肆筵
술과 단술 많고 맛있네 酒醴多且旨
군자께서 편히 쉬시려 하니 君子且宴息
동자가 안석을 가져다 드리는구나 童子授以几
수염과 눈썹이 멋진 객이 있어 有客鬚眉好
잔을 잡고 좌중에서 일어나 執爵座中起
돌아보며 말하네 나에게 술을 가득 주시오 顧言多酌我
내 부자를 위해 축수하려 하오 我欲壽夫子
사람이 70년을 살다보면 人生年七十
머리털과 이도 자못 빠지는 법인데 頗亦改髮齒
부자께서는 홀로 어찌 수양하셨기에 夫子獨何養
얼굴과 용모가 더욱 맑고 좋으신가 顏貌愈淸美
아마도 기거와 봉양[46]이 좋은 덕에 豈緣居養厚

45 백배 : 일헌백배(一獻百拜)의 준말로, 예를 갖추어 주객(主客) 간에 점잖게 술을 마시는 것을 말한다. 《예기(禮記)》〈악기(樂記)〉에 "선왕(先王)이 이 때문에 음주에 관한 예법을 제정하였으니, 그것은 즉 한 잔을 주고받을 때에도 손님과 주인이 서로 백 번씩 절을 하기로 하여〔一獻之禮 賓主百拜〕 종일토록 마시더라도 취하지 않도록 한 것이다."라는 말이 나온다.

족히 본분대로 사실 수 있어서가 아니겠소[47]　　盖足觀素履
부자께서는 한강 동쪽 오두막에 사실 때　　夫子洛東廬
집안이 가난하여 나물과 물조차 부족했으나　　家貧闕蔬水
벼슬살이 30년 동안　　仕宦三十年
한 점의 누도 끼치지 않으셨소　　不以一芥累
맛난 고기[48]로 입을 채우지 않고　　芻豢不充口
화려한 것들을 시야에 두지 않으셨지요　　芬華不留視
비록 고을의 수령으로 계셨으나　　雖居府伯尊
꼿꼿하기가 일개 궁한 선비였으니　　介然一窮士
내가 볼 때 송백나무가　　吾觀松栢樹
풍상 속에 홀로 서 있는 것 같았소[49]　　獨立風霜裏

46 기거와 봉양 : 원문의 '居養'은 생활 환경을 뜻하는 말이다. 맹자가 제(齊) 나라 왕의 아들을 바라보고는 "거처하는 곳이 기질을 바꾸고, 봉양을 받는 것이 체질을 변화시킨다. 그러니 그 생활 환경이 얼마나 중요하다고 하겠는가.〔居移氣, 養移體, 大哉居乎!〕"라고 말한 일이 있다. 《孟子 盡心上》

47 본분대로……아니겠소 : 원문의 '素履'는 본분대로 행함을 말한다. 《주역》 〈이괘(履卦) 초구(初九)〉에 "본분대로 해 나가면 허물이 없다.〔素履往, 無咎.〕"라고 하였다.

48 맛난 고기 : '芻豢'의 추는 초식(草食) 가축이고 환은 잡식(雜食) 가축으로 모두 맛있는 고기를 말한다. 《맹자》 〈고자 상(告子上)〉에 "이와 의가 우리의 마음을 즐겁게 하는 것은 마치 추환이 우리의 입을 즐겁게 하는 것과 같다.〔理義之悅我心, 猶芻豢之悅我口.〕"라는 말이 나온다.

49 송백나무가……같았소 : 송백은 온갖 시련 속에서도 자신의 지조를 바꾸지 않음을 상징하는 나무이다. 《논어》 〈자한(子罕)〉에 "날씨가 추워진 뒤에야 송백이 가장 늦게 시듦을 안다.〔歲寒然後, 知松柏之後雕.〕"라고 하였고, 《세설신어(世說新語)》 〈언어(言語)〉에 "갯버들의 연약한 자질은 가을이 들자마자 잎이 지고, 소나무 잣나무의 자질은 서리를 맞을수록 무성해진다.〔蒲柳之姿, 望秋而落, 松柏之質, 經霜彌茂.〕"라고 하

피든 지든 외물을 따르지 않아 榮落不隨物
수려한 빛 처음과 다를 바 없었지요 秀色方如始
물리가 진실로 이와 같으니 物理固如此
장수하고 복을 받는 것 당연하오 라고 하네 宜爾壽且祉
빈객들 모두 일어나 절을 하니 衆賓皆起拜
객의 말에 진실로 이치가 있도다 客言良有理
훌륭한 송축과 훌륭한 기도[50] 善頌又善禱
잔치의 기쁨을 도우리로다 可以助燕喜

세 번째 其三

군자께서 술잔을 비우고 君子乃卒爵
다시 술을 따라 객에게 올리시곤 復酌爲客獻
아들아 네가 축사를 지어 小子爾爲辭
객을 위해 축원을 하려무나 하시네 且爲客祝願
내가 이에 술잔을 들고 말하길 余乃揚觶言
원컨대 빈객께서는 만수무강하소서 願客壽千萬
장수하시도록 인도하고 도와주어[51] 黃耇以引翼

였다.

50 훌륭한……기도 : 춘추 시대 진(晉)나라 대부(大夫) 조무(趙武)가 저택을 준공했을 때 다른 대부들이 그 집에 가서 축하를 했는데, 손님인 장로(張老)와 주인인 조무가 덕 있는 축사와 답사를 모두 잘한〔善頌善禱〕 고사가 있다. 《禮記 檀弓下》

51 장수하시도록……도와주어 : 원문의 '黃耇'는 장수하여 얼굴빛이 언 배〔梨〕처럼 노랗게 된 노인을 가리킨다. 《시경》 〈행위(行葦)〉에 "언 배 같은 얼굴에 복어의 등을 한 노인이, 인도하고 도와주어 오래도록 장수하고 길하니, 큰 복을 더욱 크게 받도다.

신체가 날로 강건하시리이다　身體日强健
비록 달고 부드러운 음식 봉양 받지 못해도　雖無甘脆供
진지는 더 드실 수 있고　庶幾加飡飯
비록 단약 빚을 재주[52]는 없으나　雖微服食術
심각한 병은 없으실 것이며　庶幾無疾困
비록 기쁜 일은 없으나　雖無喜樂事
마음에 우환은 없으시리이다　心內無憂懣
부로가 서로 즐겁게 지내고　父老相嬉游
자손들 또한 삼가고 공손하며　兒孫且謹愿
나라에 있어서는 훌륭한 선비로 칭송되고　在邦稱善士
고을에서 또한 원망이 없으시리이다　在鄉亦無怨
이에 객이 잔을 비우고　於是客卒爵
자리에서 내려와 머리를 한번 조아리네　下席首一頓
군자께서 피식 웃으시며　君子啞然笑
너의 축사는 참으로 이치에 맞는 말이다　爾祝眞達論
분수를 편히 여기고 천명을 아니　安分且知命
우리들을 권면할 수 있으리라　可使吾曹勸

네 번째 其四

공자께서는 옛적에 효는　夫子昔言孝

〔黃耈台背, 以引以翼, 壽考維祺, 以介景福.〕"라고 하였다.

52 단약……재주 : 원문의 '服食'은 단약(丹藥)을 복용하는 도가의 양생술 가운데 하나이다.

부모를 드러내는 것이 큰 것이다[53]라 말씀하셨고	顯親爲大焉
고인이 녹으로 봉양하지 않았어도	古人不祿養
군자는 그 어짊을 칭송하였네[54]	君子稱其賢
내 어려서 이 말을 듣고	我少聞此言
몸을 어루만지며 늘 송연하였는데	撫躬恒悚然
늙어가며 도를 듣지 못하고	老大不聞道
쓸쓸히 해를 보내는구나	蕭颯送逝年
게다가 또 집안이 대대로 가난하여	況復家世貧
노친 봉양에 죽도 변변히 드리지 못하니	養老缺粥饘
당에 올라가 부모님께 절하며	上堂拜父母
말없이 마음속으로 서글펐네	默默心自憐
중년에 낮은 관직[55] 받아	中歲受一命

53 공자께서는……하셨고 : 공자가 "신체발부는 부모에게서 받은 것이니, 감히 훼상하지 않는 것이 효도의 처음이고, 입신해서 도를 행해서 후세에 이름을 날려 부모를 드러내는 것이 효도의 끝이다.〔身體髮膚, 受之父母, 不敢毁傷, 孝之始也, 立身行道, 揚名於後世, 以顯父母, 孝之終也.〕"라고 하였다.《孝經 經1章》

54 고인이……칭송하였네 : 송나라 유학자 윤돈(尹焞)의 고사로 보인다. 그는 젊어서 정이(程頤)를 사사(師事)하였는데, 일찍이 과거에 응시했을 때 책문(策問) 중에 '주원우제신의(誅元祐諸臣議)'라는 문구가 있으므로, 대책(對策)을 내지 않고 나와 버리고는 스승인 정이에게 다시는 진사시에 응시하지 않겠다고 말하였다. 정이가 어머니가 계시지 않으냐며 설득하였고, 그는 돌아가 모친에게 이 사실을 고하였는데, 모친은 "나는 네가 나를 잘 봉양할 것만 알 뿐이지, 네가 나를 녹봉으로 봉양하는 것은 모른다.〔吾知汝以善養, 不知汝以祿養.〕"라고 하였다. 정이가 그 말을 듣고 이르기를 "훌륭하도다, 모친이여.〔賢哉! 母也.〕"라고 칭송하였다. 윤돈은 끝내 종신토록 과거를 보지 않고 학문에만 전념하였다.《宋史 卷428 尹焞列傳》

55 낮은 관직 : 원문의 '一命'은 조정으로부터 임명받는 최하위의 관직을 가리키는 말

하읍에서 겨우 어슬렁대는데	下邑聊蹁躚
군자께서 도원의 군수가 되시니	君子宰桃源
강길이 서로 이어지는구나[56]	江路相緜延
관청의 사무[57] 한가하고	簿書旣淸暇
경계 또한 조용하기에	境界且靜偏
삼가 모시고 며칠 지내며	叨陪淹日月
형제들과 함께 주선을 하였네	兄弟共周旋
비록 맛난 음식 갖추어 올리지 못하나	雖乏甘旨具
즐거움이 절로 충만하니	樂意中自全
이에 시가를 지어	於焉作歌詩
하나하나 관현에 올리네	一一被管絃
그 가운데 훈계사가 있으니	中有訓誡辭
가슴에 새길 것이요 감히 잊으랴	銘佩敢忘旃
내 학문이 부지런하지 않음을 경계하시고	戒我學不勤
내 뜻이 굳지 못함을 걱정하셨네	憂我志不堅
내 노쇠하여 뜻이 날로 쇠퇴함에	吾衰志日退
선대를 욕보일까 너무도 두려운지라	瞿瞿恐忝先
깊은 한탄으로 잠들지 못하며	沉歎不能寐

로, 《주례(周禮)》 〈대종백(大宗伯)〉에 일명(一命)에서 구명(九命)까지의 관등이 나와 있다. 조선조의 경우는 종9품이다.

56 군자께서는……이어지는구나 : 당시 남유용은 영춘(永春) 현감이었고 부친 남한기는 도원(桃原) 군수로 있었다.

57 관청의 사무 : 원문의 '簿書'는 관에서 처리하던 일반 문서(文書)와 장부(帳簿)를 말한다.

〈소완편〉을 세 번 반복해 읊노라[58] 三復小宛篇

다섯 번째 其五

구름 속 새는 어찌 그리 높이 날며	雲鳥何淩厲
강가의 새는 어찌 그리 개결한가	江鳥何耿介
나는 낙생의 노래[59] 길게 부르고	我歌洛生永
그대는 혼탈무[60] 시원스레 추는데	爾舞渾脫快
노래는 술잔에 이끌려 느려지고	歌引羽觴遲
춤사위는 화려한 잔치 자리 밟으며 흐트러지네	舞蹋華筵壞
여러 빈객들 이미 취하여	衆賓皆已醉
바람에 흔들리는 소나무 같은데	靡靡風松拜

58 소완편을……읊노라 : 소완편(小宛篇)은《시경(詩經)》 소아(小雅)의 편명으로 어지러운 세상을 만나 형제간에 서로 화(禍)를 면하도록 경계하고, 그로 인해서 돌아가신 부모님을 생각하느라 날이 밝도록 잠들지 못하는 내용이 담긴 시이다. 원문의 '三復'은 삼복백규(三復白圭)로, 항상 가슴속에 명심하며 잊지 않겠다는 뜻이다.《시경》〈억(抑)〉에 "흰 옥돌 속에 있는 오점(汚點)은 그래도 깎아서 없앨 수 있지만, 말을 한 번 잘못해서 생긴 오점은 어떻게 해 볼 수가 없다.〔白圭之玷, 尙可磨也, 斯言之玷, 不可爲也.〕"라는 말이 나오는데, 공자의 제자인 남용(南容)이 매일 이 구절을 세 번씩 반복해서 외우자, 공자가 이를 훌륭하게 여겨 자신의 조카딸로 처를 삼게 했던 고사가 있다.《論語 先進》

59 낙생의 노래 : 낙하(洛下), 즉 낙양(洛陽)의 서생(書生)이 읊던 시가라는 뜻이다. 동진(東晉)의 낙양(洛陽) 서생들이 중탁(重濁)한 소리로 시문을 읊곤 하였는데, 사안(謝安)이 축농증을 앓아 그에 방불한 소리를 잘 내었으므로, 혹 그를 본뜨려고 하는 사람들이 일부러 코를 막고 소리를 내었다는 '사안낙생영(謝安洛生詠)'의 고사가 전한다.《世說新語 雅量》

60 혼탈무(渾脫舞) : 272쪽 주37 참조.

군자께서는 기쁜 모습으로 君子色愉悅
잔치 끝나도록 피곤해 하지 않으시는구나 終宴不疲憊
내 삶에 불평한 일 많아 吾生多不平
즐거움을 만나도 슬픔이 항상 이르렀는데 遇樂悲常屆
오늘은 즐거운 일 온전하여 今辰樂事全
시원스레 막히는 것이 없는지라 沛然無滯芥
온갖 번뇌에서 해탈하여 解脫諸煩惱
극락세계에서 노니는 듯하네 逍遙極樂界
남쪽 하늘에 큰 별이 떠[61] 維南有大星
기나긴 밤 이상한 빛을 발하는데 永夜發光怪
흐르는 별빛 술잔 속으로 들어오니 流光入酒樽
맑디맑기가 새로 그린 그림과 같구나 湛湛如新畫

여섯 번째 其六

우리 임금께서 만민을 통솔하실 때 吾王御萬民
그 다스림 효제로부터 시작하셨으니 其理孝弟始
잔을 올려 노모의 장수를 빌며 稱觴壽壽母
면복 입고 무릎 꿇고 절하셨네 冕服以拜跪
그 은혜 미루어 노인에게 베풀어 推恩及人老
나라 사람들을 진작시키니 風厲邦之士
소고기와 술 백성들에게 내려 牛酒及黎庶

61 남쪽……떠 : 노인의 장수를 상징하는 별, 남극성(南極星)을 가리킨다. 노인성(老人星) 또는 수성(壽星)이라고 한다.

달고 부드러운 음식을 거들게 하였네	爲爾助甘瀡
우리나라 노인 모신 집들	三韓耆耉家
은사를 입지 않은 곳 없었으니	恩賜靡不被
북궐을 향해 절하고 춤추며	拜舞向北闕
풍악 소리 마을에 울려퍼졌네	歌鐘被閭里
임금의 어짊이 이와 같으니	君仁乃如此
보답을 어찌 하여야 할까	報答欲何似
경사[62]는 그 직책을 공손히 받들고[63]	卿士靖爾位
백성들은 농사일을 부지런히 하네	庶人勤耒耜
소신이 노시[64]를 외며	小臣誦魯詩
머리 조아리며 다복[65]을 축원하니	稽首祝繁祉
태평하게 천만년이 되도록	太平千萬年

62 경사(卿士) : 육관(六官)을 총괄하는 벼슬이다. 주자(朱子)는 《시경》 〈시월지교(十月之交)〉에 주를 달아 이에 대해 설명하기를, "경사는 육경 이외에 다시 도관(都官)을 두어 육관(六官)의 일을 총괄하게 한 것이다.〔卿士, 六卿之外更爲都官, 以總六官之事也.〕"라고 하였다.

63 직책을……받들고 : 《시경》 〈소명(小明)〉에 《시경》 〈소명(小明)〉에 이르기를, "너의 직위를 공손히 하여 정직한 사람을 도와주면, 신이 너의 소원을 들어주어 복록을 너에게 주리라.〔靖共爾位, 正直是與. 神之聽之, 式穀以女.〕"라는 말이 나온다.

64 노시(魯詩) : 《시경》 노송(魯頌)의 〈비궁(閟宮)〉을 가리킨다. 새로 사당을 짓고 노나라 희공(僖公)의 공덕을 칭송한 시인데, 1장에서는 후직의 생모인 강원(姜嫄)의 덕을 노래하였고, 8장에서는 희공의 비와 어머니를 기렸는데 장수를 축원하는 대목이 많다.

65 다복 : 《시경》 〈옹(雝)〉에 "나를 편안히 하여 장수하게 하시고, 여러 가지 복을 내려 주소서.〔綏我眉壽, 介以繁祉.〕"라는 구절이 있다.

장수하여 해로움이 없게 하소서[66] 眉壽無害爾

일곱 번째 其七

내 들으니 동해상에 吾聞東海上
선인의 우물이 있다고 하지 云有仙人井
물색은 맑고 푸르며 水色湛以綠
그 깊이는 두레박질을 할 수 없을 정도라네 其深不可綆
그 가운데 열 길 연꽃[67]이 있는데 中有十丈蓮
꽃과 꽃받침 어찌 그리 빛나는지 華蕚何炳炳
선인 백양생[68]은 仙人伯陽生
그것을 먹고 세월을 붙잡아 두는데 餐之能駐景
천년토록 얼굴이 변하지 않고 千年不改顔
젊은 모습 복사꽃 살구꽃과 같다네 韶華若桃杏

66 장수하여……하소서 : 《시경》 〈비궁(閟宮)〉에 "노랑 머리와 복어 등을 하고, 장수하여 서로 쓰여져서, 그대로 하여금 창성하게 하고, 그대로 하여금 장수하게 하여, 만년을 살고 또 천년을 살아, 미수(眉壽)하여 해로움이 없게 하소서.〔黃髮台背, 壽胥與試, 俾爾昌而大, 俾爾耆而艾, 萬有千歲, 眉壽無有害.〕"라는 말이 있다.

67 열 길 연꽃 : 꽃의 직경이 열 길이나 되는 큰 연꽃으로, 진인(眞人)들이 노닐 적에는 각각 연꽃 위에 앉아 노닌다고 한다. 한유(韓愈)의 〈고의(古意)〉에 "태화봉 산꼭대기 옥정에 있는 연은, 꽃 크기가 열 길이고 뿌리는 배와 같네.〔太華峯頭玉井蓮 開花十丈藕如船〕" 하였다. 《韓昌黎集 卷3》

68 백양생(伯陽生) : 노자(老子)를 일컫기도 하고, 한나라 때 사람으로 도술(道術)을 좋아하여 장생불사한다는 단약(丹藥)을 연구하고 제자 세 사람과 같이 산중에 들어가서 단약을 구워 만들어서 신선이 되었다고 하는 《참동계(參同契)》의 저자, 위백양(魏伯陽)을 가리키기도 한다.

세상 사람들이야 어찌 볼 수 있으랴 世人那得見
구름 낀 산만 공연히 목을 빼고 바라볼 뿐 雲山空引領
가을바람 삼도[69]에 불어오고 秋風落三島
동해의 찬 물결 고요해지니 東海寒波靜
일엽편주 타고 願言駕一葉
둥둥 떠서 선경으로 들어가고 싶어라 浮游入仙境
손을 들어 옥 꽃술을 부여잡고 擧手攀瓊蘂
마름 따듯 그 꽃을 따서 採擷如藻荇
돌아와 부모님께 올리면 歸來獻爺孃
은하수처럼 영원히 장수를 누리시리 壽與天河永

여덟 번째 其八

백학은 아홉 자식을 데리고 白鶴將九子
깊은 대숲에 둥지를 틀고 사는데 寄巢在幽竹
때로 울며 서로 화답하면 有時鳴相和
맑은 소리가 빈 골짝에 울려 퍼진다네 淸響徹空谷
내 마음 외롭고 근심스러워 而我志孤悁
세상살이가 항상 홀로인 듯하였지 處世恒如獨
전원이 어찌 즐겁지 않으리오마는 田園豈不樂
여전히 또 작은 녹을 생각했네 猶復懷微祿
휴가를 청하여 부모님을 뵙노라니 乞暇省父母

69 삼도(三島) : 전설상의 신선이 산다는 봉래(蓬萊) · 방장(方丈) · 영주(瀛洲) 세 섬이다.

도원[70]은 하룻밤 거리라 桃源隔一宿
흐뭇하게 축수의 잔을 올리고 厭厭進壽觴
너울너울 색동옷 입고 춤을 추니[71] 翩翩舞彩服
영광스러운 구경 온 마을에 흡족하고 榮觀洽里閭
기쁜 마음 노복들에게까지 두루 미치네 歡情遍婢僕
무서리가 강가에 내리니 微霜落江渚
천기는 어찌 그리 맑고 차가운가 天氣何淸肅
기생을 데리고 채색 배에 올라 携妓登彩舫
아득히 구름 낀 숲을 지나는데 遙遙過雲木
하늘 높이 솟으니 술자리 통창하고 天高酒筵敞
구름 멀리 흘러가니 노랫소리 따라가네 雲遠歌聲逐
군자께서는 지나친 편안함을 경계하시어 君子戒太康
옷깃 바로 하고 맑고 온화한 얼굴빛을 하시네 正襟色淸穆
일찍이 홍범을 읽었는데 嘗讀洪範書
강녕이 오복에 들어 있었지[72] 康寧居五福
소자는 즐거움에 싫증내지 않고 小子樂無斁

70 도원 : 남유용의 아버지 남한기(南漢紀)가 군수로 있던 고을이다.

71 너울너울……추니 : 춘추 시대 초(楚)나라의 노래자(老萊子)가 효성으로 어버이를 섬겨 70세의 나이에도 항상 색동옷을 입고 어리광을 부려 부모를 기쁘게 하였다는 고사가 있다. 《小學 稽古》

72 일찍이……있었지 : 《서경(書經)》 〈홍범〉에 "이 오복을 거두어서 여러 백성들에게 복을 펴서 준다.〔斂是五福, 用敷錫厥庶民.〕"라고 하였고, 홍범구주의 아홉 번째인 오복에서는 이를 '수(壽), 부(富), 강녕(康寧), 유호덕(攸好德), 고종명(考終命)'으로 정의하였다.

거듭 남산의 축수[73]를 바치옵니다　　　　重獻南山祝

73 남산의 축수 : 만수무강을 축원하는 말로 《시경》 〈천보(天保)〉에 "당신은 둥그렇게 되어가는 초생달 같고, 막 떠오르는 태양 같으며, 영원한 남산과 같아서, 이지러지지도 무너지지도 않으며, 무성한 송백과 같아서, 당신을 계승하지 않는 것이 없도다.〔如月之恒, 如日之升, 如南山之壽, 不騫不崩, 如松柏之茂, 無不爾或承.〕"라고 한 데서 온 말이다.

8월 기망에 배를 북벽에 띄우고 농암의 〈박연〉 시의 운[74]을 차용하여 짓다

八月旣望 泛舟北壁 用農巖朴淵韻

돌빛은 생기 있는 것을 귀히 여기니	石色貴生活
생기가 있는 것은 푸르고 검다네	活者蒼以黛
북벽의 돌은 삼천 길 되어도	壁三千仞
빼어난 빛 부스러지지 않고	秀色不破碎
홀연 솟아 강가에 서 있어	驟起立江干
광활한 푸른 하늘이 덮였네	覆以青天大
산봉우리 높아졌다 낮아졌다 해도	峯嶺遞高下
별들은 막힘없이 지나고	星宿得無礙
흰 구름은 종일 노닐지만	白雲終日游
범위 안에서 벗어나지 않네	不出範圍內
물새는 높이 날기를 좋아해서	江鳥喜高飛
당돌하게 안개를 뚫고 가다	唐突透煙靄
이곳에 이르면 늘 빙빙 돌다	到此每回翔
끼룩끼룩 소나무로 내려 앉네	磔磔墮松檜
내 보고 일어나 경배하고픈 마음에	我見欲起拜
조용히 의대를 정돈하네	悄然整襟帶

74 박연 시의 운 : 농암이 〈박연(朴淵)〉에 이어 지은 〈또 짓다〔又賦〕〉라는 시에서 차운하였다. 《農巖集 卷6》

가운데 봉우리 가장 우뚝 빼어나	中峯最奇拔
뛰어난 기운이 여울을 압도하는데	英氣壓湍瀨
어디서 왔는지 화산의 새매는	何來華嶽隼
맑은 가을날 날개를 곧추세우네[75]	矯翼淸秋外
동쪽 바위는 크게 웅크리고 있어	東巖太蹲蹋
기괴한 형상을 가늠할 수 없고	怪狀不可槩
생동하는 일백나한[76]은	冉冉百羅漢
손 모아 잡은 모습 각각 다른 자태로구나	拱揖各異態
남쪽 동굴은 빛이 나고 푸르러서	南硐砑以青
유독 귀신을 만날 것 같은데	獨與鬼神會
여기에서 소리 높여 휘파람 부니	於焉嘯歌高
획획 하며 응대가 있는 듯하네	劃劃有應對
밤 깊고 달 벌써 높이 뜨니	夜闌月已高
배 뜸 밑으로 바람 소리 모이는데	蓬底集虛籟
신선들을 혹시 만날 수 있을까	群仙倘可遇
한잔 술 부어볼까나	一杯吾將酹
작은 배를 타고 여러 번 도니	小舟屢回旋
아름다운 경관이 빠르게 갈마드는데	瓌觀劇遞代
깎아지른 벼랑이 곁으로 다가와	崩崖來偪側

75 가운데……곧추세우네 : 북벽의 가장 높은 봉우리를 청명봉(青冥峰)이라고 하는데 마치 매가 막 날아오르는 형상을 하고 있어 응암(鷹岩)이라고도 불린다.

76 일백나한 : 존경과 공양을 받을 만한 500명의 불교 성자(聖者)를 오백나한이라고 하는데, 아라한과(阿羅漢果)를 깨달아 얻은 이들이라 한다. 북벽에 솟아 있는 바위를 비유한 것으로 보인다.

쟁그랑 내 패옥을 치니 鏗然戛吾珮
취해 일어나 푸른 이끼를 긁어내고 醉起剜碧苔
큰 붓으로 우리들 이름을 적네 大筆記吾輩

장차 배를 타고 백옥과 구담[77]에서 만나기로 한 약속에 맞추어 나가려고 했으나, 정작 물이 얕은 것이 걱정이었는데, 오늘 새벽에 계곡물이 크게 밀려와서 작은 배가 이미 강으로 떠내려갔다고 하므로 매우 기뻐 시를 짓다

將以舟楫赴伯玉龜潭之期 正愁水淺 今曉峽水大至 小舟已流下江中矣 喜甚成詩

상유[78]에 어느 정도 비가 내려	多少上游雨
강물이 드디어 이렇게 불었으니	江水遂如此
하늘이 맑은데 갑자기 물이 이른 것 의아하고	天晴訝驟至
땅이 드넓은데 멀리까지 미친 것 놀라워라	地豁駭遠被
작은 배가 움직이는 것 막을 수 없으니	小舟動不禁
가슴 속에 만 리의 뜻을 품었음이라	中含萬里意
나의 흥 산처럼 용솟음쳐	我興湧如山
맹분과 하육[79]이 잡아끌어도 멈추지 못할 터	賁育挽不止

77 구담(龜潭) : 단양 명승지의 하나이다. 기암절벽의 바위 형태가 거북을 닮았다는 구봉(龜峰)의 주위를 에워싼 못으로, 물속에 비친 바위가 거북무늬를 띠고 있다 하여 붙여진 이름이다.

78 상류 : 원문의 '上游'는 상류(上流)와 같은 말로, 남한강 상류인 단양 지역을 가리킨다.

79 맹분과 하육 : 맹분(孟賁)은 전국시대 제(齊)나라의 용사이고 하육(夏育)은 주(周)나라의 역사(力士)이다. 맹분은 맨손으로 쇠뿔을 뽑았고, 하육은 천균(千鈞)의 무게를 들어 올렸다고 한다.

백구야 가볍게 굴지 말고	白鷗莫輕薄
나를 기다려 함께 가자꾸나	遲我與俱起

삼연의 시운[80]을 써서 함께 노닐던 이들에게 보이다
示同遊用三淵韻

8월 19일 월곡(月谷 오원)이 서신을 부쳐와 24일에 구담(龜潭)에서 술자리를 마련하기로 약속하였다. 그리하여 23일에 문원(文遠)[81] · 자유(子游)[82] 및 유생(兪生)[83]과 함께 배를 띄워 단구(丹丘)로 내려와 밤에 도담(島潭)[84]에서 자고 이튿날 노를 저어 장회 심씨(長淮沈氏)의 마을[85]에 이르니 월곡은 이미 와서 기다리고 있었고 친구인 오숙보(吳叔寶)박(璞)[86]아 월곡의 아우 영숙(瑩叔),[87] 오 찰방(吳察訪) 무(珷)[88]가

80 삼연의 시운 : 삼연(三淵)은 김창흡(金昌翕)의 호이다. 원시는《삼연집(三淵集)》권(卷)8에 있는 〈산으로 돌아와 부질없이 읊어 함께 지내고 있던 벗들에게 보여주다.〔還山漫詠 示同棲諸益〕〉이다.

81 문원(文遠) : 이덕홍(李德弘)으로 본관은 완산(完山), 호는 졸옹(拙翁), 남유용의 매서(妹婿)이다.

82 자유(子游) : 남유용의 서종숙(庶從叔) 남한륜(南漢綸)이다.

83 유생(兪生) : 남유용의 처남 가운데 한 사람이거나 그 아들로 추정된다.

84 도담(島潭) : 충청도 단양군(丹陽郡) 북쪽 24리에 있는데, 세 바위가 물 가운데 우뚝 솟아 있어 도담삼봉(島潭三峯)이라 불리는 곳이다.《新增東國輿地勝覽 卷14 忠淸道 丹陽郡》

85 장회 심씨(長淮沈氏)의 마을 : 심씨는 단양 장회리에 살던 심경(沈璥)을 말한다. 심경의 자는 여휘(汝輝)로 장회(長淮) 심씨정(沈氏亭)의 창건자이기도 하다. 성해응의《연경재전집(硏經齋全集)》권50 〈충청도의 산수를 기록하다〔記湖中山水〕〉에 "장회 마을은 구담의 곁에 있는데 심씨가 거기에 살았다. 퇴계선생의 기문에 이르기를 '골짜기가 넓고 산이 깊어서 살고 농사짓기에 좋아 은거하고 소요하는 곳으로 삼았다.'하였으니 곧 이곳이다."라는 내용이 있다.

함께 있었다. 5백 리 밖에서 약속을 하고 날을 정해 기약을 하였는데 서로 어긋나지 않음이 이와 같으니 어찌 신통하지 않은가? 마음속 생각을 쏟아낸 다음 각각 고시 한 편씩을 지었다.[89]

백사장에 사람이 해오라기처럼 있는 것을	沙上人如鷺
배 속에서 나는 벌써 보았는데	舟中吾已見
내 벗이 온 것이 아닌가 싶었으나	莫是我友至
너무도 멀어 얼굴을 알아보진 못하였네	遙遙不識面
노를 재촉하여 점점 서로 가까이 가니	催棹稍相近
희색이 미간에 퍼지고	喜色眉間遍
강산은 우리들을 만나	江山得吾輩
경물이 고운 빛을 더하네	雲物增爛絢
고색창연한 오래된 벽의 모습	蒼然古壁色
덧없는 세상 따라 변하지 않았고	不與浮世變

86 오숙보(吳叔寶) : 오원의 재종형(再從兄) 오박(吳璞)이다. 《노주집(老洲集)》 권(卷)17에 있는 〈우봉처사 오공 묘갈명(盂峯處士吳公墓碣銘)〉에 의하면 오박(吳璞)의 자(字)는 국보(國寶)이다. 착오가 있었던 것으로 보인다.

87 영숙(瑩叔) : 오원의 아우인 오관(吳瓘)이다.

88 오 찰방(吳察訪) 무(珷) : 오무(吳珷)로, 오원의 서제(庶弟)이다.

89 8월……지었다 : 오원은 이때 일을 〈덕재에게 편지를 부쳐서 구담을 유람하기로 약속하고는 배를 띄워 골짜기로 들어왔는데 7일만에 단구의 심씨 마을에 이르렀더니 덕재가 이미 와서 기다리고 있었다. 정담 나누며 술 한잔 기울이고 나서 삼연의 〈산으로 돌아와 동지들에게 보여주다〉 시에 함께 차운하다〔寄書德哉約遊龜潭 仍浮舟入峽 七日而至丹丘沈氏村 德哉已來待矣 傾瀉之餘 同次三淵還山示同志韻〕〉라는 시로 적었다. 덕재는 남유용이다. 도착 시기 등 내용에 다소 차이가 있다.

의기를 서로 저버리지 않아	意氣不相負
우리의 볼거리를 충족시켜 주네	亦足充吾眄
저녁이 되자 또 등불을 갖고	向夕更携燈
적적하게 산속 깊은 집에서 밤을 보내는데	寥寥宿深院
가을 하늘은 쓸쓸해지려 하고	秋天欲泬寥
슬피 울며 기러기 너울너울 날아가네	悲鳴鴻片片
괴롭고 근심스러운 일 모두 몇 가지런가	憂愁凡幾端
한바탕 웃음으로 떠나보낼 수 있는 것을	一笑可相遣
어이하면 반달을 얻어	焉得半輪月
환하게 봉우리 위를 비추게 할 수 있을까	皎皎峯頭現
정신이 맑아 잠들지 못하고	神淸不成眠
밤이 깊도록 여전히 뒤척이다	夜闌猶輾轉
술을 불러 다시 진창 취하려니[90]	呼酒復一中
시골 밥상에 송이버섯 올라오는구나	野盤松蕈薦
멋진 유람 기록하지 않을 수 있으랴	勝遊可無記
붓 휘두르는 일 절로 싫증나지 않네	揮毫自不倦

90 진창 취하려니 : 원문의 '一中'은 한번 술에 맞았다는 것, 곧 술에 잔뜩 취하는 것을 말한다. 삼국(三國) 시대 위(魏)나라 상서랑(尙書郎) 서막(徐邈)이 몹시 술을 좋아한 나머지, 금주령이 내렸음에도 불구하고 일찍이 사적으로 술을 마시고 잔뜩 취하여, 교위(校尉) 조달(趙達)이 가서 조사(曹事)를 묻자, 서막이 말하기를, "내가 성인에게 맞았다.〔中聖人〕"라고 했던 데서 온 말이다. 소동파(蘇東坡)의 시 〈태수 서군유와 통수 맹형지가 모두 술을 마시지 못하기에 시를 지어 놀리다〔太守徐君猷通守孟亨之皆不飮酒以詩戲之〕〉가운데 '신은 지금 다시 한번 맞추었습니다.〔臣今時復一中之〕'라는 구절이 있다. 《東坡詩集註 卷21 》

구담에서 〈병천〉[91]시의 운을 쓰다

龜潭 用甁泉韻

가을 구름은 어찌 그리 높고	秋雲一何高
가을 물은 어찌 그리 깨끗한가	秋水一何潔
내가 그 사이에 끼어있으니	以吾參其間
환하게 속이 다 맑아지네	瑩然肝脾澈
물고기와 새도 나를 알아보는지	魚鳥亦知吾
날고 뛰어오르며 함께 기뻐하는구나	飛躍俱可悅
구담봉은 너무도 가파르게 솟아	龜屛太戍削
하늘과 맞닿아 구멍 하나 틈도 없네	粘天無洞穴
열 개의 눈[92]이 모두 너에게 집중되는데	十目皆屬汝
늘어선 봉우리들 헤아릴 수 없구나	不數衆峯列
무서리는 강가에 떨어지고	微霜落江渚
단풍나무 전나무는 어지러이 비단에 수를 놓네	楓栝紛繡纈
그리워라 산택에 살겠다는 뜻	懷哉山澤意
오래되었도다 백구와 놀겠다는 맹세[93]	久矣鷗盟結

91 병천 : 《삼연집(三淵集)》 권7에 있는 〈병천(甁泉)〉 시를 일컫는다. 함께 갔던 오원도 같은 제목으로 시를 지었다.

92 열 개의 눈 : 함께 간 사람이 다섯 사람이기 때문에 이른 말이다.

93 백구와……맹세 : 자연에 은거하겠다는 결심을 뜻한다. 송(宋)나라 육유(陸游)의 〈숙흥(夙興)〉 시에 "학의 원망은 누굴 의지해 풀거나, 백구와의 맹세 이미 식었을까 염려되네.〔鶴怨憑誰解? 鷗盟恐已寒.〕" 하였다.

방황하다 오늘날에 이르고 보니 彷徨遂至今
양쪽 살쩍만 희끗희끗하구나 蕭踈兩鬢雪
용맹스레 일어나 하나도 연연함 없이 勇起無一戀
어떡하면 너처럼 결연할 수 있을까 安得如爾決
월곡자를 돌아보고 웃으며 顧笑月谷子
그대와 함께 약속을 이루려 하였다 하네 與子欲成說
강산이 일천 년 지나는 동안 江山一千年
영웅호걸은 몇 명이나 거쳐갔는가 英豪幾箇閱
나직이 읊조리고 길게 탄식하노라니 沉吟發永嘅
기나긴 밤 촛불이 꺼지지 않네 遙夜燭不滅

중선암[94]에서 〈용화〉 시[95]의 운을 차용하여 짓다
中仙巖 用龍華韻

노를 놓아두고 산길을 걸어가니 舍棹涉山徑
단풍나무 저 너머에서 말이 우네 馬鳴楓樹外
숲에 걸린 도톨밤은 조그맣고 懸林橡栗細
개울로 달려가는 날다람쥐 크기도 하구나 走澗鼯鼯大
서리 쌓여 돌은 더욱 깨끗하고 霜高石愈潔
푸른 물결 서로 어리비치는데 碧流互暎帶
세 개의 선암[96] 다들 절승하지만 三巖固多勝
고요하고 그윽하기로는 중선암이 최고라 幽窅中巖最
노니는 사람들 분분히 일어났다 앉았다 하며 遊人紛起居
취한 얼굴로 떨어지는 물을 등지고 醉面落水背
술잔을 번갈아 주고받으니 杯酌迭往來
흐르러진 그 모습 새로 그린 그림과 같구나 歷亂如新繪
학은 참으로 멀리 떠나가 水鶴太超忽

94 중선암 : 단양 팔경의 하나이다. 단양 남쪽의 소백산맥에서 내려오는 남한강을 따라 약 10km 거리에 있는데, 삼선구곡(三仙九曲)의 중심지로, 흰색의 바위가 층층대를 이루고 있다.

95 용화 시 : 《삼연집(三淵集)》 권7에 있는 〈용화 들녘에서 속리를 바라보다〔龍華野望俗離〕〉 시이다.

96 세 개의 선암 : 단양팔경 중에 제6경 하선암(下仙巖), 제7경 중선암(中仙巖), 제8경 상선암(上仙巖)을 일컫는다.

높이 날다 저녁 안개 속으로 들어가는데	高飛透暝靄
나도 일어나 그와 같이	我興與之俱
사뿐히 날아 티끌세계를 벗어났으면	泠然脫埃壒
오늘 저녁은 산 북쪽 절에서	今宵岳北寺
거문고 안고 구름 덮인 회나무 숲에서 묵을 터이나	携琴宿雲檜
즐거운 곳에선 오래 머무를 수 없는 것	樂處不久稽
이 의미를 의당 묵묵히 깨달아야 하리	此意當冥會

상선암[97]에서 〈적멸사〉[98] 시의 운을 쓰다

上仙巖 用寂滅寺韻

가을 샘물 소리 슬픔을 쉬 돋우고	秋泉響易哀
서리 이슬은 높은 나무숲을 씻어주는데	霜露灑高林
나의 흥은 구름 밖에 있어	我興在雲表
선암이 고즈넉한 것은 미처 헤아리지 못하였네	未道仙巖深
내 전에 여기에 와서	而我昔來此
짚신 신고 험준한 곳에 올랐지	芒鞋履崟嶔
술잔 띄우고 하얀 여울을 굽어보며	流觴俯素湍
시를 지어 푸른 벼랑에 새겼고	題詩剜翠岑
저 멀리 승방에서 묵을 제	迢迢宿僧室
사그라져가는 경쇠 소리에 달은 지지 않았네	殘磬月未沉
오늘 오니 머리는 세었는데	今來鬚髮改
옛날 가졌던 마음은 그대로라	未改惟夙心
지팡이 짚고 붉은 노을을 바라보노라니	拄策眄霞標
곳곳마다 올라 굽어보던 일 생각나네	處處憶登臨
긴 노래로 원유를 그리워하건만	長歌懷遠遊

97 상선암(上仙巖) : 단양팔경의 하나로 기암괴석과 옥계수가 어우러진 절경이다. 삼선구곡의 상류에 위치하고 있다.

98 적멸사 : 김창흡이 지은 〈적멸사(寂滅寺)〉 시를 의미한다. 《삼연집(三淵集)》 권7에 있다.

가을 기운은 어찌 그리도 스산한지	秋氣何蕭森
고요한 바윗길 쓸쓸하게 저물려 하고	巖徑肅將晦
그윽한 골짝에는 새들이 모여 우는데	幽澗集鳴禽
주저하며 오랫동안 돌아가지 못하다	躕躇久未返
애오라지 초은사[99]를 읊조리네	聊爲招隱吟

99 초은사(招隱士) : 한나라 때 회남왕(淮南王) 유안(劉安)이 문사(文士)들을 모아 사부(辭賦)를 짓게 하고는 이들을 대산(大山)과 소산, 두 부류로 나누었는데, 이 중 소산에 속하는 문사가 지은 〈초은사〉에 "계수나무 숲 우거져 산이 그윽하니, 구불텅 뻗은 줄기 가지 서로 얽혔어라.〔桂樹叢生兮山之幽, 偃蹇連蜷兮枝相繚.〕"라고 하여 산중의 풍경을 잘 묘사하였다. 원래 이 시는 산속에서 나오라는 뜻을 담고 있었는데, 후에는 은거를 지향하는 의미로 쓰였다.

사인암[100] 서당[101]에서 〈시골 백성의 집에서 묵으며〉[102]의 시운을 쓰다

舍人巖書堂 用宿村氓家韻

새벽빛 산골 집에 들고　　曉色入澗戶
푸른 산에서 물방아소리 들리는데　　青山響水杵
서리 쌓여 나무들은 눈부시게 빛나고　　霜高樹輝輝
못은 텅 비어 달빛이 곳곳을 비추네　　潭虛月處處
깊이 묻혀 살면서 정신과 노니니[103]　　沉冥與神游

100 사인암 : 단양(丹陽) 8경 중 제4경으로 불리는 명승지이다. 고려말의 학자 우탁(禹倬, 1263~1342)의 관직이 사인(舍人)일 때 고향인 이곳에서 소요하면서 후학을 양성하였다고 한다.

101 서당 : 사인암에 있던 개황정(開荒亭)을 말하는 것으로 보인다. 오원의 〈청협일기(淸峽日記)〉에 보면 "사람을 만나 문득 사인암을 물어 가다가 푸른 절벽 흰 바위가 기이하고 깨끗한 느낌을 더하였고, 더 가다 보니 한 고을에 이르렀는데 개황이라고 편액을 단 자못 크고 높은 정자가 있었으니 곧 군의 서당이었다."는 기록이 있고, 임수간(任守幹)이 쓴 〈개황정기(開荒亭記)〉에는 "호좌에서 산수가 아름답다고 일컬어지는 곳이 4군이 있는데 사군 가운데서도 가장 최고로 치는 곳이 단양군이다.……그 가운데 가장 뛰어난 곳이 사인암이다…….계곡의 북쪽에 평평하면서도 면적이 수이랑 되는 곳이 있는데 옛날부터 서당 터라고 일컬어졌고, 혹자는 고인이 일찍이 여기에 정사를 지어 제생들이 독서하는 곳으로 삼았다고 하는데 어느 때에 있었는지는 알 수 없어서 지금 고찰할 수 없다."라는 기록도 있다. 《月谷集 권9》《遯窩遺稿 卷3》

102 시골……묵으며 : 《삼연집(三淵集) 권7에 있는 〈마을 백성 노천경의 집에 묵으며〔宿村氓盧千景家〕〉 시를 말한다. 김창협은 시에서 이 집을 무릉도원의 이미지로 묘사하였다.

자연의 소리[104] 담소 소리와 섞이고　天籟雜笑語
시내와 산 탁 트이고 맑으니　溪山曠以淸
한가로이 지낼 마땅한 곳을 얻었구나　偃仰爰得所
하조장인 간 지 이미 오래되었으니　荷篠逝已遠
객이 온들 누가 기장밥을 해주랴[105]　客至誰爲黍
크게 노래 부르며 은사를 생각하는데　狂歌懷隱士
서리와 이슬이 하늘의 질서를 엄숙히 보여주네　霜露肅天序
아침 햇살에 원숭이와 학이 깨니　朝暉起猿鶴
말 타고 내 떠나야 하겠으나　騎馬吾當去
머리 돌려 옛 벽을 그리워하는 것은　回首戀古壁
푸른 벼랑에 나와 그대가 있기 때문이라　蒼峭吾與汝
남아가 한평생 사는 동안　男兒百年內
유랑의 자취 얼마나 될까　浪跡知何許
훗날 혹 다시 찾아오면　他年倘再訪
담쟁이넝쿨 길[106] 막혀있지 않기를　蘿徑幸無阻

103 정신과……노니니 : 원문의 '神游'는 《열자(列子)》 〈황제(黃帝)〉에 보이는 말로, 형체(形體)는 움직이지 않고 심신(心神)만이 먼 곳을 향해 가서 노니는 것을 말한다.

104 자연의 소리 : 《장자》 〈제물론(齊物論)〉에 "그대는 사람의 소리를 들으나 땅의 소리를 듣지 못하고, 그대는 땅의 소리를 들으나 자연의 소리를 듣지 못했구나!〔女聞人籟而未聞地籟, 女聞地籟而未聞天籟夫!〕"라는 말이 있다.

105 하조장인……해주랴 : 하조장인(荷蓧丈人)은 지팡이에 대바구니를 꿰어 어깨에 멘 사람이라는 뜻으로 《논어(論語)》 〈미자(微子)〉에 공자 제자인 자로(子路)가 만난 노인으로 등장한다. 자로를 집으로 데리고 가 재워주면서 닭을 잡고 기장밥을 지어 대접하였다고 한다.

106 담쟁이넝쿨 길 : 친구를 기다리는 등나무 우거진 길목을 나경지후(蘿徑之候)라

고 한다. 맹호연(孟浩然)이 쓴 〈업 스님의 산방에서 묵으며 정대를 기다렸으나 오지 않다〔宿業師山房待丁大不至〕〉 시에 "그대 어제 온다 하더니 외로이 거문고 안고 나경에서 기다리네.〔之子期宿來, 孤琴候蘿徑.〕"라는 구절이 있다.

다시 기포에 이르러 배를 타고 도담으로 올라가서 〈월탄〉[107] 시의 운을 쓰다

還至圻浦 乘舟泝上島潭 用月灘韻

세 개의 섬[108]이 흰 구름 속에 솟아 있는데	三島出白雲
사람과의 거리가 다만 몇 척이라	去人只數尺
어부의 눈 매무새 담박하니	漁父瞳眉澹
신선이 아닌 줄 어찌 알리오	安知非羽客
가을바람은 모래톱에 불고	秋風在洲渚
아스라한 갈대숲에 저녁이 오는데	渺渺蒹葭夕
외로운 배 서리 내린 벼랑에 대놓고	孤舟倚霜崖
내려와 기러기 발자국을 보네	下見鴻鴈跡
바람과 물 어우러져 환괘가 문장을 이루었으니[109]	風水渙成文
어디를 간들 나의 역리가 아니랴	何往非吾易
그대의 얼굴 벌써 늙었고	君顔已蒼老
내 얼마 남지 않은 머리털 세었으나	我髮數莖白

107 월탄 : 김창흡의 《삼연집(三淵集)》 권7에 있는 〈월탄(月灘)〉이다.

108 세……섬 : 도담은 세 개의 기암이 봉우리 주위를 에워싸고 있기 때문에 도담삼봉이라 부른다.

109 바람과……이루었으니 : 주역의 64괘의 하나인 환괘(渙卦)는 바람이 물 위에 행함을 상징하는 풍수환(風水渙)의 괘이다. 바람이 불어, 물 위를 덮고 있는 모든 더러운 것을 씻어내는 것으로 지금까지의 모든 고난이 사라지고 만사가 형통한다는 의미가 있지만 반대로 좋은 것이 흩어진다는 해석도 가능하다.

늘그막에 마음은 더욱 맑아지고 넓어지니	垂老益淸曠
뜬세상 좁은 줄 알지 못하겠네	不知浮世窄
가슴 속 회포 자유를 얻었으니[110]	胸懷得天放
만물의 조화가 모두 나의 뜻대로인 것을	萬化皆吾適
동장에 또한 어찌 얽매이랴	銅章亦何累
옛날에 도팽택이 있었다네[111]	古有陶彭澤

110 자유를 얻었으니 : 원문의 '天放'은 아무런 구속이 없는 상태를 의미한다. 《장자(莊子)》 〈마제(馬蹄)〉에 "자연과 혼연일체가 되어 한쪽에 치우친 삶을 살아가지 않는 것을 일컬어 천방이라 한다.〔一而不黨, 命曰天放.〕"라고 하였다.

111 동장에……있었다네 : 도연명이 일찍이 팽택 영(彭澤令)이 된 지 겨우 80여 일이 되었을 때, 마침 군(郡)의 독우(督郵)가 순시를 나오게 되어 현리가 도연명에게 의관을 갖추고 독우를 뵈어야 한다고 하자, 탄식하며 "내가 오두미의 하찮은 녹봉 때문에 향리의 소인에게 허리를 꺾을 수는 없다."고 말하고는, 즉시 인끈을 풀어 던지고 〈귀거래사(歸去來辭)〉를 읊으며 고향인 율리(栗里)로 돌아간 고사가 있다《晉書 卷94 陶潛列傳》 동장(銅章)은 동(銅)으로 만든 관인(官印)으로, 군현(郡縣)을 맡은 지방관을 상징한다.

작은 배를 띄우고 남굴[112]로 들어가 읍취헌의 〈관음굴〉[113] 시 운을 쓰다

浮小舟入南窟 用挹翠軒觀音窟韻

군자는 평탄하고 드넓은 것을 좋아하나	君子樂夷曠
그윽한 경지도 마다하지 않고	亦不廢奧境
천 길 되는 큰 나무에서	大木一千尋
장인은 간혹 옹두리를 취한다네	匠者或取癭
남굴은 비록 기궤하나	南窟雖奇詭
의기는 도리어 준정하고	意氣却峻整
겹겹의 바위 너무도 삼엄하여	重巖太肅森
대낮에도 햇볕이 스며들지 않네	白日不漏影
다투어 일어나는 것은 성난 교룡이 싸우는 듯	競起怒蛟鬪
재빨리 내달리는 것은 목마른 말이 달리는 듯	決驟渴馬騁
용맹한 사람은 웅대한 포부를 드러내고	勇士發壯圖

112 남굴(南窟) : 단양군 영춘면 하리에 있는 석회동굴로, 온달 장군이 성을 쌓았다는 온달성(溫達城) 밑에 있기 때문에 온달동굴이라고도 하고, 영춘남굴(永春南窟)·지산굴(地山窟)이라고도 한다.

113 읍취헌의 관음굴 : 읍취헌은 박은(朴誾, 1479~1504)으로, 본관은 고령(高靈), 자는 중열(仲說), 호는 읍취헌이다. 홍문관에 있으면서 20세의 약관으로 유자광(柳子光)을 탄핵하다가 파직되자 자연에 묻혀 술과 시로써 세월을 보냈고, 갑자사화로 동래로 유배되었다가 다시 투옥되어 처형되었다. 원시는 〈관음굴에서 묵으며〔宿觀音窟〕〉이다. 《읍취헌유고(挹翠軒遺稿)》 권2에 있다.

나약한 사내는 목을 움츠리기 급급하네	懦夫爭縮頸
조물주가 심히 장난을 쳐서	化翁劇簸弄
기이한 변화 순식간에 생기는데	奇變生俄頃
못 물은 그 색을 알 수가 없고	潭水不知色
서늘한 바람에 옷과 건이 차가워지네	颯颯衣巾冷
수백 걸음 늘어선 횃불들	列炬數百步
흔들흔들 거룻배를 인도하고	搖搖引舴艋
웃고 떠드는 소리 큰 종소리 내는 것 같으니	笑語出洪鐘
도깨비가 어찌 감히 마음대로 하랴	魑魅詎敢逞
동표[114]에서 노를 돌리니	回棹自銅標
숲 속에서 빛이 반짝 보이고	稍見林暉耿
험한 곳 지나 평탄한 길을 만나니	歷險得平途
서로 돌아보며 깊은 성찰을 하게 되네	相顧發深省

114 동표(銅標) : 경계를 표시하기 위해 구리쇠로 만든 기둥이다. 《후한서(後漢書)》 권24 〈마원열전(馬援列傳)〉에 "마원이 교남(嶠南)을 모두 평정하고 교지(交趾)에 도착하여 동주(銅柱)를 세워서 한나라와 남방 외국의 경계 표지로 삼았다."라고 하였다.

남굴을 나와 곧바로 북벽에 이르러 〈지족암〉[115] 시에 차운하다

出南窟徑至北壁 用知足庵韻

남굴을 나와서 막 먼 곳을 바라보니 出峒始遠眺
강산엔 아직 해가 저물지 않아 江山餘日勢
곧장 북벽으로 배를 타고 나아가니 徑趁北壁舟
맑은 흥취 끝없이 호연하구나 淸興浩無際
깎아지른 암벽은 가을 기운이 깊고 崖峀厲高秋
서리와 이슬은 나쁜 기운을 씻어주는데 霜露滌氛曀
싸늘한 기운[116] 갈매기들을 엄습하니 灝氣襲群鷗
빙빙 돌다 끼룩대며 갯벌에서 일어나네 翔鳴起浦澨
응봉[117]은 너무도 영묘하여 鷹峯太英妙
올려보자니 상투가 떨어질 것 같고 仰視欲墮髻
옥순[118]을 그대는 보았는가 玉笋君見否

115 지족암(知足庵) 시 : 박은(朴誾)의 〈지족암(知足庵)〉 시이다. 《읍취헌유고(挹翠軒遺稿)》 제1권에 있다.

116 싸늘한 기운 : 원문의 '灝氣'는, 천지 사이에 가득 찬 정대(正大)하고 강직(剛直)한 기운을 말하는데 여기서는 가을 기운을 의미한다.

117 응봉 : 단양 청명봉(靑冥峰)을 말한다. 북벽의 가장 높은 봉우리인데 마치 매가 막 날아오르는 형상을 하고 있어 응암(鷹岩)이라고 불렸다.

118 옥순 : 옥순봉이다. 단양팔경의 하나로 네댓 개의 석봉(石峯)으로 이루어져 있는데 이 봉우리들이 마치 옥순(玉筍)처럼 치솟아 있다고 하여 붙은 이름이다.

응봉과 함께 노위[119]라 할 만하네　　與此可魯衛
어떻게 하면 천 길 폭포를 얻어　　安得千尋瀑
눈 같은 포말로 벽려[120]를 씻을까　　雪沫灑薜荔
거꾸로 매달아 푸른 하늘 너머로 내리쏟게 하면　　倒射碧空外
막힘없이 곧바로 떨어질 텐데　　直下無拘滯
또 어떻게 하면 장송을 얻어　　又何得長松
백 길 높은 곳에 뿌리를 내리게 할까　　百仞托根柢
가지가 강물을 뒤덮어　　枝條覆江水
배 속에서 그늘을 얻을 수 있을 텐데　　舟中得蔭翳
내 벗이 한양에서 왔는데　　吾友洛陽來
예전에 소나무 계수나무 숲에서 살자 약속했지　　夙期在松桂
한바탕 웃음으로 내 말에 찬동하였으니　　一笑贊吾言
내가 흥을 주체 못할 것을 알았던 게지　　知我興不制
웅장한 문사 그대는 멈추지 마시게나　　雄詞爾莫停
일천 구절이 번득이는 게송 같으니　　千句如翻偈
내 비록 술은 못 마셔도　　吾雖不飮酒
지금 세상을 놀래키기에는 충분하다네　　亦足驚今世
붓을 적셔 큰 글자를 쓰고　　濡筆寫大字

119 노위(魯衛) : 노(魯)나라는 주공(周公)의 봉국(封國)이고 위(衛)나라는 주공의 아우 강숙(康叔)의 봉국인데, 두 나라의 정치 상황이 엇비슷하기 때문에, 공자가 "노나라와 위나라의 정사는 형제간이로다.〔魯衛之政, 兄弟也.〕"라고 하였다. 《論語 子路》 응봉과 옥순이 쌍벽을 이룰 정도로 웅장하고 아름답다는 의미에서 쓴 표현이다.

120 벽려(薜荔) : 넝쿨과 여라(女蘿) 넝쿨을 아울러 이른 말인데, 은자(隱者)나 고사(高士)의 처소를 비유하는 말로 쓰인다.

푸른 이끼가 덮지 못하게 하면	勿使蒼苔蔽
뒤에 오는 또 누군가에게	後來更何人
남겨주어 한번 응시하게 할 수 있으리	留與一凝睇
멋진 유람 어찌 오래 연연해 하랴	勝遊豈久戀
고락은 원래 서로 갈마드는 법	苦樂元相替
돌아와서 문서를 대하면	歸來對簿牘
흘겨보는 것도 충분히 하지 못하겠지	不足充睥睨

제천 가는 길에 말에서 내려 단풍 숲 속에서 쉬고 있자니 백옥이 그리워지다

堤川途中 下馬憇楓林間 有懷伯玉

내 말을 타고 골짝을 나오고부터	自我騎馬出峽中
말 머리에서 날마다 단풍을 보네	馬首日日看丹楓
시냇가 바위 위가 더욱 절경이라	川邊石上尤奇絶
온갖 나무들 서로 붉은 빛을 비추는구나	千樹萬樹相暎紅
숲 속에서 말을 내려 배회하노라니	林中下馬爲盤桓
아스라이 기억나네 벗이 금강산 유람하던 일[121]	遙憶故人金剛山
금강산 속은 언제나 서리가 일찍 내려	金剛山中常早霜
단풍나무 곳곳마다 응당 잡고 오를 만했을 테지	紅樹處處應堪攀
친구는 이러한 때 마음이 어떠할까	故人此時意如何
쫓아가고 싶으나 길이 너무도 멀구나	欲往從之路漫漫

121 벗이……유람하던 일 : 백옥 오원은 1727년(영조3) 황우석(黃遇石), 종제 오백형(吳伯衡) 등과 금강산을 유람하고 〈유풍악일기(遊楓嶽日記)〉를 남겼다.

의숙[122]에게 화답하다
和宜叔

간절하게 벗을 그리워하는 마음이요 耿介懷人意
쓸쓸히 낙엽 떨구는 가을이라 蕭蕭落木秋
동재에서 처음 촛불을 잡았건만[123] 東齋初秉燭
북벽에선 함께 배를 타지 못했네[124] 北壁未同舟
호해에는 우뚝한 기운 넉넉한데 湖海餘奇氣
풍진에선 지루한 세상살이를 생각하겠지 風塵想倦遊
소나무 계수나무에서 살자던 평소의 약속 平生松桂約
그대 위해 잠시 미루어 두리라 爲爾且淹留

두 번째 其二

저 멀리 창주[125]에 서리와 이슬 내리고 霜露滄洲迥

122 의숙(宜叔) : 이천보(李天輔, 1698~1761)로, 본관은 연안(延安), 자는 의숙(宜叔), 호는 진암(晉菴), 시호는 문간(文簡)이다. 1739년(영조15) 알성 문과(謁聖文科)에 을과(乙科)로 급제한 뒤 교리(校理)·헌납(獻納)·장령(掌令)·이조 참판 등을 역임하였고, 이후 이조·병조 판서와 우의정과 좌의정을 거쳐 영의정에 승진된 후 돈녕부 영사(敦寧府領事)로 전임했다.

123 동재에서……잡았건만 : 동재는 오원의 별업이 있던 종암의 동정(東亭)을 말하는 것으로 보인다. 여기에서 남유용, 이천보는 오원, 황경원 등과 밤낮으로 술 마시고 시를 지었다. 황경원의 《강한집(江漢集)》에 〈동재에서 이틀 밤 자며 짓다〔信宿東齋作〕〉 라는 시가 있다.

124 북벽에선……못했네 : 단양 유람에 이천보가 함께 하지 못했기 때문에 이른 말이다.

기러기 소리 들리니 어느덧 가을이라 鴻聲颯已秋
흰 구름은 지팡이 끝에서 피어나고 白雲生拄杖
붉은 잎새는 지나가는 배에 아른거리네 紅葉照行舟
잠깐 강호의 꿈을 깨고 乍罷江湖夢
애오라지 성곽을 유람하였네 聊爲城郭遊
행장[126]에 관한 많은 이야기 나눌 제 行藏多少話
긴긴밤 등불 하나만 머물러주었다네 遙夜一燈留

125 창주(滄洲) : 인적이 드물고 경치가 좋은 물가 지역으로, 흔히 은사(隱士)가 속세를 떠나 은거하는 곳을 의미한다.

126 행장(行藏) : 용사행장(用舍行藏)의 준말로, 자신의 도를 펼 수 있느냐 없느냐의 여부에 따라 거취를 결정하여 조정에 나아가기도 하고 은퇴하기도 하는 것을 말한다. 《논어》 〈술이(述而)〉에 "써 주면 도를 행하고 버리면 도를 간직한 채 숨는 그 일을 오직 안회(顔回) 너와 나만은 할 수가 있다.〔用之則行, 舍之則藏, 惟我與爾有是夫.〕"라고 한 공자의 말이 있다.

장차 춘협[127]으로 들어가려 하면서 도중에 농암옹의 시운[128]을 써서 백옥에게 편지 삼아 보내다

將入春峽 途中用農翁韻簡伯玉

내 전에 청한주[129]를 띄워	我昔浮青翰
아스라이 강의 관문을 벗어났을 때	迢遞出江關
선인 단구자를	仙人丹丘子
푸른 구름 사이에서 서로 알아보았네	相識碧雲間
나에게 백옥 피리를 주었고[130]	遺我白玉笙
삼산[131]을 찾아가자 기약하였지	期我宿三山

127 춘협(春峽) : 영춘의 영춘협(永春峽)을 일컫는다.

128 농암옹의 시운 : 농암은 김창협(金昌協, 1651~1708)이고, 원시는 〈협천 조사군과 이별하며 주다.〔贈別陜川趙使君〕〉라는 시이다. 《농암집((農巖集)》 권2에 있다.

129 청한주(青翰舟) : 새의 모양으로 장식을 새기고 푸른 칠을 한 배를 말한다. 당나라 피일휴(皮日休)의 〈태호에 막 들어가며〔初入太湖〕〉에 "청한주의 배 띄우기 정말 좋으며, 백옥적의 피리 불어 댈 만하구나.〔好放青翰舟 堪弄白玉笛〕" 하였다.

130 나에게……주었고 : 피리를 불며 신선이 되어 갔다고 하는 주 영왕(周靈王)의 태자 왕자진(王子晉)과 안기생(安期生)의 고사를 연상하게 하는 표현이다. 왕자진은 일찍이 생(笙)을 불어 봉황의 울음소리를 내면서 이락(伊洛) 사이에 노닐다가 뒤에 신선이 되어 백학(白鶴)을 타고 승천했다고 한다. 안기생도 이백(李白)은 〈고풍(古風)〉 시 속에서 "학의 등에 걸터앉은 한 선객이 날고 날아 하늘로 올라가 구름 속에서 소리 높여 내가 바로 안기생이라고 외치네. 좌우에 백옥 같은 동자들이 나란히 자란생을 불어대네.〔客有鶴上仙, 飛飛凌太清. 揚言碧雲裏, 自道安期名. 兩兩白玉童, 雙吹紫鸞笙.〕"라고 표현되고 있다. 《列仙傳》《李太白集 卷1》

131 삼산(三山) : 신선이 산다고 하는 삼신산으로, 봉래산(蓬萊山)·방장산(方丈

세상을 버릴 마음 어찌 없었으랴	豈無遺世心
신선세계로 떠나 함께 올라가고 싶었네	霞扃逝同攀
그러나 벗이 한양에 있어	故人在漢中
하루에 아홉 번이나 애간장이 뒤틀리는지라[132]	一日腸九還
주저하며 돌아가지 못하니	躕躇未言歸
원학이 나의 미련함을 비웃으리[133]	猿鶴笑我頑
날씨 추워져 교룡도 숨었으니	天寒蛟龍蟄
그대 낚싯줄 드리우지 마시게	願子莫垂綸
어찌 나를 따라 가지 않겠는가	曷不從我逝
창랑의 물에 속진의 얼굴을 씻세[134]	滄浪滌塵顔
바람결에 그대의 덕음을 그리워하노라니	臨風懷德音
밝은 달이 맑은 물굽이를 비추는구먼	明月照淸灣

山)・영주산(瀛洲山)을 말한다.

132 하루에……뒤틀리는지라 : 사마천(司馬遷)이 자신의 극심한 심적 고통을 표현하면서 "하루에 애간장이 아홉 번이나 뒤틀린다.〔腸一日而九回.〕"라고 말한 바 있다. 《漢書 卷62 司馬遷傳》

133 원학이……비웃으리 : 남제(南齊) 때 공치규(孔稚圭)가 〈북산이문(北山移文)〉을 지어 일찍이 북산에 은거하다가 변절하여 벼슬길에 나간 주옹(周顒)을 몹시 책망하는 뜻을 서술했는데 거기에 "혜초 장막은 텅 비어 밤 학이 원망하고, 산중 사람이 떠나가매 새벽 원숭이가 놀란다.〔蕙帳空兮夜鶴怨, 山人去兮曉猿驚.〕"라는 구절이 있다.

134 창랑의……씻세 : 속진(俗塵)을 벗어나 맑고 고결하게 지내겠다는 것을 의미한다. 어부가 굴원과 헤어지며 노래하기를 "창랑의 물이 맑으면 나의 갓끈을 씻고, 창랑의 물이 흐리면 나의 발을 씻으리라.〔滄浪之水淸兮, 可以濯我纓, 滄浪之水濁兮, 可以濯我足.〕"라고 했던 말에서 나온 것이다. 《孟子 離婁上》《楚辭 漁父》

단구 봉서정[135]에서 묵으며 이백의 〈자극궁에서 가을날의 감회를 읊다〉[136] 시에 화운하다

宿丹丘鳳棲亭 和李白紫極宮感秋詩

봉황이 구천 길을 날아	鳳飛九千仞
낭간에 깃들려 하는데	欲棲琅玕竹
대밭은 어찌 그리 거칠고 묵어	竹田何蕪穢
청실이 한 줌도 차지 않게 되었는가	青實不盈掬
배회하며 오래도록 내려오지 못하고	徘徊久不下
세모에 고독을 슬퍼하는데	歲暮悵幽獨
뭇새들과는 이웃할 수 없으니	衆禽不可隣
애처로운 울음소리 어느 곳에서 잘꼬	悲鳴何處宿
경물을 둘러보고 긴 탄식을 하다	覽物發永慨

135 봉서정(鳳棲亭) : 단양 객사 앞의 남천(南川)변, 이요루(二樂樓) 남쪽에 있던 정자이다. 단양 군수 이준(李埈)이 선조 35년(1602)에 창건하였고, 단양 관아의 대표적 누정(樓亭)이었으나 유실되었다.

136 이백의……화운하다 : 이백이 지은 이 시의 원래 제목은 〈심양의 자극궁에서 가을날의 감회를 읊다〔尋陽紫極宮感秋作〕〉이다. 이백은 50세가 되던 해 가을에 심양에 머무르며 노자(老子)의 사당인 자극궁에서 고향을 그리는 심경을 노래하였다. 이 시에 "마흔이라 아홉 해 그간의 잘못 세월 이미 지나가 회복을 못해.〔四十九年非, 一往不可復.〕"라는 구절이 있는데 춘추 시대 위(衛)나라의 대부로 공자가 존숭했던 거백옥(蘧伯玉)이 50세에 49년의 잘못을 깨달아 반성하였다는 고사에서 나온 것이다. 후세 사람들은 나이가 50세에 이르면 흔히 이 시를 차운하면서 삶을 돌아보곤 하였는데 남유용의 이 시도 그런 의미를 담았다. 《李太白集 卷23 尋陽紫極宮感秋作》

내 삶이 마땅히 있을 곳을 정했네	吾生遂當卜
길을 잃은 것이 실로 멀지 않으니	迷塗實未遠
고삐를 잡고 아직 돌아갈 수 있으리	攬轡猶可復
흰구름은 남산에서	白雲在南山
바람 따라 절로 엎치락 뒤치락하네[137]	隨風自翻覆
가자꾸나 다시 말하지 말고	行矣勿復陳
생각은 내 이미 충분히 했다네	商量吾已熟

137 흰구름은……뒤치락하네 : 원문의 '翻覆'은 세인들의 교태(交態)의 반복무상함을 비유한 말이다. 두보(杜甫)의 〈빈교행(貧交行)〉에, "손 뒤집으면 구름이요 손 엎으면 비로다. 경박한 작태 분분함을 어찌 셀 필요 있으랴.〔翻手作雲覆手雨, 紛紛輕薄何須數?〕"라는 구절이 있다.

감사가 영춘에 대한 고과에서 "백성들 편안하고 정사가 깨끗하며 문주[138] 또한 좋다."라고 하였기에 웃으며 시를 짓다

監司考永春曰民閑政淸 文酒亦好 笑而有詩

취하면 백성들과 즐거움을 함께하려 했고	醉欲同民樂
깨어나면 그것을 글로 쓸 수 있었으나	醒能述以文
저주[139]의 상상 고과[140]	滁州上上考
백구들에게 부끄럽구려	愧殺白鷗群

138 문주(文酒) : 문사(文士)들이 한 자리에 모여서 시를 짓고 술을 마시며 즐기는 것을 말한다.

139 저주(滁州) : 송(宋)나라 때 구양수가 지사(知事)로 있던 곳이다. 그가 그 곳에서 재임할 적에 취옹정(醉翁亭)이라는 정자를 짓고 그곳에서 백성들과 함께 즐겁게 잔치를 벌이고 〈취옹정기(醉翁亭記)〉를 지었는데 그 글에 "취하여서는 그 즐거움을 함께하고 술이 깨어서는 그것을 기술하여 문장을 짓는 자는 태수이니, 태수는 누구인가.〔醉能同其樂, 醒能述以文者太守也, 太守謂誰?〕라는 구절이 있다.

140 상상 고과 : 매년 6월 15일과 12월 15일 두 차례씩 정기적으로 관리들의 성적을 고과하는데, 상상(上上)·상중(上中)·상하(上下), 중상(中上)·중중(中中)·중하(中下), 하상(下上)·하중(下中)·하하(下下) 등 9개 등급으로 나누었다. 남유용이 최고의 평가를 받은 것을 의미한다.

문원이 생각나서 부치고 겸하여 공필에게 편지삼아 주다
憶文遠有寄 兼簡公弼

자미의 친구 중에 고적은 늙었고[141]	子美故人高適老
사종의 조카 중에 완함은 훌륭했네[142]	嗣宗諸姪阮咸賢
산루에서 술잔 대하고 부질없이 그리워하노라니	山樓對酒空相憶
흐르는 물 찬 구름 날로 아득해지는구려	流水寒雲日渺然

141 자미의……늙었고 : 두보(杜甫)와 고적(高適)은 절친했던 친구이다. 여기서는 남유용과 문원의 관계를 두보와 고적으로 비유했다.

142 사종의……훌륭하네 : 사종(嗣宗)은 죽림칠현의 한 사람인 완적(阮籍)의 자이다. 완적은 위나라와 진나라의 교체기에 살면서 현실이 불만스러워 세상사에 전혀 관심을 두지 않고 술을 즐겨 마시며 노장(老莊)에 심취해 살았다. 완함(阮咸)은 완적의 조카이다. 재명(才名)이 있었고, 후세에는 남의 조카를 아함(阿咸)이라 부르기도 하였다. 여기서는 자신의 조카 공필을 가리킨다.

옥류당에서 벽에 걸려 있는 시운에 차운하다 경신년(1740년, 영조16)

玉流堂 次壁上韻 庚申

오월인데 숲에는 아직도 꾀꼬리 울고	五月林坰尙有鸎
섬돌 덮은 홰나무 버드나무는 녹음을 이루었네	覆階槐柳綠陰成
평소에 마음의 얽매임 없다 자신하였는데	平生自信心無累
한나절 머문 시내와 산에 도리어 또 정이 이는구나	半日溪山却復情

배를 돌려 강가의 정자로 올라가다

回舟登江亭

열두 개 붉은 난간 텅 빈 강가에 솟았는데	十二朱欄出水虛
맑은 술동이 옮기노라니 마음이 한가로와라	淸樽徙倚意悠如
현가 소리 감히 무성의 뒤를 잇노라 비길 수 있으랴[143]	絃歌敢擬武城後
화로와 솥 갖고 장차 구루[144]의 남은 자취 찾아가려네	罏鼎將尋句漏餘
태수가 취할 땐 활 쏘고 바둑 둘 뿐[145]	太守醉時惟射奕
나그네들 다 돌아가면 절로 어조가 되겠지	遊人歸盡自禽魚
두어 마을 뽕나무에 새 비가 적시니	數村桑柘沾新雨
시골 노인의 생애도 쓸쓸하진 않겠네	野老生涯亦不踈

143 현가……있으랴 : 현가(絃歌)는 금슬(琴瑟)을 타고 시가를 노래하는 것을 말하는데, 공자(孔子)의 제자 자유(子游)가 일찍이 무성(武城)의 재(宰)로 있을 적에 그곳 백성들이 모두 거문고를 타고 시가를 노래했다는 데서 온 말로, 예악으로써 백성들을 잘 교화시키는 것을 의미한다. 《論語 陽貨》

144 구루(句漏) : 중국 진(晉)나라 갈홍(葛洪)이 신선술과 양생술에 심취하여 구루(句漏)라는 작은 고을에 좋은 단사(丹砂)가 난다는 말을 듣고 구루령으로 가기를 자원하였다고 한다.

145 태수가……뿐 : 구양수가 저주 지사(滁州知事)로 재임할 적에 취옹정(醉翁亭)이라는 정자를 짓고 그곳에서 백성들과 함께 즐겁게 잔치를 벌인 일을 기록한 〈취옹정기(醉翁亭記)〉에 "잔치가 흥겹고 즐거운 것은 현악기 때문도 아니고 관악기 때문도 아니다. 투호에 살을 던진 자가 명중하고 바둑을 두던 자가 이기고 술잔과 마신 술잔의 수를 세는 댓가지가 교착하면서 일어났다 앉았다 하며 떠들썩한 것은 뭇 빈객들이 즐거워해서이다.〔宴酣之樂, 非絲非竹. 射者中, 奕者勝, 觥籌交錯, 起坐而誼譁者, 衆賓懽也.〕"라는 구절이 있다.

증왕고 문헌공[146]의 시호를 받는 잔치[147]에서 자리에 있던 분의 시운에 삼가 차운하다
曾王考文憲公宣諡筵 敬次席上韻

태평시절에 숙종의 신하를 추장하니	昇平追奬肅王臣
시호[148] 내리신다는 은총의 말씀 대궐에서 내려왔네	節惠恩言降紫宸
행적을 고찰하는 일 단연코 그 시대를 논해야 할지니	考履端須論厥世
시호를 받는 것[149] 참으로 선인에 부끄럽지 않네	易名眞不愧前人
'문'은 양제에서 조서를 초한 솜씨를 본뜬 것이요[150]	文摹兩制絲綸手

146 문헌공 : 남용익(南龍翼, 1628~1692)이다.

147 시호를……잔치 : 시호를 받는 의례적인 행사를 연시(延諡) 라고 한다. 선시관(宣諡官)이 시호를 받들고 나오면 그 본가에서 해당 인물의 신주를 모시고 나와 시호를 받는 의식을 행하는 일을 말한다. 그런데 남용익(南龍翼)에게 문헌(文憲)이란 시호를 내린 것은 영조 1년이어서 시기가 맞지 않는다. 문집에 작품을 배치하는 과정에서 착오가 있었던 것으로 보인다. 《영조실록 1년 7월 28일》

148 시호 : 본문의 '節惠'란 군주가 죽은 신하에게 시호를 내려줌을 이른다. 《예기(禮記)》 〈표기(表記)〉에 "선왕이 시호로써 이름을 높이고 한 가지 선으로써 요약했다.〔先王諡以尊名, 節以壹惠.〕"라고 하였는데, 이는 아름다운 시호를 내려 그 이름을 높이되 여러 가지 선행을 다 들기 어려우므로 가장 큰 것을 요약하였음을 말한다.

149 시호를 받는 것 : 원문의 '易名'은 이름을 바꾼다는 뜻으로 시호를 내림을 뜻한다. 춘추 시대 위(衛)나라 대부인 공숙문자(公叔文子)가 졸하자 그의 아들이 임금에게 시호를 청하기를, "세월이 흘러 장사를 지낼 때가 되었으니 이름을 바꿀 것을 청합니다.〔日月有時, 將葬矣, 請所以易名者.〕" 한 데서 온 말이다. 《禮記 檀弓下》

150 양제(兩制)에서……것이요 : 양제는 송대(宋代)의 내제(內制)와 외제(外制)를 말하는데, 한림학사(翰林學士)가 황제의 고명(誥命)을 관장하는 것을 내제라 하고,

'헌'은 삼조에 걸쳐 충성을 다한 몸을 표현한 것이라[151] 憲象三朝靖獻身
고명을 맞이하는 사당문에는 풍악소리 울리고 迎誥廟門絲管咽
빛난 잔치에 머리 조아리니 감회가 새로워라 華筵稽首感懷新

중서사인(中書舍人)과 지제고(知制誥)가 황제의 고명을 관장하는 것을 외제라 한다. 원문의 '絲綸'은 임금의 조서(詔書)를 뜻하는 말로, 《예기》 〈치의(緇衣)〉의 "왕의 말은 처음엔 실오라기 같다가도 일단 나오면 굵은 명주실처럼 되고, 왕의 말은 처음엔 굵은 명주실 같다가도 일단 나오면 밧줄과 같이 된다.〔王言如絲, 其出如綸, 王言如綸, 其出如綍.〕"라는 말에서 나온 것이다. 남용익이 양관대제학을 지내면서 국가의 사명을 도맡아 지었기 때문에 이른 말이다.

151 삼조에……것이라 : '三朝'는 남용익이 섬긴 효종 · 현종 · 숙종조를 말한다. 원문의 '靖獻'은 《서경(書經)》 〈미자(微子)〉의 "스스로 마음을 편안히 가져 사람마다 스스로 선왕에게 충정을 바쳐야 한다.〔自靖, 人自獻于先王.〕"에서 나온 말로 신하가 임금에게 충성을 다하는 것을 말한다.

백화정에 올라가 조망하다

白華亭登眺

조각구름 흘러가지 않으니 사람에게 맑은 느낌을 주고 片雲不去與人淸
남쪽 포구로 어부 돌아가니 고기잡이 배 비껴있네 南渚漁歸釣艇橫
피리를 부는 것은 그저 푸른 벼랑의 좋은 경관에 호응한 것이요 吹笛秖應蒼壁好
정자를 세운 것은 단연코 작은 못의 평형을 유지하기 위함일세 置亭端爲小潭平
숲에 의지한 촌락은 막 피어오르는 운무를 머금고 依林井落含初靄
두렁에 인접해 호미질하는 사람은 맑게 갠 저녁을 기뻐하네 接陌鋤耰喜晩晴
술에 취해도 강길 컴컴할까 근심하지 않는 것은 取醉不愁江路黑
달이 아직 7분가량 밝기 때문일세 月輪猶有七分明

소혈루에서 주천[152] 김생 이응 에게 주다
少歇樓 贈酒泉金生 履凝

강산은 고향 동산 아니라는 것[153] 믿을 수 없으니 江山未信故園非
거문고와 책 끼고 편히 지내는 생활 뜻과 어긋나지 않아서이지
燕坐琴書意不違
백사장 물새 기심을 잊으니[154] 애오라지 함께 살 만하나
沙鳥忘機聊共住
잿마루 구름 눈에 가득하니 함께 돌아가고 싶네 嶺雲滿目欲同歸
오래된 주천현엔 물결이 넘실거리고 酒泉縣古波濤濶
깊숙한 백제성[155]엔 초목이 야들야들하겠지 百濟城深草樹微
삼국이 흥하고 망한 자취를 설명하니[156] 解說三分興廢跡

152 주천(酒泉) : 본래 고구려의 주연현(酒淵縣)이었는데, 757년(경덕왕 16) 주천현으로 고쳐 나성군(奈城郡 : 지금의 寧越)의 영현(領縣)으로 하였다. 아마도 김이응이 영월 출신이거나 영월 지방의 관원을 지낸 것으로 보인다.

153 고향……것 : 두보의 〈일모(日暮)〉에 " 바람과 달빛 절로 맑은 밤인데 강과 산은 고향 동산이 아니로다.〔風月自淸夜, 江山非故園〕"라는 구절이 있다.

154 백사장……잊으니 : 원문의 '忘機'는 사사로운 이익을 위해 꾀하는 마음을 잊는다는 뜻이다. 어떤 사람이 바닷가에 살면서 매일 갈매기와 놀았더니, 갈매기들이 그를 피하지 않았다. 어느 날 그의 아버지가 "내일은 갈매기를 한 마리 붙들어 가지고 오너라."라고 하여 다음 날 바닷가에 나갔더니 갈매기가 멀리 피하고 오지 않았다. 그것은 갈매기를 잡겠다는 마음이 있기 때문이었다. 《列子 黃帝》

155 백제성 : 어디를 가리키는지 확실히 알 수 없다. 참고로 영월에는 삼국시대에 축조된 것으로 추정되는 태화산성・대야성・정양산성・영춘산성 등이 있다.

슬프구려 그대 백발의 유생이여　　　　　　　　悲君白髮一儒衣

156 삼국이……설명하니 : 아마도 김이응이 주천(영월)의 역사를 통해 삼국의 흥망성쇠를 설명했던 것으로 보인다. 영월은 삼국시대 초기에는 한산성(漢山城)을 중심으로 하여 일어난 백제의 세력이 커져 한강 하류지역 일대를 차지함에 따라 백제에 속하게 되었으나 북쪽의 고구려 세력이 남하하게 되고 또한 반도 동남부에서 일어난 신라의 세력이 팽창하여 북상해 오면서 고구려·백제·신라의 삼국 사이에 치열한 경쟁의 중심지가 되었다.

의숙과 백옥이 보내온 시에 화답하다

和詶宜叔伯玉見寄之作

물가 다락에서 주렴 걷으니 밤빛이 그윽하고	水閣鉤簾夜色幽
머문 구름과 잠든 백로 함께 휴식을 취하네	停雲睡鷺得同休
뽕과 삼 잘 자라는 건 마을에 비가 내려서이고	桑麻意足村墟雨
갈대 소리 서걱대는 건 섬에 가을이 와서라	蘆葦聲踈浦嶼秋
배로 집을 삼아 바다에 드는 건 결단하지 못해도[157]	未判浮家聊入海
긴 젓대 갖고 다시 누대에 오르는 일은 없을 수 있으랴	可無長笛更登樓
바쁘다 한가하다 구분 짓지 말라	閒忙境界休分別
조정에서나 강호에서나 근심은 매한가지이니[158]	廊廟江湖一是憂

두 번째 其二

오사모를 각건으로[159] 어이 바꾸어 쓰랴 했는데	烏帽何堪換角巾

157 배를……못해도 : 원문의 '浮家'는 부가범택(浮家泛宅)의 준말로 배를 집으로 삼고 물에 떠다니면서 산다는 말이다. 당나라 때의 선인(仙人) 장지화(張志和)가 안진경(顔眞卿)에게 "나의 소원은 배를 집 삼아 물 위에 살면서 소계(苕溪)와 삽계(霅溪) 사이를 오가는 것이다.〔願爲浮家泛宅, 往來苕霅間.〕"라고 말한 바 있다.《新唐書 卷219 隱逸列傳 張志和》

158 조정에서나……매한가지이니 : 송나라의 범중엄(范仲淹)이 지은 〈악양루기(岳陽樓記)〉에 "옛사람들은 높이 묘당에 있을 때에는 백성을 걱정하였고, 멀리 강호에 있을 때에는 임금을 걱정하였다.〔居廟堂之高, 則憂其民, 處江湖之遠, 則憂其君.〕"라는 말이 나온다.

159 오사모를 각건으로 : 오사모(烏紗帽)는 벼슬아치들이 쓰던 것이고 각건(角巾)은

강호에 이미 자리 잡고 백구와 이웃이 되었네　江湖已卜白鷗隣
겨울 소나무는 이른 가을바람 두려워 않는데　松寒不怕秋風早
늙은 매미는 갓 내린 새벽이슬에 응당 놀라겠지　蟬老應驚曉露新
수석이 마음을 끌어도 세상을 피할 생각 없으나　水石嬰情非遯世
갈대가 눈에 가득하니 새삼 벗이 그립구려[160]　蒹葭滿目更懷人
멀리서 생각나네 서울 모임에서 풍류를 즐겼던 일[161]　遙憐洛社風流事
술통에 시통에 날마다 친하게 지냈지　酒榼詩筒日見親

세 번째 其三

강달은 곱디곱게 점점 하늘에 차오르는데　江月娟娟漸滿天
솔바람 소리 들리는 빈 누각에서 잠들지 못하네　松聲虛閣不成眠
연기 피어오르는 마을에 땅거미 지니 송아지는 막 돌아가고
煙村暝色初歸犢
물가 나무에 서늘한 기운 도니 매미 소리 그치지 않는구나
汀樹新凉未罷蟬
당에 건 편액엔 '좌소'[162] 글자를 적어 넣고　堂額題成坐嘯字

은자(隱者)가 착용하였다.

160 갈대가……그립구려 : 갈대는 그리움을 촉발하는 매개이다. 만나고 싶으나 만날 수 없어 그리워하는 마음을 나타낸 《시경(詩經)》 〈겸가(蒹葭)〉 시를 떠올리게 한다.

161 서울……즐겼던 일 : 남유용과 이천보, 오원은 서울 종암(鐘巖)에 있던 오원의 별업에 자주 모여 시회(詩會)를 열곤 하였다. 그들 셋이 함께 읊던 시는 〈종암수창록(鐘巖酬唱錄)〉을 비롯하여 세 사람의 문집 곳곳에 남아 있다. 《晉菴集 권7》

162 좌소(坐嘯) : 한가하게 앉아 읊조린다는 뜻으로, 지방관이 정사를 속관(屬官)에게 맡기고 한가하게 지내는 것을 비유한다. 후한(後漢) 때 성진(成瑨)이 젊어서 인의

산명은 와유편[163]에서 뽑아 넣으리　　山名抄入臥遊編
산승이 가을이 저물어간다 알려주니　　林僧報道秋光晩
뽕나무 아래에서 하룻밤 인연이나 맺어야겠네[164]　　桑下將謀一宿緣

(仁義)를 숭상하여 일찍이 청렴하다는 명성이 높았는데, 그가 남양 태수(南陽太守)가 되어서는 잠질(岑晊)을 공조(功曹)로 삼고 그에게 공사(公事)를 다 처리하도록 맡겨 버렸으므로, 그곳 민간에서 노래하기를, "남양 태수는 바로 잠공효이고요, 홍농 성진은 앉아 읊조리기만 하누나.〔南陽太守岑公孝, 弘農成瑨但坐嘯.〕"라고 하였다. 공효(公孝)는 잠질의 자이다.《後漢書 卷67 黨錮列傳》

163 와유편(臥遊編) : 와유는 원래 한가하게 산수화를 감상함으로써 산수 유람을 대신하는 것을 말하는데, 후에는 유람기를 읽는 것을 말하기도 하였다. 남조(南朝) 송(宋)의 종병(宗炳)이 질병을 안고 강릉(江陵)으로 돌아와 탄식하기를 "늙음과 질병이 함께 이르러 명산을 두루 보기 어려우니 오직 마땅히 심회를 맑게 하고 도를 보아 누워서 놀리라.〔老疾俱至, 名山恐難遍覩, 唯當澄懷觀道, 臥以遊之.〕" 하고, 유람했던 곳을 모두 방에 그린 고사가 있다.《宋書 卷93 隱逸列傳 宗炳》 남유용이 이와 관련한 글을 모아놓았던 듯하나 분명치 않다.

164 뽕나무……맺어야겠네 : 잠시 머무르며 인연을 맺겠다는 의미이다.《후한서(後漢書)》卷30〈양해열전(襄楷列傳)〉에 "불법(佛法)을 닦는 승려가 뽕나무 아래에서 사흘 밤을 계속 묵지 않는 것은 시간이 흐름에 따라 애착이 생길까 두려워하기 때문이니, 이는 그야말로 정진(精進)의 극치라고 할 것이다.〔浮屠不三宿桑下, 不欲久生恩愛, 精之至也.〕"라는 말이 나온다.

아우와 아이들이 남천사[165]로 놀러가는 것을 전송하고 홀로 무료하게 있다가 견여를 타고 뒤따라 이르다

送弟兒輩遊南泉寺 獨坐無聊 仍以肩輿隨至

어둠은 어느새 먼 숲에서 이는데	暝色翛然起遠林
한가한 서재에서 잠이 깨어 염불 소리 듣네	閒齋睡罷聽禪吟
아이들이 함께 산으로 들어갔으니	少年相與入山去
늙은이가 어떻게 문을 꼭 닫고 있을 수 있으랴	老子何能閉戶深
비올 듯한 마을 가엔 뽕나무 늙었고	雨氣村邊桑柘老
가을빛 도는 골짝 어귀에는 벽라 넝쿨 그늘졌네	秋光谷口薜蘿陰
절이 마침 구름 밖 저 너머에 있으니	招提秪在孤雲外
주흥과 시정을 또한 주체할 수 없구나	酒興詩情更不禁

165 남천사(南泉寺) : 영춘현(永春縣)에 남천(南泉)이라는 지명이 있는 것으로 보아, 근방의 절로 추정된다.

암자
菴子

절 있는 일천 봉우리 위로	蘭若千峯上
아스라이 비가 지나는 밤	迢迢過雨宵
창문은 원래 확 트여 있고	軒窓元自曠
별과 달은 아직 멀어지지 않았네	星月未成遙
강 빛에 물새들은 꿈을 꾸고	江色鳧鷗夢
가을 소리에 귀뚜라미는 노래하는데	秋聲蟋蟀謠
높은 바람결에 들리는 한가락 경자[166] 소리	高風一磬子
속세의 일 사람에게서 사라지게 하누나	塵事與人銷

166 경자(磬子) : 부처 앞에 절할 때에 흔드는 작은 종이다. 갸름하고 끝이 벌어졌으며 안에는 치는 추가 달리고 위에는 나무 자루가 있다.

'우성고사추'[167]로 분운하여 '성' 자를 얻어 백옥에게 부치다
以雨聲孤寺秋 分韻得聲字寄伯玉

오랜 객지생활에 가을을 만나도 마음이 편치 않으니 久客逢秋意不平
강가 나무에서 들리는 매미 소리 어이 견디랴 那堪汀樹聽蟬鳴
먼 모랫벌 긴장한 기러기는 서리 기운을 알아차리고 遙沙警鴈知霜氣
긴긴 밤 쏟아지는 폭포는 빗소리를 내네 永夜飛泉作雨聲
한양의 벗은 어젯밤의 꿈 洛下故人前日夢
구름 가 외로운 베개는 오늘밤의 마음 雲邊孤枕此宵情
미호[168]의 물빛은 지금 어떠한가 渼湖水色今何似
작은 배 마련하여 내 갈 때를 기다려주시게 且具輕舟待我行

167 우성고사추(雨聲孤寺秋) : 당나라 때의 시인 이군옥(李群玉)이 쓴 〈비 오는 밤 장관에게 올리다〔雨夜呈長官〕〉에 나오는 시구이다.

168 미호(渼湖) : 현 경기 남양주시 삼패동 등 한강변 일대이다. 오원의 외조부인 김창협(金昌協) 등이 대대로 거주한 곳으로 백옥〔오원〕은 이곳에서 많이 머물렀다.

배 띄워 서울로 향하면서 구담에 이르렀을 때 '고학사태청'[169]으로 분운하여 아우 아이들과 함께 시를 지었는데 나는 '학' 자를 얻다

浮舟入京 次龜潭 以孤鶴思太淸分韻 與弟兒輩同賦 余得鶴字

오로봉[170] 앞은 강물이 푸르고	五老峯前江水綠
오로봉 위는 강 구름이 희네	五老峯上江雲白
강물은 푸르고 강 구름은 흰데	江水綠江雲白
한양으로 돌아가는 객이 옥피리를 부는구나	漢陽歸客吹玉笛
술잔 들어 청도[171]의 객에게 권하려 하니	擧酒欲勸淸都客
청도의 선객은 전부터 서로 알던 사이라	淸都仙客曾相識
얼굴은 도리와 같고 눈동자와 눈썹은 푸른데	顔如桃李瞳眉碧

169 고학사태청(孤鶴思太淸) : '외로운 학이 태청을 그리다'라는 뜻으로 주희(朱熹)가 지은 시의 제목이다. 함께 유람을 했던 황경원과 오원의 문집에서도 같은 제목의 시가 등장하는 것으로 보아 여러 명이 동시에 지었던 것으로 생각된다. 태청(太淸)은 도교(道敎)에서 말하는 천상 세계로, 삼동(三洞)의 교주(敎主)가 사는 최고의 선경(仙境) 가운데 하나이다.

170 오로봉(五老峯) : 단양에 있는 산 이름이다. 1548년(명종 3년) 단양 군수로 부임한 퇴계 이황이 단양의 경치에 반해 경치가 빼어난 곳 중 이름이 없었던 곳에 채운봉(彩雲峯)·현학봉(玄鶴峯)·오로봉(五老峯)이라는 이름을 지어 단양팔경을 완성했다고 전해진다.

171 청도(淸都) : 옥황상제가 산다는 천상(天上)의 궁전을 가리킨다. 《楚辭 遠遊》《열자(列子)》〈주목왕(周穆王)〉에 "청도와 자미·균천·광악은 상제가 거처하는 곳이다.〔淸都、紫微、鈞天、廣樂, 帝之所居.〕"라고 하였다.

손으로는 노을 깃발을 잡고 황학을 탔네[172] 手持霞幢騎黃鶴
황학은 높이 날아갔는데 붙잡고 오를 수 없으니 黃鶴高飛不可攀
풍진 속에 십 년 동안 소식이 막혔구나 風塵十載音塵隔
소식이 막히니 音塵隔
외로운 배에서 삼산[173]의 모습을 슬프게 바라보네 孤舟悵望三山色
삼산의 모습 부질없이 바라보노라니 三山色空悵望
가을 바람 불고 기러기 갈대숲에서 우는 저녁이로세 秋風鴈唳蒹葭夕

172 얼굴은……탔네 : '황학선인(黃鶴仙人)'을 연상시키는 구절이다. 전설상의 선인 자안(子安)이 황학을 타고 황학루(黃鶴樓)에 날아왔었다고 한다.《南齊書 卷15 州郡志下》

173 삼산(三山) : 신선이 살고 있다는 삼신산(三神山), 즉 중국 전설에 나온 봉래(蓬萊)・방장(方丈)・영주(瀛州) 세 산을 가리킨다.

청풍 응청각[174]에서 묵으며 사제의 '청' 자에 화답하다
宿淸風凝淸閣 和舍弟淸字

베개 높이 베고서 굳이 가야 할 물길 헤아릴 거 있나 高枕何須計水程
우선 오늘밤 응청에서 묵는 것이 기쁘네 且欣今夜宿凝淸
정자와 누대 몇 곳 새로 지은 것 늘었으나 亭臺幾處添新構
느릅나무 버드나무 앞 물가는 옛 정을 띠고 있구나 楡柳前洲帶宿情
지난 일 그 강산 모두 알아볼 수 있건만 往事江山渾可識
흐르는 세월에 흰 살쩍이 절로 놀라워라 流年鬢髮自堪驚
계산에서 거문고 타던 노인은 신선 되어 가버리고[175] 稽山琴老登仙去
우는 여울만 홀로 남아 옛 소리를 쏟아내네 獨有鳴灘寫舊聲

174 청풍(淸風) 응청각(凝淸閣) : 원래 청풍현 객사(客舍)의 누각인 한벽루(寒碧樓) 왼쪽에 세워졌던 2층 누정으로 부사가 휴식을 취하고 공무차 내려온 중앙 관속들이 객사로 사용하였던 곳이다. 창건 연대 미상이나 명종 초 이황(李滉)이 단양 군수로 있을 때 응청각(凝淸閣)이라 이름 지었다고 전한다.

175 계산에서……가버리고 : 계산은 영동(永同)의 옛 이름이다. 거문고 타던 노인은 이곳 출신 박연(朴堧)을 의미하는 것으로 보이지만 분명치는 않다.

보아[176]의 '고' 자에 차운하다
次輔兒孤字

여강[177] 어귀의 물결은 담담하고 거칠지 않아	驪口波濤淡不麤
강복판에서 천천히 노를 젓노라니 산들바람 함께 하네	中流緩棹好風俱
모래섬 앞 촌락엔 사는 사람들 조용하고	洲前井落居人靜
백사장가 갈대밭엔 조는 기러기 외롭구나	沙際蒲蘆睡鴈孤
원래 인정은 도성을 그리워하는 법	自有人情戀京國
감히 오도는 강호에 있다 하랴	敢言吾道在江湖
해마다 배들은 왔다 또 가니	年年舟楫來還去
애써 어옹에게 내 어리석음을 비웃게 하리[178]	强使漁翁笑我愚

176 보아(輔兒) : 남공보(南公輔, 1721~?)로 남유용(南有容)의 아들이다.

177 여강 : 경기도 여주(驪州)의 옛 이름이다.

178 어옹에게……하리 : 초(楚)나라 굴원(屈原)이 조정에서 쫓겨나 강담(江潭)에 노닐 적에, 어부와 주고받았던 대화를 연상하게 하는 구절이다. 《楚辭 漁父辭》

새로 어시에 급제하여[179] 도원 관아에 영근[180]하고 삼가 가대인의 시에 차운하여 이백윤 석신[181] 과 함께 짓다

新擢御試 榮覲桃衙 敬次家大人韻 與李伯尹 碩臣 同賦

몸소 태학에 제사지내고 복명하는 신손이요[182] 躬禋魯泮復神孫

세상에 드문 성대한 의장에 태사의 말이로다[183] 曠世儀章太史言

다행히 유생들 따라서 과거를 보았는데 幸逐儒衿觀國學

누가 알았으랴 성명이 대궐문에 들리리라는 것을 誰知名姓徹君門

몸을 진출시킨 문자는 어버이의 가르침에서 말미은 것이요 進身文字繇親訓

몸에 걸친 관복은 성은을 표시함이라 被體簪袍識聖恩

게으르고 졸렬하여 본래 세상에 이바지할 재목이 아니니

179 새로……급제하여 : 남유용은 영춘 현감(永春縣監)을 지낸 뒤 1740년(영조 16) 8월 문묘 친시에서 병과로 급제, 곧바로 정언에 제수되었다.

180 도원……영근하고 : 영근(榮覲)은 과거에 급제하거나 관직에 임명된 자가 귀향하여 어버이를 뵙고, 그 어버이를 영화스럽게 하는 일을 말한다. 당시 아버지 남한기(南漢紀)가 도원(桃源) 군수로 있었다.

181 이백윤(李伯尹) : 이석신(李碩臣, 1692~?)을 가리킨다. 본관은 연안(延安), 자는 백윤(伯尹)이다. 1727(영조3) 문과에 급제한 후 사간원 정언, 홍문관 학록(學錄) 등을 역임하였다.

182 몸소……신손이요 : 원문의 '魯泮'은 노나라의 반수(泮水)로, 태학, 즉 성균관을 말하고, '神孫'은 성자신손(聖子神孫)의 약칭으로, 당시 임금인 영조를 일컫는다. 친시가 문묘에서 이루어졌기에 이른 말이다

183 태사의 말이로다 : 이날의 행사를 사관이 기록했다는 뜻이다.

懶拙自非供世具

응당 겸손하고 조심스러운 한 치 마음만 두어야 하리

秖應謙畏寸心存

학사의 제생이 시를 지어 나의 급제를 축하하기에 애오라지 시 한 수로 화답하다

學舍諸生以詩賀余及第 聊和一首

일찍이 옥좌를 모셨을 땐 신선인가 헷갈렸는데	曾陪玉座混仙眞
어명으로 내리신 붉은 관복 따스하기가 봄과 같네	勑賜丹袍暖似春
아홉 등급의 천거[184]는 모두 임금의 힘이요	九級吹噓皆帝力
반 줌 살가죽인들 어찌 나의 몸이랴	半圍皮殼豈吾身
엉성하고 용렬하니 출세하는 곳과는 맞지 않고	踈慵不合飛騰地
밭 갈고 낚시나 하다 보니 적막한 강가를 잊기 어렵도다	耕釣難忘寂寞濱
이 곳 강산에서 애오라지 뜻을 의탁하리니	是處江山聊託意
한 동이 술 갖고 와서 국화철에 취하리라	一樽來醉菊花辰

184 아홉……천거 : '九級'은 제1품(品)에서 9품에 이르는 관리의 등급을 말하고, '吹噓'는 입김을 불어넣어 준다는 뜻으로, 잘못은 덮어 주고 잘한 것은 치켜세우며 천거하는 것을 말한다. 《송서(宋書)》 〈심유지 열전(沈攸之列傳)〉에 "날개로 알을 품어 주듯 취허하여 관작에 오르게 되었다.〔卵翼吹噓, 得升官秩.〕"라는 내용이 있다.

괴석에 노란 국화 한 떨기를 심었는데 며칠 밤 눈에 덮여 있다가 피운 꽃이 매우 아름답다

怪石植黃菊一叢 數夜被雪吐花絶好

돌 기울어져 위태로운데도 능히 부지하고	石仄危能附
추운 밤에도 약한 몸으로 도리어 버티더니	宵寒弱更支
가을이 되자 먼저 마음을 먹고	及秋先作意
눈을 이고 더욱 기특한 꽃을 피웠네	戴雪益生奇
나그네가 짝이 되니	羈旅人相伴
맑고 고아한 마음 함께 지니게 되는구나	淸高心共持
남산이 눈에 들어오니	南山也在矚
술잔 들고 시 읊는 일 피곤하지 않아라[185]	觴詠不爲疲

185 남산이……않아라 : 도잠(陶潛)의 〈음주(飮酒)〉 시에 "동쪽 울타리 밑에서 국화를 따면서, 유연히 남산을 바라보노라.……가을 국화는 빛깔도 좋으니, 이슬 머금은 그 꽃을 따다가, 이 시름 잊게 하는 술에 띄워서, 내 세상 잊은 정을 더 멀리하련다.〔採菊東籬下, 悠然見南山.……秋菊有佳色, 裛露掇其英. 汎此忘憂物, 遠我遺世情.〕"를 연상시키는 표현이다.

태학의 제생이 학업이 점차 진보하는 것을 묻기에 너무도 기쁜 나머지 지어서 주다
學中諸生 問業寖進 喜甚有贈

선비 선발하여 쌍재[186]를 여니	選士雙齋闢
모은 양식 일 년은 지낼 수 있네	鳩糧一歲支
호향[187]에서 진출된 그대들 대견한데	多渠互鄕進
나는 고작 자운처럼 기이한 글자나 아는 사람이라[188]	了我子雲奇
바른 학문에는 스승의 가르침이 필요하나	正學須師敎
재목이 되는 것은 자신을 지키는데 달린 것	成材在自持
남아가 평생 학업을 하는데	男兒百世業
열심히 힘쓸 것이요 피곤하다는 말 하지 말라	强勉莫言疲

186 쌍재 : 성균관(成均館) 명륜당(明倫堂) 앞 쪽에 좌우로 벌여 선 동재(東齋)와 서재(西齋)를 말한다. 성균관에서 공부하는 학생들은 상재생(上齋生)과 하재생(下齋生)으로 나뉘는데 동재(東齋)와 서재(西齋)에서 기숙했던 상재생은 소과 초시와 복시(覆試)에 모두 합격한 생원과 진사로서 입학한 정규생이었다.

187 호향(互鄕) : 풍습이 비루해서 모두 상대하기를 꺼려했다는 마을 이름인데 공자가 호향의 동자(童子)를 만나 주자 문인들이 의문을 품었다. 이에 공자는 "그가 몸을 깨끗이 해서 오면 그 깨끗함을 허여하는 것이지 지난날의 행동까지 보장하는 것은 아니다.……그러니 어찌 심하게 할 것이 있겠는가."라고 대답한 바 있다. 《論語 術而》 여기서는 궁벽한 시골을 말한다.

188 나는……사람이라 : 《한서》 권87하 〈양웅전(揚雄傳)〉에 의하면, 한나라의 문장가인 양웅이 고문(古文), 기자(奇字) 등을 많이 알았으므로, 유흠(劉歆)의 아들 유분(劉棻) 등이 그에게 가서 글자를 물어 배웠다고 한다.

유 어사 대재[189]가 명을 받들고 영남에서 시사[190]를 하고 돌아가는 길에 길을 돌아 관재를 방문하여 주었기로 함께 배를 타고 북벽을 유람하면서 짓다

兪御史大哉奉命試士嶺南 歸路迤訪官齋 遂與舟游北壁有賦

들판 정자에 타고 온 말 세우고	野亭停馹騎
강가 난간에 술자리를 마련하네	江檻置深杯
선비를 가리는 데는 맑은 감식안이 어여쁘고	揀士憐淸鑑
백성을 위해 일하는 데는 졸렬한 재주가 부끄럽구나	劬民愧拙才
하늘이 맑으니 배를 띄우는 것이 마땅하고	天晴宜放艇
가을이 저물었으니 누대에 오르는 것 애석하여라	秋晩惜登臺
한양은 뜬구름 저 밖에 있으니	京洛浮雲外
소명 받고 가는 길 재촉하지 않을 수 있으랴	能無召命催

유공(兪公)이 새로 옥서(玉署)에 배수되었기 때문에 이른 말이다.[191]

189 유 어사 대재 : 유우기(兪宇基, 1684~ ?)로, 본관은 기계(杞溪). 자는 대재(大哉), 호는 경도암(景陶庵). 남유용의 장인인 유명홍(兪命弘)의 아들로 유명중(兪命重)에게 입양되었다. 헌납(獻納) · 수찬(修撰) · 교리(校理) · 사간 · 응교 등을 역임하였고, 동지사 · 사은사의 서장관으로 청나라에 다녀오기도 했다.

190 시사(試士) : 관직을 주기 위하여 선비들을 고시하여 뽑는 것을 말한다.

191 유공(兪公)이……말이다 : 옥서(玉署)는 옥당(玉堂)과 같은 말로, 홍문관의 별칭이다. 이 즈음 유우기는 홍문관의 교리가 되었다가 곧이어 부수찬이 되었다.

우연히 강가 정자에 올랐다가 백옥이 생각나 감회에 젖어 읊다

偶登江亭 有懷伯玉感吟

평생 게으르고 졸렬하여 친구가 적었는데　　平生懶拙友朋稀
그만이 홀로 나에게 막역한 친구였지　　獨向吾人意莫違
자취는 풍진에 붙여 애오라지 관복을 걸쳤지만　　寄跡風埃聊冕紱
마음은 강해에 두고 오직 도롱이 생각뿐이었네　　棲心江海只簑衣
평생토록 외로운 회포 가질 수 있다 자신하였는데　　百年自信孤懷在
한바탕 통곡하노니[192] 만사가 그릇된 것을 누가 안타까워하랴　　一慟誰憐萬事非
밝은 달은 덧없는 세상사를 알지 못하고　　明月不知浮世事
깊은 밤 낚싯배에 함께 실려 돌아가네　　夜深同載釣船歸

192 한바탕 통곡하노니 : 이 시를 지은 1740년(영조16), 각별한 친구였을 뿐 아니라 형 남유상(南有常)의 아들이 그의 딸과 결혼하여 사돈지간이기도 하였던 백옥이 40세의 나이로 세상을 떴기 때문에 이른 말이다.

소헐루에서 객과 함께 시를 읊다

少歇樓 與客賦詩

소헐루(少歇樓)에 편히 앉아 있는데 객이 말하기를 "누각의 이름은 소헐(少歇)이고 고개의 이름은 안득헐(安得歇)이니 잠시 쉬고 싶어도 어찌 쉴 수가 있겠습니까?"라고 하였다. 내가 얼른 응답하기를 "풀 이름에 당귀(當歸)[193]가 있고 새 이름에 불여귀(不如歸)[194]가 있으니 진정 이것이 '돌아가야지. 돌아가느니만 못하네.'라는 것입니다."라고 하였다. 서로 함께 큰 소리로 웃고 드디어 시 한 수를 이루었다.

백성의 근심 눈에 가득하니 어찌 쉴 수가 있으랴만	滿目民憂安得歇
이 년간 떠도는 벼슬살이, 돌아가느니만 못하네	二年游宦不如歸
창주[195] 아홉 구비에서 애오라지 흥이 이는데	滄洲九曲聊乘興
달은 외로운 배를 덮고 눈은 옷을 덮는구나	月覆孤舟雪覆衣

193 당귀(當歸) : 승검초의 뿌리로 보혈(補血)에 쓴다고 알려져 있다.

194 불여귀(不如歸) : 두견새를 가리킨다. 전설에 촉나라의 망제(望帝) 두우(杜宇)가 재상 별령(鱉令)에게 왕위를 빼앗기고는 원통함과 한을 품고 죽었는데, 그 후 두견새 한 마리가 날아와 궁궐 앞에서 슬피 울자, 촉나라 사람들이 이 새를 망제의 혼으로 여겨 망제혼이라 하였고, 그 울음소리가 네 박자로 '불여귀거(不如歸去)'라고 하는 것 같다고 하여 불여귀라고 불렀다. 《太平御覽 卷166》

195 창주(滄洲) : 인적이 드물고 경치가 좋은 물가 지역으로, 흔히 은사(隱士)가 속세를 떠나 은거하는 곳을 의미한다.

구병[196]의 식 상인[197]이 고을 관사로 찾아와서 시축을 펼쳤는데 오백옥이 내 시에 화운한 율시 한 편이 있어 나도 모르게 눈물이 종이를 적시기로[198] 애오라지 그 말미에 쓰다

龜屛湜上人來訪縣齋 展其詩軸 得吳伯玉和余韻一律 不覺涕淚之沾紙 聊書其尾

생각하면 동암자[199]와 함께	憶與東巖子
지둔[200]의 집을 찾아갔었지	同尋支遁家
새벽에는 지팡이 짚고 지는 달을 따르고	晨笻隨落月
밤에는 술잔 들고 흐르는 연하를 헤쳤네[201]	宵酌撥流霞
뜬 세상에는 분분히 웃고 노래하고	浮世紛歌笑

196 구병(龜屛) : 단양팔경의 하나인 구담봉(龜潭峰)의 이칭이다.

197 식 상인(湜上人) : 당시 구담정사(龜潭精舍)에 기거하던 승려를 가리키는 것으로 보이지만 자세한 인적은 미상이다.

198 오백옥이……적시기로 : 오백옥은 오원(吳瑗)이다. 이 즈음 백옥의 부음을 들었기 때문에 이른 말이다.

199 동암자(東巖子) : 오원을 일컫는다. 오원이 동촌(東村) 종암(鐘巖)에 별업을 두고 있었기 때문에 함께 어울렸던 사람들이 그렇게 불렀던 것으로 보인다.

200 지둔(支遁) : 동진(東晋) 때 고승으로, 자는 도림(道林)이다. 그는 일찍이 지형산(支硎山)에 들어가 수도하고, 뒤에 낙양(洛陽)의 동안사(東安寺)에 거주했는데, 특히 당시의 명사들과 교유하면서 청담(淸談)을 잘하기로 이름이 높았다. 여기서는 식상인을 가리키는 것으로 보인다.

201 밤에는……헤쳤네 : 신선이 마시다는 술 유하주(流霞酒)를 연상케 하는 표현이다. 두보(杜甫)의 〈종무의 생일(宗武生日)〉 시에 "유하를 조각조각 나누어서, 방울방울 천천히 기울이노라.〔流霞分片片, 涓滴就徐傾.〕"라는 구절이 있다.《杜少陵集 卷17》

빈 산에는 절로 물색만 번화한데	空山自物華
타향에서 홀로 전전하느라	他鄕轉幽獨
다시 매화를 보지 못하는구려	不復看梅花

유문[202]이 보내온 시에 차운하다
次韻孺文見寄

장생의 뜻은 광달한데　曠達莊生意
뱁새는 그저 가지 하나에만 의지하네[203]　鷦鷯只一枝
둥지에 사는 것은 원래 비를 피하기 위함이요　巢居元避雨
마시고 쪼는 것은 절로 때를 알아서이지　飮啄自知時
예로부터 말을 잘 알지도 못하였고[204]　從古知言少
지금은 사리 판단도 더딘데[205]　如今見事遲

202 유문(孺文) : 김순택(金純澤, 1714~1787)의 자가 유문이다. 본관은 광산, 호는 지소재(志素齋)이며 군수를 지냈다. 남유용(南有容, 1698~1773)과 인척관계로 《뇌연집》 권12의 〈김생의 명자에 대한 서〔金生名字序〕〉에 의하면 남유용이 이름을 은택(殷澤)으로, 자를 유문으로 지어주었는데 이름의 '은(殷)' 자를 후에 '순(純)'으로 고쳤다고 한다.

203 장생의……의지하네 : 《장자(莊子)》 〈소요유(逍遙遊)〉에 "뱁새는 깊은 숲에 둥지를 틀어도 의지한 것은 나뭇가지 하나에 지나지 않고, 두더지는 강물을 마셔도 제 배를 채우는 데에 지나지 않는다.〔鷦鷯巢於深林, 不過一枝, 鼴鼠飮河, 不過滿腹.〕"라는 말이 있다. 사람에겐 각각 자기 분수가 있음을 의미한다.

204 예로부터……못하였고 : 원문의 '知言'은 남이 하는 말의 속뜻을 정확하게 파악하는 것을 말한다. 《맹자》 〈공손추 상(公孫丑上)〉에, 공손추가 "무엇을 지언(知言)이라 합니까?"라고 묻자, 맹자가 "편벽된 말에 그 가리운 바를 알며, 방탕한 말에 빠져 있는 바를 알며, 간사한 말에 괴리된 바를 알며, 도피하는 말에 궁함을 알 수 있다.〔詖辭知其所蔽, 淫辭知其所陷, 邪辭知其所離, 遁辭知其所窮.〕" 하였고 또 "나는 말을 알며 나는 나의 호연지기를 잘 기른다.〔我知言, 我善養吾浩然之氣.〕" 하였다.

205 지금은……더딘데 : 원문의 '見事遲'는 사태를 정확하게 파악해서 민첩하게 일

그대의 시는 나를 크게 경계하게 하니 君詩大儆我
다 읽고 또 누구에게 줄까 讀罷更貽誰

두 번째 其二

오도카니 오피궤에 기대어 앉았노라니 傲兀一皮几
맑은 구름 서울의 동쪽에 떠있네 淸雲東洛東
목숨 부지하려는 것이 지금의 세태요 全生今世態
변화하기 어려운 것이 자가의 풍도라 難化自家風
일신에 대한 계책 졸렬한 것이야 해될 것 없지만 未害謀身拙
시속과 같아지는 것을 어이 견디랴 那堪與俗同
종전에 헤아리고 계획했던 일들 從前商畧事
유독 그대만이 고인에 도달하였구려 獨及古人中

세 번째 其三

호방한 것은 애오라지 천성에 맡겼는데 踈狂聊任性
명성 높아지며 마침내 그 뜻을 잊었네 聞達遂忘情
초야에 있을 때는 준수한 백성[206]에게 부끄러웠고 在野慙民秀

처리를 하지 못한다는 말이다. 《사기(史記)》 권79 범수열전(范雎列傳)에 "양후(穰侯)는 머리가 잘 돌아가는 인물이라고 내가 들었는데, 지금 그가 일 처리하는 것은 실로 느리기만 하다.〔其見事遲〕"라는 말이 나온다.

206 준수한 백성 : 주희(朱熹)가 "15살이 되면 천자의 맏아들과 뭇 아들로부터 공, 경, 대부, 원사의 적자와 모든 백성의 준수한 자에 이르기까지 모두 태학에 들어오게 하여 이치를 궁구하고 마음을 바로잡으며 몸을 닦고 사람을 다스리는 방법을 가르쳤다.〔及其十有五年, 則自天子之元子衆子, 以至公卿大夫元士之適子與凡民之俊秀, 皆入

왕을 보좌함에는 나라의 동량이 아니었지 賓王匪國楨
백 년의 일을 궁구하기 어려운데 難窮百年事
감히 일신의 영광이라 하랴 敢以一身榮
바라보며 산집에 기대어 있노라니 注目憑山閣
강하는 밤낮으로 맑게 흐르네 江河日夜淸

네 번째 其四

참으로 오부자[207]는 展也吳夫子
마음에 품은 뜻 나와 가까웠지 襟期與我親
소탈하고 대범하게 명성과 이익 멀리하고 蕭踈遠聲利
차분하고 면밀하게 경륜을 드러냈네 靜密見經綸
사직은 평생의 뜻이요 社稷平生志
강호는 잠깐 몸이 머문 곳 江湖造次身
사별의 한을 어찌 견디랴 那堪死別恨
실컷 마시려 해도 순배를 이루지 못하는구려 痛飮不成巡

다섯 번째 其五

술을 대하고 있자니 시름이 많아져 對酒繁愁思
큰 소리로 노래 부르며 먼 하늘을 바라보네 高歌望遠霄
서리 맑으니 길짐승 굶주리고 霜淸飢走獸
얼음 단단하니 돌아가는 배 묶였겠지 氷壯滯歸橈

大學, 而敎之以窮理正心修己治人之道.]"라고 하였다. 《大學章句 序》

207 오부자(吳夫子) : 오원(吳瑗)을 말한다.

세월이 이미 이와 같으니 歲色已如此
봄바람도 응당 멀지 않았을 터인데 春風應未遙
원안의 한 길이 눈 속에 덮였으니[208] 袁安一徑雪
바라만 볼 뿐 부를 수 없구나 可望不堪招

여섯 번째 其六

부질없이 강호의 약속을 해놓고 漫設江湖約
유유히 몇 번의 가을을 보냈던가 悠悠度幾秋
습지에 말 타고 가지 못하고[209] 無將習池馬
섬계에 배 타고 가지도 못하였네[210] 不及剡溪舟

208 원안의……덮였으니 : 원안은 후한(後漢) 때의 명상(名相)이다. 낙양(洛陽)에 폭설이 내렸을 적에, 사람들이 눈을 치우고 밖으로 나와서 걸식을 하였는데, 원안의 집만은 눈이 그대로 쌓여 있었으므로, 이미 굶어 죽은 것이 아닌가 하고 낙양 영(洛陽令)이 의심한 나머지, 사람들로 하여금 눈을 치우고 들어가서 살펴보게 하였더니, 원안이 뻣뻣이 드러누워 있다가 "큰 눈이 내려 사람들이 모두 굶고 있는 판에, 사람들에게 먹을 것을 구하는 것이 온당치 못하게 여겨져서 그랬다."고 대답하였다. 이에 낙양 영이 훌륭하게 여겨 그를 효렴(孝廉)으로 천거했다는 고사가 있다.《後漢書 卷45 袁安列傳》'一徑'은 한(漢) 나라 장허(蔣詡)가 대밭 속에 숨어살면서 세 길을 내어 뜻 맞는 친구 양중(羊仲)·구중(裘仲)과 왕래하였다는 '三徑'의 고사를 염두에 둔 표현으로, 절친했던 오원이 죽어, 부르거나 찾아갈 수 없는 길을 비유한다.

209 습지에……못하고 : 습지(習池)는 진(晉)나라 때 습씨(習氏)의 양어지(養魚池)를 말한다. 진(晉)나라 때 산간(山簡)이 술을 매우 좋아했던바, 일찍이 양양 태수(襄陽太守)로 있을 적에 현산(峴山) 아래 위치한 습씨(習氏)들의 양어지(養魚池)가 매우 경치가 좋아서 매일 그곳에 나가 온종일 술을 마시고 곤드레가 되어 돌아오곤 하였다고 한다.《晉書 卷43 山簡傳》풍류를 만끽하는 것을 이른다.

210 섬계에……못하였네 : 진(晉)나라 왕자유(王子猷)가 산음(山陰)에 살면서 눈

우리 도는 조은[211]을 부끄러워하고	吾道慚朝隱
시국 걱정은 재야에서 낸 계책[212]이 훌륭했지	時憂獲野謀
어느 때나 관단마[213] 한 필로	何時一款段
내가 사는 양수[214] 남쪽 누각을 물을까	問我瀼南樓

내리는 밤, 불현듯 섬계(剡溪)에 있는 벗 대안도(戴安道)가 생각나서 작은 배를 타고 찾아갔다가 정작 그곳에 도착해서는 문 앞에서 다시 돌아오기에 그 까닭을 물었더니, "내가 본래 흥에 겨워 왔다가 흥이 다하여 돌아가는 것이니, 대안도를 보아 무엇 하겠는가." 하였다고 한다. 《世說新語 任誕》벗을 찾아감을 뜻한다.

211 조은 : 은자들은 대개 산림(山林) 깊숙한 곳에 사는데, 그중에 특별한 인물은 하급 관료로 자진하여 일생을 보내기도 하였으니, 그것을 조은(朝隱) 혹은 관은(官隱)이라 하고, 또 어떤 인물은 저자에 들어가서 조그만 장사로 일생을 보내기도 하였으니, 그것을 시은(市隱)이라 하였다. 그래서 "소은은 산속에 숨고 대은은 조정이나 저잣거리에 숨는다.〔小隱隱陵藪, 大隱隱朝市.〕"라는 말이 있었다. 《文選 反招隱 註》

212 재야에서……계책 : 《춘추좌씨전》 양공 31년에 "비침은 계획을 잘 냈는데 야외에서 내는 계책은 훌륭하였지만 성읍에서 내는 계책은 그렇지 못하였다.〔裨諶能謀, 謀於野則獲, 謀於邑則否.〕"라는 내용이 나온다.

213 관단마(款段馬) : 걸음이 느릿느릿한 작은 말을 가리킨다.

214 양수 : 본래 사천성(四川省) 봉절현(奉節縣) 산간에 흐르는 냇물 이름인데,여기서는 한강을 의미하는 것으로 보인다. 김창협의 《농암집(農巖集)》에 "양수(瀼水) 동쪽과 서쪽에서 화산(華山)을 한 부분씩 나누어 살았다.〔瀼東瀼西, 分華山一半之居.〕"라고 하여 한강을 양수로 북한산을 화산으로 쓴 용례가 있다. 《農巖別集 卷之二 附錄 祭文》

백옥의 장례일이 정해졌다는 말을 들었으나 관직을 지켜야 하는 한계로 장지에 가서 한바탕 통곡하지 못하게 되었기에 애도의 마음 극에 달하여 입으로 불러 절구시 두 수를 짓고, 문원·유문·광문 등 제군자들에게 편지삼아 보내다

聞伯玉葬日已卜 而限以官守 不可臨穴一慟 哀悼之極 口呼二絶 簡寄文遠孺文廣文諸君子

하늘이 좋은 사람을 잃게 하는 것이 마치 뽑아가는 듯하니 天喪好人如揀出
백년의 오도가 끝내 곤궁하게 되었구나 百年吾道果終窮
광릉[215]의 풍설 속에서 모름지기 장례를 지켜보아 廣陵風雪須看葬
선생이 선비를 사랑한 풍도를 폐하지 않게 해야 하리 不廢先生愛士風

백옥(伯玉 : 吳瑗)은 이름과 지위가 이미 현달한 뒤에도 선을 좋아하고 선비들을 예우[216]하였으니 이는 그가 보여준 한 가지 지극히 높은 경지라, 죽고 나서 이것으로 선비들에게 보답을 받아야 마땅하다. 그러니 지금 장사를 지낼 때 제공들은 그 무덤에 가서 풍설(風雪)로 시를 짓지 말고 그가 평소 선비를 사랑한 풍도를 드날려 주기 바란다.

215 광릉(廣陵) : 경기도 광주(廣州)의 별칭이다. 오원이 살았던 곳이면서 묻힌 곳이다.

216 선비들을 예우 : 원문의 '下士'는 선비에게 자신을 낮추어 예우하는 것이다. 《사기(史記)》 권77 〈위공자 열전(魏公子列傳)〉에 "공자는 사람됨이 어질어 선비에게 자신을 낮추었다.〔公子爲人仁而下士.〕"라고 하였다.

두 번째 其二

빈소를 어루만진들 끝내 무슨 보탬이 되랴　　且令撫殯終何益
기어이 구천으로 떠나보내니 더욱 쓸쓸한 것을　　斷送九泉尤寂然
호해 같은 풍류 누가 이와 비슷할까　　湖海風流誰得似
모름지기 백구 앞에 와서 조문을 해야 하리　　也須來吊白鷗前

오경보[217]에게 부치다

寄吳敬父

겨울 매화 홀로 내노라하며　寒梅獨偃蹇
저물녘 눈서리 속에 우뚝하구나　落落霜霰暮
향기는 참으로 없어지지 않는데　馨香故未沫
어찌 서로 벗이 되어 머무르지 못하는가　胡不相伴駐
아득히 흘러가는 영춘의 강이요　迢迢永春江
울창하게 우거진 광릉의 나무라[218]　鬱鬱廣陵樹
그대 가서 돌아보지 않으니　君去不回顧
슬프디슬픈 눈물만 비 오듯 하는구려　哀哀淚如雨

앞의 두 구는 존백씨(尊伯氏)[219] 월곡(月谷 오원)의 시어(詩語)이다. 8월 중에 월곡이 꿈 속에서 나와 함께 시를 짓다가 이 두 구를 얻었다는데, 깨고 나니 기이한지라 나에게 이어 완성을 하라고 요구하였다. 나는 그러마 하고는 완성을 하지 못하였는데 얼마 뒤에 월곡이 작고를 하여 장례를 치르게 되었다. 생각해 보면 이내 삶은 기구하고 곤궁하며 마음 맞는 짝도 적었는데 월곡을 잃고부터 오도(吾道)가 더욱 외로워졌으니 백년의 일을 진작 알 수 있었다. 아마도 꿈에 나타난 바가 먼저 조짐이 된 것이고, 또 스스로를 슬퍼할 겨를조차 없이 나를 슬퍼해야 했던 것이 아니겠는가? 애도하고 통

217 오경보(吳敬父) : 오원(吳瑗)의 막내아우인 오찬(吳瓚, 1717~1751)을 가리킨다. 자가 경보(敬父)이며 호는 청수재(淸修齋)이다. 오진주(吳晉周)의 아들이자 오원의 이복 아우로, 오이주(吳履周)에게 입적되었다.

218 아득히……나무라 : 남유용은 현재 영춘 현감으로 부임해있고 오원은 광릉에 묻혔기 때문에 이른 말이다.

219 존백씨(尊伯氏) : 상대방의 형을 높여 부르는 말이다.

곡한 뒤 비로소 이어 여섯 구를 지었는데 시편을 완성하였으나 부칠 데가 없기로 애오라지 경보(敬父)에게 보인다. 아양(峩洋)의 거문고줄 이제부터 끊어졌구나.[220] 슬프고 슬프도다.

220 아양의……끊어졌구나 : 옛날 백아(伯牙)가 높은 산에 뜻을 두고 거문고를 타자, 그의 친구 종자기(鍾子期)가 듣고서 "높아서〔峩峩〕 태산 같다." 하였고, 백아가 또 흐르는 물에 뜻을 두고 거문고를 타자, 종자기가 듣고서 "양양(洋洋)하여 강하(江河)와 같다." 하여 백아가 생각하고 있는 것을 종자기가 알고 있었는데, 종자기가 죽고 나서는 다시 그런 친구가 없으므로, 백아가 자기의 거문고 소리를 알아줄 사람이 없다 하여 거문고 줄을 끊어 버렸던 고사가 있다.《列子 湯問》 포부나 뜻을 알아줄 친구가 없어졌음을 뜻한다.

관직을 옮기게 되어 돌아가려고 할 때에 학중의 제생이 월주까지 배웅하면서 각자 술과 시를 올리기에 그 중 시 한 수에 차운하며 작별하다

移官將歸 學中諸生送至越州 各獻酒與詩 次其一首爲別

남쪽으로 날아가는 학 한 마리 강 하늘을 지나고 南飛一鶴過江天
적벽의 배 속에 있는 그대 역시 신선일세 赤壁舟中爾亦仙
　영춘(永春)에는 적벽(赤壁)이 있다.
풍진의 굴레 벗고 언제나 돌아오려나 籠去風塵何日返
흰구름 밝은 달을 바라보니 여전하구나 白雲明月看依然

의숙과 함께 이른 봄에 동산에 올라 조망하면서 시를 지어 몽여를 부르다 신유년(1741, 영조17)

同宜叔早春東山登眺 賦詩邀夢與 辛酉

술을 대하고 방초가 사랑스러워	對酒愛芳草
이른 봄 동쪽 산에 오르기로 기약하였지	早春東嶽期
갓 자란 부평초 막 물을 덮고	新萍纔覆水
어여쁜 새는 절로 시절을 아네	好鳥自知時
집들 밀집한 성곽엔 그늘이 아스라하고	第宅城陰逈
회화나무 삼나무 우거진 동산엔 해가 더디 가는구나	槐杉苑日遲
남촌에 꼭 편지를 보내어	南村須折簡
그윽한 정취 남들에게 알려야겠네	幽事與人知

산속 생활을 묘사하다. 이때 내가 간원에 들어가서 현도[221]를 통해 문자를 올렸다

山居寫事 時余入諫院 以縣道進文字

장맛비 막 개어 창호가 환하고	積雨新收戶牖明
못과 정원에선 막 녹음이 생겨나는 것을 보네	池園初見綠陰生
봉장을 주가[222]에 부쳐 보내려 하니	封章欲付州家去
맘껏 우는 숲속 꾀꼬리에게 도리어 부끄럽네	却愧林鸎盡意鳴

221 현도(縣道) : 직접 상소를 올리지 아니하고 현(縣) · 도(道) 등 지방 관서(官署)를 통하여 올린 것을 말한다.

222 주가(州家) : 주(州)의 목사나 고을의 수령을 이른다.

여름날 홀로 큰 나무 아래 누워 더위를 식히다

夏日獨臥大樹下取凉

나무뿌리는 깨끗하기가 소제를 한 듯	樹根淨如掃
해 옮겨가도록 내 팔을 베고 누웠네	移日曲余肱
학은 괴이해 하며 자주 와서 보고	鶴怪頻來見
꾀꼬리는 불러도 함부로 응대하지 않네	鸎呼漫不譍
푸른 산으로는 눈만 가고	山青眼獨往
흰 구름 보고 있자니 잠이 따라오네	雲白睡相仍
분수 따라 약간 더위를 식혔으니	隨分微凉得
굳이 옥정의 얼음[223]이 필요하랴	何須玉井氷

223 옥정의 얼음 : '옥정(玉井)'은 본래 화산(華山)의 꼭대기에 있다고 하는 샘물인데, 여기에서는 궁궐에서 나눠 주는 얼음을 뜻한다. 두보의 〈잦은 병에 더위를 먹고는 이 상서 지방을 삼가 그리다〔多病執熱 奉懷李尙書之芳〕〉에 "길에서 더위 먹어 황매우에 젖기를 생각할 뿐, 성상의 은혜로운 옥정의 얼음을 감히 바라리오.〔思霑道暍黃梅雨, 敢望宮恩玉井冰?〕"라는 구절이 있다. 《全唐詩 卷232》

의숙과 함께 종암[224]에서 묵으며 운을 뽑아 각자 짓다
同宜叔宿鍾巖 抽韻各賦

누구를 위해 거듭 북산[225]의 문을 두드릴거나　爲誰重款北山扉
초당은 적막하게 황혼빛을 띠었구나　草閣蕭然帶晩暉
벽을 털다 낚시하는 그림에 마음 놀라고　拂壁心驚漁釣畫
시냇물 따라가다 벽라의[226]에 눈물 떨어지네　緣溪淚落薜蘿衣
바람 맞는 홰나무는 사람 머물게 할 뜻을 버리지 않건만　風槐不廢留人意
우는 새는 돌아가는 손님 보내는 것을 아는 듯하구나　啼鳥如知送客歸
한 곡조 아양곡 이제부터 끊어졌으니　一曲峩洋從此斷
세간에선 진정 깨달으리 지음이 드물다는 것을　世間眞覺賞音稀

224 종암(鍾巖) : 친구 오원(吳瑗)의 별업(別業)이 있던 곳이다. 이곳에서 이천보(李天輔)·남유용(南有容)·오원·황경원(黃景源) 등을 비롯한 여러 문사들이 자주 모여 시주회(詩酒會)를 가졌다.

225 북산 : 흔히 은거지를 비유하는데 여기서는 종암을 가리킨다. 남제(南帝) 때 주옹(周顒)이 북산에 은거하다가 해염 현령(海鹽縣令)이 되었는데, 나중에 그가 다시 북산으로 돌아오려고 하자 그의 친구 공치규(孔稚圭)가 산신(山神)의 뜻을 가탁하여 〈북산이문(北山移文)〉을 지어 그를 비난한 바 있다. 《文選 卷43 北山移文》

226 벽라의(薜蘿衣) : 칡덩굴 옷이라는 뜻으로, 보통 산에 사는 은자(隱者)의 복장을 가리킨다. 《초사(楚辭)》 〈구가(九歌) 산귀(山鬼)〉에 "벽려로 옷을 해 입고 여라의 띠를 둘렀도다.〔被薜荔兮帶女蘿.〕"라는 표현이 나온다.

백옥(伯玉 : 吳瑗)이 일찍이 우리 세 사람이 창화한 작품들을 엮어 《아양집(峩洋集)》[227]이라고 이름 붙인 적이 있다.

227 아양집(峩洋集) : 따로 전하지는 않는다. 다만 이천보도 셋이 함께 읊던 시를 각 20편씩 모아 〈종암수창록(鐘巖酬唱錄)〉이라는 이름으로 묶었으니 그 작품이 얼마나 많았는지를 짐작할 수 있다. 《진암집 권7 題鐘巖酬唱錄後》

또 의숙의 시운을 차운하여 회포를 쓰다
又次宜叔韻 書懷

여기 다시 온 것 도리어 후회스러우니	却悔重來此
옛날 노닐던 일은 말하지 마세	休提疇昔遊
슬픔 또한 허망하다는 것을 잘 아는데	極知悲亦妄
그래도 절로 눈물이 하염없이 흐르는구려	猶自淚長流
세상만사는 봉우리에서 피어나는 구름이요	萬事雲生嶂
외로운 심회는 누각 속으로 들어오는 달빛이라	孤懷月入樓
우리들은 아직도 이리저리 떠도는데	吾曹尙飄泊
나가고 물러감에 누가 그 근심을 함께 하여 주랴	進退孰同憂

윤부평 경일 어르신 회갑잔치 자리에서 지은 시에 차운하다
次尹富平 慶一 丈回甲壽席韻

고우신 모습 엊그제 같은데	瑤環猶昨夕
어느새 올해 화갑이 되셨네	花甲且今年
노모껜 화려한 술잔 올려 축수하고	壽母湛華酌
하객들에겐 성대한 잔치 벌여 즐겁게 해주시는구려	娛賓敞錦筵
소 타고 그림 바친 날이요	騎牛獻畫日
비둘기 날려 방생한 하늘이라[228]	飛鴿放生天
곱고 예쁜 아이들 있고	姸好兒童在
너울너울 춤추는 여인들 앞에 있네	婆娑舞袖前

228 소 타고……하늘이라 : 이날 회갑연에서 있었던 행사인 듯한데 자세한 내용은 미상이다.

가을 밤 공필·광문과 함께 읊다
秋夜同公弼廣文有吟

성곽엔 늦가을 바람이 부는데	城郭秋風晩
나지막한 읊조림 북쪽 숲을 두르네	微吟繞北林
낡은 경전 읽으며 애오라지 도를 믿는데	殘經聊信道
뜬 세상엔 마음을 알아줄 이 적구나	浮世少知心
달빛 비추는 난간은 외로운 객을 머무르게 하고	月檻留孤客
차가운 하늘에선 멀리 새 울음소리 들려오네	霜空聽遠禽
등고[229]의 좋은 명절 다가왔으니	登高佳節近
어찌 깊이 문 닫고 있을 수 있으랴	那得閉門深

229 등고(登高) : 음력 9월 9일에 높은 산에 올라가 국주(菊酒)를 마시며 재액(災厄)을 물리치는 일을 말한다.

황 한림 대경이 사관을 천거할 때 분향하지 않기로 한 일[232] 때문에 수일간 금추[233]를 당했는데 편지를 보내 《소주집》[234]을 구해달라고 하였다. 내가 답장을 보내기를 “소주는 명리 밖의 사람[235]이라 감옥 속에 들여보낼 수 없소. 천천히 마주 대하기를 기다렸다가 땅 쓸고 분향한 뒤 읽어도 늦지 않을 것이요.”라고 하였다. 그리고는 장난삼아 시 한편을 짓다

黃翰林大卿 以史薦不焚香 禁推累日 貽書索蘇州集 余復書曰蘇州名利外人 不可使入囹圄中 徐竢相對 掃地焚香一讀之未爲晩也 戲成一詩

위로는 원래 명리를 추구한 사람이 아니니 韋老元非名利人

230 황 한림……일 : 황 한림은 황경원(黃景源, 1709～1787)으로, 본관은 장수(長水), 자는 대경(大卿), 호는 강한(江漢)이다. 1742년(영조17) 황경원이 한림이 되었는데 영조가 한림(翰林)을 회천(回薦)하는 규례를 혁파하고 회권(會圈)의 제도를 도입하도록 명하였다. 회천(回薦)이란 한림(翰林)을 천망(薦望)할 때 현직, 전직 한림이 모여서 권점(圈點)을 찍어 그 기록을 대신과 관각당상(館閣堂上)들에게 회람하여 가부를 정하는 일이다. 만약 한사람이라도 불가하다고 하는 이가 있으면 모두 천거를 삭제하여 반드시 여러 사람의 의논이 일치한 연후에 분향하고, ‘사람을 잘못 천거하면 반드시 그 재앙을 받는다.’는 말로 하늘에 고한다. 반면 대안으로 제시된 회권(會圈)은 대제학(大提學) 이하 각급 관원의 적임자를 새로 선출할 때 전임자들이 모여서 피선될 사람의 성명 위에 권점(圈點)을 찍어 이 권점을 많이 얻은 자가 임명되도록 한 제도이다. 탕평책을 추진하고 있었던 영조는 회천 제도가 피차 두 당에서 서로 부호하고 억제하며 싸우기를 그치지 않아 붕당 간 다툼의 빌미가 될 수 있다고 생각하여 혁파를 결정하였다. 그러나 황경원은 이것이 옛 제도를 허무는 것이라고 극력 반대하였다. 바르게 시행되면 가장 좋은 제도지만, 잘못 시행되는 경우 권간의 전횡을 공식적으로 인정하는

향 피우고 땅을 쓸었던 것도 천성이었네[234]	焚香掃地也天眞
낡은 책 한가로운 곳에 두어야 마땅하니	殘編合置寬閒地
난대의 갇혀있는 사람[235]과 기꺼이 짝하겠는가	肯伴蘭臺縲絏身

결과를 초래한다는 것이었다. 그 과정에서 이 일을 이이첨(李爾瞻)의 고사에 빗대어 말한 것이 영조의 노여움을 사 결국 의금부에 하옥(下獄)되고 파직되었으며 춘추관(春秋館)의 분향법(焚香法)은 폐지되었다. 관련 내용은《강한집》권3에 있는 〈춘추관의 사관 선발법을 논한 소〔論春秋館選法疏〕〉와《영조실록 17년 4월 22일, 4월 23일, 9월 5일》등에서 볼 수 있다.

231 금추(禁推) : 의금부에서 죄인을 심문하는 일을 말한다.

232 소주집(蘇州集) : 당나라 시인 위응물(韋應物)의 문집《위소주집(韋蘇州集)》을 말한다.

233 소주는……사람 : 위응물의 〈다시 서산을 유람하다〔再游西山〕〉에 "출신이 명리를 싫어하여 그러한 일을 만나면 곧 주저하게 된다.〔出身厭名利, 遇境卽躊躇.〕"라는 말이 있다.

234 향……천성이었네 : 위응물(韋應物)은 성품이 고결하며 적게 먹고 욕심이 적어 있는 곳마다 향불을 피우고 땅을 쓸고 앉았다.〔應物立性高潔, 鮮食寡欲, 所居焚香掃地而坐.〕"고 한다.《唐語林 · 文學》

235 난대의……사람 : 난대(蘭臺)는 춘추관을 말한다. 황경원이 춘추관 한림이 되고 나서 겪은 고초이기 때문에 이른 말이다.

대경이 내일 등고[236]하지 않겠느냐고 묻기에 장난삼아 한 수 지어 답하다

大卿問明日欲登高不 戱作一首答之

감옥에 비바람 몰아쳐 밤 되면 차니 圓扉風雨夜來寒
분명코 이전에 좋은 벼슬한 것 후회하겠지 端悔從前做好官
모자 떨어트리던[237] 젊을 적 일을 잘 알 터이나 落帽固知年少事
그대의 머리 위에 절로 관이 없는 것을 어찌하겠나 奈君頭上自無冠

236 등고(登高) : 음력 9월 9일에 높은 산에 올라가 국화주(菊花酒)를 마시며 재액(災厄)을 물리치던 일을 말한다.

237 모자 떨어트리던 : 진(晉)나라 때 맹가(孟嘉)가 일찍이 환온(桓溫)의 참군(參軍)으로 있을 때, 한번은 환온이 9월 9일에 용산(龍山)에서 잔치를 열어 막료들이 모여 즐겁게 놀았는데, 그때 마침 서풍(西風)이 불어 맹가의 모자가 날아갔는데도 맹가는 알아차리지 못하였다. 이에 환온이 손성(孫盛)에게 글을 지어 맹가를 조롱하게 하자 맹가가 곧바로 화답하였는데, 그 글이 매우 아름다워 모두들 찬탄하여 마지않았다는 고사가 있다. 이 고사로 인하여 후에 중양절에 높은 곳에 올라가 모자를 떨어뜨리는 풍류가 생겨났다고 한다.《晉書 卷98 孟嘉列傳》

중양일에 광문[238]이 술을 가지고 와서 마시고 술이 떨어지자 종인 탄보 이중 가 주머니를 털어 술을 사와 이어서 마시고는 취해서 장률시를 지어 제군들에게 부치다

重陽日 廣文携酒來飮 酒盡 宗人坦甫 履重 傾囊繼之 醉吟長律屬諸君

바람 선선하고 찬비 내리는 낙산의 동쪽 踈風冷雨駱山東
가절에 등고하는 것은 습속이 같네 佳節登高習俗同
모자 떨어트리는 것이 응당 호사의 거동은 아니오 落帽未應豪士擧

자주(自註) : 환공(桓公)의 잔치 자리에서 모자가 떨어졌으니 어찌 호기(豪氣)가 될 수 있겠는가.[239]

수유를 꽂았으니 그나마 고인의 풍모는 되겠구나[240] 挿萸聊爾古人風
가을은 성궐에 들어 나그네를 슬프게 하고 秋生城闕悲遊子
나뭇잎은 강호에 떨어져 멀리 가는 기러기를 울게 하네 木落江湖叫遠鴻
울타리의 국화도 뜬세상의 작태를 아는지 籬菊也知浮世態
한 떨기 담박한 꽃 속에 짙은 붉은 색이 끼어 있네 一叢澹白間深紅

238 광문(廣文) : 이연(李演)이다. 자가 광문으로 남유용(南有容)의 질녀가 그에게 시집갔으므로 남유용의 조카사위이자 남유상의 사위가 된다.

239 환공의……있겠는가 : 369쪽 주237 참조.

240 수유를……되겠구나 : 중양절(重陽節)에 사람들이 붉은 주머니에 수유(茱萸)를 담아서 팔뚝에 걸고 높은 산에 올라가 국화주(菊花酒)를 마셔 재액(災厄)을 소멸시키는 풍속이 있었기 때문에 이른 말이다.

공필이 월곡에서 옛날 놀던 것을 추억하며 드는 감회를 읊은 장률시에 차운하다

次公弼憶月谷舊遊感懷長律

만사가 진정 백세토록 아득해졌으니	萬事眞成百世遙
광릉[241]의 가을 풀은 날로 스산해지겠지	廣陵秋草日蕭蕭
거문고는 곡을 알아주는 이 없어 줄 막 끊어졌고	琴無識曲絃初斷
학은 무리를 생각하느라 기운이 꺾였구나	鶴爲思群氣不驕
자리를 둘러싼 벗들은 옛날 벗이 아니요	遶席賓朋非昨日
성에 가득한 비바람은 어젯밤의 기약 저버렸네	滿城風雨負前宵
태상은 정을 잊을 수 있다는 것 잘 알지만[242]	極知太上忘情在
자꾸만 들리는 벌목의 노래[243] 견디기 어렵구려	叵耐重聞伐木謠

241 광릉 : 광주(廣州) 월곡(月谷). 오원이 묻힌 곳이다.

242 태상은……알지만 : 태상은 최고의 경지에 오른 사람으로 성인(聖人)을 가리킨다. 진(晉)나라 때 왕융(王戎)이 일찍이 아들을 잃었을 때, 산간(山簡)이 찾아가 보니 왕융이 비통함을 감당하지 못하고 있었다. 산간이 말하기를 "어린애는 품 안의 물건이거늘 어찌 이 지경에 이른단 말인가."라고 하자, 왕융이 말하기를 "성인은 정을 잊고, 가장 하등인은 정을 다하지 못하니, 그렇다면 정을 다 쏟을 수 있는 것은 바로 우리들에게 있다.〔聖人忘情, 最下不及情, 然則情之所鍾, 正在我輩.〕"라고 하였다. 《晉書 卷43 王戎列傳》

243 벌목의 노래 : 〈벌목(伐木)〉은 《시경(詩經)》 소아(小雅)의 편명으로 서로 벗을 찾는 새들의 울음소리로 흥을 일으켜 사람 사이의 우정을 읊은 시이다.

밤에 앉아서 운을 부르다
夜坐呼韻

새들은 둥지로 돌아가 버리고	鳥雀歸巢罷
마을에는 옅은 안개 걷혔네	村墟斂薄煙
회화나무 삼나무엔 맑은 달빛 흩어지고	槐杉散淸月
서리와 이슬은 먼 하늘에 차갑구나	霜露淨遙天
도성엔 은하수 기울고	京闕銀河側
산성엔 단풍나무 늘어섰네	山城錦樹前
근심 걱정에 잠이 잘 오지 않아	艱虞眠睡少
지팡이 짚고 나오니 생각이 아득하여라	拄杖意茫然

새벽에 일어나

曉起

지는 달은 성에서 멀어져가고	落月去城遙
된서리는 뜰에 많이도 내렸네	淸霜下庭多
홀로 국화꽃 핀 둔덕에 와서	獨來黃菊畔
밤새 핀 꽃을 헤아려 보노라	自數夜開花

사제의 시에 차운하여 족인 부곡옹 재중 의 시골집에 부치다
次舍弟韻 寄題族人芙谷翁 載重 田廬

베적삼에 가시나무 비녀[244]로 누추한 집[245]에 살면서 布褐荊釵蓽戶中
한 몸에 급비[246]와 초동의 일을 겸했네 兼身汲婢與樵童
잘 알겠네 본래 그대에게 가난은 병통이 아니었음을 極知原子貧非病
안락할 때가 와도 그 즐거움 같을 수 있었으니 耐到安時樂也同

두 번째 其二

부곡은 용상의 산골짝에 있는데 芙谷於龍尙峽中
물 넉넉하고 풀이 푸르러 산이 헐벗지 않았네 水饒靑草山不童
송아지 튼튼하고 사립문 가지런하고 牛兒肥健柴荊整
푸른 안개 속 한 마을 생업이 같다네 煙翠一村生事同

부곡(芙谷)은 용인(龍仁)에 있다.

세 번째 其三

회로의 은거지가 이곳에 있어 晦老幽棲寄此中

244 가시나무 비녀 : 원문의 '荊釵'는 부녀자의 검소한 복장을 뜻하는 말이다. 한(漢)나라 때 은사(隱士)인 양홍(梁鴻)의 아내 맹광(孟光)이 가시나무 비녀에 베치마만 입었던 데서 유래하였다.

245 누추한 집 : 원문의 '봉필(蓬蓽)'은 '봉문필호(蓬門蓽戶)'의 줄인 말로 쑥대나 싸리로 만든 문이라는 뜻인데, 가난하여 누추한 집을 이른다.

246 급비(汲婢) : 물 긷는 계집종. 즉 부엌일을 하는 계집종이다.

황폐한 동산의 꽃과 돌, 우리 아이들에게까지 전해졌네 廢園花石及吾童
지금 밭 가는 일을 면하게 되었는가 如今免被耕畬否
아끼고 보호하기를 정녕 청전[247]이나 홀과 같이 해야 하리 護惜端須氈笏同

부곡(芙谷)은 즉 회곡공(晦谷公)[248]의 옛 집터이고, 옹(翁)은 그의 증손(曾孫)이다.

네 번째 其四

보리 심은 산밭은 부세가 하중[249]인데 種麥山田賦下中
나무 기르는 원포에는 열매가 주렁주렁 養樹園圃子童童
궁한 살림에 생활은 비록 이와 같지만 窮居活計如斯了
지극한 맛은 외려 이웃 마을과 같으리라 至味還應隣里同

247 청전(青氈) : 푸른 모전(毛氈)이니 집안에 대대로 전해 내려오는 귀한 유물이라는 뜻으로, 여기서는 가학을 가리킨다. 진(晉)나라 왕헌지(王獻之)가 어느 날 밤 재실(齋室)에 누워 있었는데, 도둑이 그 방에 들어와서 물건을 모조리 훔쳐 가려고 하자, 왕헌지가 천천히 말하기를 "도둑아, 푸른 모전은 우리 집에 대대로 전해 온 물건이니 그것만은 두고 가거라." 하였다. 《晉書 卷80 王獻之列傳》

248 회곡공(晦谷公) : 남선(南銑, 1582~1654)으로, 본관은 의령(宜寧), 자는 택지(澤之), 호는 회곡(晦谷)·대몽(大夢), 시호는 정민(貞敏)이다. 병조 참의로 있던 중 동지사로 청나라에 다녀왔고, 이후 경상 감사와 이조와 형조의 판서를 지냈다.

249 하중(下中) : 농사의 풍흉에 따라 전세(田稅)를 정하는 것을 말한다. 1년을 10분으로 하여, 10분에 만족하면 상상(上上)의 세를 메고, 9분이면 상중(上中), 8분이면 상하(上下), 7분이면 중상(中上), 6분이면 중중(中中), 5분이면 중하(中下), 4분이면 하상(下上), 3분이면 하중(下中), 2분이면 하하(下下)가 되고 1분이면 면세해 준다. 《大典會通 戶典》

다섯 번째 其五

밤에는 옹기 들창[250] 속에서 도롱이를 짜고 夜織蓑衣瓮牖中
손으로 밤 대추 따서 아이에게 주네 手將棗栗賦兒童
이따금 이웃집 아이가 책 들고 오면 時逢隣子携書至
등불을 빌려주어 사방 벽이 다 환하다네 爲借燈光四壁同

여섯 번째 其六

향당에서 외람되이 향음주례와 향사례[251]를 행할 때 飮射曾叨鄕黨中
조를 나누어 아이들까지도 읍양을 하였지 分曹揖讓及髫童
서울은 10년 만에 풍속이 크게 변했는데 京洛十年風俗變
이 마을 규약은 옛날과 같아 오히려 기쁘구려 洞規猶喜舊時同

250 옹기 들창 : 깨진 항아리를 벽 사이에 넣어 창문을 낸 것으로 빈한한 선비의 거처를 형용한 말이다.

251 향음주례와 향사례 : 조선 세종 때에 이루어진 《오례의(五禮儀)》에 따르면 향음주례(鄕飮酒禮)는 한성부(漢城府)와 외방 각 고을에서 매 10월에 날을 가려서 나이가 많고 덕이 있는 자와 재행(才行)이 있는 사대부(士大夫)·서인(庶人)을 모아 술을 마시고 충효(忠孝)·교회(敎誨) 등을 서약하는 의례(儀禮)이고, 향사례(鄕射禮)는 개성부(開城府)와 외방 각 고을에서 매 3월 3일과 9월 9일에 효제충신(孝悌忠信)하며 예(禮)를 좋아하고 난잡하지 않은 사람을 골라 활쏘기와 잔치를 베풀어 유학 도덕의 풍기를 배양하던 의례이다. 모두 몸을 공손하게 굽혀 자기를 낮추고 상대방에게 양보하는 읍양의 예절을 중히 여겼다.

예부의 시원에서 우연히 주 선생의 〈시원잡시〉를 읊조리다가 그 중 한 수에 차운하여[252] 윤 수령 경유 급[253]에게 보여주다

禮部試院 偶誦朱先生試院雜詩 聊次一首 示尹令景孺 汲

병으로 문원의 일을 하지 못하였는데	病却文園事
유유히 가을 한철 흘러가 버렸네	悠悠過一秋
정성은 아송에서 희미해졌고[254]	正聲迷雅頌
기자[255]는 현유에서 어두워졌지	奇字昧玄幽

252 주 선생의……차운하여 : 시원(試院)은 과거 시험에 대한 일을 주관하는 관청이다. 주희의 〈시원잡시(試院雜詩)〉 5수 가운데 첫 번째 수를 차운하였다.

253 윤 수령 경유 : 윤급(尹汲, 1697～1770)을 가리킨다. 본관은 해평(海平), 자는 경유(景孺), 호는 근암(近庵), 시호는 문정(文貞)이다. 대사간·대사성·부제학·대사헌 등을 역임하였고, 영조의 탕평책을 반대하다 여러 번 파직 또는 좌천되었음에도 계속 재기용되어 이후에도 이조 판서·한성 판윤·좌참찬 등을 지내고 기로소(耆老所)에 들어갔다.

254 정성은……희미해졌고 : 정성(正聲)은 자연 절조에 합한 음률을 말하고, 아송(雅頌)은 《시경(詩經)》의 아(雅)와 송(頌)을 가리킨다. 이개(李塏)가 찬한〈팔가시선서(八家詩選序)〉에, "시(詩)는 아송(雅頌) 이후로 정성(正聲)이 차차 쇠미하여 제(齊)나라 양(梁) 나라의 사이는 많은 작품들이 새 지저귀듯 하더니, 당 나라에 이르러 시경의 남은 운치가 있게 되었다.〔詩自雅頌以後, 正聲寖微, 齊梁之間, 衆作啁啾, 至唐有三百篇之遺韻.〕"라는 말이 있다. 《東文選卷之九十四》

255 기자(奇字) : 고문의 일종이면서 조금 다른 글씨이다. 《한서(漢書)》 예문지(藝文志)에 "육체(六體)는 고문(古文)·기자(奇字)·전서(篆書)·예서(隸書)·무전(繆篆)·충서(蟲書)다." 하였고, 안사고(顔師古)의 주에 "고문(古文)은 공자(孔子)의 집

현유(玄幽)는 묘리를 추구하고 신령(神靈)과 통하는 것을 말한다.

재주 가리는 사람은 맑은 감식안이 없는데　簡藝無淸鑑
과거 보는 사람들[256]은 훌륭한 명사들이 있구나　觀光有勝流
당락을 결정할 지점을 만날 때마다　每當成壞處
붉은 붓[257]이 머뭇거리게 된다네　朱管爲遲留

벽 속에서 나온 글씨요, 기자는 고문인데 체가 다른 것이다."라고 하였다.

256 과거……사람들 : 원문의 '觀光'은 나라의 빛나는 덕화(德化)를 가까이서 본다는 말인데, 과거 시험에 응시함을 이른다. 《주역》〈관괘(觀卦) 육사(六四)〉의 "나라의 광채를 봄이니, 왕에게 손님이 됨이 이롭다.〔觀國之光 利用賓于王〕"라는 말에서 유래하였다.

257 붉은 붓 : 고시관(考試官)이 응시생들의 시험 성적을 주서(朱書)로 평가하였기 때문에 이른 말이다.

10월 23일에 상소를 올려 시사를 논하다가 성은에 힘입어 해남으로 귀양을 가게 되었다.[258] 밤에 동강을 나와 말 위에서 읊조리다

十月二十三日 上章論事 蒙恩謫海南 夜出東江 馬上有吟

아침에 백간[259]을 올리고 명군께 배례하였는데　朝封白簡拜明君
저녁에 남쪽 변방으로 귀양 가는 길 눈비가 내리는구나　夜謫南荒雨雪紛
추운 날 성궐에서 울리는 종고소리　城闕天寒鐘鼓動
외로운 신하가 말 위에서 가장 먼저 듣는구나　孤臣馬上最先聞

258 10월……되었다 : 1741년(영조17) 정언(正言) 남유용은 "명절(名節)에 힘쓰고 더욱 언로(言路)를 넓혀서 영구할 수 있는 왕업을 건립하시라"는 상소를 올리면서 조명겸(趙明謙)과 이명곤(李明坤)·이종성(李宗城) 등 소론 세력을 가까이하지 말라는 간언을 하였다. 그러자 소론의 우두머리격인 우의정 조현명(趙顯命)이 상소의 내용이 목호룡(睦虎龍)의 고변으로 발생한 임인옥사 때 역적으로 몰려 죽은 노론 인사인 김용택(金龍澤)을 옹호하였다고 비판하였고, 이를 듣고 격노한 영조는 남유용을 제주 정의현(旌義縣)에 귀양 보낼 것을 명하였다. 그러나 영의정 김재로(金在魯)가 "남유용이 김용택의 무리를 위해서 말한 것이 아니라 대개 중론(衆論)이 안정되지 않은 것을 말한 것인데, 도배(島配)시키는 것은 진실로 지나칩니다."라고 하면서 또 "남유용의 아비가 늙고 병들었으니 정리를 헤아리라"고 간청하자, 영조는 이를 받아들여 남유용의 찬배지를 정의(旌義)에서 해남(海南)으로 변경하였다. 《영조실록 17년 10월 23일》

259 백간(白簡) : 탄핵하는 장주(章奏)를 말한다. 진(晉) 나라 때 부현(傅玄)이 탄핵할 것이 있는데 날이 저물면 의관을 정제한 다음 자지 않고서 단정히 백간을 들고 앉아 아침을 기다렸다는 고사가 있다. 《晉書 卷47 傅玄傳》

두 번째 其二

신의 죄 만 번 죽어 마땅함을 알겠으니　　臣罪惟知萬死宜
남쪽 고을로 쫓겨나는 것 또한 각별한 은총이라　　南州放逐也恩私
전원으로 돌아가려던 오랜 계획 홀로 저버린 것 부끄러우니　　歸田宿計慚孤負
서림의 조는 학에겐 알리지 마소　　莫遣西林睡鶴知

금강을 지나며

過錦江

한 구비 맑은 물결 갓끈을 씻을 수 있는데[260]	一曲滄浪可濯斯
외로운 신하의 행색 감히 더디게 가랴	臣行色敢遲遲
모래톱 앞 백로는 한가하기가 저와 같아	洲前白鷺閒如許
비가 갈대숲 때려도 잠들어 알지 못하네	雨打菰蘆睡不知

260 맑은……있는데 : 전국 시대 초 회왕(楚懷王)의 충신 굴원(屈原)이 일찍이 소인(小人)의 참소로 쫓겨나서 늪가를 행음(行吟)할 적에, 어부가 굴원에게 쫓겨난 까닭을 묻고는 "창랑의 물이 맑거든 내 갓끈을 씻고, 창랑의 물이 흐리거든 내 발을 씻으리라.〔滄浪之水淸兮, 可以濯吾纓; 滄浪之水濁兮, 可以濯吾足.〕"라고 노래했던 고사를 떠올리게 한다.《楚辭 漁父辭》시절이 태평하다는 것을 드러낸 표현이다.

공주에서 묵으며 두보의 시[261]에 차운하다
宿公州 次杜

강 넓은 공주의 옛 수루는 차가운데 江濶公州古戍寒
산성에 해 지고 고각소리 사그러져가네 山城日落角聲殘
돌아가는 기러기는 가을 하늘에서 울음소리 그치지 않고
歸鴻不罷高秋響
이지러진 달은 여전히 고향에 걸려 비추어주겠지 缺月猶懸故國看
재주가 적으니 그저 논사가 졸렬했던 것이 부끄럽고 才薄顧慚論事拙
시대가 맑으니 감히 할 말 다하는 것 어렵다 이르랴 時淸敢道盡言難
남쪽 변방 또한 우리 임금의 땅이니 南荒亦自吾王地
먹고 마시는 일 응당 있는 곳에서 편안히 해야 하리 飮啄應須在處安

261 두보의 시 : 〈막부에서 자며〔宿府〕〉라는 시이다.

금구[262]에서 묵으며 유 사군 자공 숙기[263]의 시에 차운하다
宿金溝 次兪使君子恭 肅基 韻

광언 한 번 내뱉자 세상이 놀라 의심하니 狂言一發世驚疑
논의가 분분하여 실타래처럼 어지러웠네 論議紛紛劇亂絲
폐해의 근원을 막고 선비의 기절을 도타이 하려던 것이었지 欲塞弊源敦士節
감히 사적인 호오에 이끌려 관규를 폐하려 했던 것이랴 敢牽私好廢官規
평생 기관[264] 쓰는 일은 알지 못하였고 平生不識機關事
순탄하든 험난하든 조물주 하는 대로 따랐네 夷險從他造化爲
어떡하면 그대 같은 이를 대각에 두어 安得如君置臺閣
공도를 크게 펼쳐 잘못된 말들[265]을 깨부술까 恢張公道擊淫詖

262 금구(金溝) : 전라북도 김제 지역의 옛 지명이다.

263 유 사군 자공 : 유숙기(兪肅基)로, 본관은 기계(杞溪), 자는 자공, 호는 겸산(兼山), 남유용의 처남이다. 김창흡(金昌翕)의 문하에서 수학하였으며, 효릉 참봉(孝陵參奉), 임피 현령(臨陂縣令), 전주 판관 등을 역임하였다. 당시 금구 현령(金溝縣令)으로 있었다.

264 기관(機關) : 계모(計謀) 또는 심기(心機)의 뜻으로, '기관을 쓴다'는 말은 원래는 세상의 명리를 얻기 위해 온갖 생각을 다 하는 것을 일컫는다.

265 잘못된 말들 : 《맹자》〈공손추 상(公孫丑上)〉에 "한쪽으로 치우친 말에서 그의 마음이 가려 있음을 알며, 지나친 말에서 마음이 빠져 있음을 알며, 부정한 말에서 마음이 도와 멀리 떨어져 있음을 알며, 회피하는 말에서 논리가 궁함을 알 수 있다.〔詖辭知其所蔽, 淫辭知其所陷, 邪辭知其所離, 遁辭知其所窮.〕"라는 말이 나온다.

노령[266]을 지나며

過蘆嶺

노령은 자체로 소슬한데	蘆嶺自蕭瑟
해까지 구름에 가려서 서늘하네	更兼雲日凉
하늘이 남북을 경계 지어서	維天限南北
특별한 곳에 관방을 설치했구나	特地設關防
나그네들은 각기 고개 돌려보고	行旅各回首
산천은 부질없이 애간장을 끊네	山川空斷腸
편안하든 위태롭든 앞으로 나아갈 뿐	安危向前去
나의 길은 왕양의 길[267]과 다르다네	吾道異王陽

266 노령(蘆嶺) : 전라남도(全羅南道) 장성에서 전라북도(全羅北道)의 정읍으로 넘어가는 고개이다.

267 왕양의 길 : 한(漢) 나라 때 왕양(王陽)이 익주 자사(益州刺史)가 되어 공래현(邛崍縣)의 구절판(九折坂)을 순시하다가 부모가 끼쳐준 몸으로 이처럼 험난한 곳을 함부로 다니겠느냐면서 되돌아간 고사가 있다. 뒤에 왕준(王尊)이 자사가 되어 이곳에 와서 "왕양은 효자가 되었으니 나는 충신이 되겠다." 하고는 마부를 호령하여 말을 몰아 통과하였다 한다.《漢書 卷76 王尊傳》

낭주[268]에 이르러 조생 명조의 집에서 묵으니 곧 백씨가 낭주에 유배되었을 때 머물러 계시던 곳이다[269]

至朗州宿曹生命肇家 卽伯氏遷朗時居停處也

막다른 길의 인간사 참으로 슬프고 처량한데	窮途人事劇悲凉
말 세운 낭주는 고향과 같구나	歇馬朗州如故鄕
어진 주인이 맞이해 주니 영락없는 구면이라	賢主逢迎渾舊面
한 동이 술로 긴긴밤 행장[270]을 이야기하네	一樽遙夜話行藏

두 번째 其二

형님[271]이 머물러 계시던 곳에 옛 움막이 있어	太華居停有舊窩
뜰 가운데 있는 소나무와 대나무를 어루만져 보네	半庭松竹爲摩挲
아이들이 상담의 시구[272]를 다 외우는지라	兒童盡誦湘潭句
구정봉[273]앞을 눈물 훔치며 지나가네	九井峯前掩涕過

268 낭주(朗州) : 전라남도 영암 지역의 옛 지명이다.

269 백씨가……곳이다 : 남유용의 형 남유상(南有常)은 1728년 소론의 영수인 이광좌(李光佐)를 배척하다가 당론을 일으켰다 하여 동료 신만(申晩) 등과 함께 영암(靈岩)에 유배된 바 있다.

270 행장(行藏) : 행(行)은 세상에 나와 도(道)를 행하는 것이며, 장(藏)은 초야에 은둔하는 것으로, 《논어》 〈술이(述而)〉의 "쓰면 도를 행하고 버리면 은둔한다.〔用之則行, 舍之則藏.〕"는 말에서 유래하였다.

271 형님 : 태화(太華)는 남유용의 형 남유상(南有常)의 호이다.

272 상담의 시구 : 상담(湘潭)은 전국 시대 초(楚)나라의 충신 굴원이 참소를 받고 쫓겨난 곳이고 시구는 굴원이 쫓겨나서 읊은 시들을 가리킨다.

273 구정봉(九井峯) : 전라도 영암 월출산(月出山)의 최고봉이다.

귀양살이 하는 집에서 조생·유생 두 사람에게 보이다

謫廬示曹兪二生

쫓겨난 신하의 천리 길	逐臣千里路
눈보라 치는 바닷가 하늘 차가웁구나	風雪海天寒
재주가 적으니 세상에 기여하기 어렵고	才薄難供世
나이는 많아지니 단약을 찾고 싶네	年衰欲問丹
볼품없어진 것은 나의 도가 졸렬해서이고	支離吾道拙
떠돌게 된 것은 주상의 은혜 너그러워서라	飄泊主恩寬
한 그루 나무 겨울에도 푸른 빛이니	一樹冬青色
진정 그대들과 함께 보아야겠구려	眞須與子看

또 두시의 운을 쓰다

又用杜韻

이런 처지도 오히려 은혜로운 견책이어늘 此地猶恩譴
외로운 신하가 감히 돌아갈 것을 생각하랴 孤臣敢憶歸
하늘에 뜬 것은 두 고장을 비추는 달이요 浮天兩鄉月
바닷가에 있는 것은 하나의 사립문이라 傍海一柴扉
꿈속에서는 임금님 부모님 만나건만 竃夢君親際
강산에는 소식 전하는 심부름꾼도 드무네 江山信使稀
평생 바쳐야 할 충성과 효성 平生忠孝事
본심과 어긋난 것 부끄럽도다 慚愧素心違

이번 걸음에 보아[274]가 말을 타고 쫓아왔다. 내 처음에는 갓 스물 나이에 먼 길 떠나는 것이 근심되었으나 길에 오르고 나서는 행장을 잘 정돈하고 험한 산 넘고 물 건너는 것을 잘 부축해 주면서[275] 내가 근심을 하지 않지 않도록 할 뿐 아니라 도리어 나로 하여금 왕왕 도성 떠나는 근심을 잊게 해주기도 하였으니 처음에 생각했던 바가 전혀 아니었다. 기뻐서 두보의 문집 가운데서 운자를 뽑아 지어준다

是行也 輔兒以鞍馬從 余始以弱年遠役爲憂 及其在途 乃能整頓行李 扶將跋涉 不惟不使余憂 反使余往往忘其去國之愁 殊非始慮所及也 喜拈老杜集中韻贈之

불충하여 나는 도성을 떠나는데	不忠吾去國
죄도 없는 네가 아비를 따라오는구나	無罪爾隨翁
영해[276]라 마음은 응당 꺾일 터이나	嶺海心應折
근심과 기쁨의 기색은 절로 같다	憂歡色自同

274 보아(輔兒) : 남유용의 아들 남공보(南公輔)이다.

275 험한……주면서 : 원문의 '跋涉'은 행로(行路)의 어려움을 말하는데, 잡초가 우거진 길을 가는 것을 발(跋), 물을 건너는 것을 섭(涉)이라 한다. 《시경》 〈재치(載馳)〉에 "대부들이 산을 오르고 물을 건너오니, 내 마음이 시름겹구나.〔大夫跋涉, 我心則憂.〕"라는 구절이 보인다.

276 영해(嶺海) : 큰 산과 바다에 인접한 고장으로, 궁벽한 귀양지를 가리키는 말로 쓰인다.

위태로운 상황에서는 서로 붙잡아 주어　　相將顚沛際
편안하고 초연한 가운데[277] 있듯이 해야 할 터　　要似燕超中
북쪽을 바라보고 혼정신성 못하는데　　北望晨昏隔
너를 보고 있자니 생각이 무궁하구나　　看渠思不窮

277 편안하고……가운데 : 원문의 '燕超'는 《도덕경(道德經)》 26장에 나오는 연처초연(燕處超然)의 준말로, 한거(閑居)하며 세상사에 얽매이지 않고 사는 것을 말한다.

임석천[278]이 옛날 살던 집을 두루 돌아보다
遊覽林石川故居

분분한 세상사 슬픈 노래 자아낼 만하기에	紛紛世事足悲歌
처자식과 함께 돌아와 산림에 누우셨구려	妻子同歸臥薜蘿
바다 위 외로운 배 일찌감치 대놓았지만	海上孤舟能早泊
알지 못하겠네 풍랑이 밤새 어떠할지	不知風浪夜如何

278 임석천(林石川) : 석천은 임억령(林億齡)의 호이다. 전라도 해남(海南) 출신으로, 중종(中宗) 때 문과에 급제하였고, 명종(明宗) 연간에 동부승지・병조 참지・강원도 관찰사 등을 역임하였다. 금산 군수(錦山郡守)로 있을 때 동생 임백령(林百齡)이 소윤(小尹) 일파에 가담하여 대윤(大尹)의 많은 선비들을 추방하자 벼슬을 사퇴하였고, 그 후 임백령이 원종공신(原從功臣)의 녹권(錄券)을 보내오자 분격하여 이를 불태우고 해남에 은거하였다.

두보의 시운을 써서 유생에게 보이다

用杜韻示兪生

곤궁한 처지에서 서로 도와주는 좋은 사람 있으니	窮道相須有可人
만 리 길에서 이웃을 보는 듯하구나	卽看萬里似比隣
높고 험한 바닷가 산에서 굳건하게 부축해주고	崎嶇海嶠扶將健
초라한 행장[279]을 손수 점검하여 주었네	瑣尾行裝點檢親
맑고 파리한 모습 속된 모습 아님을 늘 괴이타 했는데	常怪淸癯非俗狀
도리어 근심하고 걱정하는 가운데서 천진을 보는구려	却於憂患見天眞
옥류동 한 구비에 장구한 계획을 두었으니	玉流一曲存長計
훗날 돌아오면 두 선비[280]가 있으리	他日歸來兩幅巾

279 초라한 행장 : 원문의 '瑣尾'는 초라한 행색으로 타지를 떠도는 어려운 처지를 가리키는 말이다. 《시경》 〈모구(旄丘)〉에 "초라하기 짝이 없어, 여기저기 떠다니는 신세라.〔瑣兮尾兮, 流離之子.〕"라는 구절이 나온다.

280 선비 : 원문의 '幅巾'은 한 폭의 베를 사용하여 머리를 감싸는 모자의 일종으로 은사(隱士)들이 주로 사용하였다.

보아가 시를 지었기에 화답하다
輔兒有詩和之

층층 바다 깎아지른 산 굴절이 너무 심한데 重瀛絶嶠苦難平
나그네 베갯머리에서 길 떠나는 기러기 울음에 자주 놀라네 客枕頻驚旅鴈鳴
구름 기운 바다 기운 따라 흐렸다 맑았다 하고 雲氣晦明隨海氣
바람 소리 조수 소리와 섞여 호탕하기도 하구나 風聲浩蕩雜潮聲
마음은 오직 나라 위할 뿐 달리 얽매임 없고 心惟許國無他累
몸은 어버이 그리워하는데 감히 스스로 가벼이 하랴 身爲思親敢自輕
한 보따리 시서나 점검을 해야겠네 一橐詩書聊點檢
작은 창이 오늘 밤 막 맑게 개었으니 小窓今夕得新晴

또 보아에게 화답하여 주다
又和贈輔兒

소년의 우뚝한 기개 앞설 자 없게 하려 했고	少年奇氣欲無前
명산에다 대천까지 두루 유람하였네	歷覽名山又大川
사냥꾼이든 생선 장사든 무엇하러 구별하랴	獵子漁商何用別
금낭[281]에 힘써 담으면 좋은 시로 전해지리	錦囊努力好詩傳

281 금낭(錦囊) : 시를 지어 넣는 주머니를 말한다. 당(唐)나라 시인(詩人) 이하(李賀)가 날마다 명승지(名勝地)를 다니면서 하인에게 금낭(錦囊)을 지고 따르게 하여, 시(詩)를 지을 때마다 써서 금낭에 담았다는 고사가 있다.《新唐書 卷201 文藝列傳下 李賀》

또 장률시에 화답하다

又和長律

세모의 하늘 끝엔 싸락눈 어지러운데　歲暮天涯霰雪繁
외로운 신하는 해남 고을에 머물러 있네　孤臣留滯海南村
바람 맞는 늙은 말은 돌아가고 싶은 마음 일고　依風老馬歸心動
달 보고 우는 추운 기러기는 떠나려 날개를 퍼덕이는구나　叫月寒鴻去翼翻
밤 밝히는 촛불은 자주 풍토의 기록을 적게 하고　夜燭屢題風土記
새벽에 걸쳐 입은 옷은 반쯤 장기 기운 띠었네　晨衣半帶瘴煙痕
타향에서 살아갈 계책 그래도 세금을 감당할 만하니　他鄉活計猶堪賦
강 포구 집집마다 귤나무 유자나무 동산이 있기 때문일세　江浦家家橘柚園

또 화답하다

又和

바다 구름 눈 같고 달은 서리 같은데	海雲如雪月如霜
고개 지나는 기러기 울음소리 길기도 하여라	鴻鴈聲聲過嶺長
오늘밤 외로운 신하는 잠들지 못할 터	此夜孤臣無夢寐
나그네 시름 그저 고향 그리워서만은 아니라네	羈愁不獨憶家鄕

임진의 옛 도승[282] 선시경이 한양에서 도보로 천리를 와 나의 적소를 방문하였으니 노친의 편지를 전하기 위함이었다. 며칠 머무르고 나서 간다고 하기에 그 뜻이 고마워 시를 써서 준다

臨津舊丞宣時慶自漢師徒步千里 訪余謫居 爲傳老親平信 留數日告歸 感其意贈以詩

걸어 걸어 유배객을 찾아왔으니	徒步尋遷客
남쪽 변방 천리 길이라	南荒路一千
옷은 새벽부터 이슬을 무릅쓰고	衣裳晨犯露
주리고 목마른 몸은 저녁에야 인가를 찾았네	飢渴夕投烟
옛 도는 궁할 때에 보이고	古道窮時見
인정은 분수 밖에 넘치는구려	人情分外偏
부끄럽네 세상과 어울리지 못하는 모습	自慚踈世態
어떻게 하면 임금께서 가련히 여겨 주실까	何得被君憐

282 도승(渡丞) : 나루를 관장하는 관원이다. 나중에는 진도 별장(津渡別將)으로 개칭(改稱)하였는데 수상한 사람을 검문 검색하는 권한이 부여되었다.

선군을 보내며 아우와 조카들에게 편지를 써서 회포를 쏟다
送宣君 付書弟姪寫懷

집에 편지를 쓰고자 해도 마음이 편치 않으니　欲作家書意不平
우리 집이 한양성에 있음을 알아서라　吾家知在漢陽城
편지 중에 서로 그리워한다는 말은 하지 않은 것은 書中不道相思意
짐짓 무정한 척하여 이별의 정을 느슨하게 하려는 것일세
故作無情緩別情

미암에 오르다

登眉巖

유공 희춘[283]이 옛날 사시던 곳이다.

내 남쪽 바다에 나그네 되면서부터	自我客南溟
미암의 돌에 침도 뱉지 못하였네[284]	不唾眉巖石
그윽한 골짝에는 오솔길이 있어	幽洞有微徑
마치 고인의 자취를 보는 듯하구나	如見古人跡
지팡이 짚고 서서 상가[285]를 부르는데	拄杖發商謳
산달이 등넝쿨을 비추네	山月照蘿薜

283 유공 희춘(柳公希春) : 유희춘(柳希春, 1513~1577)으로, 본관은 선산(善山), 자는 인중(仁仲), 호는 미암(眉巖), 해남(海南) 출신이다. 중종 말기 문과에 급제한 이후 수찬(修撰), 정언(正言) 등을 지냈고, 양재역벽서사건(良才驛壁書事件)에 연루되어 제주(濟州)에 안치되었다가 뒤에 종성(鍾城), 은진(恩津)으로 이배(移配)되어 무려 20년 동안 귀양살이를 했다. 선조 때 풀려나와 대사성·부제학·전라도 관찰사·이조 참판을 지내고 낙향했다. 문집으로 《미암일기(眉巖日記)》 등이 있다.

284 미암의……못하였네 : 두보(杜甫)의 시 〈장인산(丈人山)〉에 "청성에서 나그네 살이 하게 되면서, 청성 땅에는 침을 뱉지 못하였네.〔自爲靑城客, 不唾靑城地.〕"라는 구절이 있다. 《杜詩詳註 卷10》

285 상가 : 상성(商聲)은 처량하고 슬픈 음조를 띠기 때문에 슬픈 노래를 뜻하는데 여기서는 곤궁한 처지에서도 의연하게 불렀던 증자의 노래를 가리키는 것으로 보인다. 증자(曾子)가 위(衛)나라에 있을 때 사흘이나 불을 때지 못하고 십 년 동안 새 옷을 해 입지 못하는 극빈(極貧)의 생활 속에서도 "신발을 끌고 상송(商頌)을 노래하니 그 소리가 천지간에 가득 차면서 마치 금석에서 나오는 것과 같았다.〔曳縱而歌商頌, 聲滿天地, 若出金石.〕"는 고사가 있다. 《莊子 讓王》

옥천 조계옥 석종[286] 이 찾아와서 시를 지어달라고 하기에 그의 시에 차운하여 주다
玉泉曹季玉 錫琮 見訪乞詩 次其韻以贈

푸른 바닷가에서 낚싯대 드리우니	釣竿滄海上
알겠네 그대가 시끄러운 풍진세상 떠나온 것	知子謝塵喧
숨은 덕은 삼세의 묘비로 징험되었고	潛德徵三世
맑은 마음은 한 편의 시에 표현되었지	淸襟了一言
서리 찬 하늘에 기러기는 제냥 높이 날고	天霜鴻自厲
눈 내린 울타리에 새는 서로 보살피는데	籬雪鳥相存
상담객[287]을 위문하기 위해	爲問湘潭客
쓸쓸히 필문[288]을 찾아왔구려	蕭然過蓽門

조생(曹生)이 우옹(尤翁),[289] 창계(滄溪),[290] 남계(南溪),[291] 장암(丈巖),[292]

286 조계옥 : 조석종(曹錫琮, 1688~1757)으로, 본관은 창녕(昌寧), 자는 계옥(季玉)이다. 벼슬은 하지 않았던 것으로 보이며 스승 이희조(李喜朝)가 무고를 당해 죽은 진상을 밝혀 줄 것을 청하는 상소와 이광좌(李光佐) 등을 처벌할 것을 청하는 상소 등에 이름을 올린 바 있다.《승정원일기 영조 즉위년 12월 27일, 영조 1년 10월 12일》

287 상담객(湘潭客) : 상수(湘水)로 쫓겨난 굴원을 가리키는데, 여기서는 유배 온 남유용 자신을 가리킨다.

288 필문(蓽門) : 쑥대나 잡목의 가지를 엮어서 만든 사립문을 말한다.

289 우옹(尤翁) : 우암(尤庵) 송시열(宋時烈)이다. 본관은 은진(恩津), 자는 영보(英甫), 호는 우암, 시호는 문정(文正)이다.

290 창계(滄溪) : 임영(林泳, 1649~1696)으로, 본관은 나주(羅州), 자는 덕함(德涵), 호는 창계이다. 이단상(李端相)・박세채(朴世采)의 문인이며, 윤증(尹拯)・이단

도암(陶菴)[293]이 찬한 3대의 묘문(墓文)을 보여 주었기 때문에 3번째 구에서 그렇게 말한 것이다.

하(李端夏)・남구만(南九萬) 등과 교유했다. 대사헌・전라도 관찰사・개성부 유수・부제학・참판 등을 역임했다.

291 남계(南溪) : 박세채(朴世采, 1631~1695)로, 본관은 반남(潘南), 자는 화숙(和叔), 호는 현석(玄石)・남계, 시호는 문순(文純)이다. 집의, 동부승지, 공조 참판, 대사헌, 이조 판서, 우참찬, 우의정, 좌의정을 역임하였다. 1684년 회이(懷尼)의 분쟁을 계기로 노론과 소론의 대립과정에서 〈황극탕평론(皇極蕩平論)〉을 발표하여 양편의 파당적 대립을 막으려 하였으나, 끝내는 소론의 편에 서고 소론의 영수가 되었다.

292 장암(丈巖) : 정호(鄭澔, 1648~1736)로, 자는 중순(仲淳), 호는 장암(丈巖), 본관은 영일(迎日)이다. 송강(松江) 정철(鄭澈)의 현손이고 우암(尤菴) 송시열(宋時烈)의 문인으로, 일생을 노론(老論)의 선봉으로 활약하였다.

293 도암(陶庵) : 이재(李縡, 1680~1746)로, 본관은 우봉(牛峯), 자는 희경(熙卿), 호는 도암・한천(寒泉), 시호는 문정(文正)이다. 김창협(金昌協)의 문인으로 부승지, 부제학 등을 지내며 노론(老論)의 중심인물로 활약하다가 소론의 집권으로 삭직되었고, 영조 즉위 후 복직하여 대제학를 지냈으나 1727년 정미환국(丁未換局)으로 소론 중심의 정국이 성립되자 문외출송(門外黜送)되었다. 이후 용인의 한천에 거주하면서 많은 학자를 길러냈다. 남유용도 그에게서 배웠다.

창문 왼쪽에 방술을 말하고자 찾아온 빈객을 사절한다고 쓰다

書牖左謝賓客之欲談方術者

화복은 응당 그 날이 되어야 아는 것	禍福惟應到日知
인력으로 억지로 옮길 수 있는 것이 아니네	不容人力强推移
평생 믿어온 '혜적길'[294] 세 글자	平生惠迪吉三字
곤궁하든 영달하든 어찌 감히 실추하랴	豈以窮通敢墜斯

294 혜적길(惠迪吉) : 《서경》 〈대우모(大禹謨)〉에 "도에 순하면 길하고 도에 반하면 흉하니, 그림자나 메아리 같다.〔惠迪吉, 從逆凶, 惟影響.〕"라는 구절이 나온다.

유생이 꿈을 말한 시에 차운하다
次兪生述夢

유자가 새로 술몽시를 지었는데 兪子新題述夢詩
겸해서 객지생활로 내가 노쇠하게 된 것을 한탄하였네 兼因羇旅歎吾衰
영고는 춘몽파의 말에서 이미 밝혀졌고[295] 榮枯已了春婆語
승패는 백학관의 바둑과 무관하였지[296] 勝敗無關鶴觀棋
눈길에 차가운 향기는 귤나무 집에서 풍기고 雪徑寒香生橘戶
새벽 창가에 외로운 촛불은 글방 휘장을 에워싸네 曉窓孤燭擁經帷
온갖 생각 몰아내고 분수에 따를 뿐 驅除萬念惟隨分
다만 부모님께 보내는 편지 늦을까 걱정이라네 秖恐庭闈尺素遲

두 번째 其二
북두성 반짝이며 하늘을 가득 채우려 하는데 星斗闌干欲滿天

295 춘몽파의……밝혀졌고 : 소식이 좌천되어 절강성 창화(昌化)에 있을 적에 큰 바가지를 등에 메고 전지(田地) 사이를 오가며 노래를 불렀는데, 어떤 노파(老婆)가 소식에게 "소 내한의 지난날 부귀는 '한바탕 봄꿈'이었다." 하니, 소식이 그 말을 듣고 고개를 끄덕였다고 한다. 당시 마을 사람들은 이 노파를 춘몽파(春夢婆)라고 불렀다고 한다. 《古今事文類聚 別集 卷29 春夢婆》

296 백학관에서……무관하였지 : 송(宋)나라 소식(蘇軾)은 〈바둑 구경〔觀棋〕〉이라는 시의 서문에서 혼자서 여산(廬山)의 백학관(白鶴觀)을 유람하다가 물 흐르는 시냇가 노송 숲에서 바둑 구경한 이야기를 적었다. 그 시에 "이기면 진실로 기쁘지만, 져도 역시 즐겁다네.〔勝固欣然, 敗亦可喜〕"라는 구절이 있다. 《蘇東坡全詩集 卷41》

외로운 잠자리 썰렁하여 잠들지 못하네 孤衾凄冷不成眠
고향 생각은 겨울 매화 핀 뒤에 일기 쉽고 鄕心易動寒梅後
나그네 꿈은 새벽 기러기 날기 전에 다 꾸기 어렵구나 客夢難圓曉鴈前
서산으로 책 상자 짊어지고 간 것에 나는 감히 견주는데[297]
携笈西山吾竊比
남해까지 배를 끌고 오는 것을 그대는 능히 하는구려[298]
挐舟南海子能然
평생토록 스스로 믿은 것은 시서의 힘이었으니 平生自信詩書力
남쪽 변방에 장기 있는 것 두렵지 않다오 不怕蠻荒有瘴煙

297 서산으로……견주는데 : 주자의 절친한 친구이자 제자인 채원정(蔡元定)의 고사로 생각된다. 채원정은 서산 꼭대기에 올라가 냉이만 캐 먹으며 굶주림을 참고 독서에 몰두한 적이 있으므로 서산 선생이라 일컬어졌다.

298 남해까지……하는구려 : 한유(韓愈)가 양산현(陽山縣)에 귀양 가 있을 때 배우던 생도(生徒) 중에 구책(區冊)이 있다. 그는 남해(南海)로부터 배를 타고 와서〔自南海挐舟而來〕 시서(詩書)·인의(仁義)에 대한 설을 들었는데, 새해를 맞아 고향으로 돌아갈 때 한유가 〈송구책서(送區冊序)〉를 지어준 바 있다. 《韓昌黎文集 卷21 送區冊書》

농가에서 두부를 마련하여 주다

田家爲設豆腐

들 언덕엔 샘이 푸르게 흐르고　野岸泉流碧
농가에 콩알이 누렇게 익었네　田家豆子黃
두부에 즙과 찌꺼기가 엉기면　軟泡將汁滓

《주례(周禮)》 예제(醴齊)[299]에 관한 주석에 "원액과 찌꺼기가 섞여 있는 것이다"라고 하였다.

가늘게 썰어 후추와 생강을 섞네　細切雜椒薑
숟가락으로 한술 떠먹으니 주렸던 폐가 놀라고　沾匕驚枯肺
밥 한 그릇 더 먹자니 타향에 있는 것 부끄럽구나　加餐愧異鄕
고량진미가 어찌 맛나지 않으리오마는　粱膏寧不美
담박하고 소박한 맛 끝내 잊기 어려우리　澹素竟難忘

299 예제(醴齊) : 《주례(周禮)》 〈천관(天官) 주정(酒正)〉에 술을 만드는 법식을 다섯 가지로 나누었는데, 첫 번째는 범제(泛齊)이고, 두 번째는 예제(醴齊)이고, 세 번째는 앙제(盎齊)이고, 네 번째는 제제(緹齊)이고, 다섯 번째는 침제(沈齊)이다. 정현의 주에 "'예(醴)'는 '체(體)'와 같으니, 술이 익었을 때 술 원액과 술찌끼가 서로 섞여 있는 것으로 오늘날의 염주(恬酒 감주)와 같다.〔醴, 猶體也, 成而汁滓相將, 如今恬酒矣〕"라고 하였다.

공필이 회포를 드러낸 시에 화운하다
和公弼見懷

서울 소식 구름 끝에 아스라한데　華消息杳雲端
아직도 생각나네 강가에서 힘들게 이별했던 일　尙憶江干別意難
반평생 고요히 지냈던 것 오히려 복의 힘이었는데　靜坐半生猶福力
천리 길 가는 것을 어찌 감히 사양하랴　敢辭千里動征鞍

두 번째 其二

눈보라 치는 귤나무 숲에 사립짝 열리니　橘林風雪板扉開
도성 떠나고 집 떠난 일개 병든 뇌연이로세　去國離家一病雷
다만 청광[300]한 옛 습관이 남아서　秪是淸狂舊習在
남포에 편지 보내 한매를 구걸하는구나　飛書南浦乞寒梅

300 청광(淸狂) : 욕심이 없고 호방(豪放)하여 예법(禮法)에 얽매이지 않는 것을 말한다. 두보(杜甫)의 〈견흥(遣興)〉에 "하공은 고상하게 사투리를 쓰고, 벼슬할 땐 늘 거리낌 없이 방종했는데, 상소하여 벼슬을 사퇴하더니, 황관 쓰고 고향으로 돌아갔네.〔賀公雅吳語, 在位常淸狂. 上疏乞骸骨, 黃冠歸故鄕.〕"라는 구절이 있다.

도갑사[301]의 공 상인이 백 리 길을 찾아와서[302] 쫓겨난 사람을 방문하여 주었는데 호남의 산수에 대해 실컷 이야기하였는데도 온종일 지치지 않았다. 그가 돌아갈 때 시 한 수를 지어주다

道岬拱上人飛錫百里 來訪逐客 劇談湖南山水 窮日夜無倦 於其歸贈以一詩

마른 구절장[303]에 납의 하나로　九節枯笻一衲衣
먼 청산 길 흰 구름과 함께 날아왔지　青山長共白雲飛
감사하게도 상담의 유배객[304]을 찾아주어　惠然來訪湘潭客
댓집에 등불 걸고 밤새 돌아가지 않았네　竹屋懸燈宿不歸

301 도갑사(道岬寺) : 전라남도 영암군(靈巖郡) 월출산(月出山)에 있는 사찰로, 신라 말기에 도선 국사(道詵國師)가 창건하였다고 한다.

302 백 리……찾아와서 : 원문의 '飛錫'은 석장을 타고 날아다닌다는 뜻인데, 승려가 사방으로 떠다니는 것을 비유한다.

303 구절장 : 신선이 짚고 다닌다는 아홉 개의 마디가 있는 지팡이를 말한다. 두보의 〈망악(望岳)〉 시에 "어떻게 하면 선인의 구절장을 얻어서, 옥녀가 머리 감는 동이까지 짚고 올라갈꼬.〔安得仙人九節杖, 拄到玉女洗頭盆?〕"라고 하였다. 《杜少陵詩集 卷6》

304 상담의 유배객 : 상담(湘潭)은 굴원(屈原)이 찬축된 곳이다. 여기서는 영암으로 귀양 온 남유용 자신을 일컫는다.

외롭게 살면서 시름겹고 적막할 때에 회옹의 고시를 읊조렸더니 맛이 있는 것을 더욱 깨달았다. 그러나 전집을 얻어 읽을 수 없는 것이 한이 되었는데 송정 고을[305] 박생이 그 이웃에서 빌려 한 질을 가져왔기에 기쁜 마음으로 시집 가운데 〈서재에서 지내며 경문을 외다〉[306] 시에 차운하여 주다

畸居愁寂時 誦晦翁古詩 尤覺有味 恨未得全集讀之 松汀朴生乞諸其隣 爲致一帙 喜次集中齋居誦經韻贈之

홀로 지내며 즐거운 바 없었나니	孤居靡所娛
내 방에 어찌 책이 없어서였으랴	我室豈無書
항상 생각하길 회옹의 시는	常思晦翁詩
진실되고 담박함이 도와 함께한다 했었지	眞澹與道俱
누가 능히 한 질을 가져와서	誰能致一帙
종이창 아침 햇살에 읽게 해 주었나	紙窓朝曦餘
고맙구려 그대의 뜻 참으로 은근하여	愧子意良勤
내 마음을 충만하게 하네	令我心充如

305 송정 고을 : 해남현(海南縣) 삼산면(三山面)에 송정(松汀) 마을이 있었다.

306 서재에서……외다 : 회옹〔주희〕의 원시는 〈장맛비에 서재에서 지내면서 경문을 외다(久雨齋居誦經)〉이다.

아침에 일어나니 동청나무[307] 잎에 눈이 내려 있었는데 가져다 먹어보니 매우 시원하기에 회옹의 운을 쓰다

朝起 冬青葉上有雪 取食甚淸 用晦翁韻

눈이 동청나무에 덮여 반짝반짝 빛나니　　雪覆冬青爛有光
상수가 외로운 나그네[308] 정녕 맛볼 만하네　　湘濱孤客正堪嘗
잘 알겠네 맑고 담박하여 뒷맛이 없으니　　極知淸澹無餘味
이제껏 속세에 물든 창자 씻을 수 있음을　　爲洗從前染俗腸

307 동청(冬青)나무 : 상록교목(常綠喬木)으로 겨우살이라고 한다. 잎은 긴 타원형이고 꽃은 작고 흰색이다. 겨울에도 죽지 않는다고 해서 옛사람들은 불로장생의 효능을 지닌 신통한 식물이라고 믿었고, 항암작용, 고혈압, 관절염, 신경통, 지혈, 이뇨, 당뇨병 예방 등의 효능이 있다고 알려져 있다. 또한, 겨우살이로 담근 술은 기동주(奇童酒)라 불리며 귀하게 여겨진다.

308 상수가……나그네 : 상빈(湘濱)은 초(楚) 나라 굴원(屈原)이 조정에서 쫓겨난 뒤 실의의 나날을 보내던 상강(湘江) 물가를 말한다. 여기서는 귀양 온 자신을 빗댄 말이다.

눈 속에서 소림유객[309]을 그리워하며 회옹의 〈삼가 경부에게 수답하다〉[310]시의 운을 쓰다

雪中懷少林遊客 用晦翁奉詶敬夫韻

어제 저녁엔 날씨가 좋더니	昨夕風日好
오늘 새벽엔 하늘이 음산하구나	今晨天氣陰
먼 곳 나그네를 생각하노니	有懷遠遊子
수척한 말로 깊은 산 속에 들어갔겠지	瘦馬山谿深
소림은 산과 돌이 깨끗한데	少林水石潔
하물며 갓 서리와 눈이 내렸을 때임에랴	況值霜雪初
달마[311]는 반공에 솟고	達摩出天半
옥봉[312]은 다투어 내달릴 터	玉峯競奔徂
일찍이 듣건대 퇴계의 시에서	嘗聞退叟詩
소봉산[313]이라고 지어 불렀다고 하지	呼作小蓬山
상상해보면 올라가 바라보는 곳에	想見登臨處
구름바다 얼마나 아득하였을꼬	雲海何漫漫

309 소림유객 : 승려로 추정되나 미상이다.

310 삼가……수답하다 : 원시는 주희(朱熹)가 장식(張栻)에게 보낸 이별시 〈두 수의 시로 경부가 보내온 말에 수답하고 아울러 이별하다〔二詩奉酬敬夫贈言幷以爲別〕〉 중 첫 번째 시이다.

311 달마(達摩) : 영암군의 남쪽에 있는 산으로, 해남현(海南縣)에서도 보인다.

312 옥봉 : 영암(靈巖) 옥천면(玉川面)에 있는 산이다.

313 소봉산 : 작은 봉래산이라는 의미로 붙인 이름일 터이나 확인되지 않는다.

신선도 만날 수 있을 듯하고	神仙庶幾遇
눈길을 돌리면 영주[314] 끝까지 바라볼 수 있었을 터	游目窮瀛洲
그래도 응당 노부를 생각하면서	還應憶老夫
객창에 외로이 머물고 있겠지	旅窓孤淹留
갇힌 새 새장을 벗어나지 못하니	羇禽未脫樊
보내고픈 그리움만 공연히 어지러운데	寄思空綢繆
부여잡고 오르고 싶으나 함께 하지 못하는 안타까움에	攀躋惜未偕
머리 들고 맑은 노래만 부르오	矯首發淸謳

314 영주(瀛洲) : 발해(渤海) 가운데 있다고 하는 삼신산(三神山)의 하나인 영주산(瀛洲山)으로, 신선들이 살며 불사약이 있고 새와 짐승이 모두 희며, 궁궐이 황금으로 지어졌다고 한다.

소림유객이 돌아와서 산에 들어가 지은 작품들을 자랑하기에 그 중 한 수를 가져다 차운하다

少林遊客歸 詑入山諸作 就次一首

스님[315]과 지나온 곳을 이야기하자니	開士談經地
거쳐 온 길 세상에서 먼 곳이라	由來與世遙
상종소리[316] 구름 밖에 떨어지고	霜鐘雲外落
신선은 달 속에서 맞이하였겠지	仙侶月中邀
창해엔 바람 탄 조수 드넓고	滄海風潮濶
제천[317]엔 밤빛이 적막한데	諸天夜色寥
그대의 시 주머니[318] 속 시구를 읊조리자니	吟君錦囊句
노년의 흥 절로 도도해지는구려	老興自飄飆

315 스님 : 원문의 '開士'는 보살(菩薩)을 번역한 말인데, 정도(正道)를 열어서 중생을 개도(開導)하는 선비라는 뜻으로, 고승(高僧)을 가리키는 말로 쓰인다. 여기서는 소림유객을 가리킨다.

316 상종소리 : 상종(霜鐘)이란 중국 풍산(豐山)에 있는 천연의 옛 종(鐘)을 말하는데, 당(唐)나라 교담(喬潭)의 〈상종부(霜鐘賦)〉에 보면, 가을이 되어 하늘이 맑게 개고 선선한 바람이 불면 상종은 치지 않아도 저절로 운다고 하였다.

317 제천(諸天) : 불교에서 여러 천상(天上)의 세계를 뜻하는 말인데, 높은 곳에 위치한 절이나 암자를 뜻하는 말로 쓰인다.

318 시 주머니 : 당(唐)나라 시인(詩人) 이하(李賀)가 날마다 명승지(名勝地)를 다니면서 하인에게 금낭(錦囊)을 지고 따르게 하여, 시(詩)를 지을 때마다 써서 금낭에 담았다는 고사가 있다.《新唐書 卷201 文藝列傳下 李賀》 소림유객이 여행하면서 많은 시를 지어왔기 때문에 이른 말이다.

보아의 '천' 자 20운에 차운하다

次輔兒天字二十韻

구사일생의 외로운 신하 살아남았고	九死孤臣在
남쪽 변방 바다는 하늘에 닿았네	南荒海拍天
바람 속에 먹고 지낸 세월 그 얼마이고	風餐多日月
이슬 맞고 잔 산천은 그 몇이던가	露宿幾山川
고각 소리 강성에서 아득히 들리고	鼓角江城渺
별들은 돌 잔도에 걸렸네	星辰石棧懸
파도 소리 속에 갈매기 아득히 날고	波聲鷗鳥濶
골짜기 그림자 속에 기러기 줄지어 가는구나	峽影鴈鴻連
현초[319]로 세상에 전하는 것도 잘 되지 않고	玄草妨傳世
단사[320]로 신선을 배우는 것도 그만두었네	丹砂罷學仙
괴롭고 고된 이령[321]의 말이며	艱難二嶺馬
슬프디슬픈 십주[322]의 배라	惆悵十洲船

319 현초(玄草) : 본래 《태현경(太玄經)》을 짓는다'는 것으로 한(漢)나라 애제(哀帝) 때에 양웅(揚雄)이 세상에 진출할 뜻을 끊고 조용히 집에 들어앉아서 《태현경》을 초했던 데서 온 말이다. 《漢書 卷87》 저술이나 시문 창작을 말한다.

320 단사(丹砂) : 광택이 있는 짙은 홍색의 광물이다. 먹으면 신선이 된다고 한다.

321 이령 : 남유용이 영암으로 오면서 넘어왔던 두 개의 고개이다. 노령(蘆嶺)은 언급되고 있으나 나머지 하나는 미상이다.

322 십주(十洲) : 신선이 산다는 대해(大海) 가운데의 열 곳 섬으로, 곧 조주(祖洲)·영주(瀛洲)·현주(玄洲)·염주(炎洲)·장주(長洲)·원주(元洲)·유주(流洲)·

초복[323]에 난초 찬 것[324] 부끄러운데　初服羞蘭珮
흘러간 세월에 흰머리만 어루만지고 있구나　流年撫雪顚
다만 태평성대를 만난 덕분에　只緣逢聖代
묵은 밭으로 선뜻 돌아가지 못하였네　未決返荒田
졸렬한 뜻으로 성상을 보좌할 제[325]　拙志都兪際
빛나는 반열 우로[326]가에 있었지　華班雨露邊
우환을 만나 후손을 걱정할 겨를도 없이　罹騷遑恤後
뱃속을 열어서 감히 어전에 진달했는데[327]　披腹敢陳前

생주(生洲)·봉린주(鳳麟洲)·취굴주(聚窟洲)를 말하는데 여기서는 바닷가 경치 좋은 곳을 가리킨다.《海內 十洲記》

323 초복(初服) : 초복(初服)은 벼슬하기 전에 입던 옷이라는 뜻으로, 벼슬을 떠나 처음에 살던 곳으로 돌아가 은거함을 비유할 때 쓰는 말이다. 굴원(屈原)의 〈이소(離騷)〉에 "나갔으나 받아들이지 않아 허물만 입었으니, 물러가서 다시 내 처음 옷을 닦으리라.〔進不入以離尤兮, 退將復修吾初服.〕"라고 하였다.

324 난초 찬 것 : 소인들의 참소를 받고 조정에서 쫓겨난 뒤 강호를 노닐면서 지은 굴원(屈原)의 〈이소(離騷)〉에 "강리와 벽지를 몸에 걸치고, 가을 난초를 꿰어 허리에 찬다.〔扈江離與辟芷兮, 紉秋蘭以爲佩.〕"라는 구절이 있다. 향기로운 난초를 패식(佩飾)으로 삼아서 고결한 지취(志趣)를 드러낸다는 뜻인데, 유배 온 자신을 처지를 빗대어 표현한 것이다.

325 성상을 보좌할 제 : 원문의 '都兪'는 밝은 임금과 어진 신하가 정사를 토론함을 뜻한다. 우불(吁咈)과 함께 쓰이는 말로, 우불은 반대, 도유는 찬성을 뜻한다. 요(堯)·순(舜)·우(禹) 등 성왕(聖王)이 신하들과 정사를 토론할 때 찬성과 반대의 의견을 기탄없이 개진하던 데서 유래하였다.《書經 堯典, 舜典, 大禹謨》

326 우로(雨露) : 임금의 은택을 이르는 말이다. 당나라 백거이(白居易)의 시에 "임금의 은혜는 비와 이슬 같고, 임금의 위엄은 천둥과도 같네.〔君恩若雨露, 君威若雷霆.〕"라고 하였다.《全唐詩 第425卷 和答詩十首 和思歸樂》

327 뱃속을……진달했는데 : 진심을 다하여 상소함을 뜻한다. 한유(韓愈)의 〈악착

당돌하게 시의를 범하고	唐突干時議
머뭇거리며 지난 잘못을 사죄하였네	遲徊謝舊愆
밝은 조정에서 망발을 너그럽게 용서해주시고	明廷寬妄發
은혜로운 조서로 먼 귀양길 허락하셨지	恩詔許長遷
먹고 마시는 일 미천한 분수를 따르나	飮啄從微分
귀양살이 옛 선현께 부끄럽구나	流離愧昔賢
높은 하늘 향해 임금의 덕을 구가하였으나	高穹歌主德
흘러가는 세월에 어버이 연세가 안타깝도다	去日惜親年
살쩍과 머리털 지금 어떠하신가	鬢髮今何似
소식이 너무도 아득하구나	音塵太杳然
곤궁함을 감수하며[328] 수토[329]를 편히 여기고	固窮安水土
도를 품고 매사에 신중하니[330]	懷道愼氷淵
행지를 어부가 물어보고[331]	行止漁父問

(齷齪)〉에 "구름을 밀치고 대궐 앞에서 부르짖고, 배를 갈라서 낭간을 바치고 싶구나.〔排雲叫閶闔, 披腹呈琅玕.〕"라고 하였다. 《古文眞寶 前集 卷3》

328 곤궁함을 감수하며 : 원문의 '固窮'은 의리를 고수하면서 곤궁한 처지를 편안하게 여기는 것을 말한다. 《논어》〈위령공(衛靈公)〉에 "군자는 아무리 곤궁해도 이를 편안히 여기면서 의리를 고수하지만, 소인은 곤궁하면 제멋대로 굴기 마련이다.〔君子固窮, 小人窮斯濫矣.〕"라는 공자의 말이 나온다.

329 수토(水土) : 그 지방의 기후와 풍토를 의미한다.

330 매사에 신중하니 : 원문의 '氷淵'은 "마치 얇은 얼음을 밟는 듯하고, 절벽에서 심연을 굽어보는 듯하다.〔如履薄氷 如臨深淵〕"라는 말의 준말로, 매사에 근신하면서 신중하게 대처하는 것을 의미한다. 《시경》〈소민(小旻)〉에 나온다.

331 행지를……물어보고 : 굴원(屈原)이 일찍이 소인의 참소에 의해 조정에서 쫓겨나서 늪가를 행음(行吟)할 적에 어부가 굴원을 보고 조정에서 쫓겨난 까닭을 묻자,

생애를 수령이 가엾게 여기네	生涯地主憐
귀 먹었으니 말은 절로 적어지고	耳聾言自少
폐가 냉하니 술은 꼭 데워먹어야 하지	肺冷酒須煎
들판이 썰렁해지니 매는 장차 사냥을 할 것이요	野肅鷹將擊
밤 기운 차니 말은 잠들지 못할 터	宵寒馬不眠
붉은 동백꽃만 시름겹게	栢花紅悄悄
내 원유편[332]을 비추는구나	照我遠遊篇

굴원이 대답하기를 "온 세상이 다 흐리거늘 나 홀로 맑고, 모든 사람이 다 취했거늘 나 홀로 깨었는지라, 이 때문에 쫓겨나게 되었다."라고 한 것을 떠올리게 하는 표현이다. 《楚辭 漁父辭》

332 원유편 : 귀양지에서 읊은 시를 의미하는데 전국 시대 초나라 굴원(屈原)이 소인들의 참소를 당해 조정에서 축출된 뒤에 어디에도 호소할 길이 없자 선인(仙人)과 함께 천지를 두루 돌아다니며 소요하는 내용의 〈원유부(遠遊賦)〉를 염두에 둔 표현이다. 아마도 남유용이 이와 비슷한 글을 썼던 것으로 보인다.

조생이 두보의 시운을 써서 지은 〈동지〉 시에 추후 화답하다
追和曹生冬至用杜韻

고향에선 오늘 새로운 일 많을 텐데　故鄕今日事多新
나그네로 사는 강남은 사람을 시름겹게 하네　旅食江南愁殺人
낯선 풍속 무당 귀신은 너무도 괴이하니　異俗巫鬼絶堪怪
하찮은 선비의 시서 누구와 가까이할까　小儒詩書誰與親
현실은 듬성듬성한 머리로 푸른 바다에 비추어보는데　眞將短髮照滄海
꿈에선 옥가 울리며[333] 대궐에 조회하는 생각을 하네　夢想鳴珂朝紫宸
다만 낭주에 절묘한 시구가 있는 덕분에[334]　秖緣朗中有妙句
술동이 열어 한바탕 웃으니 좋은 명절이로세　開樽一笑爲佳辰

'위(爲)' 자는 평성(平聲)이다.[335]

333 옥가 울리며 : 옥가(玉珂)는 말굴레에 달아 움직이면 쟁글쟁글 소리가 울리는 옥으로 된 장식인데, 전하여 고관(高官)의 행차를 가리킨다.

334 낭주에……덕분에 : 조생이 낭주 사람이기 때문에 이른 말이다. 앞의 시 〈낭주에 이르러 조생 명조의 집에서 묵으니 곧 형님이 낭주에 유배되었을 때 머물러 계시던 곳이다.〔至朗州宿曹生命肇家 卽伯氏遷朗時居停處也〕 참조.

335 '위' 자는 평성이다 : 《동국정운(東國正韻)》에는 '爲' 자의 성조에 대해 '평성(平聲)'과 '거성(去聲)' 두 종류를 기록하고 있다. 즉 '爲'는 평성일 때는 주로 동사로써 '일하다(作,造)→하다, 짓다, 되다(to become)' 등을 뜻하고, 거성일 때는 주로 전치사로써 '위하여(←위하다=돕다: 助)'의 뜻을 나타낸다.

또 도중에 내가 생각나서 지은 시에 화운하다
又和途中見憶作

막다른 길에서 안부 묻는 이 없었는데	窮道無人問
나그네 시름 그대와 함께 해소하였네	羇愁與子調
한창 기뻐하며 객탑을 나란히 하는데[336]	正欣連客榻
어찌 갑자기 돌아가는 노래를 부르는가	何遽動歸謠
비바람에 할미새 급히 날아가고	風雨鴒飛急
강산엔 기러기 그림자 흔들리네[337]	江山鴈影搖

조생(曹生)에게 형이 있는데 태수(太守)에게 매를 맞으며 모욕을 당했다. 조생이 어려움을 구하려던 차였기 때문에 5,6 구에서 그렇게 말한 것이다.

어렵고 괴로운 일 이와 같으니	艱難乃如許
이 이별 아득해질까 걱정이구려	此別恐成遙

336 객탑을……하는데 : 후한(後漢) 때의 고사(高士) 진번(陳蕃)이 예장 태수(豫章太守)가 되었을 때, 본디 빈객을 전혀 접대하지 않았는데, 오직 서치(徐穉)가 찾아오면 특별히 걸상 하나를 내려서 그를 정중히 접대하고, 그가 떠난 뒤에는 다시 그 걸상을 걸어 두곤 했던 고사가 전한다. 《後漢書 卷53 徐穉列傳》

337 비바람에……흔들리네 : '鶺鴒'은 할미새라고 부르는 물새의 일종으로, 형제를 그리워하는 마음을 상징한다. 《시경》〈상체(常棣)〉에 "할미새가 언덕에 있으니, 형제가 어려움을 구하네.〔脊令在原, 兄弟急難.〕"라고 하였다. '鴈影'은 줄지어 나는 기러기의 그림자란 말로 역시 형제를 이른다. 두보의 〈동생 관이 남전에 가서 처자를 얻어 강릉에 왔다고 하기에 기뻐 부치다〔舍弟觀赴藍田取妻子到江陵喜寄〕〉 시에 "기러기의 그림자는 협곡 안에 연하였고, 할미새는 급히 날아 백사장에 이르렀네.〔鴻雁影來連峽內, 鶺鴒飛急到沙頭.〕"라는 구절이 있다.

수옹 최공 당[338]의 시에 화운하여 조생이 방문해 준 것에 사례하다

和睡翁崔公 禟 韻 謝曹生來訪

눈은 사립문을 덮고 서리 기운은 이불을 감싸는데	雪擁柴門霜擁衾
하늘 끝 외로운 나그네 읊조림도 많아라	天涯孤客多謳吟
분분하게 야박한 풍속은 염량을 따르는데	紛紛薄俗隨凉熱
누가 알리 조생이 나를 찾아준 마음을	誰識曹生訪我心

두 번째 其二

객지에서 오래도록 한 선비와 함께 있게 된다면	旅榻長教一士同
밥상 비록 변변찮아도 궁색하지는 않겠지	盤飧雖缺未爲窮
한양에서 찾아주지 않고 호남에서 찾아주었으니[339]	漢陽不見湖南見
비로소 믿겠네 이 사람의 곧은 풍모를	始信斯人耿介風

338 수옹 최공 : 최당(崔禟)으로 남유용의 두 번째 장인이다. 사인(士人)으로 지냈다.

339 한양에서……찾아와주었으니 : 남유용이 화려한 벼슬자리에 있을 때 찾아온 것이 아니라 귀양 온 초라한 처지에 만났다는 의미이다.

또 수옹의 시에 차운하다

又次睡翁韻

아침 해가 한 자 남짓 솟을 제 잠에서 깨어 睡起朝暾一尺餘
죽로[340]끼고 오궤에 기대 초연히 앉아있네 竹爐梧几坐翛如
마른 창자가 술을 얻으니 봄기운이 골짝에서 생기는 듯
枯腸得酒春生谷
병든 귀 바람을 싫어하니 음악소리가 구멍에서 나오는 듯
病耳嫌風樂出虛
나른하게 지팡이 짚고 나가 객의 절에 답배하고 懶抱藜筇還客拜
한가하게 불경[341] 뒤적거리며 스님의 편지에 답장을 하네
閒披貝葉答僧書
나가거나 물러나는 데는 전생의 인연 있다 스스로 믿거늘
行藏自信前緣在
어느 전원에 있든 내 집이 아니랴 何處田園非我廬

340 죽로(竹爐) : 대나무를 엮고 그 속에 작은 쇠나 구리로 만든 주발을 넣어 불을 피우는 화로이다.

341 불경 : 원문은 '貝葉'이다. 인도에서 패다라수(貝多羅樹)의 잎에 글씨를 썼으므로 이렇게 칭하는 것이다.

사천 이 어르신[342]이 부쳐온 시에 삼가 화운하여 마음속 회포를 말하다

奉和槎川李丈見寄韻 述懷

지팡이 꽂고 바라보니 푸른 하늘 탁 트였고	植杖靑天豁
울어대는 백구는 먼 파도 속으로 사라지네	鳴鷗沒遠波
도의 기틀은 있지 않은 곳 없는데	道機無不在
나그네 마음은 끝내 어찌할꼬	客意竟如何
대나무가 야위니 바람이 늘 담박하고	竹瘦風常淡
매화가 차가우니 꽃이 도리어 많이 피네	梅寒花更多
헛된 이름으로 스스로 좋아하니	浮名以自喜
내 슬쩍 동파에 다가갔나 봅니다	吾竊薄東坡

원시에 "문장은 고개를 넘어간 후라도 너무 동파를 본뜨지 마오[343]〔文章過嶺後, 莫太倣東坡.〕"라는 시어가 있기 때문에 결구에서 그 의미에 답한 것이다.

342 사천 이 어르신 : 이병연(李秉淵, 1671～1751)으로, 본관은 한산(韓山), 자는 일원(一源), 호는 사천・백악하(白嶽下)이다. 김창흡(金昌翕)의 문인이며, 벼슬은 음보(蔭補)로 부사(府使)를 지냈다. 시에 뛰어나 영조 대 최고의 시인으로 일컬어졌다.

343 문장은……마오 : 원문의 '過嶺'은 한때 곤경에 처했던 시문의 대가들이 조정에서 밀려나 좌천될 적에 산 능선을 넘어가면서 지은 시문을 가리켜 한 말이다. 동파의 〈고개를 넘어가며 두 수〔過嶺二首〕〉 및 〈고개를 넘어가며 자유에게 부치다〔過嶺寄子由〕〉라는 시가 유명하다. 《蘇東坡詩集 卷45》

가대인께서 지어 보여주신 〈생일날 아침에 회포를 나타내다〉 시에 삼가 차운하다
敬次家大人下示生朝見懷韻

한 잔 술 멀리 넘어가는 잿마루 구름 향해 드는데[344]
一觴遙向嶺雲飛
멀리 바라볼 뿐 누가 돌아갈 수 있다 말하리오　遠望誰言可當歸
생일 맞았으니 응당 느낌을 적어야 할 터　初度嘉名須自述
〈이소〉를 지은 마음도 나와 다르지 않으리[345]　楚騷心事不余違

두 번째 其二

쓸쓸히 기러기는 모두다 남쪽으로 날아가는데　蕭蕭鴻鴈盡南飛
한북의 나그네[346]는 오히려 돌아갈 것을 생각하네　漢北游人尙憶歸
솥 속의 금단은 아홉 번을 제련해야 하는 것[347]　鼎裏金丹要九轉

344 한 잔……드는데 : 구름은 고향에 계신 어버이를 생각하게 하는 매개이다. 당(唐)나라 적인걸(狄仁傑)이 태행산(太行山)을 넘어가던 중에 흰 구름이 외로이 떠가는 남쪽 하늘을 바라보면서 "저 구름 아래에 어버이가 계신다.〔吾親所居, 在此雲下.〕"라고 하고는 한참 동안 머물러 있다가 구름이 다른 곳으로 옮겨 간 뒤에 다시 길을 떠났다는 고사가 있다. 《舊唐書 狄仁傑列傳》

345 생일……않으리 : 원문의 '初度'는 처음 태어난 날로 곧 생일을 이른다. 굴원(屈原)의 〈이소(離騷)〉에 "황고께서 나의 출생한 때를 관찰하여 헤아리셔서 비로소 내게 아름다운 이름을 내리셨다.〔皇覽揆余于初度兮, 肇錫余以嘉名.〕"라는 구절이 있다.

346 한북의 나그네 : 한북(漢北)은 굴원이 초회왕에 의해 유배되었던 곳으로, 여기서는 귀양 온 남유용 자신을 의미한다.

공명이 때와 어긋났다고 한탄치 마소서　　　　功名莫歎與時違

347　솥 속의……것 : 구전단(九轉丹)'이라는 것이 있다. 아홉 번 제련하여 만든 단약이다. 《포박자(抱樸子)》 권4 〈금단(金丹)〉에 "아홉 차례 제련한 단약을 3일 동안 복용하면 신선이 될 수 있다.〔九轉之丹, 服之三日得仙.〕"라고 하였다.

달 아래 사립문을 거닐다가 흥이 일기로 남천교[348]에 가서 성루에 올라가 조망하다 한참 뒤에 시 한 수를 얻다
步月柴門 乘興至南川橋 登城樓眺望 久之得詩一首

안개에 젖은 고요한 대숲엔 먼 하늘 개어오고 竹靜烟沉霽遠霄
물소리와 사람 그림자 돌난간 두른 다리에 있네 水聲人影石欄橋
유독 가련한 건 달빛 속에 들리는 외로운 지팡이 소리요
獨憐夜月孤笻響
또 기쁜 것은 봄바람 속에 나부끼는 양 소매라 且喜春風兩袂飄
대궐 바라보는 차가운 눈동자 북두에 의지해 있고[349] 望闕寒眸依北斗
전원으로 돌아가려는 당초 계획 남쪽 초루에 기대 있네
歸田初計倚南譙
고상한 뜻 그 누가 있어 알아주랴 高懷更有何人會
풀어내려면 응당 옥퉁소가 있어야하리 寫得應須綠玉簫

348 남천교(南川橋) : 전라도 해남현의 남문 밖에 있던 다리이다.

349 대궐……있고 : 두보(杜甫)의 〈추흥팔수(秋興八首)〉 중에 "매번 북두성에 기대어 서울을 바라보네.〔每依北斗望京華.〕"라는 구절이 있다.

백생 홍원에게 화답하여 주다

和贈白生泓源

나의 6세조이신 추호공(秋湖公)[350]께서 일찍이 관서(關西) 지방을 가신 적이 있었는데, 백옥봉(白玉峯)[351]이 시를 지어 주기를 "멀리 가는 사람을 멀리 가는 사람이 전송하니 술을 대하고 도리어 끝없이 가슴이 아파오네. 한번 생양관[352] 서쪽 길을 지나보시게, 봄 풍경이 마치 옛날에 본 봄과 비슷하리니〔遠遊人送遠遊人, 對酒却傷無限神. 試過生陽舘西路, 烟花猶似舊時春.〕"[353]라고 하였다. 지금 옥봉의 후손인 홍원(泓源)이 낭주(朗州) 송산(松山)에서 이 시를 가지고 내가 있는 남쪽 바다 귀양 사는 집을 찾아와서 또 그 운을 써서 시를 지어주고는 나의 화답을 요구하니, 때는 임술년(壬戌年) 초봄이었다.

두 조상의 맑은 풍모가 후손을 흥기시키니　　二祖淸風起後人
영원히 머물러 있는 물과 달이 그 정신을 보여주네[354]　　長留水月見精神

350 추호공(秋湖公) : 남복시(南復始)이다. 연천 현감과 무주 현감(茂州縣監)을 지낸 적이 있고, 그 외 사적은 자세하지 않다.

351 백옥봉(白玉峯) : 백광훈(白光勳, 1537~1582)으로, 본관은 해미(海美), 자는 창경(彰卿), 호는 옥봉이다. 최경창(崔慶昌)·이달(李達)과 함께 삼당시인(三唐詩人)이라고 불리었다.

352 생양관(生陽館) : 평안도 중화군(中和郡)에 있었던 역관(驛館) 이름으로, 중화군의 서쪽 2리에 있었다.《新增東國輿地勝覽 卷52 平安道 中和郡》중국에 사신 갈 때 사신들이 묵어가던 곳이다.

353 멀리……비슷하리니 : 백광훈이 지은 〈관서 지방으로 가는 남복시 군을 전송하며〔送南君復始關西行〕라는 시이다.《玉峯集 玉峯詩集上 七言絶句》

354 물과……보여주네 : 물이나 달처럼 밝고 맑은 정신세계를 수월정신(水月精神)이

떠돌다 영해에서 만나 선대의 교분을 논하는데　　萍逢嶺海論先契
서쪽 변방의 봄풍경들 몇 번이나 봄을 지났는가　　西塞烟花幾度春

라고 한다. 선조(宣祖) 때의 정승이었던 박순(朴淳)에 대해 선조가 '소나무 대나무처럼 꿋꿋한 절조, 물과 달처럼 맑은 정신〔松筠節操, 水月精神.〕'을 지녔다고 평한 사례가 유명하다.《農巖集 卷7 代永平儒生請玉屛書院賜額疏》

조생이 두보의 시운[355]을 써서 내가 성상의 은혜를 입고 풀려난 것을 기뻐하며 지은 시에 차운하다
次曹生用杜韻喜余蒙恩宥作

따뜻한 봄에 사면 문서 천리 길 달려오니 赦書千里走陽春
마을 사람들 갓 내린 은총의 명 놀라며 들었네 閭里驚聞寵命新
하늘이 방면하여 강북 길로 돌아가게 해주시니 天敎放歸江北路
내 알겠네 해남 사람 되는 것 면했음을 吾知免作海南人
시든 해바라기도 해를 만나면 오히려 머리를 향하고 殘葵遇日猶傾首
외로운 학은 조롱을 벗어나서야 비로소 몸을 솟구치는 것 孤鶴辭籠始聳身
호산에서 떠도는 것이야 안 될 것 없으나 浪跡湖山無不可
임금의 은혜 갚을 길 없는 것 수건을 적실만 하네 君恩未報足沾巾

355 두보의 시운 : 두보의 원시는 〈제비가 날아와 배 안에서 짓다〔燕子來舟中作〕〉이다.

회옹의 시운을 써서 제군들과 함께 짓다

用晦翁韻 與諸君同賦

외로운 촛불 밤 깊어갈수록 촛농이 쌓여가는데	孤燭更深淚作堆
귀한 손님 취하지 않아 돌아가지 못하게 하네	嘉賓未醉不敎回
부평초는 우연히 만났다 헤어지지만	浮萍偶爾成離合
길 떠나는 기러기는 응당 짝 있어야 오갈 수 있지	旅鴈惟應伴去來
술은 현인을 피하려 해야[356] 호탕한 성질이 남고	酒欲避賢豪性在
바둑은 패를 걸어야 살 방법이 열리네	棋因設覇活機開
풍진이 자욱하여 선향이 막혀 있으니	風埃衮衮仙鄕隔
행여 편지를 받거들랑 답장을 하여 주오	倘把音書取次裁

356 술은……해야 : ‘현인’은 술을 비유한 말이다. 《태평어람(太平御覽)》〈위략(魏略)〉에 “태조 때 술을 금하였으나 사람들이 몰래 마셨다. 그러므로 술이라 말하기 어려워 백주를 현인, 청주를 성인이라 하였다.〔太祖時禁酒, 而人竊飮之, 故難言酒, 以白酒爲賢人, 淸酒爲聖人.〕”라고 하였다. 두보(杜甫)의 〈음중팔선가(飮中八仙歌)〉에 “술 마실 땐 청주만 즐기고 탁주는 피한다 하네.〔銜杯樂聖稱避賢.〕”라는 구절이 나온다. 《杜少陵詩集 卷2》

진도 태수가 귤을 보내주었기에 시로 사례하다
詩謝珍島太守餉橘

사군께서 금귤을 주셨는데	使君贈金橘
서리 묻은 껍질과 눈 묻은 가지까지 함께 왔네	霜殼雪梢偕
광주리에 가득한 그 광채 만져봄직하고	滿筐光堪摛
포장 열어 나는 향내 더욱 좋구나	開苞臭更佳
처음에는 굴자의 송[357]에 머물렀다	初停屈子頌
살포시 육랑의 품 속[358]으로 들어갔지	翻入陸郎懷
심고 자란 곳 풍토가 다른 곳이니	栽植殊風土
본성이 어그러지게 하지 말지어다	休教素性乖

357 굴자의 송 : 《초사》의 〈구장(九章)〉 가운데 여덟 번째 장의 이름이 〈귤송(橘頌)〉이다. 굴원이 자신의 고결하고 변하지 않는 지절(志節)을 귤나무에 빗대어 읊은 작품인데, 여기에서 귤의 빛깔, 맛, 향기 및 남방에서 태어나 거처를 옮기지 않는 귤의 품성 등에 대해 찬송하였다.

358 육랑의 품 속 : 삼국(三國) 시대 오(吳)나라의 효자(孝子) 육적(陸績)이 나이 6세 되던 해에 한 번 원술(袁術)을 찾아가 알현했는데, 이때 원술이 귤을 대접하자, 육적이 귤 세 개를 몰래 품속에 넣었다. 떠나려고 절을 할 때에 그 귤이 땅에 떨어지므로, 원술이 말하기를 "육랑은 남의 집에 손님이 되어 몰래 귤을 품속에 감추었단 말인가."라고 하자, 육적이 무릎을 꿇고 대답하기를 "돌아가서 어머니께 드리려고 하였습니다."라고 하니, 원술이 그를 대단히 기특하게 여겼다는 고사가 있다. 《三國志 卷57 吳書 陸績傳》

차운하여 송생 신부 윤철 에게 주다

次韻贈宋生信夫 允哲

신부는 회덕의 유생으로 죄 없이 해남으로 귀양을 왔다.[359]

이별가 불러 깊은 시름 일게 마오　莫唱離歌動遠愁
부평이 만나고 헤어지는 것은 본래 물결을 따르는 것을　浮萍聚散本隨流
청운이 뜬 낙수로 나는 장차 가는데　青雲洛水吾將去
흰 머리로 상담[360]에 그대는 홀로 남았구려　霜鬢湘潭子獨留
당악[361]의 띠풀 집에 봄날은 적적하고　棠嶽茅茨春寂寂
금강[362]에 뜬 배 위로 해는 뉘엿뉘엿 질 터　錦江舟楫日悠悠
알겠네 이별 후에 서로 그리워　應知別後相思意
지팡이 짚고 자주 돌 시내 머리로 나오리라는 것을　携杖頻來石澗頭

359 신부는……왔다 : 유생 송윤철(宋允喆) 등은 장원을 차지한 홍섭(洪涉)이란 자의 시 내용을 문제 삼아 기와 조각과 조약돌을 마구 던지면서 시장(試場)을 어지럽힐 계책을 삼았다는 죄명으로 극변(極邊)에 찬배(竄配)되었다. 《영조실록 16년 11월 20일》

360 상담(湘潭) : 전국 시대 초(楚)나라의 충신 굴원이 참소를 받고 쫓겨난 곳으로, 여기서는 남유용과 신윤철이 귀양 온 해남을 일컫는다.

361 당악(棠嶽) : 해남의 고호이다.

362 금강(錦江) : 나주의 동남쪽을 경유하여 흘러 회진현 남서쪽을 지나 바다로 들어가는 강이다.

상원일 밤에 달 아래 남교[363]를 거닐면서 아이들의 시운에 차운하다

上元夜 步月南橋 次兒輩韻

취해서 지팡이 짚고 밝은 달을 바라보노라니 醉鞞藜筇看月明
옥피리가 한양의 소리 들려주는구나 玉簫吹弄漢陽聲
평생 떠돈 자취에 한가함이 남았고 百年浪跡優閒在
천리 기이한 유람에서 해후가 이루어네 千里奇遊邂逅成
고개 넘어가며 지은 문장[364] 그런대로 자적할 만하고 過嶺文章聊自適
사람을 그르친 잠홀에 그저 놀라야 할 뿐 誤人簪笏只須驚
덧없는 삶 영욕은 끝날 날 없으리니 浮生榮辱無時了
오늘 밤 남교의 정을 잊지 말자꾸나 莫忘南橋此夜情

363 남교(南橋) : 남천교(南川橋)를 가리킨다. 전라도 해남현의 남문 밖에 있던 다리이다.

364 고개……문장 : 420쪽 주343 참조.

최 노인 중여가 수십 리를 걸어 와서 전복과 병 막걸리를 주면서 섭섭해하며 차마 이별을 못하니 이것이 노인의 마음인지라 느꺼워 시를 지어주다

崔老重予徒步數十里 以甲鮑甁醪爲餉 悵惘不能別 此老人意也 感而贈詩

강가의 꽃과 풀은 해마다 돋겠지만	江花江草年年生
이 모두 강남을 떠난 후엔 그리움이 되겠지	盡是江南別後情
손 흔들고 문을 나서는데 다시 소매를 잡으니	揮手出門還執袂
슬프구려 그대 엉성한 머리에 가득 내린 눈이	悲君短髮雪盈盈

금구 응향각[365]에서 유 사군 자공[366]에게 지어 주다

金溝凝香閣 題贈兪使君子恭

뒤편 누각은 맑은 못으로 통하고	後閣通淸沼
난간은 아득히 날아가려 하네[367]	欄干逈欲飛
호산의 사람은 자득하고	湖山人自得
동이 술에 객은 돌아갈 것을 잊는구나	樽酒客忘歸
오피궤에 해는 더디 가고	遲日烏皮几
학창의에 봄바람이 부네	春風鶴氅衣
아득한 구도의 마음	悠悠求道意
석양을 대하고는 서글퍼지는구나	惆悵對斜暉

365 금구 응향각 : 금구(金溝)는 전라북도 김제의 옛 이름이고 응향각(凝香閣)은 금구현(金溝縣) 아사(衙舍) 북쪽에 있었던 관누정이었는데 현재는 남아있지 않다.

366 유 사군 자공 : 유숙기(兪肅基, 1696~1752)로, 본관은 기계(杞溪), 자는 자공, 호는 겸산(兼山), 남유용의 처남이다. 효릉 참봉(孝陵參奉)·임피 현령(臨陂縣令)·전주 판관 등을 역임하였고 이 당시 금구 현령(金溝縣令)으로 있었다.

367 뒤편……하네 : 한 장석(韓章錫)의 《미산집》 제8권 〈강남간사록〔江南幹事錄〕〉에 응향각(凝香閣)에 대한 묘사가 있다. 응향각은 군문(軍門) 안의 큰 못 가에 있는데, 붉은 기둥은 거울 같은 수면에 어리고 푸른 연잎이 바람을 부채질하며 아름다운 나무가 그늘을 드리우며 고운 놀잇배를 마주해 있어 시원하게 트였으면서도 맑고 그윽하고 온갖 형상이 모두 잠겨 있으니 호남의 명루라 일컬어졌다고 한다.

공주에 이르러 안씨 어르신 종해[368] 을 찾아갔으나 만나지 못하였기로 삼연이 매화를 읊은 절구시 두 수[369]에 차운하여 매합에 쓰다

至公州訪安丈 宗海 不遇 次三淵詠梅二絶 題梅閤

남쪽으로 와서 주인의 영접을 받지 못했는데	南來不見主人迎
홀로 겨울 매화 있어 때마침 꽃을 피웠구나	獨有寒梅正吐英
한번 보고 바로 떠나간다고 괴이히 여기지 말라	莫怪一看還起去
담담한 사귐[370]은 본래 무정함 같으니	淡交元自似無情

두 번째 其二

빙설 같은 혼백[371] 단련하여 만들어내었으니	雪魄氷魂鍊得成

368 안씨 어르신 : 안종해(安宗海, 1681~1754)로, 본관은 죽산(竹山), 자는 조경(朝卿)이다. 1726년(영조2) 천거로 광릉 참봉이 되었고 이어서 공산 현감·공조 좌랑·옥천 군수·청주 목사 등을 역임하였다.

369 매화를……두 수 : 김창흡이 쓴 〈장차 설악으로 돌아가려 하면서 또 모주와 함께 매화를 읊다〔將返雪嶽 又與茅洲賦梅〕〉라는 시이다. 《三淵集 卷之十一》

370 담담한 사귐 : 군자의 사귐을 담교(淡交)라고 한다. 《장자》 〈산목(山木)〉에 이르기를, "군자의 사귐은 담담하기가 물과 같고, 소인의 사귐은 달기가 단술과 같다.〔君子之交淡若水, 小人之交甘若醴.〕"라고 하였다.

371 빙설……혼백 : 눈과 얼음은 매화의 맑고 깨끗한 품격, 자태를 형용한 말이다. 송나라 소식(蘇軾)의 〈11월 26일 송풍정 아래에 매화가 활짝 피다〔十一月二十六日松風亭下梅花盛開〕〉 시에 "나부산 아래 매화 마을에는, 옥설이 뼈가 되고 얼음이 넋이 되었네.〔羅浮山下梅花村, 玉雪爲骨冰爲魂.〕"라는 구절이 있다. 《東坡全集 卷22》

어찌 봄꽃 따라 요염함을 다투랴	肯隨春物鬪輕盈
한바탕 영욕을 모두 잊어버리고	一番榮辱渾忘了
누워서 눈부신 매화[372]를 마주하노라	臥對南枝照眼明

372 매화 : '南枝'는 매화를 가리키는 시어(詩語)이다. 소식(蘇軾)의 시에 "내 소원은 매화꽃 질 무렵에, 일찍 북쪽 기러기 따라 날아 보는 것이다.〔願及南枝謝, 早隨北雁翩.〕"라는 표현이 있다. 《蘇東坡詩集 卷35 次韻蘇伯高遊蜀岡途李孝博奉使嶺表》

시북[373]의 옥류당에서 임시로 지내기로 하고 먼저 돌아가는 아이들을 보내면서 운자를 뽑아 장난삼아 지어주다

借居柴北玉流堂 送兒輩先歸 拈韻戲贈

봄빛 담담히 비쳐 산골 사립문 환한데　春暉澹澹磵扉明
이월이라 산은 추워 꽃이 피지 않았네　二月山寒花未生
그윽한 정취 아이들이 알까 봐 걱정하지 않나니　幽趣不愁兒輩覺
숲속에서 하룻밤 자고 벌써 돌아가고 싶은 마음들이라서이네　林間一宿已歸情

373 시북(柴北) : 경기 양주에 있던 고을. 현재의 의정부이다.

사제[374]와 함께 달빛 아래 걷다가 운을 얻다
與舍弟步月得韻

봄 나무에 첫 이슬 내리고	春木行初露
전원의 집은 옛 성을 마주보고 있네	園居對古城
가벼운 구름은 결국 백번 변하지만[375]	輕雲終百變
조각달은 제냥 홀로 밝구나	片月自孤明
장난하는 나비들은 꽃이 담박함을 예뻐하고	戲蝶憐花澹
뜬 구더기[376]는 술이 익는 것을 좋아하네	浮蛆愛酒生
바위샘에서 밤이면 샘 줄기 솟아	巖泉宵發脉
귀 기울이고 싱그러운 소리를 듣네	側耳聽新聲

374 사제 : 남유용의 아우 남유정(南有定)이다.

375 가벼운……변하지만 : 구름은 변화가 종잡을 수 없음을 비유한다. 두보(杜甫)의 〈가탄(可歎)〉 시에 "하늘의 뜬구름이 흰옷으로 보이더니, 잠깐 사이에 검은 개처럼 변했네.〔天上浮雲似白衣, 斯須改變如蒼狗.〕"라는 구절이 있다. 《杜少陵詩集 卷21》

376 뜬 구더기 : 술이 익어서 막 걸러냈을 때 거품이 둥둥 뜨는 것을 흰개미나 구더기가 떠있는 것 같다고〔浮蛆〕 표현한다.

이 응교 도원[377] 에 대한 만사

李應敎 度遠 輓

성음과 용모 온화하여 도가 절로 응집되었고	聲貌雍容道自凝
문장은 여사라지만 그 또한 능하였네	文章餘事亦云能
몸에 화려한 인끈 둘렀어도 마른 나무 같았고	身嬰華組如枯木
발로 영달의 길 밟았지만 얇은 얼음 보듯 하였네	足躡榮途見薄氷
맑은 선비에게 궁한 일 많은 건 때가 혹 그래서라지만	淸士多窮時或爾
어진 사람 장수하지 못하건 이치를 징험하기 어렵도다	仁人無壽理難徵
도원[378]에서 처음 만난 일 지금 먼 옛날이 되었지만	桃源一面今千古
아직도 기억나네 시 지으며 함께 등불 심지 잘랐던 때가	尙記題詩共剪燈

377 이 응교 : 이도원(李度遠, 1684~1742)으로, 본관은 완산(完山). 자는 기보(器甫)이다. 정언으로 있으면서, 영조에게 탕평의 도리에 관해 상소하였고, 수찬 때는 탕평을 간언하는 신하의 말을 임금이 성심껏 받아들일 것을 상소하는 등 노론의 입장에서 탕평책의 문제점에 대해 지속적으로 간언하였다. 이후 수찬·응교·교리 겸 사서 사간 등을 역임하였다.

378 도원(桃源) : 강원도 정선의 옛 이름이다. 남유용의 아버지 남한기(南漢紀)가 도원 군수(桃原郡守)로 있어 남유용이 자주 찾아뵈었다.

윤 시독 득경[379] 에 대한 만사
尹侍讀 得敬 輓

꽃다운 나이에 급제[380]함은 날아오른 것인데 妙年黃甲卽騫飛
기상과 용모 맑고 순수함만은 포위의 자태였지 氣貌淸醇獨布韋
나라를 걱정하는 상소는 헌납을 깊이 하였고[381] 憂國封章深獻納
사람에 대한 진실한 마음 권모와 기략 물리쳤네 對人襟抱屛權機
명문가의 나랏글 쓰던 문필은 남은 광채 장구한데[382] 名家制筆長餘綵

379 윤 시독 : 윤득경(尹得敬, 1702~1742)으로, 자가 성직(聖直)이다. 부수찬(副修撰)·교리(校理)·지평(持平)·사서(司書)·교리(校理)·겸사서(兼司書)·이조 좌랑(吏曹佐郞) 등을 역임하였다.

380 꽃다운……급제 : 황갑(黃甲)은 과거의 갑과(甲科)에 급제함을 의미한다. 갑과 급제자의 이름을 시권(試券)의 끝에 황지(黃紙)를 써서 붙인 데서 비롯되었다. 《宋史 卷105 選擧志》 윤득경이 병진년(1736, 영조12) 알성시(謁聖試) 갑과(甲科)로 급제하였기 때문에 이른 말이다.

381 나라를……하였고 : 윤득경은 1736년(영조13) 사헌부 정언(司憲府正言)을 할 때 경상 감사(慶尙監司) 오명서(吳命瑞)가 삭탈관직된 것을 안타까워하여 이에 대한 의견을 올린 바 있고, 1739년(영조15) 농사 장려를 위해 임금이 몸소 적전(籍田)에 나가 농사짓는 일에 진심을 다할 것을 상소한 바 있다. 1741년(영조17)에는 삼성(三聖) 즉, 기자(箕子)·공자(孔子)·주자(朱子)의 서원(書院)을 헐어버리라는 분부를 거두어줄 것을 청하여 윤허를 받기도 하였다.

382 명분가의……장구한데 : 윤득경 집안은 문장으로 이름을 날린 명문가여서 이렇게 표현한 것으로 보인다. 증조부 윤계(尹堦), 조부 윤세기(尹世紀), 부친 윤식(尹湜)을 비롯하여, 숙부인 윤섭(尹涉)과 윤급(尹汲), 동생 윤득민(尹得敏)·윤득서(尹得敍) 등이 모두 문장으로 명성이 있었다.

짧은 인생 조복은 비의[383]에도 미치지 못했구나　短世朝袍不及緋
외로운 그림자 조정에는 완숙만이 남았으니[384]　隻影朝端留阮叔
생사를 말하려다 눈물 줄줄 흐르는구려　欲提存歿淚交揮

383 비의(緋衣) : 붉은색의 얇은 비단으로 만든 조복(朝服)으로 당상관이 입는다.

384 조정에는……남았으니 : 원문의 '阮叔'은 진(晉)나라 때 죽림칠현에 들었던 완함(阮咸)의 숙부인 완적(阮籍)을 의미한다. 두 사람은 숙질지간으로 둘 다 문명이 있었다. 당시 조정에 윤득경의 숙부로 윤섭(尹涉)과 윤급(尹汲)이 있었기 때문에 이른 말인데, 특히 남유용은 윤급(尹汲)과 친한 관계였다.

서 시랑 우경 명구 이 사제와 함께 풍계에서 노닐면서 술회한 시에 화운하다[385]

和徐侍郎虞卿 命九 同舍弟遊楓溪述懷韻

벼슬 그만둔 것이 좋다는 것 비로소 깨달았으니	始覺休官好
그대가 더위 피해 노닐고 계시다고 들어서입니다	聞君避暑遊
산빛은 때로 비를 뿌리고	山光時墮雨
매미는 가을이 왔나 싶어 깜짝 놀라겠지요	蟬意欲驚秋
눈물은 애달픈 원숭이 때문에 솟고[386]	淚爲哀猿迸
거문고는 이별하는 학을 전하느라 시름겨울 터[387]	琴傳別鶴愁

385 서 시랑……화운하다 : 서 시랑은 서명구(徐命九, 1692~1754)로, 본관은 달성(達城), 자는 우경(虞卿), 호는 약허(若虛)이다. 세자시강원 사서(司書)·사간원 헌납(司諫院獻納) 등을 거쳐 대사헌·경기 관찰사·한성부 우윤·전라도 관찰사 등을 역임하였다. 서명구의 딸이 남유용의 사제 남유정(南有定)에게 시집을 갔기 때문에 두 사람은 곧 옹서(翁婿) 관계이다. 이 해 임술년(壬戌年) 서명구의 딸이자 남유정의 아내가 21세의 나이로 죽었다. 《寄翁集 卷5 季子婦徐氏壙誌》풍계(楓溪)는 서울 인왕산 동쪽 기슭의 계곡으로, 본래 이름은 청풍계(靑楓溪)이다. 한양 무악산(毋岳山) 옥류동(玉流洞)과 인접한 곳으로, 김수항의 조부 김상헌 이래 안동 김씨의 세거지였다.

386 눈물은……솟고 : 서명구의 입장에서 딸이 죽었기 때문에 이른 말이다. 진(晉)나라 환온(桓溫)이 군사를 거느리고 장강(長江)을 거슬러 올라가 촉(蜀)의 이세(李勢)를 공격할 당시, 삼협(三峽)에 이르렀을 때 어떤 군사가 원숭이 새끼 한 마리를 잡았다. 그 어미가 슬피 울며 강기슭으로 백여 리를 따라오다가 배 위로 뛰어 올라와서는 그만 죽고 말았는데, 배를 갈라 보니 창자가 마디마디 끊어져 있었다는 고사가 있다. 《世說新語 黜免》서명구가 딸을 잃었기 때문에 이른 말이다.

387 거문고는……시름겨울 터 : 남유용의 사제 남유정이 아내를 잃었기 때문에 이른

후련히 이러한 경지를 잊은 뒤라야	曠然忘此境
달인의 짝이 될 수 있겠지요	而後達人儔

말이다. 별학조(別鶴操)는 한나라 상릉(商陵)의 목자(牧子)가 지었다는 칠현금(七絃琴)의 곡명으로 부부의 이별을 노래한다. 도연명의 〈의고(擬古)〉에 "윗줄은 별학을 놀라게 하고, 아랫줄은 고란을 잡았도다.〔上絃驚別鶴 下絃操孤鸞〕" 하였다. 《古文眞寶 前集 卷3》

반수[388]의 동쪽 마을에서 임시로 거하며
僑居泮水東村

쑥대 문이라 절로 객이 없는 것이지	蓬戶自無客
내가 세상과 소원해서가 아니라오	吾非與世踈
유안의 탑상에서 한 달을 지내며[389]	三旬幼安榻
자사의 책[390]을 백번이나 읽었지	百遍子思書
꾀꼬리는 바람 맑은 곳에서 살고	黃鳥風淸處
푸른 산은 비 흩어진 뒤의 풍경이라	靑山雨散餘
소리 높여 때로 한바탕 노래를 부르는데	高歌時一放
이웃집에서 뭐라 할까나	隣舍謂何如

388 반수(泮水) : 반궁(泮宮 성균관)의 주위를 빙 둘러서 흐르던 물길을 말한다.

389 유안의……지내며 : 한(漢)나라 관녕(管寧)의 자(字)가 유안(幼安)이다. 관녕은 후한(後漢) 영제(靈帝) 말년에 난리를 피해 요동(遼東)으로 건너간 뒤에, 초당을 짓고 은거하였다. 진 나라 황보밀(皇甫謐)이 지은 《고사전(高士傳)》 하(下)에 "관녕이 항상 하나의 나무 탑상(榻牀) 위에 앉아서 50여 년의 세월을 보냈는데, 그동안 한 번도 다리를 뻗지 않고서 무릎을 꿇고 앉아 있었으므로 탑상 위에 무릎이 닿은 곳 모두가 닳아져서 구멍이 뚫렸다.〔管寧常坐一木榻, 積五十餘年, 未嘗箕股, 其榻上當膝處皆穿.〕"는 말이 나온다.

390 자사(子思)의 책 : 증자(曾子)에게서 공자의 학문을 전수받아 공자의 뜻을 기술하였다고 하는 《중용(中庸)》을 말하는 것으로 보인다.

청하동[391]에서 노닐면서 주인 홍희천 성원[392] 의 시운에 차운하다

遊青霞洞 次主人洪希天聖 源韻

거사가 푸른 시내 모퉁이에 은거하니 居士幽棲綠磵隈

도성의 동북쪽 풍진이 걷히네 帝城東北霽風埃

수풀 뚫고 지팡이 짚고 나막신 신은[393] 이웃 벗들이 이르고 穿林杖屨隣朋至

길 너머엔 현가 소리, 궐리[394]가 열렸구나 隔陌絃歌闕里開

가을 골짝에 실바람 부니 구름 안개 생겨나고 秋洞細噓雲靄出

새벽 못에 맑은 물 쏟아지니 달과 별이 다가오네 曉池清瀉月星來

391 청하동(青霞洞) : 청풍계(青楓溪), 즉 인왕산 동쪽 기슭 청운동 골짜기이다.

392 홍희천 : 홍성원(洪聖源, 1693~?)의 자가 희천이다. 경종(景宗) 3년(1723) 계묘(癸卯) 증광시(增廣試)에 생원 3등으로 합격한 바 있다.

393 지팡이……신은 : '杖屨'는 지팡이와 신발로, 노년에 서로 왕래하며 벗과 친밀하게 지내는 것을 의미한다. 송나라 소식(蘇軾)의 〈전제명에게 답한 편지〔答錢濟明書〕〉에 "만약 이 일만 끝나면 공과 함께 지팡이 짚고 나막신 신고서 서로 왕래하며 나의 여생을 즐기겠다.〔若遂此事, 與公杖屨往還, 樂此餘年.〕"라고 하였다.

394 현가……궐리(闕里) : 궐리는 중국 산동성(山東省) 곡부현(曲阜縣)에 있는 지명(地名)으로 공자(孔子)가 살던 곳이며, 현가(絃歌)는 금슬(琴瑟)을 타고 시가를 노래하는 것을 말하는데, 공자(孔子)의 제자 자유(子游)가 일찍이 무성(武城)의 재(宰)로 있을 적에 그곳 백성들이 모두 거문고를 타고 시가를 노래했다는 데서 온 말로, 예악으로써 백성들을 잘 교화시키는 것을 의미한다. 《論語 陽貨》 근방 성균관에서 들리는 글 읽는 소리를 묘사한 것으로 보인다.

이끼가 '증주' 자에는 끼지 않으니　　蒼苔不食曾朱字
필시 푸른 장송이 옛 누대를 보호했기 때문이리　　須長寒松護古臺

서대(西臺)에는 "증주벽(曾朱壁)" 세 글자가 있는데 세상에서 전하기로는 우옹(尤翁)의 글씨라고 한다.[395]

395 서대에는……한다 : 원래 '증주벽립(曾朱壁立)'이라는 네 글자이다. 《신증동국여지승람》에 의하면 성균관(成均館) 서쪽 산기슭에 우암(尤菴)이 기거하던 곳이 있어 동명(洞名)을 송동(宋洞)이라고 했다는데, 그 석벽에 증주벽립(曾朱壁立)이라는 네 글자가 새겨져 있다고 한다. 《신증동국여지승람 제3권 비고편－동국여지비고 제2편 한성부》 '증주벽립'은 증자와 주자가 절벽처럼 우뚝하다는 의미이다. 증자에 대해 주희(朱熹)는 도통(道統)을 지키고 전수한 점을 높이 평가하면서 "만 길 되는 높은 절벽처럼 우뚝하였다.〔壁立萬仞.〕"고 평한 바 있다. 또 주희는 송나라 영종(寧宗) 때 권신 한탁주(韓侂胄) 등에 의해 위학(僞學)으로 몰리고 조정에서 축출 당했음에도 불구하고 죽림정사(竹林精舍)에서 강학에 열중하였는데 이를 보고 한 측근이 문도들을 돌려보내고 활동을 중지하여 화를 피하라고 충고하자, "내가 저 만 길 되는 높은 절벽처럼 꿋꿋이 버틴다면 우리의 도를 밝히는 데에 도움이 되지 않겠는가?〔然得某壁立萬仞, 豈不益爲吾道之光?〕"라고 하며 굴하지 않았던 일화가 있다. 《朱子語類 卷93 孔孟周程張子》《朱子語類 卷107 朱子四 內任 丙辰後》

또 삼연집의 시운[396]을 써서 주인에게 보여주다

又用三淵集韻 示主人

푸른 삼나무 아래서 손님을 맞이하고	迎客蒼杉下
오래된 물가 서쪽에 띠풀집을 지었네	誅茅古澗西
숲에서 나는 소리 새벽에 사슴이 내려오는 것이요	林聲晨下鹿
빗기운은 밤에 시냇물 소리로 듣는구나	雨氣夜聞溪
벽에 가득한 어부와 초동의 그림이요	滿壁漁樵畫
산에 흩어져 있는 황새와 학의 둥지라	分山鸛鶴棲
동쪽 바위에는 발길이 미치지 못했으니	東巖屐不及
후배들이 와서 쓰길 기다려야겠네	留待後來題

396 삼연집의 시운 : 김창흡(金昌翕)의 〈벽계잡영(檗溪雜詠)〉 가운데 35번째 시에서 차운하였다. 《三淵集 卷之12》

내가 옥류에 임시로 거하고 있을 때 운수승[397]이 정사 몇 칸을 새로 짓고 나를 불러 옮겨 와 지내라고 하였다. 나는 시북의 산수에 연연하였기에 결국 가지 못하였는데[398] 오늘 밤 우연히 산중이 생각나 읊조리며 짧은 시를 짓는다

余之僑居玉流也 雲水僧新築精舍數椽 邀余移住 余戀柴北泉石 不果往 今夜偶憶山中 吟成小詩

멀리서 생각하노니 산 속 집에서	遙憶山中廬
산승과 하루 묵자 기약하였지	山僧期一宿
가을 소리 작은 뜰로 들어오고	秋聲入小庭
땅 가득 누런 회화나무 잎이 지겠네	滿地黃槐落

397 운수승(雲水僧) : 구름 따라 물 따라 떠돌아다니는 행각승(行脚僧)이란 뜻이다.

398 내가……못하였는데 : 시북(柴北)은 경기 양주에 있던 고을로 현재의 의정부이다. 앞에 〈시북의 옥류당에서 임시로 지내기로 하고 아이들은 먼저 가라고 보내면서 운자를 뽑아 장난삼아 지어주다.〔借居柴北玉流堂 送兒輩先歸 拈韻戲贈〕〉라는 시 참조.

시를 지어 의숙의 숙직실에 부치다

題寄宜叔直廬

어느 강호인들 달빛이 배에 가득하지 않으리오	何處江湖月滿船
난파[399]의 학사도 저녁에 잠들지 못하리	鑾坡學士夜無眠
성은이 오늘밤 틈을 빌려주지 않으시니	聖恩不借今宵暇
임술년 가을 바람도 그냥 보내야겠구려	虛度秋風壬戌年

399 난파(鑾坡) : 당나라 한림 학사(翰林學士)들이 금란전(金鑾殿)에 있었으므로 한림원(翰林院)을 난파라 하는데, 우리나라에서는 예문관(藝文館)을 일컬었다. 의숙(宜叔) 이천보(李天輔)는 당시 예문관 응교로 있었다.

약간 취해 시를 지어 문원에게 편지 삼아 보내며 기망에 한번 노닐자고 약속하다

小醉有賦 簡文遠 約旣望一遊

푸른 나무에 남은 비 걷히고	碧樹收餘雨
붉은 놀이 반공에 비치네	彤霞暎半天
말은 저녁 맞은 봄 동산으로 돌아가고	馬歸春苑夕
새는 안개 낀 광릉[400]으로 숨어드는구나	鳥沒廣陵烟
작은 난간으로 먼저 술을 갖고 오르니	小檻先携酒
맑은 강에는 오랫동안 배만 매어져 있네	淸江久繫船
친구가 있는 모도[401]의 달	故人茅島月
함께 바라보려니 벌써 날아갈 듯하네	相望已泠然

400 광릉(廣陵) : 경기도 광주(廣州)의 별칭이다.

401 모도(茅島) : 충청도 보령군(保寧郡) 청소면(靑所面) 진죽리(眞竹里) 서쪽에 위치한 섬이다. 문원의 임지로 보인다.

구호[402]의 배 속에서 "백로횡강수광접천[403]"로 분운하여 나는 '천' 자를 얻었다. 이날 밤 하늘이 흐리고 달이 뜨지 않아 제군들이 탄식하였다

鷗湖舟中 以白露橫江水光接天分韻 余得天字 是夜天陰無月 諸君以爲歎

내 마음 속엔 달 하나 있어	我心有一月
휘영청 늘 하늘에 떠 있으니	炯炯恒在天
오늘 밤 비가 와도 괜찮네	今宵雨亦可
내 달은 절로 밝고 어여쁘니	我月自淸娟
소자는 도를 알지 못하고	蘇子不知道
적벽강 배에서만 달을 보았구나[404]	見月赤壁船

402 구호(鷗湖) : 지금의 동호대교와 성수대교 사이의 한강을 가리킨다. 두모포(豆毛浦) 또는 동호(東湖)라고도 하였다.

403 백로횡강수광접천(白露橫江 水光接天分) : "흰 이슬은 강물 위로 비껴 내리고, 강물빛은 하늘과 맞닿았네."라는 뜻으로 소식(蘇軾)의 〈전적벽부(前赤壁賦)〉에 나오는 구절이다.

404 소자는……보았구나 : 소식이 〈적벽부(前赤壁賦)〉에서 달빛이 환한 강물 가에서 뱃놀이를 하면서 달을 많이 묘사하였기 때문에 이른 말이다.

배 띄우며 '접' 자에 차운하다

放船次接字

적벽은 아득히 그 어디에 있는가	赤壁渺安在
나 또한 일엽편주를 탔도다[405]	吾亦駕一葉
표연히 가는 대로 가다 보면	飄然聽所之
봉도[406]도 응당 건너갈 수 있겠지	蓬島行當涉
오도가 어찌 광활하지 않으랴	吾道豈不廣
넓고 넓어 하늘과 물이 맞닿아 있는 것을	浩浩天水接

405 일엽편주를 탔도다 : 소식의 〈전적벽부(前赤壁賦)〉에 "더구나 나와 자네는…… 일엽의 작은 배를 타고서 술잔과 술동이를 들어 서로 권하고 있으니, 천지간에 하루살이가 붙어 있는 것이고, 푸른 바다의 좁쌀 한 알처럼 보잘것없는 존재라오.〔況吾與子……駕一葉之扁舟, 擧匏樽以相屬. 寄蜉蝣於天地, 渺滄海之一粟.〕"라는 구절이 있다.《古文眞寶後集 卷8》

406 봉도(蓬島) : 신선이 산다고 하는 삼신산(三神山) 가운데 하나인 봉래산(蓬萊山)을 가리킨다.

'광' 자에 차운하다
次光字

하늘과 물이 바야흐로 넓고 아득해지는데 天水方浩渺
용문[407]이 아득한 하늘에서 떨어졌네 龍門落遙蒼
흩어지는 구름이 소나기를 거두어들이니 洩雲收急雨
모래섬엔 잠깐 사이 광채가 어리는구나 洲嶼乍浮光
이러한 경지를 내 마침 만났으니 玆境余適遭
흥이 일어 애오라지 한 잔 술을 마시노라 興至聊一觴

407 용문 : 한강에서 보이는 용산을 의미하는 것으로 보인다. 현 용문동은 용산으로 들어가는 문턱이다.

'수' 자에 차운하다
次水字

한 잔 술에 내 취기가 오르려 하자	一觴吾欲醉
다시 술을 따라 강물에 제사하네	復酌祭江水
나의 배는 일 년에 한 번 오는데	我舟歲一至
바람과 파도가 늘 일지 않았지	風濤常不起
한가로이 있는 한 쌍의 백구	容與雙白鷗
나와 아름다운 물가에서의 하룻밤을 기약하네	期余宿芳沚

‘강’ 자에 차운하다

次江字

아름다운 물가에 기러기 울음소리	芳沚有叫鴻
쓸쓸한 한강의 동쪽일세	蕭蕭漢東江
나의 벗들 줄지어 도착하였는데	我友紛已至
손에는 푸른 실 묶인 술항아리[408]를 들고 있구나	手提青絲缸
돌아갈 말은 강가 풀에 매어놓고	歸馬江畔草
허리 굽혀 선창으로 들어가네	磬折入船窓

408 푸른……술항아리 : 원문의 ‘青絲’는 술병을 묶은 푸른 실을 말한다. 이백(李白)이 술을 사 오길 기다리며 지은 〈술을 기다렸으나 오지 않다〔待酒不至〕〉 시에 “옥호를 푸른 실로 묶었나니, 술 사오는 게 어찌 이리 더디나.〔玉壺繫青絲, 沽酒來何遲?〕” 하였다.

'횡' 자에 차운하다
次橫字

선창에서 큰 소리로 노래 부르니	船窓有浩歌
맑고도 구슬픈 소리 상성이로세[409]	廉折爲商聲
옛 사람 떠나 붙잡을 수 없고	昔人逝莫攀
외로운 배만 오랜 세월 비껴있네	孤舟萬古橫
누가 능히 빼어난 노래를 이을 수 있을까	誰能嗣逸響
오초[410] 땅엔 뜬구름만 지나는구나	吳楚浮雲征

409 맑고도……상성이로세 : 원문의 '廉折'은 옛 음악의 용어인데 소리가 높고 박자가 명쾌한 것을 말한다. 상성(商聲)은 오음(五音)의 하나로 가을을 상징하는데, 굳세고 맑은 소리이지만 슬프고 쓸쓸한 느낌을 자아낸다.

410 오초(吳楚) : 양자강(揚子江) 동쪽, 즉 강소성(江蘇省) 지방 및 양자강 하류인 호남(湖南)・호북성(湖北省) 지방을 가리킨다. 춘추(春秋) 시대에 오와 초는 모두 오랑캐로 취급되었기 때문에 이들이 중원(中原)으로 진출했어도《춘추(春秋)》에서는 참람한 짓이라 하여 인정하지 않았는데, 여기서는 청나라가 차지하고 있는 중원을 가리킨 것으로 보인다.

'로' 자에 차운하다

次露字

뜬구름은 뿌리도 꼭지도 없는 것[411]	浮雲不根蒂
우리들 또한 뜻밖의 만남이라	吾曹亦奇遇
생각하면 월곡자와	憶與月谷子
배에서 맑은 이슬을 밟았지	舟中蹋淸露
술잔 마주하면 긴 탄식 나왔는데	對酒發永慨
하물며 내 이와 머리카락 쇠하였음에랴	况余齒髮暮

411 뜬 구름은……없는 것 : 도잠(陶潛)의 〈잡시(雜詩)〉에 "인생은 꼭지도 없고 뿌리도 없어 길 위에 먼지처럼 날아다니는 것이지.〔人生無根蔕, 飄如陌上塵.〕"라는 구절이 있다. 《陶淵明集 卷4》

'백' 자에 차운하다
次白字

치아 빠지는 것도 싫어하지 않고　　齒亦不厭落
머리카락 세는 것도 싫어하지 않네　　髮亦不厭白
귀한 것은 군자의 마음　　所貴君子心
굳은 지조 금석과 같네　　貞介如金石
시 짓기를 정녕 많이 하려는 것이 아니라[412]　　矢詩亮不多
그저 주인과 손님을 즐겁게 하려는 것일세　　聊以燕主客

412 시 짓기를……아니라 : 《시경》〈권아(卷阿)〉에 "시를 아뢰기를 많이 하려는 것이 아니라, 왕의 노래를 이어 노래하는 것이니라.〔矢詩不多, 維以遂歌.〕"라는 구절이 있다.

다음날 밤에 또 강에 배를 띄우니 달빛이 대낮같이 밝기에 기뻐 앞의 운을 사용하여 짓다

翼日夜又泛舟江中 月色如晝 喜用前韻

뜸 아래선 외로운 달빛 일렁이고　　篷底翻孤光
모래섬은 아득히 흰 빛을 띠었네　　洲瀅延遙白
밝디밝아 물새들 요동치게 하고　　輝輝動水禽
환히 빛나 구름 덮인 바위를 드러내는구나　　熒熒出雲石
이제야 알겠네 산에 달이 뜬 것을　　始覺山月出
배 속의 객들을 거꾸러트렸으니[413]　　顚倒舟中客

이상은 '백(白)' 자이다.

강가 마을에서 달을 기다리다　　待月江上村
이틀 밤 지나서 겨우 만났네　　信宿乃一遇
둥근 달이라 이지러짐이 없고　　圓魄故無缺
무성한 이슬로 깨끗이 씻었구나　　洗濯用繁露
오늘밤 흥이 다시 도도해지니　　玆宵興更顚
저물기 전에 한바탕 취하게 되리　　一醉也未暮

이상은 '로(露)' 자이다.

노를 저어 갈대숲으로 다가가니　　前棹逼菰葦

413 배……거꾸러트렸으니 : 강에 비치는 그림자를 묘사한 것이다.

물새들 소리 내며 날아가네　水禽飛有聲
달빛은 하늘 가득 퍼지려 하고　月氣欲漫空
옅은 구름 다시 깔리지 않는구나　微雲不復橫
나의 삶에 속박은 없나니　我生無羈束
어인 일로 또 밤길을 가랴　何事更宵征

이상은 '횡(橫)' 자이다.

이 달은 참으로 분명치 않았으니　此月眞不分
어젯밤에 강 가득 비가 내렸기 때문일세　昨夕雨渾江
취객들은 다들 돌아간다 말하고　醉客各言歸
나를 빈 항아리처럼 팽개쳤는데　棄我如空缸
도리어 오늘밤 애석해하며　還應惜今宵
외로운 창가에 누워 깊이 한탄하겠지　沉歎臥孤窓

이상은 '강(江)' 자이다.

밝은 달은 움켜쥘 수 없으나　明月不可把
달빛 타서 강물은 마실 수 있네　和月飮江水
강물이 절로 평온하게 흐르니　江水自平渙
달[414]은 더욱 맑게 떠오르는구나　月魄愈淸起
대도는 진실로 끝이 없는 것　大道諒不窮
동강의 물가에서 터득하네　得之東江沚

이상은 '수(水)' 자이다.

414 달 : 고대인들은 달에 정령이 있다고 믿어 이를 월백(月魄)이라 하였다.

새벽 배가 물가 집을 부딪치고 가니 曉榜衝水舍
닭과 개 소리 어둑어둑한 데서 일어나네 鷄犬起蒼蒼
가을밤이 어찌 빨리 새랴 秋夜何遽央
별들이 현란하게 빛을 다투는 것을 星斗爛爭光
군자의 즐거움은 지나치지 않으니 君子樂無淫
간직하여 내 술잔에 새기리라 持以銘吾觴

이상은 '광(光)' 자이다.

노쇠한 이 몸이 원유를 하려는데 吾衰欲遠遊
탈 것은 태을엽이로구나 行具太乙葉

신정보(申正甫)에게 작은 배가 있는데 농암(農巖)이 이것을 '태을엽(太乙葉)'이라고 이름 붙였다.[415]

거침없이 나아가며 나는 신선을 끼고[416] 凌厲挾飛仙
산과 바다 끝까지 건너가노라면 海嶽窮跋涉
금경과 상장[417]은 천년 전 사람이건만 禽尙千載人

415 신정보(申正甫)에게……붙였다 : 신정보(申正甫)는 신정하(申靖夏, 1680~1715)로, 본관은 평산(平山), 호는 서암(恕菴), 자가 정보(正甫)이다. 김창협(金昌協)의 문인으로 예문관 검열·설서(說書)·부교리 등을 역임하였다. 태을엽은 산보다 물을 좋아하는 신정하가 소식(蘇軾)이 영주(潁水)에 배를 띄우고 장자(莊子)가 호량(濠梁)에서 느꼈던 흥취를 느끼겠다는 생각으로 직접 제작한 작은 배이다. 신정하가 농암에게 가서 배 이름을 먼저 청하였고 그 후 8년 만에 배를 완성하였다. 그리고 이러한 내용들을 〈태을엽명(太乙葉銘)〉이라는 작품에 남겼다. 《恕菴集 卷之十二 雜著》

416 나는……끼고 : 소식(蘇軾)의 〈적벽부(赤壁賦)〉에 "나는 신선을 끼고 한가로이 놀며 명월을 안고 길이 마치려 한다.〔挾飛仙以遨遊, 抱明月而長終.〕"라는 구절이 있다. 《東坡全集 卷33 赤壁賦》

417 금경과 상장 : 모두 후한(後漢) 때의 은사(隱士)로, 금경(禽慶)은 왕망 정권에

그 뛰어난 풍모를 혹 접할 수도 있으리　英風倘可接

이상은 '접(接)' 자이다.

두포[418]에서 물길 다시 넓어지니　豆浦水更濶
배가 마치 하늘에 뜬 것 같네　舫子如浮天
하늘가엔 한 조각 구름　天際有孤雲
맑게 갠 빛 푸르고도 어여쁘구나　霽色青以娟
그 아래는 곧 잠두봉[419]이라　其下卽蠶頭
취옹이 배를 매어놓았던 곳이라네[420]　翠翁所繫船

이상은 '천(天)' 자이다.

출사하지 않고 오악(五嶽) 명산을 유람하며 생을 마쳤다. 상장은 일찍이 《노자(老子)》·《주역(周易)》에 정통한 학자로서 일찍부터 은거하여 벼슬하지 않았고, 자녀(子女)들의 가취(嫁娶)를 다 마친 뒤에는 가사(家事)를 단절하고 친구인 금경과 함께 오악(五嶽) 명산을 주유(周遊)하였다. 《後漢書 卷83》

418 두포(豆浦) : 두모포(豆毛浦)를 가리킨다. 지금의 한강 동호대교 북단에 있던 유명한 나루로 우리말로는 '두뭇개'라고 했는데, 한강과 중랑천의 두 물이 합류하는 곳이다.

419 잠두봉(蠶頭峯) : 한강 양화진(楊花津) 동쪽에 있는 산이다.

420 취옹이……곳이라네 : 취옹(翠翁)은 읍취헌(挹翠軒) 박은(朴誾, 1479~1504)을 가리킨다. 박은은 소동파가 〈적벽부〉를 읊은 것과 같은 간지(干支)의 해, 같은 달, 같은 날인 임술년 7월 기망(旣望)에 잠두봉(蠶頭峯) 아래 한강에서 뱃놀이를 하면서 그 흥취를 송(宋)나라 소식(蘇軾)이 적벽(赤壁) 아래 노닌 것에 견준 바 있고, 이 곳에서 이선(李選)과 함께 연구(聯句)로 읊은 〈유잠두(遊蠶頭)〉 시 22수를 비롯하여 수십 편의 시를 남겼다. 《挹翠軒遺稿 卷2》

어떤 이에 대한 만사

輓人

모강 어귀에 집을 짓고	樹屋茅江口
경전 연구하며 뜻이 남달랐네	窮經意不群
계수나무가 무덤에서 자란 것[421]을 슬퍼하는 시는 있었고	有詩悲桂塚
태현경을 함께 할 자식은 없었네[422]	無子與玄文
눈물은 어버이 생각하는 날에 다 말랐고	淚盡思親日
혼은 아우를 그리는 구름[423]속으로 날아갔네	魂飛憶弟雲
돌아가는 배 예전의 배가 아니니	歸舟非宿昔
서로 보내며 눈물 하염없이 흘리네	相送涕紛紛

421 계수나무가……것 : 옛날 과거에 급제한 것을 "계수나무 가지를 꺾었다.〔折桂〕"고 표현한 데서 유래하여, 계수나무는 과거 급제를 비유하는 말로 쓰인다. 무덤에 계수나무가 자랐다는 것은 과거에 급제해 출세하지 못한 것을 말한다.

422 태현경을……없었네 : 《태현경(太玄經)》은 한(漢)나라 애제(哀帝) 때에 양웅(揚雄)이 은거하면서 《주역》에 비겨 지은 책이다. 양웅(揚雄)에게 동오(童烏)라는 아들이 있었는데 양웅이 이 책을 지을 당시 동오는 9세 된 어린 나이에도 불구하고 함께 내용을 토론할 정도로 자질이 우수하였으나 불행히 일찍 죽었다고 전해진다. 《法言 問神》

423 아우를……구름 : 이 시에서 구름은 아우에 대한 그리움을 촉발시키는 매개이다. 두보(杜甫)가 오랫동안 고향의 가족들과 헤어져 있음을 한하여 지은 〈이별을 한하며〔恨別〕〉 시에, "고향 집 생각하며 달 아래 거닐다 맑은 밤에 서 있고, 아우를 그리워하며 구름 보다가 한낮에 조노라.〔思家步月淸宵立, 憶弟看雲白日眠.〕"라는 표현이 있다.

편지 삼아 이 부학 사수 정보[424] 가 임시 거처하는 물가 마을에 부치다

簡寄李副學士受 鼎輔 水村僑居

병석에서 일어나니 가을이 저무는데	病起秋風晩
듣자니 그대 벌써 옷자락 떨치고 떠나셨다지요	聞君已拂衣
상소를 올리는 것은 현도[425]를 통하고	封章從縣道
손님 사절하며 사립문 걸고 누우셨겠네요	謝客臥林扉
골짜기[426]에서 누가 자리를 다투겠습니까	一壑誰爭所
조각구름과 더불어 기심을 잊고 계시겠지요	孤雲與息機
다만 문려에 기대 기다리시는 마음[427] 아셔야 할 터	惟應倚閭望

424 이 부학 사수 : 이정보(李鼎輔, 1693～1766)로, 본관은 연안(延安), 자는 사수(士受), 호는 삼주(三洲)・보객정(報客亭)이다. 남유용과 친했던 이천보(李天輔)의 사촌형이면서 남유용의 형인 남유상의 처남이기도 하다. 대사간・대사성・이조 판서・대제학・예조 판서 등을 역임하였고, 만년에 벼슬이 판중추부사에 이르렀다.

425 현도(縣道) : 시골에 있는 신하가 직접 승정원에 소(疏)를 접수하기 불편할 경우 지방의 현이나 도에 소를 접수시켜 대신 올리게 한 것을 이른다.

426 골짜기 : 원문의 '一壑'은 산과 골짜기를 뜻하는 일구일학(一丘一壑)의 준말로 은거(隱居) 또는 은거지(隱居地)를 말한다. 《한서(漢書)》 권100 〈서전 상(敍傳上)〉의 "한 골짜기에서 고기를 낚으니 만물이 그 뜻을 범하지 못하고, 한 언덕 위에서 소요하니 천하에 그 즐거움을 바꿀 것이 없다.〔漁釣於一壑, 則萬物不奸其志, 棲遲於一丘, 則天下不易其樂.〕"라는 구절에서 유래하였다.

427 문려에……마음 : 원문의 '倚閭望'은 마을 어귀에까지 나가 자식을 기다리는 부모의 마음을 뜻한다. 전국 시대 제(齊)나라의 왕손가(王孫賈)가 민왕(閔王)을 섬겼는데, 제나라가 연(燕)나라의 공격을 받고 패하여 민왕의 행방이 묘연하였다. 왕손가가 왕을

돌아오길 잊으면 안 된다 하실 테니까요 不許便忘歸

찾지 못하고 그대로 돌아오자 그의 모친이 “네가 아침에 나가서 저녁에 돌아올 때면 내가 집 문에 기대어 너를 기다렸고, 네가 저녁에 나가서 돌아오지 않으면 내가 마을 어귀에서 너를 기다렸다.〔女朝出而晚來, 見吾倚門而望, 女暮出而不還, 則吾倚閭而望.〕”라고 말한 고사에서 유래하였다. 《戰國策 齊策6》

종이창

紙窓

<table>
<tr><td>종이창은 맑기가 깁과 같아</td><td>紙窓淨如紗</td></tr>
<tr><td>편히 누워 고요히 떠오르는 아침 해를 볼 수 있네</td><td>宴臥朝暾靜</td></tr>
<tr><td>어떡하면 대나무 몇 가지를 얻어</td><td>安得數竿竹</td></tr>
<tr><td>영롱하게 수척한 그림자를 비추게 할까</td><td>玲瓏照瘦影</td></tr>
</table>

문원에게 편지 삼아 보내다

簡文遠

아침에 정수재(靜修齋)로 형을 찾아갔더니, 새벽에 말을 몰고 동쪽 교외로 나가셨다고 하더군요. 병중의 서글픈 심정은 말할 겨를이 없었습니다. 포곡(蒲谷)[428]의 병든 둔마는 걸음을 대신하기에 부족하고 전교(箭橋)[429]의 박주(薄酒)로는 허기를 면하기에 부족할 터, 행색이 변변치 못할 것이 염려되었습니다. 그런데 형의 행차가 자못 추수를 보기 위함이라고 하니 이러한 뜻이 노성한지라, 전날 밤 경솔하게 했던 잘못을 용서해 줄 수 있을 것입니다. 이에 시 한 수를 보내니 화답해 주시면 다행이겠습니다. 소화(少華)가 삼가 문원 족하께 올립니다.

잠깐 못 뵈었다고 내 한탄하는 것 아니요	乍隔非吾歎
고단한 삶 그대 위해 슬퍼하는 것이라	勞生爲爾悲
도가 궁하면 전원으로 돌아가고	道窮歸畎畝
몸이 늙으면 오두막을 그리워하는 것	身老戀茅茨
야윈 말로 어찌 걸음을 감당하겠소	羸馬寧當步
생막걸리로는 허기를 채우지 못할 터	生醪未救飢
그래도 기쁜 것은 체력이 건강하시어	猶欣筋骨健
날랜 것이 아이들과 진배없다는 것입니다	飄瞥類童兒

428 포곡(蒲谷) : 용인에 있는 지명이다.

429 전교(箭橋) : 조선시대의 수도인 한양과 동남 지방을 연결하는 주요 통로로 사용되던 다리로, 원래의 이름은 제반교(濟盤橋)이며 '살곶이 다리'라고 불렸다.

현 선달 광우[430]의 내자에 대한 만사
玄先達 光宇 內子輓

부군은 장원한 사람이라	夫壻壯元人
임금이 그 성명을 알았고	姓名君王知
아들은 준수하면서 문장이 있어	兒子秀以文
두 눈이 반짝반짝 빛났네	炯炯雙瞳眉
보통 규방의 바람이란	尋常閨闥願
모든 말이 여기에서 벗어나지 않는 법인데	萬言不外斯
이처럼 헛되이 귀결되지 않았건만	如此不虛歸
유인은 눈을 감으셨구려	孺人其瞑而
유인은 대가에서 출생하여	孺人大家出
시례[431]의 가르침 일찍부터 본받았네	詩禮夙所儀
지어미가 되어서는 닭 울음으로 경계를 하였지[432]	爲婦用鷄鳴

430 현 선달(玄先達) : 현광우(玄光宇, 1696～ ?)로 본관은 순천(順天). 자는 여부(汝夫)이다. 탕평책을 주도하던 이조참판 이천보(李天輔)에 의해 당파에 구애받지 않는 인물이라 하여 장령에 제수되었고, 정언·장령·헌납·집의·사간 등 주로 언관직을 역임하였다.

431 시례(詩禮) : 가정교육 또는 가학(家學)을 뜻한다. 공자의 아들 이(鯉)가 뜰에서 공자 앞을 빠른 걸음으로 지나다가 공자로부터 시(詩)와 예(禮)를 배웠느냐는 질문을 받고 또 그것을 왜 배워야 하는지에 대해 듣고서 물러나와 시와 예를 배웠던 일에서 유래한 말이다. 《論語 季氏》

432 지어미가……하였지 : 《시경》 〈계명(鷄鳴)〉에 "'새벽닭이 이미 울었으니 조정에 이미 신하들이 가득할 것입니다.' 하였는데, 닭이 운 것이 아니라 파리의 소리로다.〔雞

물레와 길쌈만 한 것이 아니었고 不專麻絲治

반딧불 주머니로 비추어 책 읽으며 螢囊照讀書

거듭 검소하게 살기[433]를 기약하였네 申以鹿車期

단단히 얽어매어[434] 문호를 세웠고 綢繆樹門戶

반쪽 둥지가 풍우에 기울어졌어도 半巢風雨欹

인생에서 노래하고 곡하는 일[435] 人生歌哭事

항상 원만한 가운데 있었는데 恒在圓滿時

조금 형통한 것이 분에 넘치는 것 아니었거늘 小亨非溢分

어찌하여 갑자기 재앙을 부르게 되었는가 胡遽招禍爲

이러한 이치 진실로 믿기 어려우니 玆理亮難諶

길이 살아남은 자의 슬픔이 되리라 永爲存者悲

既鳴矣, 朝既盈矣, 匪雞則鳴, 蒼蠅之聲.〕"라는 내용이 있다. 이는 어진 후비가 왕이 조회(朝會)에 늦을까 봐 새벽이면 몇 차례씩 왕께 시간을 고한 것인데, 워낙 경계심을 가진 나머지, 파리 소리를 잘못 닭소리로 듣기까지 한 것을 노래한 것이다. 여기서도 지아비를 지성으로 권면하는 지어미의 모습을 표현하였다.

433 검소하게 살기 : 원문의 '鹿車'는 사슴이 끄는 작은 수레이다. 후한(後漢) 발해(渤海) 사람으로 부유한 집안에서 자란 환소군(桓少君)이 덕을 닦으며 검약하게 사는 포선(鮑宣)에게 시집가서, 청고(淸高)하게 살려는 남편의 뜻을 따라 시집올 때 데리고 왔던 종들과 사치한 복식을 다 돌려보낸 다음, 짧은 삼베 치마를 입고 녹거를 끌고 시댁으로 와서는 몸소 동이를 들고 물을 길어 부도(婦道)를 실천했다고 하는 고사가 있다. 《小學 善行》

434 단단히 얽어매어 : 원문의 '綢繆'는 위험스러운 일을 미리 방비하는 것을 말한다. 《시경》 〈치효(鴟鴞)〉의 "하늘에서 장맛비가 아직 내리지 않을 때에, 저 뽕나무 뿌리를 거두어 모아다가 출입구를 단단히 얽어서 매어 놓는다면, 지금 너희 하민들이 혹시라도 감히 나를 업신여길 수 있겠는가.〔迨天之未陰雨, 徹彼桑土, 綢繆牖戶, 今女下民, 或敢侮予?〕"라는 말에서 나왔다.

435 노래하고 곡하는 일 : 혼사 등 경사도 치르고, 상사(喪事)도 치렀다는 뜻이다.

이명이 솔바람 소리 같아 이따금 귀로 귓소리를 듣노라면 흔연히 병을 잊는다

耳鳴如松風 往往以耳聽耳 欣然忘病

세상 사람들은 사사로운 지혜에 천착하여 世人鑿私智
말로 서로를 속이는데 言語以相蒙
어찌하여 적막 속 어리석은 자는 如何靜癡子
문을 닫고 솔바람 소리를 듣는가 閉戶聽松風

홍 교리 수이 중일[436] 가 연경에 서장관으로 가는 것을 송별하며

送別洪校理壽爾 重一 燕都書狀之行

변방의 해 어둑해지고 저녁 호가 소리 들리면 塞日荒荒起暮笳
나그네는 말 세우고 한바탕 노래 부르리 行人立馬一爲歌
지금 초나라 집에는 노랫소리 끊겼는데[437] 如今楚戶謳吟絶
예로부터 오랑캐 하늘은 기수[438]가 좋았지 從古胡天氣數多
검과 축의 빼어난 명성[439]은 역사[440]에 슬퍼할 일이고 劍筑英聲悲竹帛
황금과 비단의 낮은 계책[441]은 산하에 부끄러워할 일이라 金繒下策愧山河
길손의 옷 온통 연기와 먼지 빛[442]으로 물들 터 征衣染盡煙塵色

436 홍 교리 수이 : 홍중일(洪重一, 1700년~?)으로, 본관은 풍산(豊山). 자는 수이(壽爾)이다. 1742년 11월 동지 겸 사은사의 서정관(書狀官)으로 청나라에 다녀온 바 있다. 이후 집의・보덕・필선・동래 부사(東萊府使)・대사간・동지의금부사・대사헌・예조 참판 등을 역임하였다.

437 초나라……끊겼는데 : 초나라는 중국의 남방에 있어서, 여기서는 청에 항전하다 망한 명나라(남명)을 가리키는 것으로 보인다.

438 기수(氣數) : 길흉(吉凶)・화복(禍福)의 운수를 가리킨다.

439 검과……명성 : 진시황을 암살하려 했던 형경(荊卿)과 고점리(高漸離)의 고사이다.

440 역사 : 원문의 '竹帛'은 옛날에 글을 대쪽이나 헝겊에 쓴 데에서 연유하여 사서(史書)나 서책을 가리킨다.

441 황금과……계책 : 청나라와 화친을 맺고 조공을 바치게 된 일을 말한다.

난하의 사당[443]에 배알하려 할 제 그 마음 어떠할까

欲拜灤祠意若何

442 연기와 먼지 빛 : 원문의 '煙塵'은 봉화 연기와 전장에서 일어나는 먼지로, 전란을 의미한다. 당나라 두보(杜甫)의 시 〈밤〔夜〕〉에, "연진이 대궐 문을 둘렀으니, 백발의 씩씩한 뜻 어긋나 버렸도다.〔煙塵繞閶闔, 白首壯心違.〕"라고 하였다. 《全唐詩 卷230 夜》 당시 사신들이 변방에서 일어나는 소란을 흔히 목도했기 때문에 이른 말인 듯하다.

443 난하의 사당 : 난하(灤河)는 중국 영평성(永平城)을 거쳐 흐르는 강이다. 난하 근처에 백이・숙제의 아버지 고죽군(孤竹君)의 사당인 고죽사(孤竹祠)가 있고, 10리쯤 떨어진 곳에 백이・숙제를 모신 사당인 이제묘(夷齊廟)가 있다. 사행을 가던 사람들이 반드시 들렀던 곳이다.

미음 이 처사 군중 정엽 이 나를 위해 거문고를 타며 옛 곡조 두세 곡을 연주해 주었는데 능히 병자로 하여금 누워있는 처지를 잊게 해주었으니 그 뜻이 진실로 두터운지라 사례가 없어서는 안 될 것이었다. 처사가 민사원 우수[444] 의 시를 외며 화답을 구하기에 애오라지 응답한다

薇陰李處士君重 鼎燁 爲余彈琴 作古調二三弄 能使病者忘臥 其意良厚 不可無謝也 處士爲誦閔士元 遇洙 詩以求和 聊應之

영사(穎師)가 거문고 소리를 멀리 전하니	穎也傳聲遠
한 마리 봉황이 뭇새들의 재잘거림을 깨는구나[445]	孤凰破衆喃
응당 속세 사람의 귀를 놀라게 할 것이요	應驚俗子耳
마치 고인과 이야기를 나누는 듯	似與古人談
만고토록 솔바람 부는 바위요	萬古松風石
한밤중에 달그림자 비추는 못이라	中宵月影潭
희음[446]은 모름지기 스스로 아껴야 하는데	希音須自惜

444 민사원 : 민우수(閔遇洙, 1694~1756)로, 본관은 여흥, 자는 사원(士元), 호는 섬촌(蟾村)·정암(貞庵)이다. 신임사화(辛壬士禍)가 일어나자 벼슬을 버리고 낙향하여 학문에만 전념하다가 다시 벼슬길에 나와 집의(執義)·대사헌·공조 참판·성균관 좨주 등을 지내고 정경대부(正卿大夫)에 추증되었다.

445 영사(穎師)가……깨는구나 : 영사는 한유가 살았던 시대의 승려로 거문고를 잘 탔다고 알려져 있다. 한유(韓愈)의 〈영사의 거문고 연주를 듣다〔聽穎師彈琴〕〉에 " 뭇새들의 무리 지지배배 하더니 문득 외로운 봉황새를 보네.〔喧啾百鳥群, 忽見孤鳳凰.〕라는 구절이 있다.

잘하는 일이라 탐욕이 생길까 두렵구려　　能事怕生貪

446 희음(希音) : 《노자(老子)》에 "큰 음악은 알아듣는 이가 적다〔大音希聲〕"라는 말에서 나온 것으로 심오한 의미가 담겨 있는, 인위적으로 꾸미지 않은 자연 상태의 순수한 음을 말한다.

지은이 **남유용(南有容)**

1698(숙종 24)~1773(영조 49). 조선 후기의 문신. 본관은 의령(宜寧). 자는 덕재(德哉), 호는 뇌연(雷淵)·소화(小華), 시호는 문청(文淸)이다. 서울 출신으로, 증조부는 대제학 남용익(南龍翼), 조부는 대사헌 남정중(南正重), 아버지는 동지돈녕부사 남한기(南漢紀), 어머니는 청송심씨(靑松沈氏)이다. 이재(李縡)의 문인이다. 1721년(경종 1) 진사가 되고, 강릉 참봉·영춘 현감 등을 지냈으며, 1740년(영조 16) 알성문과에 급제했다. 정언으로 있을 때 간관은 의리와 시비를 명확히 밝혀야 한다는 상소를 올렸는데, 이것이 탕평책을 펴는 영조의 뜻을 거슬려 해남으로 유배당했다. 1742년 풀려나 홍문관에 등용된 뒤 오랫동안 세자시강원에 있었다. 1747년 응교로 있을 때에는 군덕10조(君德十條)를 진언하여 군주의 성실을 특히 강조했고, 1754년에는 원손보양관이 되어 뒤에 정조가 된 세손을 세살 때 무릎에 앉혀놓고 글을 가르쳤다. 양관대제학·원손사부를 거쳐 예조참판·우빈객이 되었고, 1767년 벼슬에서 물러난 뒤 봉조하가 되었다. 문장과 시에 뛰어났고 글씨에도 일가를 이루었다. 저서로는《뇌연집》외에도《명사정강(明史正綱)》·《천의리편(闡義理編)》 등이 있다.

옮긴이

이은영(李恩英)

1965년 충북 음성에서 태어났다. 이화여대 국어국문학과를 졸업하고 동대학원에서 〈조선 초기 제문 연구〉로 박사학위를 받았다. 민족문화추진회 국역연수원 연수부와 일반연구부 과정을 졸업하였다. 현재 이화여대 한국문화연구원 연구교수로 있다. 저서에《제문, 양식적 슬픔의 미학》·《예와 정의 조화와 변주》, 공역서에 홍길주 문집《현수갑고》·《표롱을첨》·《항해병함》과《역주 점필재집》,《강한집》,《월곡집》,《진암집》 등이 있다.

이주해(李珠海)

연세대학교 중어중문학과를 졸업하고 타이완국립대학에서 석사 및 박사학위를 받았다. 현재 이화여자대학교 한국문화원 연구교수로 재직 중이다. 저서로 〈펑쯔카이 만화고시사(豊子凱漫畵古詩詞)〉(공저), 〈집단감성의 계보〉(공저)가 있고, 역서로 〈육구연집〉, 〈파사집〉, 〈한유문집〉, 〈우초신지〉 등이 있다.

홍학희(洪學姬)

1965년 서울에서 태어났다. 이화여대 국어국문학과를 졸업하고 동대학원에서 〈율곡 이이의 시문학 연구〉로 박사학위를 받았다. 현재 이화여대 한국문화연구원 연구교수로 재직하고 있다. 〈한국 도학시 연구의 몇 가지 문제〉, 〈18~19세기 성해응 집안 여성들의 삶〉 등을 저술하였으며 《부사산 비파호를 날듯이 건너(成大中의 日本錄)》, 《19세기 · 20세기 초 여성생활사 자료집 1》, 《강한집》, 《월곡집》, 《진암집》 등을 번역하였다.

권역별거점연구소협동번역사업 연구진

연구책임자 **김동준**(이화여자대학교 국어국문학과 교수)

공동연구원 **조혜란**(이화여자대학교 국어국문학과 교수)

교열 **김동주**(전통문화연구회 국역위원)

책임연구원 **이은영**(이화여자대학교 한국문화연구원 연구교수)

이주해(이화여자대학교 한국문화연구원 연구교수)

홍학희(이화여자대학교 한국문화연구원 연구교수)

뇌연집 2

남유용 지음 | 이은영 · 이주해 · 홍학희 옮김

2021년 12월 31일 초판 1쇄 발행

편집 · 발행 학자원

등록 2011.4.6 제2011-14호

주소 (134-814) 서울시 강동구 천호대로 1121

전화 02-6403-1000 | 팩스 02-6338-1001 | 이메일 hakjaone@daum.net

값 40,000원

ISBN 979-11-6247-256-9 94810

979-11-6247-254-5 (세트)